# 近代民本思想转型史

徐忱——著

上海三联书店

谨以此书献给我的父亲

# 目　录

# 导　言

中国传统民本思想的近代转型问题始终是学界研究的热点。民本思想的转型与两个概念息息相关：民权和民主。梳理近三十年的相关学术文献，可以得出三个主要结论：一是民权引进说，认为中国传统民本思想中并无民权观念，民权乃引自西方。二是二者相通说，认为民本与民权本质不同，但有相通之处。三是民权自生说，认为中国古代思想中包含民权观念。可以说，肯定和认同上述某一观点，都有其哲学、政治、历史观的合理性。同样，反对亦然。也就是说，三种观点的某一持有者并无足够的学理功力和储备能令其他两种观念的持有者心悦诚服地改变自己的看法。

民本思想与民权观念有着本质区别。民本思想是中国传统政治思想的核心内容，民权则是近代民主思想的核心内容，二者在近代中国思想史上的榫接过程是传统思想近代演变的经典篇章。其近代演变为何会发生、怎样发生、产生了怎样的后果和意义，这些问题颇能吸引学界的关注和热情。然而，关注和热情之中往往掺杂着对民本思想和民权思想的人为拔高。

部分学者把民本思想和专制思想视为对立之两极，相信民本思想具有近代民主属性。他们认为民本思想先于国家而产生，其源头是原始遗存。这类观点或许有逻辑上的说服力，却因无法佐以有力的文献资料而令其说服力大打折扣。无数史料证明,民本思想是为专制思想服务的,其实质是为巩固君主专制制度。为巩固君主专制制度,统治者必须重视人的作用,因为“民惟邦本,本固邦宁”。孟子固有“民贵君轻”说,但那是对能“得乎丘民”的天子而讲的,其实践范围并未超出专制制度本身。

还有学者认为民本思想与近代民主思想有相通之处。“立君为民”是民本思想的核心观念,通过这个观念,“政在养民”得以论证。但无论“为民”还是“养民”,都是专制君主在作为,而不是人民在作为。在这样的理路下,人民不过是专制君主的统治对象,最好的状态也不过是“使民以时”,这点,几千年的君主专制制度足以证明。漫长的君主专制过程中,确实有些帝王能够做到从谏如流,从善如流、但能够做到这些的帝王不仅屈指可数,而且其不受约束的权力毕竟具有的只是随意性,而非制度性和规范性。再者,近代民主思想的价值基础是自由和平等。自由和平等的思想确曾出现于《庄子》,但可惜的是,庄子的思想并非中国传统政治思想的主流,而居主流的儒家思想则强调等级。很难想象,出自等级观念的民本思想与以自由和平等为基础的民主思想有何相同之处,而且,近代大量的史料也不支持这种想象。遗憾的是,这种明显而本质的区别,却鲜见于主流学界的声音。我们或可找到无数条支撑民本思想具有近代民主属性的例子,诸如民生,但我们却无法跨越等级制和自由平等之间的政治价值鸿沟。也就是说,从政治价值角度看,民本思想与属于民主思想的民权并无相通之处。

既无相通之处,那么,民本思想何以向民权思想演变呢?近代中国得以从民本走到民权,部分靠本土思想家的内在自觉,部分靠列强武力压迫,还有一些要归于西方传教士有意或无意的贡献。本土思想家无疑是一国思想演变的最主要因素,近代中国的思想家也是如此。但是,由于研究材料和样本的局限，最伟大的思想家也会得出受制于经验的结论，如亚里士多德的民主制度不包括奴隶。到了近代，受“开眼看世界第一人”林则徐所嘱，魏源在《海国图志》中提出了“师夷长技以制夷”这个脍炙人口的主张。这一主张很快被洋务派接受和采纳，成为洋务运动的指导思想。这一器物层面的思想主张虽是当时的主流观念，但一些中国杰出的思想家如冯桂芬、王韬、郑观应等，还是看到了其中的不足，并结合西方的经验，向中国介绍了诸如议会等西方政治制度。当然，洋务运动虽然以中日甲午战争的失败而归于失败，但其长达三十年的历史过程还是为中国思想界积累了宝贵的经验资料，如近代新兴产业工人为争取权利而进行的罢工等便是如此。列强对中国的武力压迫和战争固然是侵略和掠夺，但从思想层面看，亦是价值观对立而引发的灾难结果。东方的等级观念与西方的平等思想之间所发生的冲突，某种程度上，是一种历史必然。同时，落后于文明发展的等级观念让位于更加先进的平等思想亦是历史必然。结果，民本思想也就自然有了向民权思想演变的历史动力。在这个演变过程中，传教士所起的作用是不容小觑的。一方面，很多近代中国思想家都在与传教士的交往中获得了新的灵感、启发和理念；一方面，近代中国频发的教案问题的背后往往是中西价值观冲突的缩影。传教士中，来自法国的天主教和来自英美的新教对中国的影响又不相同，这是教案问题复杂之所在，亦是思想演变坎坷之所在。

传统民本思想的等级制基础在近代遭遇了颠覆性的动摇。面对自由平等观念的冲击，近代中国思想家在把目光投向西方之时，并未抛弃中国传统民本思想中的优秀因素。他们试图找到一种既包含西方民主思想，又可以为中国人和中国社会所接受的观念，以有利于思想之演变，避免不必要的社会动荡。还有一些思想家则以民权为武器，向君主专制制度发起了革命性的挑战。他们不再满足于立宪君主制下的妥协式的民权，而是坚定选择人人平等的共和制国家。基于这样的革命思潮，等级制在中国成为了历史，而等级制的消亡并未必然地导致自由平等观念的有效建立。由于等级制的基础已遭颠覆，而自由平等的基础尚未建立，民初的社会动荡声浪便此起彼伏，东西南北，不绝于耳。近代各派思想家也纷纷举起民权之大旗，各怀目的地向社会制度发起挑战。在各种主义指导下，罢工、示威、游行等公民权利不仅会针对自身权利遭遇不公平待遇而发，而且更会为国家和民族遭到不平等待遇而爆发，如五四运动。甚至，民权还会成为不同政治团体达成自身目的的工具。

民本思想之重要性是学界共识。民本思想是中国古代最重要的政治学说之一。按韩锴《中国民本思想》，中国民本思想始于殷商西周时期，到春秋战国时期得以确立。同期，儒、道、墨、法、兵、管子各有其民本思想。及至两汉，贾谊主张礼在得民，董仲舒主张君权神授，以神限君。唐宋年间，王通主张守道爱民；贞观君臣尊君重民；魏征倡导顺应民心，不竭民力；孔颖达提倡道德相融，要在治民；韩愈主张道本仁义，诚心爱民；李觏主张足食安民，民富邦裕；张载主张足民为上；王安石提倡养生保形，急于农事；二程倡导顺民为本；朱熹主张国民相依，薄取于民；陈亮提倡富民强国；叶适主张以利与人，切实宽民；邓牧强调取民愈广，害民愈深。明清时期，朱元璋提倡民为国本；刘基视民为手足；王守仁主张明德亲民；张居正主张立君为公；李贽主张恒顺于民；黄宗羲主张天下为主君为客；顾炎武主张天下兴亡，匹夫有责；王夫之主张以民为基；唐甄主张富民养民；林则徐主张民力可恃；龚自珍明确反对专制；魏源提倡卫国保民；康有为提出政治平等；严复主张自由民主；梁启超主张人民为政；

孙中山提出三民主义。[1] 可见，民本思想贯穿中国思想史的全过程，它不仅为历代思想家所重视，而且也在中国历史发展中起到了积极作用。

民权思想亦是学界关注的重点。民权思想始于何时？它是外来的还是中国所固有的？夏勇主张"认识中国古代的民权思想"，不要去寻找文献中的民权词汇，"而是对权利概念先有一个深刻的理解和把握"[2]。基于这样的理路，夏勇在"民惟邦本"中找到了与人民主权相通的思想。学界关注更多的则是近代由西方传入中国的民权思想。魏源的《海国图志》，冯桂芬的《校邠庐抗议》，郑观应的《盛世危言》，黄遵宪的《日本国志》，陈炽的《庸书》，陈虬的《救世要义》，汤震的《危言》，何启、胡礼垣的《新政真铨》，以及严复、康有为、梁启超、孙中山等人的著作，都向国人介绍和宣传了源自西方的民权思想。此外，《万国公报》等传教士主编的报纸也是民权思想宣传的主要阵地。

民本思想向民权思想的演变研究备受学界关注。东西方思想的碰撞加之战争的威胁，使经过数千年来积累而渐臻成熟的民本思想遭遇了文明的危机。面对被迫开放的外部环境，中国必然要去寻找适合新环境的思想和方法。而新与旧的融合便成为思想家必须思考和解决的问题。民本与民权虽然基础价值观迥异，但"民本思想中蕴涵着从君主制向民主制发展的种子，这一种子的萌芽表现在明清之际黄宗羲等人的政治思想中"[3]。这种观点代表了部分学者对近代民本思想演变的看法，但也受到一些学者的质疑。质疑的声音主要集中于黄宗羲的思想是否符合现

---

① 韩锴：《中国民本思想》，北京：红旗出版社 2006 年版，第 1—9 页。

② 夏勇：《民本与民权——中国权利话语的历史基础》，《中国社会科学》2004 年第 5 期，第 5 页。

③ 李存山：《儒家的民本与人权》，《孔子研究》2001 年第 6 期，第 4 页。

代民主观念。还有一些学者,“特别是出于政治学的视角进行中国政治思想研究的学者,大都承认外来文化对中国民主政治思想产生的重大影响,而不肯贸然认定民主政治思想可以自然而然地普遍出现于世界各个政治共同体,更不会断定穿越民本可以顺势发出现代民主”①。也就是说,一种观点认为传统民本思想可以演变为近代民权思想,而另一种观点则断然认为以民权为核心的民主思想无法从民本思想产生。我们承认民主的优越,但我们更应该看到民主不断自我完善的内在属性。如果忽略了这种内在属性,我们便无法回答现代民主在某些国家或地区成功之缘由。以韩国为例,作为一个民族国家,其沉重的历史包袱以及近代战争的创伤并未阻止其成为一个举世公认的现代民主国家。同样,日本也是一个无可争议的现代民主国家,它的天皇制度正是传统政治文化与现代民主完美结合的证明。如果韩日两国都能从自己的本土文化和思想中演变出现代民主,为何中国的民本思想独不能?

事实上,中国的民本思想能够做到。清末民初的历史告诉我们,预备立宪初期和民国初年都是中国畅行过民主的最好证明。预备立宪初期,立议院、办报纸、创政党、改官制、行自治、倡民权,短短几年,资政院和地方咨议局便办得有声有色。及至民国初年,办议会、选总统、定约法、组内阁,直到二次革命爆发之前,中国在外表上似乎正健步走入民主社会。也就是说,短暂的历史片段告诉我们,传统中国的民本思想能够演变出以民权为核心的民主。

了解民本思想向民权的演变还具有现实意义。新民主主义革命以来,中国人民便未曾放弃过对民主的向往。基于这种向往,中国进行过

① 张师伟:《中国传统民本与现代民主的沟通和衔接》,《甘肃社会科学》2009 年第 1 期,第 198 页。

一些非民主的民主实验，走过一些弯路。近年来，协商民主作为一种参政议政形式越来越引起社会各界的重视，相关研究和成果层出不穷。协商民主作为一种重要民主形式，必须立足于中国传统思想文化精髓的民本思想，构建保障人民群众的知情权、参与权、表达权、监督权的有效机制。而近代中国构建民主社会中出现的问题，民本思想向民权演变过程中遇到的困难和经验，都会对当前认识和构建协商民主的工作起到积极作用。

研究中国传统民本思想的近代转型，需要一个转型目标。结合历史事实，我们假设民本思想近代转型的目标是西方民主思想。实际上，近代中国思想界有民权、民主两个转型目标。由于民权的概念比较模糊，容易引起歧义，因此，我们选择了民主。民主思想内在的自由、平等、权利价值观念是清晰明确的，这为我们判断民本思想转型成功与否提供了明确的参照系。民本思想内在价值有等级、专制及有限自由权。民本思想向民主思想转变，首先须回答民本思想是否具备转型的能力；其次，须回答民本思想如何认识民主价值观念以及如何完成向民本价值观念转换的问题；最后，通过民主的法治观念来检验转型是否成功。贯穿这三大步骤的，是政治价值观念比较研究法。

**政治价值观念比较研究法**是通过比较民本思想与民主思想政治价值观念的差异性和趋同性，还原民本思想近代转型的观念过程。民本思想的价值观念梳理和总结是通过研究中华元典以及历代主要思想家经典著作完成的。判定民主思想价值观念的理论有二：一是卢梭的天赋人权理论，主张人生而自由和平等；二是自由和平等互为条件理论，此说为吾师孙晓春先生所主张。虽然萨托利先生在《民主新论》中对自由和平等的关系有过类似的朦胧的表达，但不如吾师所言明确和简洁。由此，自由、平等、权利成为民本思想近代转型成功的充分必要条件。法治是重要价值观念，它的性质与其所服从的价值原则有关，因此，它成为检验民本思想转型成功与否的工具。政治价值观念比较法借鉴了冲击—回应模式的形式，但与其不同的是，前者注重的是西方政治价值观念的冲击以及中国思想界和官僚阶层的回应。近代中国所遭受的战争和屈辱均与中西政治价值观念的矛盾冲突有着直接的因果关系。这是我选择此法研究民本转型的主因。

此外，本书还使用了如下三种研究方法：

**文本分析法**。本书将立足于历史文献和既有研究成果，通过对文献的梳理，探究传统民本思想的属性、特征，缕析传统民本思想的脉络，重点探求传统民本思想与民权思想相沟通的内容。近代报纸、杂志兴起，很多有影响力的中国思想家纷纷在新兴媒体上撰文，论说时事，阐述观点。结合这些文章，本书的论述将更有说服力。此外，近代传教士所办的报纸亦是本书的文献之源，如《中国丛报》《万国公报》等。通过这些报纸，传教士发表了大量的有关中国的文章和评论，它们中的一些观点给本书带来了启发。

**逻辑分析法**。研究中国传统民本思想近代转型的过程和方式，离不开逻辑分析的应用。借助逻辑分析，可以把零碎的、杂乱无章的演变元素化为系统的、有条理的演变脉络。发生在近代中国的这次思想演变，有很多问题尚待解决。由于民本思想并非一个系统学说，而是中国几千年文明的结晶，因此对民本思想的文本分析和逻辑分析，并通过逻辑分析推导出准确的演变过程、方式、内容，就成了本书的一项重要工作。

**多因分析法**。原因分析、质性比较分析、历史社会学是比较政治学的研究工具，也是本书使用的主要方法。近年来，多因分析成为比较研究的特征。虽然多因转向并非否定单因分析，但就本书个体情况看，多因分析更加适合其内在逻辑。中国传统民本思想的近代转型是一个复杂的过程，需要一个适合它的研究方法来统括全局。引入多因分析法，具体来说，引入多因分析的双层理论是本文在研究方法上的大胆尝试。

**研究理论创新**。使用比较政治多因分析前沿理论——双层理论为研究框架。双层理论由美国比较政治学家加里·格尔茨(Gary Goertz)和詹姆斯·马洪尼(James Mahoney)提出[①]，经高奇琦教授在《比较政治学：学科、议题和方法》[②]中大力推荐。双层理论综合质性比较分析、原因分析和历史社会学的优势，设计两个层次、三种关系、三类变量。两个层次即基础层和辅助层。格尔茨和马洪尼认为，基础层是双层理论的核心，是结果的最主要原因。辅助层是与基础层相关的非中心的因素。基础层与辅助层之间有三种关系，它们是：因果性关系、本体性关系、替代性关系。三类变量是基础层变量、辅助层变量、结果变量。高奇琦认为，"在这一理论中，以必要原因和充分原因为核心内容的原因分析，基础层和辅助层的双层原因结构以及双层结构间的多种关系模式等将这种多因分析演化为一个较为精致的理论模型"[③]。本书以民本思想转型为中心，论述促成民本思想转型的基础层原因变量，以及与基础层原因变量相关的辅助层变量。同时，将结果变量与辅助层变量相互参照，验证民本思想转型的成败。

双层理论是比较政治学的新理论，是比较政治研究的前沿理论。格

---

① Gary Goertz, James Mahoney, *Two-Level Theories and Fussy-Set Analysis*, SOCIOLOGICAL METHODS & RESEARCH, Vol. 33, No. 4, May 2005, pp. 497－538.

② 高奇琦：《比较政治学：学科、议题和方法》，上海：上海人民出版社 2005 年版，第 27 页。

③ 同上。

尔茨和马洪尼曾经使用双层理论分析西达·斯考切波的《国家与社会革命》，并得出结论，认为斯考切波使用双层理论撰写该书。[①]《国家与社会革命》主要论述的是法国、俄国和中国的社会转型问题。本书论述的也是转型问题，虽然是思想转型，但总体思路与方法相去不远，故本书有信心利用双层理论这个较为新颖的比较政治学方法为总体逻辑分析架构，建构本书的理论框架。

双层理论完美契合中国传统民本思想的近代转型研究。图1显示，中国传统民本思想近代转型的基础层原因有二，一是西学东渐而来的西方民主思想，二是中国思想家的思想自觉。它们作为必要条件共同构成民本思想转型的充分条件。此处用＊号表示逻辑与。辅助层原因有二，第一是作为民主思想的辅助层变量，它们分别是自由思想、平等思想、权利思想、法治原则，并且均为基础层民主思想的必要条件。这四个必要条件作为辅助层变量，它们与基础层的关系是本体性的，即它们共同组成了基础层原因要素。第二，基础层中国思想家思想自觉的辅助层变量有三，它们是公民观念、民族观念、国家观念。这三个因素之间是充分不必要关系，用＋号表示逻辑或它们与基础层中国学者的思想自觉的关系是替代性的。替代性关系是指辅助层变量或可成为基础层变量。双层理论认为，辅助层变量可用来检验基础层结果变量。本书认为，民本思想近代转型的结果变量有四：平等思想取代了等级思想、自由思想和平等思想成为法治原则、立宪政体取代君主专制政体、个人权利得到保护。它们作为必要条件，与民本思想近代转型构成本体性关系。

---

① 〔美〕加里·格尔茨、〔美〕詹姆斯·马洪尼：《双层理论与模糊集分析》，张春满译，高奇琦主编：《比较政治学前沿（第1辑）：比较政治的研究方法》，北京：中央编译出版社2013年版，第130页。

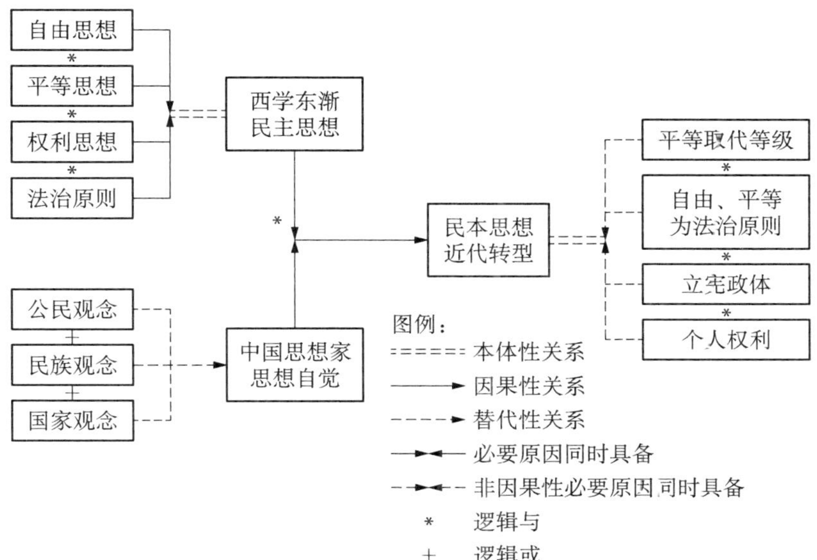


**图 1　双层理论：中国传统民本思想的近代转型**

# 第一章　民本思想的转型能力及政治价值观念

研究中国传统民本思想的近代转型，第一个需要面对的问题便是民本思想是否能够转型，是否具有转型能力？理论上讲，思想各有其遵循的价值原则，超越其原则，该思想便易为他物。以民主思想为例，其遵循的是自由、平等、权利等政治价值原则，任何一条原则遭到破坏，民主思想便不再成立。从这个意义上讲，思想是无法转型的。但民本思想非常特殊。首先，它是历史的产物而非理论的产物。民本思想是梁启超先生从中国思想史的长河中提炼而出，这就使民本思想自身理论不可避免地具有不确定性和模糊性。不过，不确定性和模糊性本身恰恰是民本思想能够转型的前提。其次，民本思想并无明确的政治价值原则。诚然，民本思想充斥着等级观念，甚至可与专制为伍，但这些形而上的价值原则来自西方，并非民本思想所固有。民本思想是通过非概念性语言表达其价值观念的，如“民为贵”“天下为主，君为客”等。这些非概念性语言给后世的解释工作带来许多困扰和歧义，但正是这些困扰和歧义为民本思想转型提供了填补理论空白的可能性。最后，民本思想的主体是可变动的。所谓主体，指的是为民谋福利者。历史上看，民本思想的主体经历过天、君、民三次变化。这三次变化不仅间接证明了前述两条原因，而且还肯定了民本思想的转型能力。正是依据上述三项原因，本章将依照时间顺序，通过梳理古代民本思想的两次转型和一次短暂复兴，详细论述其转型能力及政治价值观念的变化。因为,只有民本思想具备转型能力,民本思想才能在近代发生转型。

## 第一节　民本思想的早期政治价值观念

民本思想的早期理论集中于《尚书》。《尚书》是中国传统民本思想的源头活水。梁启超先生在《先秦政治思想史》第一次提及"民本"时,便引用《尚书》的"皇天上帝,改厥元子"[①]一语。他认为,元子(嫡长子)可常改,因其并无绝对之地位。元子地位非绝对,则人人具有成为天子的可能性。梁启超先生视此为"人类平等的大精神",同时,这种大精神亦成为"后世民本主义之总根芽"[②]。民本思想真的出自这句话吗?见仁见智,殊难定论。金耀基先生是当代研究民本思想之大家,其作《中国民本思想史》第一页便说:"民本思想起源于《尚书》'民惟邦本'之语,后经儒家继承而发扬光大之。"[③]可见,金先生亦持民本思想出自《尚书》之论。但"民惟邦本,本固邦宁"[④]出自《尚书·五子之歌》,这是《古文尚书》。《古文尚书》虽被认为是魏晋时期伪作,但一些学者仍然认为,"民惟邦本"的命题便是在那时提出的。可是,还有一些学者对此不以为然,他们坚信《五子之歌》"民惟邦本"的观点很早便已形成,其产生"理应不晚于春秋时期"。张分田教授甚至认为,"不能完全排除这类思想产生于夏朝

① 《尚书·召诰》。
② 梁启超:《先秦政治思想史》,北京:中华书局2016年版,第44页。
③ 金耀基:《中国民本思想史》,北京:法律出版社2008年版,第1页。
④ 《尚书·五子之歌》。

的可能性”[①]。夏朝至春秋大约有一千七百年的跨度，这段时间发生过什么都不会令人奇怪。按照张分田教授的观点，把“民惟邦本”的最晚出现时间提前至春秋时期，便可以说，《尚书》为民本思想的形成贡献了两大理论：一个是“皇天上帝，改厥元子”的民本思想的天命理论，另一个是“民惟邦本，本固邦宁”民本思想的治理理论。

### （一）天命观念与集体革命权

民本思想与天命理论有关，天命理论的主体是天而非人。“皇天上帝，改厥元子”出自《尚书·召诰》。其文曰：“呜呼！皇天上帝，改厥元子，兹大国殷之命。惟王受命，无疆惟休，亦无疆惟恤。呜呼！曷其奈何弗敬？”其文背景是：周成王灭商纣王，委派召公负责重新修建洛邑。成王和周公视察洛邑工程时，召公率各国诸侯朝见。召公分析天下大势，频上箴谏，遂有此诰书。其文大意是：“唉！皇天上帝改变了其长子（的继位资格），结束了殷商这个大国的福命。大王接受了治理天下的天命，幸福从此无穷尽，忧患从此无穷尽。唉！怎么能够不谨慎小心？”周成王之王命受于天，概无疑问。同时，“天既遐终大邦殷之命”，殷商之命运亦终结于天。而人民能做的，只是“抱携持厥妇子，以哀吁天，徂厥亡，出执”[②]，抱着孩子，扶携老婆，向苍天哀告，诅咒商纣灭亡，希望脱离困境。可见，商末周初，人民尚未形成主动的革命意识，他们能做的便是向苍天祷告，听从皇天上帝的安排。这就是民本思想中的天命理论。梁启超先

① 张分田：《民本思想与中国古代统治思想》（上），天津：南开大学出版社2009年版，第89页。

②《尚书·召诰》。

生认为,“皇天上帝,改厥元子”是孔孟主张“革命为人民正当权利”[1]的理论基础。金耀基先生亦言,“改厥元子”是孔孟“暴君放伐论的源头活水”[2]。也就是说,他们主张“皇天上帝,改厥元子”是民本思想的革命理论。然而,革命应当的主体——人民却并未出现于此。梁启超先生便自作主张,认为君主无能,“人民例得起而易置之”,以体现“改厥元子”的天意。[3] 这是一个大胆且合乎逻辑的假设。金耀基先生亦认为,“改厥元子”是“人民自己来执行天意,替天行道”[4]。可以说,两位先生的解释虽然符合逻辑推理,但去事实远矣。

天在中国思想史中具有特殊的意义,它既是一个中国思想史的原初概念,又贯穿其整个发展脉络。西周初年的人们认为“天命与民情是一体的,民情在某种程度上可以反映天命”[5],因此,天或天命也是民本思想中的重要的基础性概念,是研究民本思想必须首先认清的概念。

中国传统思想的“天”并非创世神。殷人尊帝,周人尊天。[6] 帝和天均指天。天在中国思想史中并非创世神。日本学者五来欣造认为,中国政治思想“自天之观念出发。天本为神。而此所谓神,所含犹太教所谓‘天地之创造者’观念,及基督教所谓‘人类之父’观念,极为稀薄”[7]。美国学者牟复礼也认为,创世说并未出现在中华元典中。他说:“对于外来

---

① 梁启超:《先秦政治思想史》,北京:中华书局 2016 年版,第 44 页。

② 金耀基:《中国民本思想史》,北京:法律出版社 2008 年版,第 32 页。

③ 梁启超:《先秦政治思想史》,北京:中华书局 2016 年版,第 45 页。

④ 金耀基:《中国民本思想史》,北京:法律出版社 2008 年版,第 32 页。

⑤ 孙晓春:《中国传统政治哲学》上卷,长春:吉林人民出版社 2003 年版,第 75 页。

⑥ 张桂光:《殷周“帝”“天”观念考索》,《华南师范大学学报》(社会科学版)1984 年第 2 期,第 106 页。

⑦ 〔日〕五来欣造:《儒教政治哲学》,胡朴安、郑啸厓译,太原:山西出版传媒集团、山西人民出版社 2015 年版,第 3 页。

者而言，他最难以发现的是中国没有创世的神话，这在所有民族中，不论是古代的还是现代的、原始的还是开化的，中国人是唯一的。”[1]中国古代的天并非创世神，这个结论很重要。正是由于这种根深蒂固的观念，所以近代西教东播无法全面成功，甚至连积极的民权推动者康有为、谭嗣同等建立孔教的努力也付之东流。天非创世神，那么，它是什么？

中国传统思想的“天”是多义多解的。冯友兰认为中国文字中的天有五义。第一，“物质之天，即与地相对之天”；第二，“主宰之天即所谓皇天上帝，有人格的天、帝”；第三，“运命之天，乃指人生中吾人所无奈何者”；第四，“自然之天，乃指自然之运行”；第五，“义理之天，乃谓宇宙之最高原理”。他还特别强调，《诗》《书》《左传》《国语》，“除指物质之天外，似皆指主宰之天”；《论语》中孔子所言的天，“亦皆主宰之天”[2]。

日本学者渡边秀方认为，孔子天命观出现之前，中国的天有三种。第一种是“形体的天”，即“我们人类对于天体的自然观”；第二种是“主宰的天”，即“完全是由我们人间主观的冲动，迸发出来的纯粹美妙的感情，正与一神教的本质相该当”；第三种是“理性的天”，即“把天仅当作无意志的主宰的‘势力’……这种地方的天，明明白白是指天理”[3]。

日本学者五来欣造则认为中国思想之天地分物质、精神以及物质精神并存三种。“中国人之言天地，有时由物质解之，有时由精神解之，其解为物质的天，则以天、苍天、日月等呼之；其解为精神的天，则以天、旻天、昊天、父母、帝、上帝、皇天、天心等呼之。中国人之言天地，有时附以

---

① 〔美〕牟复礼（Frederick W. Mote）：《中国思想之渊源》，王重阳译，北京：北京大学出版社 2009 年版，第 48 页。

② 冯友兰：《中国哲学史》（上），上海：华东师范大学出版社 2015 年版，第 27 页。

③ 〔日〕渡边秀方：《中国哲学史概论》（上），太原：山西出版传媒集团、山西人民出版社 2015 年版，第 12 页。

物质的意义，有时亦加以精神的意义，而含有天地主宰者之义”[①]。

民本思想的“天”是主宰的天。以民本思想而论，天主要是指主宰的天。梁启超在《先秦政治思想史》中便是先谈天意政治，次说民本思想的。难怪金耀基认为，此天意政治“即是民意政治”[②]。天意政治是梁启超总结的概念。他认为，随着多神信仰转变为一神信仰，“最高一神之观念已渐确立，其神名之曰天曰上帝。于是神意政治进为天意政治，吾得名之曰天治主义”[③]。又云：“有一有感觉有情绪有意志之天直接指挥人事者，既而此感觉情绪意志，化成为人类生活之理法，名之曰天道，公认为政治所从出而应守。若此者，吾名之曰抽象的天意政治。”[④]质言之，天决定人类即民的政治行为，民应遵守天道。显然，在天与民的关系中，民是被动承受天道或天意的一方，故“有夏多罪，天命殛之”[⑤]“天毒降灾荒殷邦”[⑥]。无疑，这种具有政治能力的天是民的保护神。那么，天为何保民而罪邦呢？

天与民的祖宗神有着密切的关系。一种观点认为，天或为民的祖宗神。傅斯年认为，上帝是殷商的祖宗神，而周人“接受殷化中最重要的一件事，是竟自把殷人的祖宗也认成自己的祖宗了”[⑦]。徐复观则反对此说，认为“若上帝是商人的祖宗神，则周人信仰上帝，便是以商人的祖宗

---

① 〔日〕五来欣造：《儒教政治哲学》，胡朴安、郑啸厓译，太原：山西出版传媒集团、山西人民出版社 2015 年版，第 8 页。

② 金耀基：《中国民本思想史》，北京：法律出版社 2008 年版，第 33 页。

③ 梁启超：《先秦政治思想史》，北京：中华书局 2016 年版，第 30 页。

④ 同上，第 33 页。

⑤《尚书·汤誓》。

⑥《尚书·微子》。

⑦ 欧阳哲生主编：《傅斯年全集》第 2 卷，长沙：湖南教育出版社 2003 年，第 571 页。

神为自己的祖宗神”[①]，再者殷商的祖宗神契是“天命玄鸟”而生，“即可见契不是天，不是上帝”[②]。徐复观认为，“祖宗神是祖宗神，天、上帝是天、上帝，二者之间界限分明”[③]。还有一种观点，认为祖宗神是天之辅佐，“文王陟降，在帝左右”[④]。徐复观认为，“天命由商转移到文王身上，因此文王与上帝的关系非常密切”，同时，这句话具有重要的政治作用，“是伐商及以后安抚商遗民的重要政治口号”[⑤]。日本学者五来欣造认为，上帝是主宰者，他支配着三种“灵的构成要素”，即“一鬼神；二祖先之灵；三人是也”[⑥]。他论道：“盖中国人信其祖先在天之灵有某种势力，保护其子孙，赞其善行，罚其恶行，甚至信此等神灵有左右人类生命之力。”故此，他把孝与祖先联系起来，认为“孔子以尊敬祖先为中国道德之根本要义，以禘尝之祭与郊社之礼为治国之根本要义”[⑦]。可见，无论哪种观点成立，天或祖宗神都是民的保护神。

天授民以集体革命权。天保护民是其义务，亦为其目的。就义务而言，因为“天生烝民，有物有则”[⑧]。民是天之子，故天有保民之责任和义务。同时，“民之秉彝，好是懿德”[⑨]，也就是说，民的义务就是顺应天意。

---

① 徐复观：《中国思想史论集续编》，徐复观：《徐复观全集》，北京：九州出版社2014年版，第194页。

② 同上，第195页。

③ 同上，第197页。

④《诗经·文王》。

⑤ 徐复观：《中国思想史论集续编》，徐复观：《徐复观全集》，北京：九州出版社2014年版，第198页。

⑥〔日〕五来欣造：《儒教政治哲学》，胡朴安、郑啸厓译，太原：山西出版传媒集团、山西人民出版社2015年版，第9页。

⑦ 同上，第11页。

⑧《诗经·烝民》。

⑨ 同上。

顺应天意就是接受保护，而天实施保护的同时，还“监下民，典厥义”，即监视民，教化民。彼时，“王司敬民，罔非天胤”①，君主与民都是天的后代。平等的出身，使君主与民之间保持着和睦的关系，而且在这个和睦的关系中，君主是敬民的。就目的而论，“天之爱民甚矣”②，天爱民，便须为民幸福着想，为其谋利。为民谋利是民本思想的原则，而天能为民谋得的最大利益就是放伐暴君的权利。中国古代思想鲜言权利，多论义务。而这鲜言的权利却是一个惊世骇俗的权利——推翻旧政权并建立新政权。天授予民这个权利，当然是为了保护民的集体的幸福和利益。个体的人很难独自推翻旧政权，因此个人无法成为古代思想家关怀的对象。而集体的民则具备了与暴君对抗的实力，因此古代思想家便把这鲜言的权利交给了民。可以说，从这里开始，中国思想便很难有个人权利的传播空间了。

天有天意、天道，还有天命。察民情，知天命。刘泽华先生认为，“以民情知天命早在西周初已提出来”③。他指出，这种体认是伴随“德”的发展而来的。“天畏棐忱，民情大可见”④“民之所欲，天必从之”⑤等名句都是在“把神人文化”⑥。孙晓春先生认为，天命之所以能察之于民情，“其逻辑的前提就是上天有着与民众完全相同的感情”⑦。还有一种天命来

---

①《尚书·高宗肜日》。

②《左传·襄公十四年》。

③ 刘泽华：《中国传统政治思想反思》，上海：生活·读书·新知三联书店 1987 年版，第 59 页。

④《尚书·康诰》。

⑤《尚书·泰誓上》。

⑥ 刘泽华：《中国传统政治思想反思》，上海：生活·读书·新知三联书店 1987 年版，第 59 页。

⑦ 孙晓春：《中国传统政治哲学》上卷，长春：吉林人民出版社 2003 年版，第 77 页。

自天道。虽然商纣之“我有民有命”[①]声犹在耳，但民和命显然已随天道而他往。“侯服于周，天命靡常”[②]。放伐暴君后，周文王安抚殷遗民，让他们安心效力于周国，因为“天命不常与一姓一王也”[③]。应当清楚的是，天道之表面上之常变，恰恰显示了它一贯的目的和原则，即“天道永恒”[④]。天命观虽是对一国一君的警告，但其带给中国人的宿命观亦显而易见。五胡乱华、元清异族统治，而民之多数往往很快便接受了现实，然后便是长期地安静地忍受苛政暴政，直到下一次放伐暴君。天命靡常，为君主和新政权提供了合法性支持，但却给民族带来了逆来顺受的品格。民众在逆来顺受中，往往期待的是明君的出现。古代思想家对此了然，便指出天命无常，是因为“天不畀不明厥德”[⑤]，故“皇天无亲，惟德是辅”[⑥]。上天只辅佐有德性的人。显然，这是对国君提出的道德要求。

### （二）治理观念与从有到无的自由权利

民本思想的治理理论亦出自《尚书》。《尚书·五子之歌》云：“皇祖有训，民可近，不可下，民惟邦本，本固邦宁。”[⑦]皇祖是指大禹。其文大意是：“大禹训令，可以亲近人民，不能把他们看作是卑贱的群体，人民是国家的根本，根本稳固，国家才能安宁。”这段话是治理国家的总纲和总的指导原则，是民本思想治理理论的基石。其言虽短，但却回答了三个问

---

①《尚书·泰誓上》。
②《诗经·大雅·文王》。
③ 欧阳哲生主编：《傅斯年全集》第2卷，长沙：湖南教育出版社2003年，第584页。
④ 孙晓春：《中国传统政治哲学》上卷，长春：吉林人民出版社2003年版，第77页。
⑤《尚书·多士》。
⑥《尚书·蔡仲之命》。
⑦《尚书·五子之歌》。

题：人民是什么？他们对国家有何作用？如何治理国家、管理人民？

人民是什么？民惟邦本。国家有三要素：土地、人民、主权。国家依靠人民而存在，没有人民，国家便无法称其为国家，只是一片疆域罢了。人民与国家并非相互依存的关系，人民有选择国家的权利，而国家只能被动等待人民的选择。当然，有政府之后，政府可以使用暴力强迫人民生活在自己的国家中，这样，就用国家暴力剥夺了人民的迁徙权和自由权。唐虞三代之时，人民有迁徙权和自由权。舜帝欲将帝位传给大禹，大禹则推荐皋陶。大禹说："朕德罔克，民不依。皋陶迈种德，德乃降，黎民怀之。"[①]大禹说："我的德性还不能胜任帝位，人民不会依附于我。皋陶勇往行德，德性普及，人民归附他。"可见，唐虞三代之时，人民可根据领导人德性自由地选择自己的归宿。大禹有德性，人民便归附大禹；皋陶有德性，人民便归附皋陶。人民仅依据领导人的德性作出自己的判断，不会受到任何超越德性条件的左右。人民的选择没有受到领导人个人意愿的干扰，人民和领导人之间并无后来意义上的统治和被统治之类的关系。这种单纯的以德性判断领导人工作能力的办法，在唐虞三代之时，似乎运作得非常成功，禅让制可以为此作证。领导人唯有修炼自己的德性，努力使人民安居乐业，才能维护自己的国家。民惟邦本，人民作为国家的根本，是因为自己拥有选择权、迁徙权、自由权。正是因为人民手中的权利，领导人才不得不小心翼翼、战战兢兢地不断提高自己的德性，以免人民用脚投票，做出相反的选择。

商纣被伐便是人民用脚投票的实例。商纣王荒淫无度，周武王欲伐之。出征前，周武王认为，商纣"受有亿兆夷人，离心离德"，而自己"有乱

① 《尚书·大禹谟》。

臣十人，同心同德”[①]。显然，离心离德的亿兆夷人已无法铸就殷商的邦本，究其原因，则在领导人商纣个人失德。失去邦本的殷商，其大厦将倾指日可待。相反，周武王则把殷商国民的苦难当作了自己的苦难，“百姓有过，在予一人”[②]。他甚至把人民的苦难同天意结合起来，“天视自我民视，天听自我民听”[③]，以找到足以使殷商灭亡的最后一根稻草。商纣用尽极端手段，使人民不敢离他而去。但身体失去自由的人民，依然可用离心离德的状态表达自己的愤怒。商纣的做法显示了人民的重要性。出于对人民重要性认识的深入，古代中国发明了管理人民的户籍制度。

民惟邦本与户籍制度。“民惟邦本，本固邦宁”一般被解释为民众是国家的根本，民众的稳固会给国家带来安宁。这种解释是中国学界的共识，似乎不错，但可称其为广义的解释。相对广义，狭义的解释便来自于荻生徂徕。他说：“无论古代中国的夏商周三代，还是异国在那以后的历朝历代以及日本的古代，治国的根本就是把人们固定在土地上，这才是治理的根本。能把人固定在土地上的方法有两个，一是户籍制度，二是通行证制度。靠这两项，世上就不会有逃脱统治者的管理、趁混乱隐藏的人了。”[④]中国乃至东亚户籍制度的源头很可能就来自于段首那句名言。而户籍制度又与民本思想有着同样的历史轨迹。相传，中国户籍制度最早出现在夏朝。据说，“禹王平水土办九州之田，收什一之税，已知民户为一千三百五十五万九百二十三，民口为三千九百二十万”[⑤]。唯因

---

① 《尚书·泰誓中》。

② 同上。

③ 同上。

④ 〔日〕荻生徂徕：《政谈》，龚颖译，北京：中央编译出版社2004年版，第15页。

⑤ 庄继曾：《我国历代之户口编审及保甲制度述评》，《国衡》1935年第1卷第4期，第33页。

年代久远，无法稽考。周代官制设地官七十九职，掌管土地和人民，以大司徒为长。中央层面，小司寇掌管刑法，其下由司民负责统计民数。《周礼·司民》记载："司民掌登万民之数，自生齿以上皆书于版，辨其国中与其都鄙及郊野，异其男女，岁登下其死生。及三年大比，以万民之数诏司寇。司寇及孟冬祀司民之日，献其数于王，登于天府。内史、司会、冢宰贰之，以赞王治。"[①]由此可知，荻生徂徕之言并非无根之谈。一直以来，学界并未在狭义层面解释"本固邦宁"之"固"，即如何"固"的问题。而"固"延伸到制度层面，就是户籍制度甚至清代逃人法等具体政策。古代儒家思想对人或民的关怀，并非在于人或民的权利，而是在于其能为国家带来的价值，即赋税、兵役等。因此，荻生徂徕的狭义解释，或可为理解民本思想打开一扇窗。虽然从这扇窗吹进来的或许只是冰冷之风，正如荻生徂徕所说的治国的根本乃在于"世间万民是否掌握在将军手中"[②]，但它却揭示了民本思想不常为人道的制度性结果。

"本固邦宁"说的是人民对国家的重要。这里的"固"是重点。如何"固"？领导人的德性是"固"民的第一手段。冢宰伊尹以商先王成汤的美德劝诫商朝第五位王太甲说："先王子惠困穷，民服厥命，罔有不悦。并其有邦厥邻。"[③]先王商汤爱护贫苦人民就像爱护自己的子女一样，人民都服从他的命令，没有人不高兴。先王与邻国诸侯并立，邻国人民希望成汤做他们的君主。君主爱民惠民，民心归之，人民争相做其臣民。君主把对自己子女的私爱，转移到人民身上，变成全体人民都能感受到的公爱，人民便会对君主唯命是从，欣然应命。人民遇到这样的君主，便

---

① 《周礼·司民》。

② 〔日〕荻生徂徕：《政谈》，龚颖译，北京：中央编译出版社 2004 年版，第 15 页。

③ 《尚书·太甲中》。

会放弃其迁徙权，主动选择接受此君主的统治。这就是伊尹所说的“民罔常怀，怀于有仁”①。人民的归宿不是固定不变的，他们只归附有仁德的人。“惟德动天，无远弗届”②，仁德之君主可以感动上天，人民无论多远都会归附他。周公劝导周成王“彼裕我民，无远用戾”③亦是此理。这里，人民的自由权再次得到确认，而自由的唯一方向便是仁德。与其说唐虞三代之时的人民向往自由，不如说他们向往仁德。他们只是用自由权选择了仁德的方向。孔子后来所期望的“天下归仁”④，其灵感便来自唐虞三代。可惜的是，孔子之世，自由的空间已较唐虞三代大为缩小。而失去自由的依托，人民便无法找到仁德的方向。因此，孔子之世，人民首先要找到自由，然后才能拥有仁德。唐虞三代之时则不同，人民拥有自由权，人民最需要从君主那里得到的便是仁德。那时，“一人元良，万邦以贞”⑤，天子一个人具有仁德，天下便会美好纯正。因此，“常厥德，保厥位”⑥，修己身、明仁德便成了唐虞三代的君主天经地义的工作。此时，想想孔子所说的“我欲仁，斯仁至矣”⑦便会豁然开朗：用唐虞三代之言，行春秋之事，空间错，时间错，如何能够成功？而到商纣王之时，“受有臣亿万，惟亿万心”，⑧受就是商纣。商纣有亿万臣民，因其“焚炙忠良，刳剔孕妇”⑨，残暴异常，故亿万臣民有亿万心。实际上，这亿万心就是一条

---

①《尚书·太甲下》。
②《尚书·大禹谟》。
③《尚书·洛诰》。
④《论语·颜渊》。
⑤《尚书·太甲下》。
⑥《尚书·咸有一德》。
⑦《论语·述而》。
⑧《尚书·泰誓上》。
⑨ 同上。

心，那便是期待商亡国。国不“固”是民心不“固”，民心不“固”是君主仁德缺失，人民权利受到侵犯。

如何治理国家、管理人民呢？民可近，不可下。唐虞三代之时，由于土地广袤，人口稀少，故人民对于国家来说是唯一的要素。谁拥有了最多的人口，谁就是最大的君主。而人口越多，其国占有守护的疆域也就越大。伊尹曾对太甲论述过君主和人民的关系：“民非后，罔克胥匡以生；后非民，罔以辟四方。”①人民没了君主，便无法互相扶助生活下去；君主没了人民，就无法统治四方。这里，君主亦代表国家。唐虞三代之时，国家已是公共服务的提供者，一些重要工程如治水是无法脱离国家而实现的。大禹同舜帝讨论如何治理国家时，提出了九件事即九功。九功分六府与三事，六府为金、木、水、火、土、谷，三事为正德、利用、厚生。九功之完成，需要依据“德惟善政，政在养民”②的治理理念。德就是善于处理政事，实现好的政治，好政治的关键在教养人民。人民期盼看到的君主德性，并非是高不可攀的圣人之德性，而是其扎扎实实为人民任劳任怨的养民举措。君主的德性就是善于理政，能够实现好政治。人民选择有德性的君主为领导人，就是因为这样的领导人能够给人民优良的社会生活。自由权掌握在人民手中，人民便能够诚实地选择自己的“养民”之所。养民之外，治理国家还要重视舆论管理。舜帝劝说大禹接受禅让，并告之以治国之法，曰：“无稽之言勿听，弗询之谋勿庸。”③没有根据的话不要听，没有征询过意见的谋略不要采用。君主表面上是听取臣民的意见，实际上，臣民是代天转达意见，“天聪明，自我民聪明；天明畏，自我民

---

①《尚书·太甲中》。
②《尚书·大禹谟》。
③ 同上。

明畏。达于上下，敬哉有土”[1]。上天的意见和臣民的意见是相通的，治国理念与天命观念也是相通的。

### （三）君民关系与等级观念

自由与平等是西方民主思想的一对形影不离的概念。两者互为条件，自由以平等为存在的条件，平等亦以自由为存在的条件。民主制度下互为条件而存在的自由和平等，在其他制度下却有不同表现。中国唐虞三代之时，人民有自由权。可是，这个自由权却并非建立在平等基础之上，而是建立在等级观念之上。

“天秩有礼，自我五礼有庸哉”[2]。上天规定了人的尊卑等级，我们就要推行天子、诸侯、卿大夫、士、庶民这五等人应该遵循的礼节，并且使其经常化。五礼所规定的人的等级是一种政治身份划分方式，这种政治身份是由政治地位决定的。那么，这种基于政治地位的等级观念是如何形成的呢？等级观念的形成与祭祀有关。

祭祀礼仪内含严格的尊卑等级观念。这种尊卑等级观念不仅体现在人的身上，而且还体现在山川、河流、神祇、方位等很多事物上。舜接受禅让，继承帝位，前往泰山祭祀。此举使泰山成为中国五千年历史中最具政治象征意义的山岳。“一览众山小”的泰山不仅位居五岳之首，而且成为历代帝王封禅、拜谒的必到之所。泰山因而成为众山岳中政治等级最高者。古代皇帝为祭祀泰山，特在其山脚下修建岱庙，并在全国各地修建东岳庙。清代，北京的东岳庙亦奉泰安岱庙为寻庙。每年皇帝万

---

① 《尚书・皋陶谟》。

② 同上。

寿节(生日),皇帝必遣官前往东岳庙致祭,足见泰山的地位及其所受到的礼遇。而纵观中国五千年历史,其他山岳则未获类似殊荣,更遑论与泰山比肩。神祇的地位高低不等,所受到的礼遇迥然不同。皇天上帝又称昊天上帝,是中国祭祀文化中的至上神。清孙诒让《周礼正义》认为,皇天上帝为"圜丘所祭之天,天之总神也"[①]。皇天上帝的祭所位于天坛(圜丘坛),天坛位于都城南部,故南方为尊位。清嘉庆年间,圜丘坛祭祀皇天上帝,正位居中,为上帝神座,南向。正位东侧依次为太祖高皇帝努尔哈赤神座、世祖章皇帝顺治神座、世宗宪皇帝雍正神座,皆西向;正位西侧依次为太宗文皇帝皇太极神座、圣祖仁皇帝康熙神座、高宗纯皇帝乾隆神座,皆东向。皇天上帝居中,代表上帝神圣之地位无可替代,不可超越。上帝神圣而稳固的地位亦表示清代皇权合法性具有神圣来源,皇权来自神授,得到天命嘉许。清代列祖列宗按昭穆制度分列东西两旁,代表众先帝已经成为皇天上帝的近臣,他们在天上保佑大清国运亨通。昭穆制度是中国古代宗庙神主的排序方式。古代宗庙,合祭始祖以下祖先于始祖庙,以父为昭,子为穆,将始祖神主牌位东向,然后按昭南穆北排列,故有"宗庙之礼,所以序昭穆也"[②]的说法。昭穆制度不仅是等级制度,而且是伦理秩序。祭祀中的伦理秩序需要严格恪守,其等级制度更不得有半点僭越。

祭祀礼仪中的等级差异与祭祀者的政治地位正相关。舜帝即位后,"修五礼、五玉、三帛、二生、一死,贽"[③]。五礼有二说:一说为公侯伯子

---

① 孙诒让:《周礼正义卷33》,许嘉璐主编,汪少华点校:《周礼正义》第4册,北京:中华书局2015年版,第1573页。

②《礼记·卷第十六·中庸第三十一》。

③《尚书·尧典》。

男朝聘之礼，一说为吉、凶、宾、军、嘉五礼。五玉是五种诸侯所持的作为符信的玉件，“公执桓圭，侯执信圭，伯执躬圭，子执谷璧，男执蒲璧”[①]。桓圭长九寸，信圭和躬圭长七寸，谷璧和蒲璧长五寸。从尺寸长短来看，尺寸越长，政治地位越高。从玉石种类看，“不执圭者，未成国也”，执圭与执璧，政治地位迥然不同。五玉亦称五瑞。五瑞加上“王执镇圭”，便成为“等邦国”[②]的六瑞。三帛即纁、玄、黄。纁，浅红略带黄色；玄，黑色；黄，黄色。三种颜色的帛按政治地位分别为诸侯世子、公之孤、附庸之君。二生为小羊和雁；一死为野鸡。它们分别为卿、大夫、士朝见时的贡物，亦是少牢的雏形。少牢是祭祀供品的一种等级，高于少牢的是太牢。舜祭祀尧，“格于艺祖，用特”[③]，特就是公牛。周成王在洛邑举行冬祭，“文王骍牛一，武王骍牛一”[④]。文王武王各用一头赤色的牛。这是太牢的雏形。从作为贡物的动物大小生死可见，这里面仍有严格的等级差别。

《尚书》中最低等级的人是奴隶。“弗用命，戮于社，予则孥戮汝”[⑤]。禹之子启即位，发动了对有扈氏的战争。战前动员时，启勉励将士用命杀敌，不用命的将士将被捉至神位前惩罚，或是卖为奴隶，或被杀掉。商纣的同母庶兄启担心，“商其沦丧，我罔为臣仆”[⑥]。臣仆就是奴隶。将士被惩罚去做奴隶，是一种人格上的羞辱。奴隶是社会群体中最卑微的一个等级，他们是可以被买卖的，毫无自由权。请注意，此处并非讨论奴隶社会问题。奴隶社会是一个大的历史题目，且是一个争议颇多的题目，

---

①《周礼·春官·大宗伯》。

② 同上。

③《尚书·舜典》。

④《尚书·洛诰》。

⑤《尚书·甘誓》。

⑥《尚书·微子》。

很多受人尊敬的历史学家对此问题有着各自的理解。但历史学家们的讨论告诉了我们一个事实，即最晚到西周，中国便有了奴隶。也就是说，可以肯定，西周社会存在一个最低贱的等级——奴隶。这种地位低贱的可以被买卖的奴隶在清代依然存在。清代八旗奴仆，满语称“包衣阿哈”，汉译为“家奴”，一般称“包衣、家人、壮丁、庄丁等”[①]。这些人是通过战争、投充、契买等方式变身为奴的。清代灭亡并未终止奴隶的存在。直到解放后，西藏的翻身农奴才把歌唱。也就是说，从西周开始到西藏解放，奴隶现象至少在中国存在了近三千年。因此，研究民本思想不能忽略奴隶现象的存在，毕竟，中华元典中的“民”是不包括奴隶在内的。

社会形成君尊民卑的等级观念。早期民本思想中，“民”是被治理的群体。“民”无疑是民本思想最主要的元素，没有“民”，何谈民本思想？民本，即“民惟邦本”。人民是国家的根本，但国家却非人民所有。国家属于谁？国家的所有者是君主。天命把国家的所有权授予了君主，君主成为治理国家之人，而人民成为被治理者。人民虽是国家的根本，但“民非后，罔克胥匡以生”[②]，没有了君主，人民便无法互相扶持生活下去。应该承认，社会需要组织者。没有组织者的社会是倾向于无政府的，而无政府是与民本思想背道而驰的。民本思想为“民”提供的唯一组织者选项便是君主，君主和人民在天命或天意的关照下履行着各自的使命。因此，“民”成为被治理者，而治理权则归君主所有。渐渐地，君尊民卑的社会等级观念得以形成。有人认为，这是《尚书》政治学说的最大缺憾——

① 孟昭信：《从档案资料看清代八旗奴仆》，《历史档案》1981年第2期，第93页。
②《尚书·太甲中》。

"主奴倒置，上下错乱"[①]。固然，《尚书》中有大量的天与民之间的关系判断，如"天视自我民视"等，但这些无一不是对君主的警告之语。正如"民惟邦本"之前，有"民可近，不可下"之警告一样，其突出"民"的用意，仅仅是为了劝诫督促君主做个有德性的主人。这个主人是万万不能没有的。"惟天生民有欲，无主乃乱"[②]，没有主人的民众是无法控制自己的七情六欲的。因此，人民虽然是国家的根本，但这个根本无法通过自身的努力完成国家治理的任务，他们需要一个组织者和领导人。这个组织者和领导人接受天命的指引，能够带领人民实现优良的社会生活。在这个过程中，君主逐渐使用刑罚和武力管理和约束人民，人民的自由权减少，成为束手无策的被治理者。可以说，《尚书》中对人民的美言只是劝谏君主的耳语，人民只是君主统治下的庞大的低等级群体，君主是当之无愧的统治者。"天子作民父母，以为天下王"[③]，君主与人民是父母与子女的关系。这种温情脉脉的表达实际上是希望统治者在实行统治时能够多考虑道德因素，并不能改变统治者和被统治者等级关系的事实。只有了解这些，才能明白孟子"民为贵"呐喊的真正意义。

## 第二节　首次转型及其政治价值观念

民本思想的首次转型是由孟子完成的，故本节以孟子民本思想为论述对象。本节专论孟子民本思想，并非跳过孔子而不问。事实上，孔子

---

① 熊理：《尚书的政治学说》，太原：山西出版传媒集团、山西人民出版社 2015 年版，第 75 页。

②《尚书・仲虺之诰》。

③《尚书・洪范》。

的民本思想已经体现在《尚书》中。司马迁在《史记》中记载,《尚书》是由孔子编次的:"孔子不仕,退而修《诗》《书》《礼》《乐》。"[①]虽然自《史记》之后,人们对孔子与《尚书》的关系有很多研究、猜测、论证,但"《尚书》由孔子编次的记载是很难推翻的"[②]。熊理甚至认为,虽然《尚书》中有许多人说的话,但"我们只可当它是孔子的'一家言'罢了"[③]。"一家言"之说显然不符合事实,但孔子思想深受《尚书》影响则是确定无疑的。关于这一点,前面论述时已有些许涉及。《尚书》常强调"予一人";"尔尚辅予一人"[④]"明听予一人诰"[⑤]"不惕予一人"[⑥]"听予一人之作猷"[⑦]"百姓有过,在予一人"[⑧]等。"予一人"是君主的自称,而他人提及君主时,常用"一人"。如"一人元良,万邦以贞"[⑨]"一人有庆,兆民赖之"[⑩]"邦之杌陧,曰,由一人;邦之荣怀,曰,亦尚一人之庆"[⑪]。无疑,孔子受到了这种"一人"思想的影响。季康子问政于孔子,子曰:"政者,正也。子帅以正,孰敢不正?"[⑫]季康子是鲁国正卿,权势极大。如果政治领袖人物带头以身作则,谁还敢不走正路?季康子问孔子,杀掉那些不走正路的人,以亲近有道德的好人,这样治理国家如何?孔子答曰:"子为政,焉用杀?子欲善,而

---

① 《史记·孔子世家》。

② 王蒨:《论孔子与〈尚书〉的关系》,《北京第二外国语学院学报》1995 年第 5 期,第 80 页。

③ 熊理:《尚书的政治学说》,太原:山西出版传媒集团、山西人民出版社 2015 年版,第 5 页。

④ 《尚书·汤誓》。

⑤ 《尚书·汤诰》。

⑥ 《尚书·盘庚上》。

⑦ 《尚书·盘庚中》。

⑧ 《尚书·泰誓中》。

⑨ 《尚书·太甲下》。

⑩ 《尚书·吕刑》。

⑪ 《尚书·秦誓》。

⑫ 《论语·颜渊第十二》。

民善矣。”[①]如果君主有善念善德，人民也会拥有善德。可见，就国家治理而言，孔子认为，领导人的德性具有决定作用，这是与《尚书》思想一脉相承的。正因为一脉相承，所以孔子的民本思想并未脱离《尚书》的窠臼。孔子政治思想的道德基础是仁，同时，仁也是其政治理想的最终目标：天下归仁。而仁的理想亦与“一人”理念相关，“我欲仁，斯仁至矣”[②]。孔子诚然是中国最伟大的思想家，但就民本思想而言，他似乎并未参透人民的力量，人民大于“一人”的必然。这个工作是由孟子完成的。

### （一）民本思想首次转型的时代因素

民本思想至孟子之时，完成了第一次转变。此次转变之因，一半为孟子思想之进步，一半拜时代之所赐。而孟子思想之所以进步，亦离不开其所处时代之给养。伟大的时代能够产生伟大的思想，动荡的时代亦能孕育卓绝的思想。孟子所处的时代是什么样的时代呢？

孟子生活在战国时代。孟子出生地、生卒年无确考。《史记·孟子列传》曰：“孟子，邹人也。”[③]这个邹，到底是鲁国的附庸国邹国，还是孔子故乡陬邑，历代学者们均有疑惑。清代学者程恩泽的《孟子编年序》认为，“孟子本鲁人，实居邹，不可谓邹即鲁也”[④]。这一说法似乎可靠。邹，即山东邹城，战国时代为邹国。邹国北依鲁国，与鲁国并称“邹鲁圣地”。孟子出生地是学界争议问题，其生卒年争议则更多。孟子享年有 74、84、

① 《论语·颜渊第十二》。
② 《论语·述而第七》。
③ 《史记·孟子列传》。
④ 程恩泽：《孟子编年序》，北京图书馆编：《北京图书馆馆藏珍本年谱》第 5 册，北京：北京图书馆出版社 1999 年版，第 43 页。

94、97 岁等说法，最低与最高相差 23 年，误差甚大。周广业《孟子四考》之说，认为孟子生于前 385 年，卒于前 303 或 302 年。萧公权先生作《中国政治思想史》时，亦引用此说。可见，此说具有相当的可靠性。假定孟子生卒年在此范围，即使前后加上 50 年误差，孟子依然生活在战国时代（前 475—前 221）。战国时代是什么样的时代呢？它给孟子思想带来哪些转变呢？

**第一，冶金技术进步**。橐籥是战国时代发明的一种鼓风设备，它能促进木炭燃烧，快速增高炼炉温度，提高生产效率。老子曾用橐籥比喻宇宙，“天地之间，其犹橐籥乎？虚而不屈，动而愈出”①。橐籥技术的出现，增强了铸造能力，但铸造技术本身的提高，则有赖于柔化铸铁技术的发明。柔化铸铁技术是指通过氧化脱碳并析出部分石墨，增强铸铁的韧性，形成白心或黑心可锻铸铁，后者比前者韧性更高。此种技术在农业、军事等方面广为应用。“我国铸铁柔化技术的发明要比外国早两千多年”②。此外，为使兵刃更加锋利，还发明了渗碳制钢技术；为配合铁器铸造、增加铁矿石供给，形成了铁矿开发技术。技术的发展，促进了铁器的应用。滕国位于邹国南，亦是袖珍小国，但由于农家许行的推广，已使用铁器。儒生陈相从滕国许行处学习归来，

> 孟子问陈相：“许子以釜甑爨，以铁耕乎？”
>
> 陈相答：“然。”
>
> 孟子问：“自为之与？”
>
> 陈相答：“否。以粟易之。”

---

①《老子・五章》。

② 杨宽：《战国史》，上海：上海人民出版社 1980 年第 2 版，第 28 页。

孟子曰："以粟易械器者，不为厉陶冶；陶冶亦以其械器易粟者，岂为厉农夫哉？且许子何不为陶冶，舍皆取诸其宫中而用之？何为纷纷然与百工交易？何许子之不惮烦？"

陈相答："百工之事固不可耕且为也。"①

许行在滕国使用铁器进行耕作。这种新工具的使用，对孟子来说是新鲜事。但他知道术业有专攻，与陈相问答时循循善诱，是为阐明下面的道理："然则治天下独可耕且为与？"治理国家时能够一边耕作一边治理吗？能够一心二用吗？孟子由此阐述其著名的论断："劳心者治人，劳力者治于人；治于人者食人，治人者食于人。"②从政治视角分析，孟子从铁器谈到治理，再从治理谈到等级，其眼中的新工具新技术只是形式改变而已，等级依然存在，并未因新工具新技术的出现而消亡。

**第二，商业经济发展**。新技术新工具的使用，促进了生产力的大幅提高。随着生产力的提高，可供买卖的商品增加，商业开始繁荣。商业繁荣促使交通工具不断改善和进步。车、船制造技术的成熟加速了水陆交通的发展，南北四方的商品交易获得了便利。商品交易的活跃催生出具有垄断性质的大商人，同时，政府开始向垄断商人征税。孟子对这种垄断商人印象不佳，称他们为"贱丈夫"。他说："古之为市也，以其所有易其所无者，有司者治之耳。有贱丈夫焉，必求龙断而登之，以左右望而罔市利。人皆以为贱，故从而征之。征商自此贱丈夫始矣。"③贱商是儒家传统。商人言利，而只有小人才"喻于利"。孟子在此，完全继承了儒

---

①《孟子·滕文公上》。

② 同上。

③《孟子·公孙丑下》。

家传统思想。他甚至认为，之所以向垄断商人征税，是因为大家都以为这些商人低贱。战国时代，这些商人还玩起了高利贷。由于政府的无能，加上商人的高利贷，致使民众雪上加霜。孟子说："为民父母，使民盻盻然，将终岁勤动，不得以养其父母，又称贷而益之，使老稚转乎沟壑，恶在其为民父母也？"[①]当时，实物地租实行定租制，百姓遇到灾荒，虽然终岁劳苦，但仍入不敷出。不得已借下高利贷来补齐地租，而高利贷的负担却令家中老人和小孩抛尸山谷中。难道父母官就是这样当的吗？这哪里是为民父母呢？

**第三，多国贵族掌权**。鲁国三桓通过"三分公室""四分公室"，取得鲁国政权。鲁悼公之时，"鲁如小侯，卑于三桓之家"[②]。晋国六卿废除井田制，实行田亩制和地税制，以经济改革，积累实力，转而实行政治改革。赵氏采用孙武的"富民"政策，与魏氏、韩氏，形成"三家分晋"的局面。齐国田氏用大斗借出，小斗收回的方式，让利于民，民心归之，田氏经田桓子爱民起家，至田厘子、田成子为相，专齐政，取得齐国政权。秦献公废除了殉葬制度，实行了五家为一伍的户籍制度，推行郡县制。秦国在这些举措的帮助下，实力大增。戴剔成取宋，成为宋国国君。宋国经戴氏治理，国力逐渐富强。战国中期，弟弟戴偃驱逐哥哥戴剔成，成为宋国国君，即宋君偃。宋君偃时期，宋国国力大增。公元前318年，宋君偃称王。孟子弟子万章注意到宋君偃称王之事，便问孟子："宋，小国也，今将行王政，齐楚恶而伐之，则如之何？"宋君偃行王政，孟子予以肯定，认为行王政是"救民于水火之中"。他说："不行王政云尔，苟行王政，四海之

---

①《孟子·滕文公下》。

②《史记·鲁世家》。

内皆举首而望之，欲以为君。齐楚虽大，何畏焉？”[①]孟子赞赏行王政之举，但对燕王哙禅让之事则持否定态度。就在宋君偃称王的同年，燕王哙把自己的君位禅让给了相国子之。禅让制始于尧，本是中国君主继承制的一种开明方式，本应得到思想家认可，但孟子并未站在燕王一边。当有人问是否可以因此事讨伐燕国时，孟子以“不告于王而私与之吾之禄爵”“无王命而私受之于子”相答，认为可以讨伐燕国，齐国讨伐燕国，是“以燕伐燕”[②]，以有道伐无道，无须劝阻。孟子甚至把齐国伐燕比作武王伐纣，劝齐王：“今伐燕，此文武之时，不可失也。”[③]齐国伐燕胜利后，诸侯谋划救助燕国，讨伐齐国。孟子再次向齐宣王重申了伐燕的正义性：“今燕虐其民，王往而征之，民以为将拯己于水火之中也，箪食壶浆，以迎王师。”[④]显而易见，孟子重视的是王道的施行。至于燕王哙禅让之事，并非如尧舜禹时代那么美好，也并非如一些历史学家所肯定的那么美好，此事件“是燕国统治阶级内部争权夺势的斗争”[⑤]，而燕王哙是斗争的失败者，他是被迫以禅让的形式交出政权的。

**第四，各国变法运动的兴起**。战国时代，各诸侯国为在残酷的竞争环境中生存下去，纷纷变法。法家鼻祖李悝在魏国首行变法，“尽地利之数”提高粮食产量和田租收入，用平籴法稳定粮价，编撰《法经》惩罚“盗”“贼”。此外，秦国商鞅、赵国公仲连、吴国吴起、韩国申不害、齐国邹忌等都是战国变法运动的佼佼者。尤其是齐国邹忌设立的稷下学宫，成为学

---

① 《孟子・滕文公下》。
② 《孟子・公孙丑下》。
③ 《战国策・燕策一》。
④ 《孟子・梁惠王下》。
⑤ 王彩梅：《燕国简史》，北京：紫禁城出版社 2001 年版，第 65 页。

者和思想家讨论政治的舞台。稷下先生淳于髡与孟子观点不合。淳于髡是战国时代著名的实用主义思想家,有学者认为他是黄老学派创始人,或曾编《晏子春秋》。孟子要离开齐国,淳于髡问:"先名实者,为人也;后名实者,自为也。夫子在三卿之中,名实未加于上下而去之,仁者固如此乎?"重视名誉事功之人,是为他人;轻视名誉事功之人,是为自己。您位列齐国三卿,未给君主带来名誉,未给百姓带来事功,您就这样离开,有仁德的人都是这么做的吗?这是赤裸裸的讽刺和挖苦。孟子则针锋相对,以仁作答。孟子认为,仁者做事没有一定之规,只要本着"仁"去行事便好。他说:"君子亦仁而已矣,何必同?"淳于髡继以"贤者无益于国"发难,孟子以"不用贤则亡"反唇相讥。淳于髡不服,认为现在没有贤人,"有则髡必识之"。孟子则以孔子借口"燔肉不至"离开鲁国为例,直言"君子之所为,众人固不识也"。为此,孟子慨叹"今之大夫,今之诸侯之罪人也"[①],"今之所谓良臣,古之所谓民贼也"[②]。孟子在与淳于髡的交锋中,或更增强了对仁和仁政的信念。

**第五,诸子的百家争鸣**。战国时代,诸子百家并起,中国思想领域呈现前所未有的繁荣景象。其中,杨朱和墨翟的学说引起孟子高度警惕。杨朱,战国初期魏国人,哲学家。杨朱亦称杨子,主张"贵生""重己""全性葆真,不以物累形",反对墨子兼爱思想和儒家伦理思想。墨翟(约前468—前376),春秋战国时代思想家,墨家学派创始人,居鲁国。墨翟亦称墨子,主张"兼爱""非攻""非命",反对儒家"爱有差等""天命"说。他还主张"非乐""节用""尚同""尚贤",认为"官无常贵,民无终贱",反对儒家的亲亲尊尊学说。孟子极为反对杨墨学说。他说:

---

①《孟子·告子下》。

② 同上。

"圣王不作,诸侯放恣,处士横议,杨朱、墨翟之言盈天下。天下之言不归杨则归墨。杨氏为我,是无君也;墨氏兼爱,是无父也。无父无君是禽兽也。公明仪曰:'庖有肥肉,厩有肥马,民有饥色,野有饿殍,此率兽而食人也。'杨朱之道不息,孔子之道不著,是邪说诬民,充塞仁义也。仁义充塞则率兽食人,人将相食。吾为此惧,闲先圣之道,距杨墨,放淫辞,邪说者不得作。作于其心,害于其事;作于其事,害于其政。圣人复起,不复吾言矣……能言距杨墨者,圣人之徒也。"①

可见,战国初期,杨墨学说非常流行,儒家已失往日光芒。孟子欲拯救儒家学说,必须先破杨墨势焰。但他"无父无君一段,在逻辑上说不通,完全是乱骂一阵"②,这表明杨墨在当时确实风头已经盖过儒家。因此,孟子号召儒者距杨墨,做圣人之徒。而这圣人之第一徒,则非孟子莫属。他用以距杨墨的法宝就是"仁政",就是民本思想。然理解其民本思想,须先明了其民本思想的性善前提。

### (二)立论基础薄弱的性善论

性善论是包括民本思想在内的孟子政治哲学的逻辑前提。孔子以"性相近,习相远"③概括人性,主张人性先天近似,差异乃后天养成。孟子继承孔子学说,但在人性问题上论说更加深入细致。孟子的性善论是在与告子的辩论中阐述的。告子,一说为战国思想家,一说为孟子弟子。

---

①《孟子·滕文公下》。

② 陈顾远:《孟子政治哲学》,上海:上海泰东图书局 1926 年第 3 版,第 40 页。

③《论语·阳货第十七》。

他说:“性犹湍水也,决诸东方则东流,决诸西方则西流。”他主张人性“无分于善不善”,认为人性无所谓善不善,就像“水之无分于东西”。孟子答曰:

> “水信无分于东西,无分于上下乎?人性之善也,犹水之就下也。人无有不善,水无有不下。今夫水,搏而跃之,可使过颡;激而行之,可使在山。是岂水之性哉?其势则然也。人之可使为不善,其性亦犹是也。”①

孟子性善论的立论大有问题。表面上看,孟子有理有据地驳斥了告子的观点,可仔细分析则不难发现,孟子的“搏而跃之”“激而行之”与告子的“决诸东方”“决诸西方”说的都是水在外力作用下会改变其流动的方向,俩人用不同的例子,说了同一个道理。问题是,俩人均认可的同一个道理,为何会得出两种不同的结论?告子认为,通过外力作用可以改变水流的方向,人性亦是如此,故无所谓善与不善。这个说法其实就是孔子“性相近,习相远”的翻版。孟子反驳告子时,先以水流可以东西,亦可以上下,驳斥对方的水流东西说。次以通过外力作用可以改变水往下流这个自然规律,指出可以通过外力使人性向善。且不说大千世界确实存在水往上流的个别现象(如中国台湾台东县某地),单单以自然规律论证社会问题尤其是人性问题便令人充满疑惑。社会问题尤其是人性问题的复杂性远远超过某一单一自然现象。因为自然现象发生的条件相对简单,而社会问题则不同,它要面临无数未知的变量。以人性问题为

① 《孟子·告子上》。

例，善恶往往就在一念之间。而这所谓的一念，其生成的条件可以简单，也可以复杂，无规律可循。因此，坦白地讲，从水流动的规律无法推导出人性善的结论。可以说，由于缺乏形上思维，孟子对社会问题的了解只能诉诸经验性的过程。

也许孟子对其立论重新做了思考。当弟子公都子再以人性善与不善的问题向其讨教时，孟子提出了他的四心说。他说：

> “乃若其情，则可以为善矣，乃所谓善也。若夫为不善，非才之罪也。恻隐之心，人皆有之；羞恶之心，人皆有之；恭敬之心，人皆有之；是非之心，人皆有之。恻隐之心，仁也；羞恶之心，义也；恭敬之心，礼也；是非之心，智也。仁义礼智，非由外烁我也，我固有之也，弗思耳矣。”①

何谓善？这是一个复杂的哲学或伦理学问题。孟子并未把善神秘化，相反，他用“仁义礼智”轻松道出了善的内容。人生来便具有“仁义礼智”之心吗？孟子对此非常肯定，甚至把四心看作是人生来固有的美德。孟子对四心之说特别重视，在另一处文字里，他把四心归结为四端，称：

> “恻隐之心，仁之端也；羞恶之心，义之端也；辞让之心，礼之端也；是非之心，智之端也……凡有四端于我者，知皆扩而充之矣，若火之始然，泉之始达。苟能充之，足以保四海；苟不充之，不足以事父母。”②

---

①《孟子·告子上》。
②《孟子·公孙丑上》。

此处，虽然辞让之心替代了恭敬之心，但意思并无太大差别。问题是，仁与仁之端、义与义之端、礼与礼之端、智与智之端差别甚大。四心说认为人固有仁义礼智四种善的元素，四端说则主张四心只是仁义礼智四种善元素的萌芽初始状态。“凡有四端于我者”显然否定了四种善元素是所有人所固有的判断，而“苟能充之”“苟不充之”则明确了四种善元素需要后天培养的必然。这是孔子“习相远”的思想精髓。我们无法从历史上明白判断四心说和四端说何者出现在前。单就《孟子》一书的排序看，是四端说在前，四心说在后。如果这是一个准确的历史顺序，那么我们可以说，孟子的性善论是从孔子人性观演变而得来的。梁启超先生认为，孟子四端说是“孟子人生哲学、政治哲学之总出发点”[①]，这个说法颇可疑。如果四端说是“总出发点”，那么，孟子人生哲学、政治哲学便不是基于性善论，而是基于孔子的人性观。

不得不说，孟子性善论立论基础实在是薄弱。萨孟武先生以“富岁子弟多赖，凶岁子弟多暴”[②]，认为孟子“并不反对人之善恶与环境有关”。因此，萨先生说：“如是，性本善之说似宜修正。”[③]陈启智先生则直截了当地认为，性善论“只不过说人性可以为善而已”[④]。但这种说法如何解释孟子仁义礼智“我固有之”的论断呢？可见，基于薄弱理论基础的性善论确实矛盾重重，问题不断。不过，立论基础薄弱恰恰是民本思想得以持续转型的有利条件，这一点是不容忽视的。

---

① 梁启超：《先秦政治思想史》，北京：中华书局2016年版，第124页。

②《孟子·告子上》。

③ 萨孟武：《中国政治思想史》，北京：东方出版社2008年版，第13页。

④ 陈启智：《孟子民本主义思想述评》，山东孔孟学研究丛书编辑委员会主编，谢祥皓编：《孟子思想研究》，济南：山东大学出版社1986年版，第140页。

### （三）仁政观念与社会等级秩序

养民是经济手段，保民是政治或军事手段，孟子仁政的对象是民。但这里的“民”，并非现代意义的“人民”，而是指“士”以下的庶民。孟子主张“制民之产”，认为“若民则无恒产，因无恒心”。庶民无固定的财产，因此没有恒心。那么，没有恒产而有恒心的人有吗？孟子的回答是肯定的，他说：“惟士为能。”[①]这样，士和庶民的人格区别就立体化了。“士”能在无恒产之时，始终保持恒心，其人格显然高于“无恒产无恒心”的庶民。因此，“士”和庶民在孟子思想里处于不平等的状态。也就是说，孟子的“民”并不包括“士”以上的阶层，当然，也不包括“奴隶”以下的阶层。孟子的“民”就是庶民。战国时代，庶民是人数最多的阶层，各国国君仍犹恐“寡人之民不加多”[②]。但在孟子看来，此事通过养民便可解决。“谷与鱼鳖不可胜食，材木不可胜用，是使民养生丧死无憾也”[③]，庶民的日常衣食住行得到充分保障，使庶民能为父母尽“养生送死”之孝，他们便无遗憾。庶民有能力尽孝父母，便是仁，就是成全了王道。

“养生丧死无憾，王道之始也”[④]，养民是行王道之始，王道乃指先王之道。齐宣王曾问孟子，为何周文王的狩猎场所方圆七十里，民众还以为小；齐国狩猎场所方圆四十里，民众则以为大？孟子答：“文王之囿方七十里，刍荛者往焉，雉兔者往焉，与民同之。民以为小，不亦宜乎？”[⑤]与民同之，便是王道。仁政是王道的基础。君主行仁政，“斯民亲其上，死

---

① 《孟子·梁惠王上》。
② 同上。
③ 同上。
④ 同上。
⑤ 《孟子·梁惠王下》。

其长矣”。[①] 养庶民、主仁政、行王道的目的是唤起庶民的爱国心，使庶民能为保卫国家而献身。而庶民物质生活得到满足，“七十者衣帛食肉，黎民不饥不寒”，他们便会支持君主称王天下，“然而不王者，未之有也”。[②]如此看来，养民的目的并非为民，而是以民为借口，主仁政和行王道而已，最终是实现君主称王天下的宏愿。也许有人会说，如果君主能够给百姓好的生活，他称王又有何不好？因为等级社会无法实现公平和正义，其中，处于社会低等级的阶层又须承受各种经济和社会负担，但又无法享受应得的权利。而历史也证明，即使庶民阶层受到养民带来的恩泽，但统治者为个人宏愿的完成，往往会给庶民阶层带来更沉重的负担。

养民之外，孟子还有保民观念。何为保民？保民即安民，安抚人民。齐宣王问孟子，具备什么样的道德才可以称王呢？孟子曰：“保民而王，莫之能御也。”[③]安抚庶民便可以称王，怎么安抚呢？孟子以为有仁心即可，“是心足以王矣”。孟子见齐宣王不忍杀觳觫之牛，认为其有恻隐之心，即有仁心，足以称王。用仁心保民，可以说是德治的代名词。而德治最终还是人治。德治也好，仁政也罢，其最终都是为君主服务的。齐宣王纵有仁心仁术，但其“所大欲”，则是“欲辟土地，朝秦、楚，莅中国而抚四夷”，成为天下共主。孟子劝其行养民保民之策，称“老者衣帛食肉，黎民不饥不寒，然而不王者，未之有也”[④]。足见，民本思想的养民保民观念虽属开明政治，但其根本目的还是为君主服务的，是为维护社会等级秩序服务的。

---

①《孟子·梁惠王下》。

②《孟子·梁惠王上》。

③ 同上。

④ 同上。

### （四）民贵论及其平等缺憾

“民为贵，社稷次之，君为轻”[①]，这句话是孟子民贵论令人震聋发聩的核心思想，也是孟子民本思想的精华所在。萧公权先生说：“孟子暗示君民之对立，而大明民主君仆，民体国用之旨。”[②]这样的评价似乎是把孟子送入了民主思想的殿堂，令人欣喜之余，又不免有些疑惑：中国先秦时期的民本思想已经具有了民主要素吗？要回答此问题，不妨先看看孟子这段话的全文。

> 孟子曰：“民为贵，社稷次之，君为轻。是故得乎丘民而为天子，得乎天子为诸侯，得乎诸侯为大夫。诸侯危社稷，则变置。牺牲既成，粢盛既洁，祭祀以时，然而旱干水溢，则变置社稷。”[③]

民是指丘民。何谓丘民？《论语注疏》记载，丘民是一种井田制兵赋方式。“九夫为井，四井为邑，四邑为丘，丘十六井，出戎马一匹，牛三头”[④]。也就是说，每井九夫，十六井共计一百四十四夫。夫，即农夫，亦指纳税庶民。故丘民是纳税庶民的集合称呼。此外，四丘为甸，还有甸民之称。每甸所纳兵赋要多于每丘，丘是最低一档的兵赋起征点。可以说，“民为贵”之“民”是有纳兵赋义务的“丘民”，这些丘民作为“纳税人”是尊贵的。他们之所以尊贵，是因为他们手中握有一种自由选择权，他

① 《孟子·尽心下》。
② 萧公权：《中国政治思想史》第1册，沈阳：辽宁教育出版社2001年，第85页。
③ 《孟子·尽心下》。
④ 何晏注，邢昺疏：《论语注疏》，北京：北京大学出版社2000年版，第64页。

们可以自由选择或拥护作为天下共主的天子。这里的自由选择并非现代意义上的选举，而是民心对先王之道的认可。但“民心”在这里却是分等级的。孟子以往都以“民”代指庶民，而庶民无疑是个宽泛的概念。丘民是指有纳兵赋义务和资格的庶民，其范围明显要缩窄许多。我们有理由相信，丘民在此处之地位是高于没有纳兵赋资格的庶民的。也就是说，自由的民心被纳兵赋资格和义务划分为不平等的两部分，一部分是有纳兵赋资格和义务的丘民，他们具有选择或拥护天子的权利；另一部分是无纳兵赋资格和义务的庶民，他们并不在天子关心的范围内，因为他们并无选择或拥护天子的权利。如果把丘民看作现代意义的选民的话，那些无纳兵赋资格和义务的庶民并不握有天子所争取的选票。无疑，丘民是庶民中的上等群体。当然，如此分析孟子“民贵论”似乎有些过于苛求。换一个角度看，纳税人具有选择或拥护天子的权利，也是一种权利和义务的统一。虽然损失了平等，但亦不失为进步。毕竟，这种“权利和义务的统一”在两千多年后的民主的大英帝国还在应用。1835年，英国《城市自治机关法》规定，有纳税资格的公民才能成为选举人。此举使大部分城市居民失去了选举权。但对英国来说，此举也是一种历史进步，因为它“体现了纳税义务和投票权利之间的辩证统一的关系，变拥有财产收入之多寡的选民资格为向城镇公共事业贡献大小的纳税人资格来确定投票权利”①。可见，平等在民主政体下亦非一蹴而就，亦需要一个艰难的过程。那么，我们何必为此苛求先贤两千多年前提出的“民贵论”呢？

因为民贵论既是民本思想的核心，又是后世思想家的追求。《尚书》

① 陆伟芳、余大庆：《19世纪英国城市政府改革与民主化进程》，《史学月刊》2003年第6期，第110页。

民本思想中的民便是有等级的。虽然其民具有自由选择君主的权利，但其地位处于社会中的第五等，属于次低阶层。战国时代，孟子在理论上实现了民的飞跃，把民提高到“贵”的位置，而与之相比，君则处于“轻”的地位。难怪萧公权先生认为这是“暗示君民之对立”。表面上看，“贵”“轻”确有对立之嫌，但仔细思考却发现此事并非如表面那样简单。孟子这段话是对谁说的？或者，孟子为何要说这段话？孟子这段话是对想要成为天下共主的诸侯说的，其所言实为王道或先王之道。孟子所说的“君”是指诸侯国国君，并非大一统后的国王或天子。这也可从“社稷次之”的社稷得到证明。董仲舒《春秋繁露》记载“天子祭天地，诸侯祭社稷，诸山川部长封内不祭”[①]。古代，天子祭祀天地，诸侯祭祀社稷，是由礼仪所规定的。社稷在此代指诸侯国。孟子在民和君之间安插了另一个主人公“天子”，这个主人公才是整段话的主角。在天子的视角里，“民为贵”是因为只有得到丘民的支持，天子的地位才能维持下去；“君为轻”是因为诸侯国君是由天子受封的，天子授诸侯国君以祭祀（社稷）权，诸侯国君的权力合法性来自天子。故“得乎天子为诸侯”，天子具有分封诸侯的权力。如此看来，民与君的对立关系在这段话里并不存在，或者只是望文生义地存在。因此，梁启超在谈及“民为贵”时，仅说孟子言政治，“舍民事外无国事也”[②]，并未受到“贵”“轻”之说的影响。

事实上，如果从诸侯的角度看，民就是被统治的对象。孟子曰：“诸侯之宝有三：土地、人民、政事。”[③]这里的人民是诸侯所辖领地上的所有人口。诸侯和人民是统治与被统治的关系。战国初期，作为统治者的诸

---

① 《春秋繁露・王道第六》。

② 梁启超：《先秦政治思想史》，北京：中华书局 2016 年版，第 130 页。

③ 《孟子・尽心下》。

侯最担心的一件事便是人民数量的多寡。梁惠王曾以“邻国之民不加少，寡人之民不加多”询问孟子，就是一个最好的例子。究其原因，这种询问实出自《尚书》“本固邦宁”之命题。唐虞三代之时，人民具有自由选择权，可以自主选择自己想要居住的地方。对诸侯来说，这种自由选择权则意味着人口数量的增减完全取决于诸侯国君治理国家的水平。孟子年间，人民的这种自由选择权仍然存在，诸侯国君仍对人民如何使用此权利忧心忡忡。而孟子则教导诸侯国君主仁政、行先王之道，指出“王无罪岁”，“如有不嗜杀人者”，人民便能“归之，由水之就下”[①]。人民归附某国，该国国君便成为其父母。“为民父母，行政不免于率兽食人”[②]，“国人皆曰可杀，然后察之，见可杀焉，然后杀之。故曰国人杀之也。如此，然后可以为民父母”[③]。“为民父母，使民盻盻然，将终岁勤动，不得以养其父母，又称贷而益之，使老稚转乎沟壑，恶在其为民父母也”[④]。人民视诸侯国君为父母也好，诸侯国君自视为民父母也罢，无论如何，纠缠在此的是一个等级关系——父子。父子关系是孟子仁政学说的出发点。“亲亲，仁也”[⑤]。亲爱父母便是仁，那么人民便要爱诸侯国君吗？如果这样的话，还是诸侯国君行仁政吗？把人民与国君的关系，设计成子与父的关系，是一种怎样的考量呢？人民固可以通过行使自由选择权离开自己的国家，但人无论如何也无法选择离开自己的父母啊。为民父母的国君是否会因此废除人民的自由选择权呢？

---

①《孟子·梁惠王上》。

② 同上。

③《孟子·梁惠王下》。

④《孟子·滕文公上》。

⑤《孟子·告子下》《孟子·尽心上》。

### （五）暴君放伐革命理论与自由权

暴君放伐革命理论之源头在汤武革命。汤武革命是指发生在三代之时的商汤放夏桀、周武王伐商纣两次王朝更迭。汤放桀，称“夏氏有罪，予畏上帝，不敢不正”[①]，是以上帝之名，讨伐有罪之君。周武王伐纣，称“商罪贯盈，天命诛之。予弗顺天，厥罪惟钧”[②]，是以天命讨伐有罪之君。上帝之名和天命其来源一，均为中国的至上神——皇天上帝。这是早期民本思想的天命观。但是，这种天命观传至战国时代，孟子赋予其新的内涵。

齐宣王问孟子：“汤放桀，武王伐纣，有诸？”

孟子答：“于传有之。”

齐宣王问孟子：“臣弑其君，可乎？”

孟子答：“贼仁者谓之‘贼’，贼义者谓之‘残’。残贼之人，谓之‘一夫’。闻诛一夫纣矣，未闻弑君也。”[③]

以上便是孟子暴君放伐革命论的基本内容。孟子在暴君放伐革命论中放弃了《尚书》天命观思想，把革命的权利交给了实实在在的人，即齐宣王所说的“臣弑其君”的臣。客观地说，“臣弑其君”之说是正确的，毕竟商汤曾为夏桀的诸侯、武王曾为商纣的诸侯。但孟子从“仁”“义”角度，认为桀纣背离了王道，否定了他们作为天子的合法性，把他们的身份降至“一夫”，即独夫、匹夫。这样，武王伐纣便非弑君，而只是“诛一夫纣”而已。不过，桀纣作为天子的合法性失去了，可汤武革命的合法性来

---

①《尚书·汤誓》。

②《尚书·泰誓上》。

③《孟子·梁惠王下》。

自哪里呢？孟子的伟大之处就在于，他不仅放弃了天命观，而且还把革命的最终决定权赋予了人民。齐宣王讨伐燕国获得了胜利，但对是否长期占有燕国却有些踟蹰，便请教孟子。孟子曰：

> “取之而燕民悦，则取之。古之人有行之者，武王是也。取之而燕民不悦，则勿取。古之人有行之者，文王是也。以万乘之国伐万乘之国，箪食壶浆以迎王师，岂有他哉？避水火也。如水益深，如火益热，亦运而已矣。”①

武王伐纣，乃人民的意愿；文王三分天下有二，依人民的意愿，仍臣服于商。人民如果生活在水深火热之中，便会选择换个领导人来统治。而武王伐纣，正是“诛其君而吊其民，若时雨降，民大悦”②。人民满意了，人民的意愿得到满足了，暴君放伐革命论方谓有的放矢。暴君放伐革命权只属于人民。公孙丑问孟子，如果作为臣子的贤者认为其君不贤，是否可以行使放伐的权利。孟子以“有伊尹之志则可，无伊尹之志则篡也”③作答，明确人民是暴君放伐革命权的天然主人。但是，孟子为何要把革命的最终决定权交给人民呢？因为人民具有自由选择权。

春秋战国时期，人民的自由选择权在空间上可分为两种：选择天子权和选择诸侯权。后者有三种选择：留守忍受、自愿离开、革命反抗，前者有两种选择：留守忍受、革命反抗。可见，人民面对无法忍受的诸侯国君，可以一走了之，使邻国之民加多，直到万不得已，才会选择革命。不

---

①《孟子·梁惠王下》。

② 同上。

③《孟子·尽心上》。

过，人民面对一统天下的天子则无从逃避，只有忍受和苣命两个选项。因此，天子不行王道仁政，相对来说，其生存的空间和时间都非常有限。天子、诸侯国君行王道仁政，人民便会选择留下。孟子曰：

> “桀纣之失天下也，失其民也。失其民者，失其心也。得天下有道：得其民，斯得天下矣。得其民有道：得其心，斯得民矣。得其心有道：所欲与之聚之，所恶勿施尔也。民之归仁也，犹水之就下、兽之走圹也。”①

失去民心，实际上就是反向启动了人民的自由选择权。“心”代表人民的意识和信仰，意识和信仰的天平运动的方向与自由选择权所选择的方向一致。“所欲与之聚之”，人民意识和信仰需要得到充分满足。为此，孟子赋予人民参政权。齐宣王就如何辨别贤能之臣请教于孟子。孟子曰：

> “左右皆曰贤，未可也；诸大夫皆曰贤，未可也；国人皆曰贤，然后察之。见贤焉，然后用之。左右皆曰不可，勿听；诸大夫皆曰不可，勿听；国人皆曰不可，然后察之。见不可焉，然后去之。左右皆曰可杀，勿听；诸大夫皆曰可杀，勿听；国人皆曰可杀，然后察之。见可杀焉，然后杀之。故曰国人杀之也。如此，然后可以为民父母。”②

参政权可谓开明专制的萌芽。梁启超说：“由专断而以良的形式发

---

①《孟子·离娄上》。
②《孟子·梁惠王下》。

表其权力，谓之开明专制。”[①]孟子提出的以“良的形式发表其权力”就是征求国人意见，然后把国人意见作为决策的重要依据。因为专制制度的束缚，孟子无法设计出一个以国人意见作为决策唯一依据的政治模式，无法把国人意见上升到人民主权的高度，故君主仍是最后的决策者。君主只不过是用人民的名义行使了自己的权力而已。而就等级地位而言，君主仍是人民的父母，人民顺从君主便如孝顺父母。虽然与君主的等级关系仍维持原样，但人民在孟子“开明专制”的政治设计中享受到了思想自由的权利和自由表达意见的权利。齐国攻占了燕国，其他诸侯国准备伐齐救燕。齐宣王不知如何应对，便请教于孟子。孟子认为，齐国攻占燕国后更加强大，诸侯们敬畏。但见到齐国虽然强大，却不行仁政，便准备“动天下之兵”。因此，孟子曰：

> “今燕虐其民，王往而征之，民以为将拯己于水火之中也，箪食壶浆以迎王师。若杀其父兄，系累其子弟，毁其宗庙，迁其重器，如之何其可也？天下固畏齐之强也，今又倍地而不行仁政，是动天下之兵也。王速出令，反其旄倪，止其重器，谋于燕众，置君而后去之，则犹可及止也。”[②]

“谋于燕众”便是肯定了人民具有思想自由的权利。齐伐燕，因“燕虐其民”，无疑，这是一场正义之战。燕国人民在此问题上行使了自己的自由选择权，“箪食壶浆以迎王师”，同意齐国放伐本国国君。但齐国占

① 梁启超：《开明专制论》，《饮冰室合集 · 文集 · 第 6 册》，北京：中华书局 2016 年版，第 1511 页。
②《孟子 · 梁惠王下》。

领燕国后，却“毁其宗庙，迁其重器”，因而遭到燕国人民甚至其他诸侯国人民的反对。齐国从救世主变成了侵略者，燕国人民再次行使自由选择权，准备驱逐齐国军队。孟子建议齐宣王“谋于燕众”，是因为人民除自由选择权之外，还有思想自由的权利。思想决定行动，人民的自由选择权受其思想的支配。而思想、表达、行动具有合理的逻辑顺序，孟子赋予人民暴君放伐革命权，同时也赋予了人民思想自由和表达自由的权利。当然，切不可因为人民具有这些自由的权利，便以为孟子对民主思想有过建树。如果把自由和平等比作民主思想的两条腿，那么，孟子只是用自由这条腿跳进了开明专制。按照双层理论，自由和民主是民主的必要条件，它们共同构成民主思想的充要条件。由于缺了一条平等之腿，孟子无法从平等的角度理解自由，或从自由的角度理解平等，因此，他无法用双腿走进民主思想的大门。

但我们仍以最大的敬意感谢孟子为中国传统民本思想以及儒家思想带来的自由之光。这束自由之光被随后的两千年的君主专制政治遮掩起来，不复见天日。近代以来，西方自由思想传入中国，思想家面对民本思想转型的压力是否会重拾孟子的自由之光，这个问题留在近代部分讨论。孟子民本思想除闪烁自由之光外，还有其独特的国家治理理念。

### （六）国家治理主体转变与受限制的自由权

治理国家首先必须明确国家主权的所有者。孟子认为，国家主权的所有者不是君主本人，因此“天子不能以天下与人”[①]。那么，谁有“以天下与人”的权力呢？答案是“天”和“民”。孟子曰：

---

①《孟子·万章上》。

“使之主祭，而百神享之，是天受之；使之主事而事治，百姓安之，是民受之也。天与之，人与之，故曰天子不能以天下与人。”[①]

“天受之”是君权神授理论的雏形，“民受之”是人民主权理论的雏形。孟子为国家主权同时确定了“天”和“民”两个所有者，但两者相比，“民”属于弱势。“天视自我民视，天听自我民听”[②]，“天”通过“民”完成其对君主和天下的监督责任。孟子所言之“民”已经脱离了《尚书》“百姓有过，在予一人”[③]的君主的呵护，成为有权决定君主命运的独立主体。“民受之”成为君主能否合法统治的前提之一。孟子已经看到天命观的末日，他要用“人与之”补充天命观的不足。遗憾的是，后代儒学继续发挥天命观，并将其哲理化，从而完全忽视了对人民主权理论的探索。可以说，孟子同时打开了两扇门，但后代学者集体选择了走不通的那扇。

治国理政乃为民，故孟子曰：“民事不可缓也。”[④]民事，无非衣食住行。对孟子而言，这些民事可以通过“制民之产”来解决。解决恒产只是初步目的，孟子真正的目的是树立人民的恒心，“苟无恒心，放辟邪侈，无不为己”[⑤]。恒心是指常善之心。东汉赵岐认为，人皆有善心，然人民迫于生活压力“则不能守其常善之心”[⑥]。人民有了固定产业，就能保持善心，便可安心生产，赡养父母妻子儿女，向国家缴纳税赋。制民恒产之

---

① 《孟子·万章上》。
② 《尚书·泰誓上》《孟子·万章上》。
③ 《尚书·泰誓上》。
④ 《孟子·滕文公上》。
⑤ 同上。
⑥ 赵岐注、孙奭疏：《孟子注疏》，北京：北京大学出版社2000年版，第28页。

外，还有设立庠序学校教化人民，使人民明白伦理道德。这里所谓的伦理道德一般是指五伦：父子有亲、君臣有义、夫妇有别、长幼有序、朋友有信。当然，社会中的伦理道德是全体社会成员共同遵守的准则，统治者依据伦理道德准则行事，被统治者经过教化，亦能上行下效。孟子说："人伦明于上，小民亲于下。"①统治者能够以伦理道德行事，人民便会爱戴他们。通过伦理道德维系，统治者与被统治者能够和谐共处，国家也就完成了道德层面的治理。

孟子主张用本固邦宁的原则管理人民，具体化了《尚书》"民惟邦本，本固邦宁"的理论。滕文公派人向孟子讨教井田制，孟子指出要以公正、平均、公平的原则划分井田的田界，"经界不正，井地不钧，谷禄不平，是故暴君污吏必漫其经界"②。田界划分原则确定后，井田得以公平分配。至于设置井田制的目的，孟子曰：

> "死徙无出乡，乡田同井，出入相友，守望相助，疾病相扶持，则百姓亲睦。"③

从政治学角度看，孟子设置井田制无论出于何种目的，均限制了人民自由迁徙的可能性。诚然，这是基于"本固邦宁"原则的设计，但其明显与孟子常常暗示的人民自由选择权相抵牾。陷于井田制的人民"死徙无出乡"，失去了自由迁徙权，如何还能够自由选择君主？这是孟子民本思想的矛盾之处：既关心人民的利益，又为统治者服务。其矛盾之根源

---

①《孟子·滕文公上》。
② 同上。
③ 同上。

大约是缺乏平等观念所致。民主思想中，平等和自由是互为条件的观念，缺一不可。而孟子的开明专制思想中，仅有自由观念。这便导致自由在没有平等的支持下，往往走向极端，不是成为专制的牺牲品，就是捣毁君主制政权。当然，内在逻辑出现的这个矛盾或并非孟子本意。

孟子本意是用本固邦宁之法实行仁政。各乡同耕井田之民，“出入相友，守望相助，疾病相扶持”，俨然形成一个集亲情、安全、健康于一体的互助社团。这样的互助社团带有明显的自治性质，他们向国家履行缴纳固定税率赋税的义务，并为国家承担了生老病死的责任。老者和病者是古代社会也是现代社会的棘手问题。孟子指出，周文王施行仁政，最关心的有四种人：“老而无妻曰鳏，老而无夫曰寡，老而无子曰独，幼而无父曰孤。”其中，鳏、寡、独三种是老人。他们是“穷民而无告者”[①]，穷而无助，故需要国家仁政的特别关怀，但也不得不说，他们也是古代君主的治理负担。孟子用井田制的方式，通过井田之民的相友、相助、相扶持，为君主化解了这个治理负担。当然，这一工作是与教化相辅相成的。孟子认为，举世公认周文王是“善养老者”，善于奉养国内的老人，其方法无非“制其田里，教之树畜，导其妻子使养其老”[②]。国家用教化的方式，通过弘扬五伦、孝道，使人民自己承担了养老和养病的责任。而养老者和病者的责任自觉，使井田之民无暇考虑频繁迁徙，至此，通过仁政达到了本固邦宁之效。孟子所谓的“以佚道使民，虽牢不怨；以生道杀民，虽死不怨杀者”[③]大约就是其仁政的原则。孟子所主张的仁政总是在统治者和被统治者之间作平衡，但其天平总是倾向统治者的。这或许是孟子思想

① 《孟子·滕文公上》。
② 《孟子·尽心上》。
③ 同上。

中缺乏平等观念所致。

> “夫滕，壤地褊小，将为君子焉，将为野人焉。无君子，莫治野人；无野人，莫养君子。”①

孟子承认国家须有统治者和被统治者之分。君子是统治者，野人是被统治者。君子负责管理野人，野人负责为君子提供生活所需。如果把这段话理解为社会分工，或许不错。但如果与下段话并论，恐怕便没那么简单。

> “故曰或劳心，或劳力：劳心者治人，劳力者治于人；治于人者食人，治人者食于人，天下之通义也。”②

君子劳心，野人劳力。君子是管理者、统治者，野人是被管理者、被统治者。被管理者出卖劳力养活管理者、统治者，管理者、统治者由被管理者养活。孟子把这种统治者与被统治者的关系看作是天下通行的道理，认为是天经地义的。孟子没有看到，井田制下的人民不再是财产的所有人，他们只是君主财富的创造者。唐虞三代之时，“统治者被视为公有财产的托管人，可是现在统治者是财产拥有者。透过财产和生产剩余，统治者得以收买维系这一高度不平等体系运作的官员的忠诚”③。君

---

① 《孟子·滕文公上》。

② 同上。

③ 〔美〕哈罗德·R.克博：《社会分层与不平等》，蒋超等译，上海：上海人民出版社2012年版，第76页。

主和官员构成的统治者阶层，通过税赋、徭役等方式，对被统治者阶层实行财富掠夺，造成社会财富过于集中在统治者阶层，形成严重的经济不平等。统治者阶层为维护既得利益，采取各种方法使被统治者阶层安于现状，服从统治者阶层的统治，从而造成政治不平等。

从平等的角度看，孟子民本思想是为君主制国家所设计的统治理念；从自由的角度看，孟子民本思想是主张人民权利的学说。仁政是孟子民本思想的精髓，但由于缺乏平等认知，孟子的仁政理念会加大统治者与被统治者的社会、经济、政治地位差距，并最终使被统治者祭起革命权，完成一治一乱的历史循环。孟子民本思想是中国数千年黑暗专制政治里最先点燃的自由灯塔，它能够照亮后世思想家的前进之路吗？

## 第三节　二次转型及其政治价值观念

民本思想的二次转型从荀子开始，到董仲舒为止。孟子之后百年，荀子成为儒家思想的领军人物。对儒家思想来说，荀子无异于一位改革者。他反对孟子性善论，认为人性本恶。并由性恶论出发，形成了自己独特的以等级秩序为原则的礼义观念。礼义观念是对等级的固化，是社会不平等的理论来源。由于秉持礼义观念和等级秩序思维，荀子为儒家民本思想做了一次大改革。他提出“上为下之本”，变民本思想为“君为民本”思想。荀子承认并主张社会等级秩序的同时，继承了先贤的自由观念。荀子之后，另一位大儒董子董仲舒提出“君为国本”思想，使民本思想归于沉寂。不过，董仲舒虽然阻碍了民本思想的发展之路，但却有限度地继承了民本思想的暴君放伐观念。此次继承无疑是伟大的，因为它完成了儒家民本思想最精华部分的交接。

### （一）礼义观念与等级观念的明确和固化

孔子政治思想有两大基本道德基础：仁和礼。孟荀作为孔门后学两大门派，对仁和礼，分别做出了自己的选择。孟子先出，选择了仁，主张仁义，认为人性善；荀子晚生百年，选择了礼，主张礼义，认为人性恶。人性善、人性恶，人是指所有人吗？孟子寥寥数语论性善，并未明确说明"人"的范围。荀子不同，荀子论人性恶足足写了八篇文章，且对"人"的范围做出清晰界定。他认为，"人"是包括圣人在内的所有人，圣人与普罗大众的性是一样的，是生而恶的。"故圣人之所以同于众，其不异于众者，性也"[①]，这就是说，所有人的本性生来都是恶的，在这点上，人人平等。但荀子并未意识到人人平等的价值，也未意识到所谓人性恶是人的自我保护的自由意志。法国哲学家卢梭认为：

> 这种人人都有的自由，产生于人的天性。人的天性的首要法则是保护他自己的生存；他首先关心的，是照护好他自己。一当他到了有理智的年龄，那就只是他本人判断应当采用何种方法才最能维护他的存在……我们可以说家庭是政治社会的原始模型。政治社会的首领就好比一个家庭中的父亲，人民好比家中的子女；大家生来都是平等的和自由的，每个人都只有在对自己有利的时候才转让自己的自由。[②]

卢梭把自由看作是人生来为保护自己的生存而行使的权利，因此，

---

① 《荀子·性恶》。

② 〔法〕卢梭：《社会契约论》，李平沤译，北京：商务印书馆2014年版，第5页。

自由是源于人的天性。或受思维方式所限，两千年前的中国思想家荀子并未能把人的生存保护意识与权利联系在一起，而只是顺应儒家思想脉络，对这种生存保护意识做了善恶的划分。

> 人之性恶，其善者伪也。今人之性，生而有好利焉，顺是，故争夺生而辞让亡焉；生而有疾恶焉，顺是，故残贼生而忠信亡焉；生而有耳目之欲，有好声色焉，顺是，故淫乱生而礼义文理亡焉。①

好利、疾恶（妒忌）、耳目之欲皆为人的本能行为，这些本能行为是为了保护自己的生存权利而自觉的行动。婴儿的哭声传达的是饥饿或者疾病信号，这是一种本能保护，与善恶无关。儒家学者用善恶区别人性，无非是为社会伦理、政治伦理寻找一个逻辑出发点。从这个逻辑出发点出发，儒家学者可以建立一套完整的社会政治道德规范体系，并最终为现实政治服务。两千年后的卢梭亦然，他从人生而自由和平等出发，推演出独具特色的政治权利原理或称社会契约论。虽然荀子未能把好利、疾恶、耳目之欲高度概括至自由的高度，但其中所隐含的自由气息是无法遮盖的。正是这种自由气息，令荀子嗅到了恶的存在，因此他要“化性而起伪”②，用礼义导善，遏制人性之恶。换句话说，荀子认为自由是性恶论的“恶”之源。荀子借圣人之口表述的所谓礼义，表面上是制止人性之恶，实则是为扼杀人性中的自由权利。

荀子礼义学说的基础是等级秩序。荀子论说等级秩序不再像孟子那样躲躲闪闪，而是直截了当，似乎完全名正言顺。当然，等级秩序如果

---

①《荀子·性恶》。

② 同上。

应用于经济领域，也并非坏事。荀子思想有养民观念，养民与税赋密切相关，他说："王者之等赋，政事，财万物，所以养万民也。"[1]等赋就是按照等级征收税赋。不过，这里的等级并非以社会中的人来划分，而是按照农田、土地、湖泊等自然状态划分。如农田征收什一税、山林湖泊按时关闭开放而不收税、土地按贫瘠程度收税等。荀子思想中有"足天下"的理念。足天下就是使天下富足，而使天下富足，便须明其道。"兼足天下之道在明分"，这个道就是确定等级名分。这里的等级名分是指社会要明确分工。农夫耕作，军队将帅保护百姓，上天使寒暑合乎节令，圣王贤相爱护百姓、管理百姓。不过，等级制度在社会群体中则是另外一番景象。荀子认为，社会必须划分等级，"群而无分则争"[2]。他从人性恶出发，指出"贵为天子，富有天下，是人情之所同欲"[3]。圣王为遏制人性之恶，便制定礼义区别高下，"使有贵贱之等，长幼之差"[4]。贵贱是指社会政治地位，长幼是指社会伦理秩序，这是圣王制礼义的真实目的，即用不平等的等级秩序实现社会的善，实现理想化的社会政治。孟子民本思想中便有等级观念，但那是暗含的不平等观念。荀子则不同，他公开地、赤裸裸地主张等级秩序，主张不平等的存在是实现社会善的唯一途径。可以说，就儒家民本思想而言，荀子延续并明确了孟子思想中的等级观念，并将其用礼义的方式固化在社会政治秩序中，为之后两千多年的专制统治奠定了道德基础。

---

① 《荀子·王制》。
② 《荀子·富国》。
③ 《荀子·荣辱》。
④ 同上。

## （二）君为民本思想与自由观念

君为民本思想乃基于等级观念。荀子一反《尚书》“民惟邦本”、孟子“民为贵”之表述，其民本思想是儒家民本思想的逆流。之所以有此逆流说，是因为荀子固有爱民、利民、养民之理念，但其主张“君为民本”，认为君主是人民的本源。

> “君者，民之原也。原清则流清，原浊则流浊。故有社稷者而不能爱民、不能利民，而求民之亲爱己，不可得也。民不亲不爱，而求其为己用、为己死，不可得也。民不为己用、不为己死，而求兵之劲、城之固，而求敌之不至，不可得也。”①

荀子还主张君主是人民的根本。

> “故上者，下之本也，上宣明则下治辨矣，上端诚则下愿悫矣，上公正则下易直矣。”②

荀子“君为民本”的主张，表面上是对《尚书》和孟子民本思想的反对，实际上只不过是说了句实话而已。《尚书》民本的等级观念、孟子民本思想中的等级观念都是客观存在的事实，荀子只是扮演了一次皇帝新装中那个说真话的小孩而已。有学者认为荀子“君舟民水”观是“影响极

---

①《荀子·君道》。
②《荀子·正论》。

其深远的民本思想命题"[1],现在看,此说有待商榷。荀子曰:

> "庶人安政,然后君子安位。传曰:'君者,舟也;庶人者,水也。水则载舟,水则覆舟。'此之谓也。故君人者欲安则莫若平政爱民矣,欲荣则莫若隆礼敬士矣,欲立功名则莫若尚贤使能矣,是君人者之大节也……故王者富民,霸者富士,仅存之国富大夫,亡国富筐箧,实府库。筐箧已富,府库已实,而百姓贫,夫是之谓上溢而下漏。"[2]

这段话论述的是君为民本思想下的君主和庶民关系。民本思想下的君主和庶民关系,是以民为本,民为贵,庶民是目的;君为民本思想下的君主和庶民关系是以君为本,君主是目的。因此,荀子以君主"欲安""欲荣""欲立功名"为目的,要求君主"爱民""礼士""尚贤使能"。人民对政治满意,君主才能安位。满足人民是为了服务君主的需要。人民如水,水可以载舟也可以覆舟,是对人民整体力量的肯定。这种肯定亦包含对人民自由选择权和革命权的肯定,是荀子延续孟子自由观念的证明。荀子延续了自由观念,却改革了民本思想。他以礼义思想为指导,以等级秩序为原则,置君主于人民之上,倡导君为民本主义。等级秩序中,天子、君主是目的,人民是手段。而民本思想虽然无法保证平等的存在,但人民始终是目的。

君为民本思想是民本思想的一次彻底转型。民本思想从《尚书》的

---

① 张分田:《民本思想与中国古代统治思想》(上),天津:南开大学出版社2009年版,第114页。

②《荀子·王制》。

"民惟邦本"到孟子的"民贵论",实际上已经出现了第一次转型。这次转型把"民"提高到前所未有的高度,使"民"在政治思想理论中的作用发生了改变。虽然孟子的"民贵论"暗含不平等观念,但总体来讲,其理论突破了《尚书》"固民"的内在逻辑。荀子作为儒家思想的逆流,独举君为民本思想大纛,以礼义思想的等级秩序观念为原则,完成了对民本思想的彻底转型。之所以说其彻底,是因为荀子彻底放弃了民本概念。君与民在其思想中是"上与下""贵与贱"的关系,而非孟子的"轻与贵"。孟子主张仁政,荀子主张礼义。面对儒家的王霸问题,孟子认为"以力假仁者霸,霸必有大国。以德行仁者王,王不待大"①。荀子则言"君人者隆礼尊贤而王,重法爱民而霸"②。孟子"以德行仁"是指依靠道德施行仁政,而仁政便包含民本思想。如果爱民是民本思想的一种观念,那么在荀子看来,它只是成就霸业的一个条件,且与称王大业并无关系。他只把礼视为第一要务。荀子说:"人之命在天,国之命在礼。"③人的命运由上天安排,人无法自己做主;国家的命运则可以通过礼来实现。他认为,礼有三个来源:

"礼有三本:天地者,生之本也;先祖者,类之本也;君师者,治之本也。无天地恶生?无先祖恶出?无君师恶治?三者偏亡焉,无安人。故礼上事天,下事地,尊先祖而隆君师,是礼之三本也。"④

---

①《孟子·公孙丑上》。
②《荀子·天论》。
③ 同上。
④《荀子·礼论》。

礼有三个来源，天地是生命之本源，先祖是种族之本源，君主是治国之本源。因此，后世君主上敬天，下敬地，中间敬祖先，无处敬人民。孟子认为国家权力“天与之，人与之”的观念被荀子彻底瓦解。国家治理的权力归于君主，君主掌握国家的命运。因此，民生不再是君主追求的目标，而只是治国理政的一种手段，尊礼敬贤成为王道。礼是实现王道的最重要条件，其实践主体是君主。君主高高在上，与唐虞三代之时圣王亲力亲为不同，他们无须与人民直接接触。君主通过礼贤下士，用精英治国，完成对人民的统治和爱养。“君人者劳于索之，而休于使之”①，选好治国理政的人才后，他们便只需修行己身，为民榜样，作民偶像，受民爱戴，不必操心具体工作了。

君为民本思想用礼义完成了对孟子民本思想的转型，了解这次转型对研究民本思想的近代转型有重大意义。孟子继承和发扬了《尚书》民本思想，完成了对儒家民本思想的建构，被称为儒家民本思想第一人。同为儒学传人，荀子在儒家学说内部，对孔子人性观进行绝对化梳理，选择站在孟子性善论的反面，用性恶论发起对孟子学说的挑战，并用君为民本思想完成了对孟子民本思想的转型。儒学内部之所以会发生这次转型，其根本原因在于孔子的人性观尚有进一步绝对化的空间，而杰出的思想家对这样的漏洞是不会错过的。民本思想在近代亦发生了转型，且更为复杂。那次复杂的转型虽然发生在两千多年后，但其思想根源仍可在先秦时期的这次转型中找到。因此，了解荀子引发的这次转型便具有特别意义。值得注意的是，荀子虽然突出了等级观念，但却基本保留了孟子的自由观念。

① 《荀子·君道》。

荀子对孟子自由观念的继承。孟子自由观念有二：一是民众的自由选择权，二是暴君放伐革命权。荀子对孟子自由观念的继承并非只言片语，而是充斥整本《荀子》。

> 夫桀纣何失而汤武何得也？曰：是无它故焉，桀纣者，善为人所恶也；而汤武者，善为人所好也。人之所恶何也？曰：污漫、争夺、贪利是也。人之所好者何也？曰：礼义、辞让、忠信是也。①

荀子以汤放桀、武王伐纣之事，指出人民的好恶决定一国之兴亡。人民的好恶是经过自由选择决定的，一国行礼义、辞让、忠信，人民爱她选择她，该国便兴；反之，则亡。当然，这种选择并非全面公投般的选择，而是人民"归之""附之"的行动上的既成事实。

> 汤武之诛桀纣也，拱挹指麾而强暴之国莫不趋使，诛桀纣若诛独夫。故《泰誓》曰："独夫纣。"此之谓也。②

"闻诛一夫纣也"是孟子对《尚书》革命观的继承和弘扬。荀子不引《孟子》引《尚书》，实际仍是对孟子暴君放伐革命论的继承。革命权是最大的自由权，也是最危险的权利。荀子为何在变民本思想为君为民本思想，突出等级秩序观念后，仍未放弃先贤的自由权呢？

荀子以礼义为中心的君为民本思想有对君主约束的内在要求。在荀子君为民本思想中，君主并非是肆意妄为的怪兽，其行为必须受礼义

---

①《荀子·强国》。

②《荀子·议兵》。

的约束。礼义制度中，君主是高高在上的统治者，人民是其统治的对象，礼义成为维系君主与人民的纽带。礼义作为一种治国理政的原则，“天下从之者治，不从者乱；从之者安，不从者危”[①]。无论君主还是人民都得服从礼义的约束，但人民对君主还有更多的要求。

> 不能生养人者，人不亲也；不能班治人者，人不安也；不能显设人者，人不乐也；不能藩饰人者，人不荣也。四统者亡而天下去之，夫是之谓匹夫。[②]

所谓“四统者”，即善养人者、善班治人者、善显设人者、善藩饰人者，即善于养活人、善于治理人、善于任用人、善于用不同服饰打扮人。这是荀子代民对君主提出的四项要求。君主如果不能完成这四项要求，人民便会使用自由选择权，离开这位无能的君主。假使荀子君为民本思想的理论设计取消了自由权，那么，君主便仅在理论上受礼义约束，人民便成了摆设。即使君主无法做到四统，人民也无可奈何，只能逆来顺受，因为他们没有选择。

荀子进行理论设计时为人民保留了自由权，亦保留了儒家思想的精华。但荀子改民本思想为君为民本思想，令民本思想的传承受到阻碍。荀子之后，儒家民本思想便走入沉寂。

### （三）君为国本思想是对民主体价值的否定

给沉寂的民本思想再上一道枷锁的是汉代大儒董仲舒。董仲舒（前

① 《荀子・礼论》。
② 《荀子・君道》。

179—前104)，西汉哲学家，今文经学大师，专治《春秋公羊传》，著有《春秋繁露》，后世称董子。董仲舒去荀子不远，受其影响较深，故对孟子思想多不赞同。天命观即君权神授论是其思想理论核心。中国的君权神授观属于天人感应思想，其目的是“屈民而伸君，屈君而伸天”[①]，前者是“君权神授”，后者是“神道设教”[②]，以张《春秋》大义。就民本思想而言，董仲舒的天命观实则否定了民本思想的存在价值，也否定了民的主体价值。

> 传曰：唯天子受命于天，天下受命于天子，一国则受命于君。君命顺，则民有顺命；君命逆，则民有逆命。故曰：“一人有庆，兆民赖之。”此之谓也。[③]

董仲舒认为，天是天子执政合法性的唯一来源。从政治哲学角度讲，董仲舒对儒家思想绝对化的追求，是儒家思想哲理化进程的重要一步。但就民本思想而言，这一步却是灾难。为什么这样说呢？因为孟子曾经对天子的合法性做过论述，并指出，“天”和“民”都是天子合法性的来源，“天与之，人与之，故曰天子不能以天下与人”[④]。两种来源说相较固然暴露了孟子民本思想哲理化程度低的缺憾，但不可否认的是，孟子以“天”“民”并称，为民本思想打下了可靠的理论基础。但董仲舒认为“天”“民”不能并称。

---

① 《春秋繁露·玉杯第二》。

② 周桂钿：《周桂钿文集·秦汉思想研究·4·董学探微》，福州：福建教育出版社2015年版，第65页。

③ 《春秋繁露·为人者天第四十一》。

④ 《孟子·万章上》。

为生不能为人，为人者天也。人之为人本于天，天亦人之曾祖父也，此人之所以乃上类天也。[①]

董仲舒认为，天是人类的始祖，天与人有类似的地方。“以类合之，天人一也”[②]，这就是董仲舒的天人合一说。所谓天人合一，并非指天人平等，而是指天人有类似的地方，如人有喜怒哀乐，天有春夏秋冬。因此，人有教化的功能，天亦有之，故“为人者天也”，天能够造就人。但天不言如何能教化人？于是，受天指派，天子或国君便有了教化的权力。不过，民与君都属于“人”的范畴，他们的关系如何呢？

传曰：天生之，地载之，圣人教之。君者，民之心也；民者，君之体也。心之所好，体必安之；君之所好，民必从之。故君民者，贵孝弟而好礼义，重仁廉而轻财利。躬亲职此于上，而万民听，生善于下矣。[③]

民体君心，君民一体。董仲舒把君民关系上升至一个新高度。孟子、荀子思想中的君民关系是对立的、分离的、无约束的。董仲舒则不同，他把君主置于一体的中心，让君主负起包括教化民众在内的责任。古人以“心”为思考问题的器官，君主为民之心，实则是把人民思想的自由权交给了君主。君主负责控制思想，人民永远无理由服从，“君之所

①《春秋繁露·为人者天第四十一》。
②《春秋繁露·阴阳义第四十九》。
③《春秋繁露·为人者天第四十一》。

好，民必从之”，人民在这样的理论设计中丧失了自我。或许，人民在君民一体的关系中，最大的期望是得到一位圣王贤君。但这是可遇而不可求的，毕竟，天可以把天下给尧舜，亦可以把天下给桀纣。天无法判断谁是圣王，谁是暴君。有判断能力和权力的只能是人民。而董仲舒恰恰在理论上抹杀了曾经出现在孟子思想中的人民的权力，把“天受之”“民受之”变成了天是唯一的政权合法性来源。继而又用君民一体论把人民演化成君主的躯壳，之后，他顺理成章地发扬了荀子的君为民本思想，或称君本思想。

> 君人者，国之元，发言动作，万物之枢机。枢机之发，荣辱之端也，失之毫厘，驷不及追……君人者，国之本也，夫为国，其化莫大于崇本。崇本则君化若神，不崇本则君无以兼人。[①]

荀子的君本思想是君为民本，董仲舒的君本思想是君为国本。虽是一字之差，但前者君民是分体的关系，而后者君民是合一的。这样，后者的君为国本理论上可以肯定“民”也是国本。不过，董仲舒似乎在此忘记了“君民合一”的主张，却说：“民如子弟，不敢自专。”[②]人民从“合一”变成了“子弟”，殊难解释。董仲舒还提出了神话君主的命题。“崇本则君化若神”，君就是本，崇本就是神化国君。这个命题简直就是说出了君主的心里话。从此以后，直到清代，我们看到了大量的皇帝母亲“感孕而生”等神话。可以说，董仲舒不仅是思想家，而且还是高超的心理学家。董仲舒除神化君主外，还依然郑重地提出了著名的“肃慎三本”。

---

①《春秋繁露·立元神第十九》。
② 同上。

明主贤君，必于其信，是故肃慎三本：郊祀致敬，共事祖祢，举显孝悌，表异孝行，所以奉天本也；秉耒躬耕，采桑亲蚕，垦草殖谷，开辟以足衣食，所以奉地本也；立辟雍庠序，修孝悌敬让，明以教化，感以礼乐，所以奉人本也。①

换个角度看，此三本就是君为国本思想下的民生主张。董仲舒提出的“肃慎三本”，其基本理念均来自《礼记》《周礼》。后代帝王把其中的郊祀、躬耕、亲蚕、辟雍等均奉为国家大事，或许，董仲舒的功劳亦不可没。更值得注意的是，“肃慎三本”多半是民生主张。君为国本思想下有民生主张是正常的，但不能把它们视为民本思想。事实上，古今中外任何学派的思想家都不会忽视民生这个话题，但不能因为他们关心民生就认为那是民本思想。民本思想不仅是“民惟邦本”，而且民还得是政权合法性的授予人。而荀子和董仲舒却把民排除在政治之外，把君主的地位提高到与国齐，断送了民本思想的前进之路。

值得一提的是，董仲舒的“肃慎三本”或出自荀子的“礼之三本”。荀子“礼之三本”是指天地、先祖、君师，董仲舒的“肃慎三本”是指彰显孝道的郊祀祭祖、丰衣足食的躬耕亲蚕、教化礼乐的辟雍庠序。荀子的“天地”“先祖”二本被董仲舒以“郊祀祭祖”一本替代。不可小看这个变化，它是董仲舒精心设计的君权神授学说的关键一环。君权神授，一般均以为是指天子权力受自天。这是不错的。但问题是，董仲舒把天子先祖摆放至与天等高的地位，使天子先祖成为天的顾问或策划，在天上保佑地

---

①《春秋繁露·立元神第十九》。

上的子孙。因此，本质上说，君权神授学说还是君权人授。董仲舒比荀子高明之处是把农事、教化和礼乐提高到君主的“肃慎三本”中。简单地说，董仲舒的“肃慎三本”就是权力、民生、教育。尽管民生被摆在了重要的位置，但“民”却不再有孟子赋予的那般权力，一切都待君主裁决，一切都唯君主马首是瞻。董子之后，中国进入了君为国本时期。

### （四）等级观念下的性未善论与有限自由权

受阴阳学说影响，董仲舒儒家思想充斥着阴阳、五行理念。这些理念的后果之一，就是董仲舒把等级观念从人的爵秩扩展到人的性别，男女有别变成男尊女卑。

> “丈夫虽贱皆为阳，妇人虽贵皆为阴。阴之中亦相为阴，阳之中亦相为阳。诸在上者皆为其下阳，诸在下者皆为其上阴。”①

董仲舒等级观念的精妙之处就在于：等级无处不在。君民、男女、上下、东西、左右，处处皆有等级，事事皆有等级。以男尊女卑为例，如果就此认为男农夫尊于女皇后，那真的是很傻很天真。董仲舒用上尊下卑堵住了这个漏洞，但又不失“贵阳而贱阴”②之本意。由贵贱有等，进而发展到“衣服有制，朝廷有位，乡党有序”，以到达“民有所让而不敢争，所以一之也”③的治理状态。不敢争，也就是女不与男争、贱不与贵争、下不与上争。让是一种态度，争是一种权利。“不敢争”等于是用等级制度迫使人

---

①《春秋繁露·阳尊阴卑第四十三》。

② 同上。

③《春秋繁露·度制第二十七》。

民放弃争取权利的机会。或许有人问，人民会“争”什么样的权利呢？平等权。等级制度迫使人民臣服于上下、尊卑，那么人民便会争取平等的权利，来泯灭等级秩序。但事实是，此后两千多年，等级制度却不断得到加强。为什么会这样？以服制为例，庶民只能服粗布，不能穿缯纱，官员的衣服上还要绣上各种吉祥图案。董仲舒认为，这是“贵贵尊贤，而明别上下之伦”。如果不这样做，便会“人人从其欲，快其意，以遂无穷”，进而导致“大乱人伦而靡斯财用”①，使社会陷入混乱。因此，历代王朝更迭后，均“率由旧章”，均采用了体现等级制度的服制。

先贵而后贱，先祭祀后民生。古代祭祀尤其是祭天仪式规模非常宏大，耗费民力物力甚多，而且祭祀种类还非常多。清乾隆时期，定吉礼为大祀、中祀、群祀三种。圜丘、祈谷、方泽、雩祭、太庙等 13 种大祀，日、月、先农、先蚕、先师、历代帝王、天神、地祇、太岁等 12 种中祀，先医、龙王、贤良、昭忠等 53 种群祀。对中国传统小农经济来说，每年进行 78 次大中小祭祀，确实负担沉重。西汉年间，有大臣便因民困质疑祭祀：“万民多贫，或颇饥寒，足郊乎？”②董仲舒对此颇不以为然。

> “是何言之误！天子父母事天，而子孙畜万民。民未遍饱，无用祭天者，是犹子孙未得食，无用食父母也。言莫逆于是，是其去礼远也。先贵而后贱，孰贵于天子？天子号天之子也，奈何受为天子之号而无天子之礼？天子不可不祭天也，无异人之不可以不食父。为人子而不事父者，天下莫能以为可。今为天之子而不事天，何以

---

①《春秋繁露·度制第二十七》。

②《春秋繁露·郊祭第六十七》。

异是?”①

董仲舒在此跳出了君心民体、君民合一的逻辑，把上天比作天子的父母，把人民比作天子的子孙。在这样的关系中，君民从合一走到了分离。“孰贵于天子”则明确地把天子的地位提高到至尊之列，使其位至等级制度的最顶端，而人民虽名为子孙，实则至贱。如此的等级制安排使天子拥有了分配利益的权力。面对有限的物质资料，天子拥有绝对的处置权。但由于受等级观念和君为国本思想的束缚，董仲舒更倾向于天子用有限的资源来祭祀，而不是解决人民的温饱。从实用主义角度看，这种做法真是荒谬。但董仲舒并不这样以为。

“体国之道，在于尊神。尊者，所以奉其政也；神者，所以就其化也，故不尊不畏，不神不化。

为人君者，其要贵神。”②

董仲舒认为，尊神贵神是治国理政的第一要务。因此在祭祀与饥民的问题上，他自然选择前者。如果把董仲舒的名言“正其道不谋其利，修其理不急其功”③用于解释这个矛盾，或许便能明白其背后的道理。尊神贵神还因为神具有教化的功能，“不神不化”。神教化的对象是人民，当

---

①《春秋繁露·郊祭第六十七》。

②《春秋繁露·立元神第十九》。

③ 张世亮等认为，《汉书·董仲舒传》作“正其义不谋其利，明其道不计其功”。说法大同小异，基本大意是相通的。参见，注 4，张世亮等译注：《春秋繁露》，北京：中华书局 2012 年版，第 339 页。

然，天不言，故教化的权力便交与了天子。人民为何需要教化？因为“教之然后善”。董仲舒的人性学说是性未善论。

善出性中，而性未可全为善也……今万民之性，有其质而未能觉，譬如瞑者待觉，教之然后善。当其未觉，可谓有善质，而不可谓善……性而瞑之未觉，天所为也。效天所为，为之起号，故谓之民。民之为言，固犹瞑也，随其名号，以入其理，则得之矣。[①]

董仲舒“性未善论”既是其君权神授说的一个佐证，又是等级秩序中人民地位的一个论据。根据“性未善论”，人民之性未有先天自觉，尚处于“瞑”即幽暗、黑暗的状态，人民无法自觉走出这个状态。但天子受命于天，具有教化的责任和能力。“天生民性有善质而未能善，于是为之立王以善之，此天意也”。董仲舒认为，君主履行天意，以成民性，是其责任。他反对孟子性善论，说：“吾质之命性者，异孟子。孟子下质于禽兽之所为，故曰性已善；吾上质于圣人之所为，故谓性未善。”他指出，如果民性已善，“是失天意而去王任也”。据此，他提出一个命题：“今万民之性，待外教然后能善，善当与教，不当与性。”[②]善应当属于教化，而非属于性。就这样，他把人民的性与善分离，既反击了孟子，又为教化正名。但性是与生俱来的，故有等级。

圣人之性，不可以名性；斗筲之性，又不可以名性；名性者，中民

① 《春秋繁露·深察名号第三十五》。
② 同上。

之性。[①]

此乃董仲舒著名的性三品说。性三品说大约是按照孔子"唯上智与下愚不移"[②]原则,把人按照天生的状态分为三种:高高在上的圣人、无可救药的愚民、能够教化的平常人。人生来便有等级贵贱之别,只有平常人能够通过君主的教化得以为善,而这些可以为善的平常人自然也就是君主所依靠的人民的力量。但是,人民经过教化后是绝对服从君主呢,还是在遇到暴君之时仍有自由选择的权利?

与儒家先贤一样,董仲舒仍赋予人民以自由选择的权利。君权固然神授,但没有人民的国家不能称为国家,因此,董仲舒也会站在君主的角度,衡量人民的价值。他从战国时代"弑君三十六,亡国五十二"的历史中总结教训,得出"孤特不相守,独居不同群"是亡国的主要原因。为避免亡国,就必须拥有更多的人口,得到人民的拥护。

王者,民之所往;君者,不失其群者也。故能使万民往之,而得天下之群者,无敌于天下。[③]

董仲舒把人民视为具有自由选择权的群体,他们的"所往"决定着君主的政治地位。写至此处,忽然觉得《尚书》"民惟邦本"、孟子"民受之"思想是真的伟大。董仲舒在明知孤君必亡国的情况下仍以"君为国本",但却把人民的自由选择权作为警示君主行政的工具,实有本末倒置之

---

①《春秋繁露·实性第三十六》。
②《论语·阳货第十九》。
③《春秋繁露·灭国上第七》。

感。他是如何警示的呢？他说：

“道不平、德不温，则众不亲安；众不亲安，则离散不群；离散不群，则不全于君。”[①]

人民是能够思想的，他们的思想左右他们的行动。君主行政如果道理不公正、德行不能惠及百姓，人民便会使用自由选择权，决定自己的去向。而人民的离去，不仅标志着君道的失败，也标志着教化的失败，甚至是董仲舒君为国本思想的失败。从《尚书》民本思想开始到董仲舒君为国本思想，可以说，等级观念是越来越固化，甚至大有把君主推向绝对化之势，但不变的却是儒家民本思想中内含的自由选择权和暴君放伐革命权。

故夏无道而殷伐之，殷无道而周伐之，周无道而秦伐之，秦无道而汉伐之。有道伐无道，此天理也。[②]

董仲舒把暴君放伐革命权看作是有道伐无道的正义之举，但作为臣子以下犯上的自由却是董仲舒断然否定的。“君亲无将，将而诛”[③]，不能策划弑君弑父母，有此念头便要受到诛杀。可见，在董仲舒看来，革命权的使用不能简单超越等级制度，而是要以君道之得失有无来衡量。有道则存，无道则去。以有道伐无道可，反之，则止。道，王道。王道有三纲：

---

①《春秋繁露·深察名号第三十五》。
②《春秋繁露·尧舜不擅移汤武不专杀第二十五》。
③《春秋繁露·王道第六》。

君为臣纲、父为子纲、夫为妻纲。董仲舒说："王道之三纲可求于天……故圣人多其爱而少其严，厚其德而简其刑，以此配天。"[①]一句话，王道的治理原则是"任德远刑"。[②] 君主如果背离王道，那么等待他的只有灭亡这一条路，因为"不若于道者，天绝之"。[③] 所谓天绝之，实际是人民对君主统治的合法性发生了否定性的转变，不得不使用自由选择权逃离自己的祖国，或者用革命这个最大的自由权彻底宣告君主执政的终结。

董仲舒的君为国本思想的出现标志着儒家民本思想前期阶段的终结。儒家民本思想前期阶段始于《尚书》，成于孟子，转型于荀子的君为民本思想，终结于董仲舒的君为国本思想。前期阶段令人印象深刻的有两点：一是等级观念不断加深，等级秩序理论逐步成熟；二是人民的自由选择权和暴君放伐革命权在理论上始终存在。等级观念是民本思想近代转型初期遇到的最大障碍。与等级观念相对的西方民主观念是平等的，由于两千多年来始终遭受等级观念的熏陶，近代中国为理解平等耗费了足足半个世纪的时间，甚至近代史从鸦片战争到甲午战争等所有对外战争均与平等观念有关。等级观念的桎梏束缚了近代思想家和政治家对平等的理解，而了解等级观念是如何形成和完成理论化的，势必有助于近代民本思想转型的研究。值得庆幸的是，民本思想的前期阶段并没有弄丢人民的自由权。这就好比虽然穷困潦倒，但却始终珍藏着一件传家宝。为什么荀子、董仲舒都未抛弃这件传家宝？或许中国古代思想家亦懂得权力需要制衡的道理，只不过这种制衡并未安排在政治过程的框架内，而是在理论上交与了被统治者。等级制度下，被统治者个人不可

---

① 《春秋繁露·基义第五十三》。

② 《春秋繁露·天地阴阳第八十一》。董仲舒亦用"德主刑辅"来概括王道的治理原则。

③ 《春秋繁露·顺命第七十》。

能拥有自由权。中国古代思想家也未把自由权赋予个人,而是交给了人民。人民作为集体通过行使其自由权,便可以撼动无道君主的政治地位。民本思想前期阶段还有一个重要现象就是君主地位不断攀升。荀子的君为民本也好,董仲舒的君为国本也罢,均把君主置于至高无上的地位,董仲舒甚至提出神化君主以崇本。董仲舒的理论为其后两千年的中国君主专制统治提供了充足的养分,就民本思想而言,这位大儒是掘墓人。

民本思想连续遭到两代儒家大师的君本思想碾压,其后果是显而易见的。但儒家思想本身则因两代大师的努力,尤其是董子提出“罢黜百家,独尊儒术”后,一跃而为两千年的统治思想。这是儒家思想的幸抑或不幸,很难判断。理论上,这是儒家思想内部的一次自我否定过程。不过,民本思想就此沉寂了一千多年却是不争的事实。明末清初之际,儒家又出现了三位大师,他们是:顾炎武、黄宗羲、王夫之。这三位大师为民本思想的复兴做出了积极的贡献,他们是民本思想中期阶段的代表人物。

## 第四节　民本思想复兴与权利意识启蒙

民本思想经过千余年沉寂,于明末清初经历了短暂复兴时期。清兵入关,明朝灭亡,北京再次由少数民族政权控制。异族残酷的统治引发了包括明皇室在内的前朝官民的对抗,抵抗人群中亦有明末清初思想家的身影。黄宗羲(1610—1695),浙江余姚人。字太冲,学界尊称“梨洲先生”。清兵南下南京,明鲁王朱以海监国绍兴,黄宗羲率子弟数百人往从。朱以海先后命黄宗羲为兵部职方司主事、监察御史、左佥都御史、左副都御使。后因清廷逼迫太紧,加之母亲需要奉养,遂向朱以海乞归。

年 85 岁终。顾炎武(1613—1682),江苏昆山人。原名绛,字宁人,学界尊称“亭林先生”。14 岁,昆山县县令杨永言推荐为诸生。32 岁,清军攻至南京,杨永言起兵抗击,顾炎武加入义军。兵败,母丧。母亲临终遗言嘱其勿事二姓。此后,顾炎武游历中国,晚年拒绝清政府为官修书邀请,年 69 岁终。王夫之(1619—1692),湖南衡阳人。字而农,学界尊称“船山先生”。25 岁,张献忠陷衡州欲用其才,以其父为质。夫之以刀刺面,自毁容貌。张献忠见之不喜,故夫之父子得以逃脱。31 岁,王夫之于衡山兴义军,战败,逃至肇庆。时桂王朱由榔在肇庆称帝,是为南明永历帝。明末诗人、民族英雄瞿式耜向永历帝推荐了王夫之。永历帝命夫之为行人司行人。行人司负责掌管传旨、册封等事宜,行人是负责传达命令的官员。33 岁,夫之因事不得已离开肇庆,赴桂林投靠瞿式耜。不想,清兵攻破桂林,瞿式耜死之。于是,夫之决定归隐。年 73 岁,卒于仪征。

黄宗羲、顾炎武、王夫之是明末清初最伟大的三位儒学大师。共同的反清经历,令他们的思想发生了相似的变化。他们不再相信君主万能论这样的神话,不再把人民的命运简单地交给君主。一句话,他们向统治中国达十七个世纪的君权神授思想发起了挑战。就民本思想而言,他们向董仲舒的君为国本思想发起了挑战。他们所发起的挑战有其时代特征。

### (一)明末清初权利意识启蒙的思想渊源

明末清初的社会政治环境有利于思想家权利意识的形成。比如,明季商品经济的发展、资本主义萌芽的出现,科技的进步,传教士的影响,明朝灭亡给思想家带来的冲击,异族统治给思想家正统观念造成的困扰等。每一因素都可做长篇大论,每个因素都有其必然的道理。但权利意识属于思想范畴，思想的渊源主要还得从思想脉络中寻找。明季能够影响黄宗羲等三位大儒的思想渊源大概有三：一是西方传教士，二是东林党，三是复社。

**西方传教士的影响**。明季西方来华传教士分天主教、基督教新教等，其中天主教的利玛窦、艾儒略、汤若望等最为著名。天主教在华的发展要好于基督教新教。天主教在中国有福建、陕西等八个独立教区，截至 1637 年，天主教在福建“全省有九十座小教堂，一定数量的设备齐全的教堂”[①]。天主教传教士在华发展信徒不仅多，而且范围广、层次高。明神宗万历皇帝的妃子中便有信徒；明思宗崇祯皇帝或皈依天主教，其“宗室奉教者一百一十四人，内宫奉教者四十人”[②]；礼部尚书兼文渊阁大学士徐光启亦是信徒。截至 1670 年，中国天主教信徒达二十七万多人，其中不乏社会精英、国家栋梁。据载：“一六三六年上，天主教信友中，有一等大员十四人、进士十人、举人十一人、生员三百余人。”[③]天主教或基督教信徒众多，《圣经》流传广泛，其内含的平等和自由观念必会引起信徒的同情和向往。虽然并无证据显示西方宗教对明末清初思想家带来何种影响，但天主教和基督教作为当时社会的一种存在，其学说必定会通过信徒尤其是贵族信徒得以有效传播，不应小视其能量。但这种说法与侯外庐先生的观点相左。侯先生认为，由于耶稣会士（天主教徒）“反对文艺复兴以来的一切新思潮”，因此，他们“传入中国的并不可能是先进的科学，也就规定了耶稣会的世界观与思想方法对中国的科学与思想

① 〔美〕邓恩：《从利玛窦到汤若望：晚明的耶稣会传教士》，余三乐、石蓉译，上海：上海古籍出版社 2003 年版，第 260 页。
② 张力、刘鉴唐：《中国教案史》，成都：四川社会科学院出版社 1987 年版，第 51 页。
③ 德礼贤：《中国天主教传教史》，上海：商务印书馆 1933 年版，第 68 页。

不可能起积极的推动作用”[①]。何兆武先生亦有类似结论，他认为，明末清初的西学东渐“从根本上说并没有触及当时中国历史发展的核心问题也就是中国的近代化的问题”[②]。不过，黄兴涛先生认为这样的评价偏低。他认为，中世纪晚期天主教“接纳了许多科学成果”，不能把西学“理解得过于僵硬而乏弹性”，中国士大夫感兴趣的天文、地理、数学、机械、物理等知识有其固有逻辑，传教士的神学“包装和诱导”不能根本制约“其新知识功能”[③]。后一种观点应该更接近史实。事实上，在此提出天主教和基督教新教传教士的影响也是为随后的近代中国叙事做铺垫，因为有确切的史料证明他们把平等观念带入了近代中国。

**东林党政治观念的影响**。明神宗万历年间，江南地区商品经济繁荣，手工业蓬勃发展，同时，明政府加剧掠夺，民不堪命，社会危机日深。万历皇帝奉行无为，懒理朝政，政治窳败。明万历二十六年(1598)秋，顾先成、高攀龙等重建东林书院，主张通过学术“卫道救时”[④]，东林党雏形初现。黄宗羲父亲黄尊素便是东林党人。黄宗羲曾说：“故会中亦多裁量人物，訾议国政，亦冀执政者闻而药之也。天下君子以清议归于东林，庙堂亦有畏忌。”[⑤]在黄宗羲眼中，东林党是清议国政的民间政治团体，他们不仅议政，而且希望明政府能够用其理论治理国家。说到议政，东林书院著名的“三声三事”对联便能说明一切。其上联是：风声雨声读书声

---

① 侯外庐主编：《中国思想通史》第 4 卷下，北京：人民出版社 1960 年版，第 1191 页。

② 何兆武：《明末清初西学之再评价》，《学术月刊》1999 年第 1 期，第 28 页。

③ 黄兴涛：《明清之际西学的再认识》，黄兴涛、王国荣编：《明清之际西学文本——50 种重要文献汇编》第 1 册，北京：中华书局 2013 年版，第 12 页。

④《东林书院志》整理委员会整理：《东林书院志》(上)，北京：中华书局 2004 年版，第 10 页。

⑤ 黄宗羲：《明儒学案(下)·卷 58·东林学案一》，《黄宗羲全集》第 8 册，杭州：浙江古籍出版社 2002 年版，第 731 页。

声声入耳；下联是：家事国事天下事事事关心。上联言学术，下联说清议。顾宪成是东林党代表人物，亦是该党清议的代表人物，《明史》有《顾宪成传》，曰："故其讲习之余，往往讽议朝政，裁量人物。朝士慕其风者，多遥相应和，由是东林名大著。"[①]黄宗羲赞其"忠义之盛，度越前代"[②]。黄宗羲赞顾宪成忠义，其来有自。

东林党人关心政治且主动参与，从不作壁上观。顾宪成甫登第进士，便快语直言，"上书吴县，言时政得失，无所隐避"[③]。明万历三十七年(1609)，吴中地区发生严重洪灾，人民生命和财产遭受重创。顾宪成泪眼见此惨景，提笔致书漕运总督李三才，请求其出面向朝廷求情，"救得一方性命，荫丝保障俱在其中，为国为民，一举而两得"[④]。强烈的政治参与意识是顾宪成的标签，也是东林党人的标签。东林党人最著名者有八人，史称"东林八君子"，顾宪成是其一。其他七位是：顾允成、高攀龙、安希范、刘元珍、钱一本、薛敷教、叶茂才。八君子学问出众，均为进士出身，均有治国理政之心之才。高攀龙为官半载，回归东林书院讲学。黄宗羲记曰："远近集者数百人，以为纪纲世界，全要是非明白。小人闻而恶之，庙堂之上行一正事，发一正论，俱目之为东林党人。"[⑤]正事正论，东林党人所为，小人所恶。黄宗羲感慨的正是东林党人积极参与政事的精神。

---

① 《明史卷231　列传119》，张廷玉等著：《明史》5，《二十四史简体字本》62，北京：中华书局1999年版，第4027页。

② 黄宗羲：《明儒学案(下)·卷58·东林学案》，《黄宗羲全集》第8册，杭州：浙江古籍出版社2002年版，第727页。

③ 同上，第729页。

④ 《简修吾李总漕》，顾宪成：《泾皋藏稿》卷5，《钦定四库全书·集部》，第6页。

⑤ 黄宗羲：《明儒学案(下)·卷58·东林学案一》，《黄宗羲全集》第8册，杭州：浙江古籍出版社2002年版，第755页。

东林党人以天下为公。高攀龙曾作《行状》纪念顾宪成并记录其言，曰："窥观近局……局内者置身局外，以虚心居之，乃可以尽己之性；局外者宜设身局内，以公心裁之，乃可以尽人之性。何言乎虚也？各就己分上求，不从人分上求也；各就独见独知处争慊，不就共见共知处争胜也。何言乎公也？是曰是，非曰非，不为模棱也。"①去私心为公心，舍己为公，看似不错，但切记此公乃君主制天下之公，不是为"各人区区之体面"，而是"为君父赫赫之宗社生灵用也"②。见公不见私，是当时社会中的私太过矣。正如现代社会强调私的重要，是见私不见公。因此，不必苛求古人，知道此处"天下为公"的"公"后面有个君主即可。

东林党人提出富贵贫贱相等的平等观。科举取士，是专制君主择才之途，历来备受重视。但如何取士，亦是历来争论的议题。顾宪成曾言："夫士亦何择于贵贱也？贵而取贵焉，贱而取贱焉，惟其当而已……有择于富贵，无择于贫贱，则是以富贵为嫌也。圣人视富贵贫贱等耳。"③富贵贫贱相等，是人人平等的呼声。李洵先生评价说："东林党在科举上要求平等是有其实际意义的，这一方面在打击贵族大地主对科举的垄断，一方面也为社会各阶级参加政权创造条件……要求科举上贵贱平等，实际是要求在参加政权机会上社会的不同身份的人都有平等的权利。"④从前面的论述可知，这种平等的意识已经渗透到明末清初思想家头脑中，顾炎武提

---

① 高攀龙：《行状》，《东林书院志》整理委员会整理：《东林书院志》（上），北京：中华书局2004年版，第215页。

② 同上。

③《与王辰玉书》，顾宪成：《泾皋藏稿》卷2，《钦定四库全书·424·集部·别集类五》，第11页右，第13页右。

④ 李洵：《明末东林党的形成及其政治主张》，《东北师范大学科学集刊》1957年第3期，第162页。

出“天下之民”说，甚至比黄宗羲更加彻底地接受了人人平等的观念。

**顾炎武、黄宗羲与复社**。东林党在与魏忠贤阉党的斗争中折戟沉沙后，江南士人政治参与的热情并未退却。明崇祯二年(1629)，张溥成立复社，成员中便有十七岁的顾炎武。参加复社，对顾炎武民族气节的形成“产生了积极影响”。[①] 复社著名人物杨廷枢、陈子龙、钱谦益、瞿式耜、方以智、冒襄、侯方域、吴应箕都是顾炎武的朋友。黄宗羲是复社成员，亦是复社后期领袖之一。俩人在复社的经历，或多或少都会影响其价值观的判断。复社的重民观念或是这种价值观之一。复社领袖们“强调民本，继承了孟子的民本思想，在任何情况下，尽力保障民生”[②]。吴应箕重视保护人民财产，认为“天下之患，莫大乎害有所受而民犹不知”[③]，主张为民提前预警，防止财产流失。复社创始人张溥有强烈的重民爱民养民之心，他说：“击钟而食者，一器之玩足以穷天下之观，而贫者不能有苇席之蔽；重屋而处者，刻镂之地足以备窈窕之居，而弱者不能有妻子之聚。昔人所谓天之不吊，未有如斯者也。虽然此尤其小者也。夫风俗若此，而犹以为小而不足忧，则如何而然后谓之可忧乎?”[④]这类例子不胜枚举。但类似的重民爱民养民观念是否可以归入民本思想，则要考察该观念提出者是以民为本还是以君为本、以国为本。应该说，几乎所有的政治思想都有重民爱民养民的内容，但是否属于民本思想则需要深入研究。不

---

① 周可真：《顾炎武与复社》，《苏州大学学报》(哲学社会科学版)1992 年第 3 期，第 111 页。

② 丁国祥：《复社研究》，南京：凤凰出版社 2011 年版，第 103 页。

③ 吴应箕：《楼山堂集》卷 9，《续修四库全书・1388・集部・别集类》，上海：上海古籍出版社 2002 年版，第 499 页上。

④ 张溥：《七录斋诗文合集・论略・正风俗》，台北：伟文图书出版社有限公司 1977 年版，第 1241 页。

过，无论如何，黄宗羲、顾炎武的民本思想或许就是在复社重民爱民养民的熏陶下获得的。因为环境可以塑造人，思想家对社会政治环境因素的反应比常人更敏感。

传教士也好，东林党、复社也罢，他们对明末清初思想家的影响到底有多深，到底有没有，都只是基于史料的猜测。毕竟，思想家等身的著作才是探究其思想内涵之所在，尤其是儒家民本思想。明末清初思想家对儒家民本思想最大的贡献，是他们继孟子之后，实现了儒家民本思想的第二次复兴。孟子是在与杨朱“为我”、墨翟“兼爱”等思想的斗争中，复兴了儒家民本思想；明末清初思想家是在与君主专制的斗争中，复兴了儒家民本思想。应该说，漫漫二千多年的历史长河，儒家民本思想绝大多数时间都是在故纸堆中沉睡着。战国时期，儒家民本思想败给了法家思想。有学者认为法家也有民本思想，此种认识颇值得商榷。法家思想主张以法治国，最终还是君本主义。这并不意外，毕竟秦用李斯，而李斯是荀子之徒。荀子主张君为民本是儒家民本思想的大滑坡，这大约也是其受到“半儒半法”评价的一个缘由。明末清初的社会动荡和变革滋养了思想家，他们不仅重新审视了君主专制制度，而且还发现了个人自由和人人平等观念。虽然只停留在言语间，还未形成理论，但已弥足珍贵。它们就是种子，会在未来的某一刻，开花结果。

### （二）民本回归三代及其政治价值重塑

董仲舒以后，历经十七个世纪的思想压制，思想界似乎已经忘记了民本思想的存在。高高在上的君主成为每个朝代都不可替代的国家象征，被人民或迫使人民顶礼膜拜。君主是政治的中心，人民唯一的选择是做俯首帖耳的顺民。清灭明的现实，对这些顺民来说，无异于当头棒喝。这些顺民中的部分思想者虽然长期生活在黑暗的君主专制中，但当异族的君主专制开始统治后，他们依然选择为曾经的黑暗的君主专制政权争取最后的尊严。幻想破灭后，他们不约而同地返回书斋寻找失败的原因，结果又不约而同地找到了答案——理论上返回三代，思想上返回民本。

理论上返回三代。三代朴素的政治学说是中国儒家政治思想的标尺，是检验儒家政治思想成色的理论标准。董仲舒之后，儒家政治思想进入君为国本的时期，三代学说逐渐边缘化。三代学说边缘化的结果是以君权神授为理论基础的君为国本思想成为主流，君主为本，人民为末。这样的理论设计给人民带来了什么？黄宗羲认为，君主"视天下为莫大之产业"，可以"传之子孙，受享无穷"[①]。国家已经成为君主之私产，其子孙可以无限继承。王夫之亦说："天子而斤斤然以积聚贻子孙，则贫必在国。"[②]天子聚敛天下之财为一姓之用，人民负担为此加剧，人民生活就此潦倒。君为国本理论下，人民仅仅是君主和国家的工具。君主第一，国家第二，人民是赋税、兵役、劳役等工具。取之于民，用之于君。君有余，或用之于国。这样的理论设计无疑是错误的。错在哪里？明末清初思想家认为，必须要在思想上返回民本。

思想上返回民本。可以想象，经过十七个世纪的君主专制统治，君为国本思想已经深入人心，民本意识早在九霄云外矣。应该承认，即便在君为国本思想时期，仍有思想家、政治家主张重视人民的利益。但这些善良仁厚的思想家、政治家无意撼动早已根深蒂固的君主专制统治，他们仅仅是善良而已，无法在思想上给人民带来更多的利益，亦无法在

---

① 黄宗羲：《明夷待访录・原君》，《黄宗羲全集》第 1 册，杭州：浙江古籍出版社 2002 年版，第 2 页。

② 王夫之：《读通鉴论》上，北京：中华书局 2013 年第 2 版，第 10 页。

思想上给君主带来正确的指引。比如,从清代王夫之到当代金耀基都交口称赞的唐代思想家、政治家陆贽陆敬舆便是最典型的一例。他虽然有"立国之本,在乎得众"的至理名言,但不得不说,其理论框架仍是君为国本,谁得众谁就有了立国之本。在君主专制时代,"谁"应该仅指"予一人"吧。君主专制统治下,"利"和"法"的观念成为维护君为国本思想的主旋律。先破后立,欲返回民本,必须重新认识这两个观念。

利不仅是经济观念,更是政治观念。利是什么?以何为利?人无不逐利,但利在个人的思想观念里表现各异。国亦逐利,但国家的利是什么?是财富吗?是年年增长的经济数据吗?顾炎武提出了自己的看法:

> "古者占国贫富,不以货财而以户口多寡,何哉?盖天生众民,将使之导利而裕用也。故孔子论富,先乎庶;大学理财,亦必本于生之者众。降及叔世,不知以人为富。于是仓库多于比闾,吏胥烦于主伯,催科急于耕耘,军戍盛于亚旅,律令密于版籍,战马腯于耕牛,桎梏广于杼柚。农夫日散而游民伙,户口日耗而盗贼多。耕辍则赋逋,师兴则金费。国不欲贫,得乎?"[①]

"以人为富"是顾炎武为纠正"利"观念而提出的民本命题。国富的计算主体是人口还是财物?顾炎武选择前者。古代以"户口多寡"论贫富,其人口多者为富国强国,其人口少者为贫国弱国。事实上,人口多寡与国家强弱之关系是中国历代政府关注的重点问题,其影响至当代犹存。计划生育政策和全面放开二胎政策都是基于人口数字的敏感度而

① 顾炎武:《菰中随笔》,《顾炎武全集》20,上海:上海古籍出版社 2011 年版,第 25 页。

提出的人口政策，其重点在调节人口之多寡。君主专制统治下，统治者为获得财富而混淆了人民与财富的关系。财富不是凭空而来的，人民是财富的创造者。统治者善待财富，不如善待人民。但现实是，统治者往往竭泽而渔，杀鸡取卵，只是一味索取，不言休养生息。残酷的政策导致农民迫于生计而背井离乡，离乡后的农民变成游民，国家税赋的提供者被迫变成国家福利的索取者。君主专制的国家虽然亦有救灾等福利措施和制度，但毕竟杯水车薪。天长日久，为饱食而依附盗贼或邪教便是游民的唯一出路，国家亦因此而陷入动荡。究其原因，唯人民不是财富主体耳。

王夫之则把“利”的责任归于商贾。商贾市货牟利，天经地义。孔子曰：“沽之哉！沽之哉！我待贾者也。”[①]孔子尚且待贾而沽，可见，商贾作为一种职业得到儒家的认可。但王夫之从商贾身上发现了新问题。

> “贾人日以尊荣，而其罔利以削人之衣食，阳与而阴取者，天下之利，天子之权，倒柄授之，而天下奚恃以不贫……故生民者农，而戕民者贾。无道之世，沦胥而不救，上下交棘而兵戎起焉。非此之惩，国固未足以立也……人主移于贾而国本凋，士大夫移于贾而廉耻丧。”[②]

王夫之之见短矣。商贾并非矛盾的主要方面，商贾故可以戕民，但戕民之权乃是天子“倒柄授之”。同样，农业可以生民，但如果农民没有从天子处得到是权，那么农业完全可以成为君主敛财之工具。故“国本

① 《论语·子罕第九》。

② 王夫之：《读通鉴论》(上)，北京：中华书局2013年第2版，第51页。

凋”并非天子“移于贾”，而是作为国本的天子以商贾为尊，给他们荣誉。商贾作为职业并不天然地存在缺陷，但其与政治的结合，往往给民生带来利益上的损害。这样的例子，古今中外，层出不穷。因此，不是商贾惹的祸，而是政治在其背后的作用。玩弄政治于股掌的非天子莫属。王夫之只看到商贾戕民，没看到是谁授予商贾的权力，故其见短矣。不过，从中也可看出君主至上思想对新一代思想家的影响，他们并不想推翻君主制，他们只想找回民本。

黄宗羲把“利”与“害”、“我”与“人”并论，区别三代帝王与三代之后的君主在利害观上的差别。

> “有生之初，人各自私也，人各自利也，天下有公利而莫或与之，有公害而莫或除之。有人者出，不以一己之利为利，而使天下受其利；不以一己之害为害，而使天下释其害……后之为人君者不然。以为天下利害之权皆处于我，我以天下之利尽归于己，以天下之害尽归于人，亦无不可。使天下之人不敢自私，不敢自利，以我之大私为天下之大公。”①

三代之帝王乃是为民谋利、为民除害之人君，后代君主则是为己谋利、以害归人的人君。三代帝王明利害、公私，后代君主混淆利害与公私。“利尽归于己”是后代君主以天下作为谋利的工具，他们的价值尺度中不再有公利，而仅存私利。现代民主政治以个人自由为理论根基，但民主国家的总统或领导人则在获得最高权力的同时，舍弃了部分个人自

① 黄宗羲：《明夷待访录·原君》，《黄宗羲全集》第 1 册，杭州：浙江古籍出版社 2002 年版，第 2 页。

由权，以配合媒体、议会、选民的监督权的使用。君主专制政治下，君主是天下的主人和中心，其所受到的监督只是形式上的不受法律保护的监督。这种监督与其说是政治上的监督，不如说是良心上的监督。因此，君主具有绝对的个人自由，能束缚他的只能是其自身的修养。君主依仗无限权力恣意妄为，以民为利源，则会严重伤害人民的自由权和私有财产权，故人民“不敢自私”“不敢自利”，而君主则大行其私，甚至可以以“天下大公”的名义满足私欲。

利之外，还有法。

顾炎武认为，法律繁杂，弊端必多。他指出，先王立法之本，在“正人心，厚风俗”。然而三代之后，法律日繁，国事日非。

> “前人立法之初，不能详究事势，豫为变通之地。后人承其已弊，拘于旧章，不能更革，而复立一法以救之。于是法愈繁而弊愈多，天下之事日至于丛脞，其究也‘眊而不行’，上下相蒙，以为无失祖制而已……立法以救法，而终不善者也。”①

不难看出，顾炎武推崇三代立法之简。在他看来，后代之法繁杂的原因，是后代君主恪守祖宗之法不可废，但现实却须要改革，便只得存旧章、立新法，因此，法上加法，法不胜繁。他曾作《名教》，认为名教、名节、功名至少可以使天下以名为利，而名与人才之关系成正比，“汉人以名为

① 顾炎武：《日知录集释》第 2 册，黄汝成集释，杭州：浙江古籍出版社 2006 年版，第 499—500 页。

治，故人材盛。今人以法为治，故人材衰”[1]。顾炎武曾于清军入关次年，作《军制论》，以“法不变，不可以救今”敦促明室变法，警告其“姑守不变之名，必至于大弊”[2]。对于三代与后代之法，黄宗羲论得更彻底。

黄宗羲认为“三代以上有法，三代以下无法”，因为三代之法是天下之法，不为一己而立，不是一家之法。三代之时，行民本思想，民惟国本，故民是国家最重要的财富，是立国之本。诸侯具有强烈的人口意识，吸引人口是其日常工作的重中之重。土地和人口相比，人口更加重要。因为人口数量的关系，有“地方百里而可以王”[3]者，还有地方千里而没有王的齐国。但后代君主行君为国本思想，不以民为贵，民只是为君主创造和保护财富的工具而已，因此，后代君主立一家之法，为自己立法。

> “三代之法，藏天下于天下者也。山泽之利不必其尽取，刑赏之权不疑其旁落，贵不在朝廷也，贱不在草莽也。在后世方议其法之疏，而天下之人不见上之可欲，不见下之可恶，法愈疏而乱愈不作，所谓无法之法也。后世之法，藏天下于筐箧者也。利不欲其遗于下，福必欲其敛于上；用一人焉则疑其私，而又用一人以制其私；行一事焉则虑其可欺，而又设一事以防其欺。天下之人共知其筐箧所在，吾亦鳃鳃然日唯筐箧之是虞，故其法不得不密。法愈密而天下

---

① 顾炎武：《名教》，《日知录集释》第3册，黄汝成集释，杭州：浙江古籍出版社2006年版，第779页。

② 顾炎武：《军制论乙酉岁作》，《顾炎武全集》21，上海：上海古籍出版社2011年版，第184页。

③《孟子·梁惠王上》。

之乱即生于法之中，所谓非法之法也。”[①]

三代之时，行无法之法；三代之后，行非法之法。无法，并非指没有任何法律存在，而是实行粗线条管理，用现在的政治术语就是简政放权。简政放权的背后有个宗旨是让利于民，可见，民利之多寡与“政”“权”之繁简、收放有密切关系。非法，并非指违反法律，而是指不符合三代之法。“夫非法之法，前王不胜其利欲之私以创之，后王或不胜其利欲之私以坏之”[②]。非法之法实则君主为满足自己的私欲而制定的一家之法，故其繁其密均为网利耳。王夫之也认为，“法愈密，吏权愈重，死刑愈繁，贿赂愈章”[③]，其与黄宗羲的认识是小同大异。

王夫之对“法”与“人”关系的看法是：有治人，无治法。他强调“人”是国家治理中的决定性因素，不能因“法”而忽略“人”的价值。请注意，王夫之所言之“法”是后代之法，而非“先王之法”。法律固然是治理国家的强制性规则，但规则的执行必须由人，这样，人也因此有了操纵规则的机会。坦白地说，这种担心是存在的，即使在当今世界上以法治著称的国家里。王夫之于是慨叹：“法之敝也，任法而不任人。”[④]他认为，天子无法独自处理国家大事，必须要委任他人，而这个被委任的人便有了权力，便有机会操纵法律。而这个人是为国尽忠之贤良还好，如果这个人是一个损公肥私、利欲熏心之人，那国家法律操之于其人之手岂不危矣？因

① 黄宗羲：《明夷待访录·原君》，《黄宗羲全集》第1册，杭州：浙江古籍出版社2002年版，第6—7页。

② 同上，第7页。

③ 王夫之：《读通鉴论》（上），北京：中华书局2013年第2版，第7页。

④ 同上，第150页。

此，王夫之再叹“任法不如任人”[①]。他再次强调授人以法，法必得人。

“上之所求于公卿百执部邑之长者，有其纲也。安民也，裕国也，兴贤而远恶也，固本而待变也，此大纲也。大纲圮而民怨于下，事废于官，虚誉虽腾，莫能掩也。苟有法以授之，人不得以玩而政自举矣。故曰：择人而授以法，非立法以课人也。”[②]

对于“法”与“人”的关系，黄宗羲有不同的看法。面对“法”与“人”，他首先承认两者客观存在的事实，继而肯定二者存在的价值。他说：

“即论者谓有治人无治法，吾以谓有治法而后有治人。自非法之法桎梏天下人之手足，即有能治之人，终不胜其牵挽嫌疑之顾盼，有所设施，亦就其分之所得，安于苟简，而不能有度外之功名。使先王之法而在，莫不有法外之意存乎其间。其人是也，则可以无不行之意；其人非也，亦不至深刻网罗，反害天下。故曰：有治法而后有治人。”[③]

很明显，黄宗羲的治法是“先王之法”。只有行先王之法，才能够让治人回归本性，无论其是与非，都不会超越先王之法。“非”即人性之恶，人性恶的人能够看到后代之法繁杂的好处，法越复杂，其渔利就越方便。

---

① 王夫之：《读通鉴论》(上)，北京：中华书局 2013 年第 2 版，第 290 页。

② 同上，第 291 页。

③ 黄宗羲：《明夷待访录·原法》，《黄宗羲全集》第 1 册，杭州：浙江古籍出版社 2002 年版，第 6 页。

他们是在用法网罗天下，毒害天下。近代思想家谭嗣同“冲决网罗”一语，便是对后代之法的宣战。利和法的观念都要回归三代，方能回到三代之天下大公。

### （三）基于等级制的天下大公及其制度设计

明末清初思想家不约而同地看到了三代帝王之公，后代君主之私。公与私，在经济上是所有的概念，在政治上是政治利益分配方式的概念。刘泽华先生认为，“公”最主要最核心的价值“是把国家、君主、社会和个人贯通为一体”，并形成一种具有“国家与社会的准则”“道德与行为准则”“认识的前提和认识准则”的“普遍的国家和社会公共理性”。[①] 这是对“公”的价值的现代意义的解读。但明末清初思想家论述的“公”基于等级，而非平等；基于君主制，而非民主制。他们的“公”是“公天下”或者“天下为公”。作为一种学说，公天下的“第一要义就是立君为公”[②]。此乃设立君主制的本义。至于私，明末清初的思想家们并不反对个人财产、个人自由，他们反对的私是君主以天下为私。“私天下”就是把天下作为君主个人的利源，取之、用之、耗之，皆为己，拒绝做适当的利益分配。以天下供一人，而天下贫。从经济角度讲，私作为个人所有权的判定具有进步意义。私人财产权是现代民主政治所要保护的个人权利，但君主把天下视作为己谋利的工具却是思想家所反对的；从政治角度讲，私作为政治利益分配的方式，它的存在使个人自由和平等权利得到保

① 刘泽华：《春秋战国的“立公灭私”观念与社会整合》，刘泽华、张荣明等著：《公私观念与中国社会》，北京：中国人民大学出版社 2003 年版，第 5 页。

② 张分田：《公天下、家天下与私天下》，刘泽华、张荣明等著：《公私观念与中国社会》，北京：中国人民大学出版社 2003 年版，第 281 页。

护，降低了集权和专制出现的可能性。集权和专制是私天下的结果，向往公天下就是向往民本，期待抛弃君本，重返民本。

> “封建之失，其专在下；郡县之失，其专在上。古之圣人，以公心待天下之人，胙之土而分之国；今之君人者，尽四海之内为我郡县，犹不足也，人人而疑之，事事而制之……无肯为其民兴一日之利者，民乌得而不穷，国乌得而不弱！”[①]

顾炎武从郡县角度论及公私。古，这里指西周之前。当时，天子以天下为公，划天下为若干国家，分封诸侯去治理，是以公心待天下。秦以降，废除封建制，实行郡县制，天下为君主之天下，是以私心待天下。私天下以来，君主不再关心人民疾苦，人民生活在贫困之中。而民困则国弱，自是必然。顾炎武主张采用“寓封建之意于郡县”[②]的原则，以“天下之私以成一人之公”[③]的方法解决此问题。

他主张以县为单位，赋予县令治理全权，令其“私其百里之地”。如此，则县令必爱其地如其家，百般呵护，勿夺农时。

> “自令言之，私也；自天子言之，所求乎治天下者如是焉止矣。一旦有不虞之变……于是有效死勿去之守，于是有合纵缔交之拒，非为天子也，为其私也。为其私，所以为天子也。故天下之私，天子

① 顾炎武：《郡县论一》，《顾炎武全集》21，上海：上海古籍出版社2011年版，第57页。
② 同上。
③ 顾炎武：《郡县论五》，《顾炎武全集》21，上海：上海古籍出版社2011年版，第60页。

之公也。”[①]

寓封建于郡县，以完成天子之大公，是一种政治设计。顾炎武为此设计，是理论上返回三代、思想上返回民本之需要。他欲借郡县之名，行瓦解君主专制之实。但纵使君主同意按照顾炎武的设计行事，同意将手中的权力与各郡县分享，以天下之私成就天子之公，谁能保证中国不会出现民国时期的军阀割据状态？如何防范此类事情发生？顾炎武并未提出合理的建议。况且，他的设计仍未脱等级制的束缚，未能摆脱君主制的框架。黄宗羲则不然。

黄宗羲思考君主何以能够“以我之大私为天下之大公”，提出了著名的“天下为主，君为客”的命题。

“古者以天下为主，君为客，凡君之所毕世而经营者，为天下也；今也以君为主，天下为客，凡天下之无地而得安宁者，为君也。”[②]

黄宗羲彻底否定了董仲舒的君为国本思想。此处，天下是理解问题的关键。何为天下？有学者认为，天下就是指万民。此说貌似有理，实则不然。《原君》中“天下”是个频繁出现的词语，其固定搭配之词有“天下之人”“天下之利”“天下之害”“天下之大公”“天下之无地”“天下之肝脑”“天下之子女”等。这说明，天下并非仅指万民，其内涵还应包括利害、土地、公正。如果把利害和公正看作是政治应该解决的问题的话，那

① 顾炎武：《郡县论五》，《顾炎武全集》21，上海：上海古籍出版社2011年版，第60页。

② 黄宗羲：《明夷待访录·原君》，《黄宗羲全集》第1册，杭州：浙江古籍出版社2002年版，第2页。

么天下便符合诸侯三事之论，昔日诸侯三事也就是明末清初的国家三事：土地、人口、政事。“天下为主，君为客”应该是孟子“民贵论”的明末清初版本，“天下为主”就是“民为贵，社稷次之”，“君为客”就是“君为轻”。黄宗羲也说：“孟子之言，圣人之言也。”这样，黄宗羲的民本思想便在理论上回归到了孟子。

黄宗羲在《原臣》中指出，为臣便是要为民做事，而非为天子一人做事。君主专制统治下，臣子要向君主一人效忠，以体现君为国本。而黄宗羲则把臣子设计成人民的公仆。

> “故我之出而仕也，为天下，非为君也；为万民，非为一姓也。吾以天下万民起见，非其道，即君以形声强我，未之敢从也，况于无形无声乎……盖天下之治乱，不在一姓之兴亡，而在万民之忧乐……君臣之名，从天下而有之者也。吾无天下之责，则吾在君为路人。出而仕于君也，不以天下为事，则君之仆妾也；以天下为事，则君之师友也。”①

《原臣》好似立宪君主政府民选内阁官员的就职演说。传统君主关系在此遭到颠覆，臣子在君主和万民之间要做的是“以天下为事”，而非对君主尽忠的仆妾。当然，“以天下为事”亦是忠，它是臣子尽职尽责的忠。这种忠改变了君主专制统治下臣对君的愚忠，使臣子的工作由顺从君主，转变至服务天下和万民。君主即使强迫臣子做有违天下万民利益的事，臣子也要断然拒绝。“未之敢从也”，这是黄宗羲赋予臣子的拒绝

---

① 黄宗羲：《明夷待访录・原臣》，《黄宗羲全集》第1册，杭州：浙江古籍出版社2002年版，第4—5页。

君主的自由权利。天下治乱循环，朝代更迭，一姓之兴亡只是天下之私，而天下之公则是"万民之忧乐"。相比一姓兴亡，万民是永恒的存在。万民的基本需要是天下治乱的关键，其基本需要得到满足，则天下治；否，则乱。黄宗羲不仅思想上返回了民本，还在统治集团内部实行"以天下为事"，分裂了臣子与君主的关系，客观上有孤立君主的制度设计。被孤立的君主实际上就是中国传统思想中所称道的无为的君主，君主选贤任能，其他的事情交给臣子去做。还应该注意的是，"君之师友"是追求平等的大胆的命题。师友，指老师和朋友。中国历史上为帝师的人有很多，但与君主成为朋友的有几人？不要小觑黄宗羲这个大胆的命题，它或许是明末清初思想家所能获得的最闪耀的光环。平等思想的缺失是中国传统民本思想中最大的短板。如果能在此补上这个缺失，真应为民本思想贺！从天下之公走到平等，黄宗羲的步子迈得很大。

黄宗羲认为，君主从公到私，源于一个"法"字。无法之法成就了天下之大公，非法之法造成了天下之大私。无法之法，天子不为自己立法；非法之法，君主立法"何曾有一毫为天下之心哉"![①] 非法之法可以去，因为"天下之治乱不系于法之存亡"[②]。非法之法废除后，天下要复兴三代之井田、封建、学校、军队。这是黄宗羲为天下重返民本、重返三代之治所做的设计。当然，废除非法之法，却不能无法，还需要重新立法。立法是为规范君主与国家、君主与人民、国家与人民、君主与臣子等方方面面的关系，因此立法必须为公。从黄宗羲《原君》《原臣》《原法》《置相》《学校》《取士》等篇结合起来看，就是一篇政治改革宣言。这篇政治改革宣

① 黄宗羲：《明夷待访录·原法》，《黄宗羲全集》第1册，杭州：浙江古籍出版社2002年版，第6页。

② 同上，第7页。

言用四个字概括就是：天下大公。

王夫之在法与道之间选择治理天下之公法。三代行王道，后代用法治，孰优孰劣，典籍有证。王夫之言三代之公，曰：

> “天地之产，聪明材勇，物力丰犀，势足资中区而给其卫。圣人官府之，公天下而私存，因天下用而用天下。故曰‘天无私覆，地无私载，王者无私以一人治天下’，此之谓也。”①

王夫之虽然称赞三代天子之公，但他知道，三代天子只是名义上的统治者而已，真正的统治权在诸侯。

> “古者士各仕于其国，诸侯私其土，私其人，既禁士之外徙，而羁旅之臣，新君有其情不固之疑，三代圣王欲易之而不能也。”②

后代君主之私源自三代诸侯之私。土地和人口，诸侯三事有其二，能不私之？正因看到私的客观存在，王夫之虽然赞美三代，虽然希望回归民本，但他对君主专制始终不离不弃，故未能发出黄宗羲般的政治改革宣言。由于相信私的存在，王夫之并不主张以法治国，他依然相信三代之道。

> “治天下以道，未闻以法也。道也者，导之也，上导之而下遵以为路也。封建之天下……天子不独富，农民不独贫，相倣相差而各

---

① 王夫之：《黄书》，《船山全书》第 11 册，长沙：岳麓书社 2010 年版，第 508 页。
② 王夫之：《读通鉴论》(中)，北京：中华书局 2013 年第 2 版，第 599 页。

守其畴。其富者必其贵者也，且非能自富，而受之天子、受之先祖者也。上以各足之道导天下，而天下安之。”[①]

道，在上是导引，于下是道路。对于治国理政而言，道就是具体的政策和规定。以三代为例，行封建是其道。遵其道，天下之人各有其地，各安其分，天下安之。道非法，故黄宗羲有“非法之法”之说，可知，“非法之法”即道也。王夫之既维护君主专制，又相信道的力量。

“天下所极重而不可窃者二：天子之位也，是谓治统；圣人之教也，是谓道统。”[②]

治统与道统并尊，是王夫之相信“圣人之教”可以约束天子之私。天子之私并非皆源于个人之贪欲，往往经济改革、政治改革之策，本欲为国谋福利，最终却剑走偏锋，成为竭民之苛政。汉哀帝刘欣行限田之制，规定诸侯王以下至吏、民，田不得超过三十公顷；商人不得有田。此法极大地损害了人民的利益。

“限也者，均也；均也者，公也。天子无大公之德以立于人上，独灭裂小民而使之公，是仁义中正为帝王桎梏天下之具，而躬行藏恕为迂远之过计矣。”[③]

---

① 王夫之：《读通鉴论》(上)，北京：中华书局 2013 年第 2 版，第 115 页。
② 王夫之：《读通鉴论》(中)，北京：中华书局 2013 年第 2 版，第 362 页。
③ 王夫之：《读通鉴论》(上)，北京：中华书局 2013 年第 2 版，第 115 页。

大公之德是公正、公平，而“公”是平均而已。孙晓春先生认为，平均“最简捷的理解就是均贫富”。不过在平均下理解贫富，则平均要重于贫富。平均的出现，“在事实上使贫富失去了全部的实在意义”[①]。同时，平均也成就了天子之私。为此，必须用道约束天子，使德成为天子立身之具。“德立而后道随之，道立而后政随之”[②]。天子之政有德、道为基础，天子便会有大公之心。天子有大公之心，天下大公则不远矣。

明末清初三位思想家向往天下大公，以黄宗羲最为激烈。王夫之钟情于君主专制，期待天子以德以道，使天下重返大公；顾炎武独爱三代之道，欲以封建寓于郡县，但不知如何解决封建之私的问题。唯黄宗羲独倡政治改革宣言，甚至大胆提出“无君”说，其言曰：“向使无君，人各得自私也，人各得自利也。”[③]自私之说、自利之说，实则就是个人权利之说。事实上，明末清初三位思想家都不约而同地表达了他们的个人权利的主张，只是很少被人关注过。

### （四）平等与自由：个人权利意识的朦胧觉醒

黄宗羲具有明确的个人自然权利意识。黄宗羲于 1662 年（康熙元年）作《明夷待访录》，时年 53 岁。[④] 经历了明王朝的终结、清王朝的初创，他的思想不停迸发出新的灵感和感悟。对个人权利的意识，令其敢于在《原君》中发出“人各得自私也，人各得自利也”的无君之说。没有君主，人民尚可以自己保护自己的私产和利益，为何君主专制时代，人民之

① 孙晓春：《平均主义与中国传统治理心态》，《天津社会科学》1992 年第 3 期，第 53 页。

② 王夫之：《读通鉴论》（中），北京：中华书局 2013 年第 2 版，第 486 页。

③ 黄宗羲：《明夷待访录・原君》，《黄宗羲全集》第 1 册，杭州：浙江古籍出版社 2002 年版，第 3 页。

④ 黄炳垕：《黄宗羲年谱》，王政尧点校，北京：中华书局 1993 年版，第 31 页。

个人财产和利益却无法得到保护呢？如果把人各自私和人各自利结合起来，就是现代政治学所说的个人权利。个人权利的意识早就出现于古代典籍，“谁谓雀无角，何以穿我屋”[①]“硕鼠硕鼠，无食我黍”[②]便是一种很明确的自我财产意识的表露，但这种表露并非政治学意义上的个人权利的主张。黄宗羲把个人权利主张融入其政治改革宣言中，是对个人权利的明确肯定。黄宗羲之前的中国古代政治思想中找不到明确肯定的个人权利表述，《尚书》和孟子民本思想中所表述的自由选泽权或可牵强地归入个人权利说，尽管其主体是集合概念“民”。从“民”到个人，中国思想中的权利意识主体的演变长达两千余年。如果说黄宗羲所谓的个人私利是个人的自然权利的话，那么他更伟大之处是把政治权利赋予了个人。

黄宗羲具有明确的个人政治权利意识。学校诸生有罢黜学官的权利。学校并非今日所言之学校。孟子曰：“设庠序学校以教之。庠者，养也；校者，教也；序者，射也。夏曰校，殷曰序，周曰庠。学则三代共之，皆所以明人伦也。”[③]学校就是实行教化之所。黄宗羲所说的学校“养士为学校之一事，而学校不仅为养士而设”，他设计的学校乃秉持如下原则：

“必使治天下之具皆出于学校，而后设学校之意始备……盖使朝廷之上，闾阎之细，渐摩儒染，莫不有诗书宽大之气。天子之所是未必是，天子之所非未必非，天子亦遂不敢自为非是，而公其非是于

①《诗经·行露》。

②《诗经·硕鼠》。

③《孟子·滕文公上》。

学校。"[1]

治天下之具为何?《群书治要》云:"使民知道者,德也;使民知心者,义也;使民不得为非者,威禁也。威禁者,赏必行,刑必断之谓也。此三道者,治天下之具也。"[2]一句话,治天下之具就是治民之法。学校教化出来的学生不再是传声筒,而是具有主见且敢于表达主见的人。可以说,学校培养的是思想独立的人,他们能够对天子的执政方式、方法、态度、决策等自由发表自己的意见。学校一方面是培养学生之所,另一方面也是监督天子执政得失之所。从这点看,学校是民主评议机构。学生作为拥有独立思考能力和自由思想的人,利用学校这个平台参与到国家政治生活中。黄宗羲希望通过学校的监督,使天子对舆论有所畏惧,"不敢自为非是"。天子肆意的权力理论上可以在学校监督面前有所收敛,因为学校不仅要监督天子的权力,而且还要将其执政之失公布于学校,供学生自由讨论。这种监督方式还要扩展到郡县。

"郡县学官,毋得出自选除。郡县公议,请名儒主之。自布衣以至宰相之谢事者,皆可当其任,不拘已任未任也。其人稍有干于清议,则诸生得共起而易之。"[3]

---

① 黄宗羲:《明夷待访录·学校》,《黄宗羲全集》第1册,杭州:浙江古籍出版社2002年版,第10页。

② 袁准:《袁子正书·治乱》,魏征等:《群书治要·卷50》,沈锡麟等整理,北京:中华书局2014年版,第613页。

③ 黄宗羲:《明夷待访录·学校》,《黄宗羲全集》第1册,杭州:浙江古籍出版社2002年版,第11页。

黄宗羲设计学校为单独机构，学官是其校长。学官不隶属各省提学，有独立性，是个清议机构。古代“设乡校，存清议于州里，以佐刑罚之穷”。[①] 学官人选由各郡县公议，从名儒中择而请之。学官的行为底线是不得“稍干于清议”，干涉清议就是现在所谓的妨碍言论自由。如果过了这个底线，则诸生可以行使政治权利，罢黜学官。言论自由是今日中国宪法捍卫的个人权利，黄宗羲在明末清初之际能有此主张，可谓开创先河。言论自由属于个人政治权利范畴，是个人表达政治主张的权利。但在赞赏黄宗羲的同时，还应注意一个问题，那就是他设计的学校是“养士”的。士是中国古代“食于人”阶层，其下才是“民”。也就是说，黄宗羲所设计的个人言论自由、思想自由等权利，是止于“士”的。“士”的等级高于“民”，个人政治权利的设计无法回避等级制的历史沉淀。等级是中国传统政治思想中一个最重要的观念，其影响至今仍在。黄宗羲把学校设计为行使政治权利的特区，把“士”作为特区中享有个人政治权利的特殊的人。无疑，这是中国政治思想史上的一次巨大进步。个人拥有参政权利的事例或可在典籍中找到，但把个人政治权利明确写于文章中，黄宗羲恐怕是中华第一人。虽然等级制的存在令此进步有不小的遗憾，但苛求古人亦是偏见的开始。人人平等、男女平等是今天的通识和常识，但这种通识和常识至少在二十世纪上半叶仍在西方民主国家存在着争议和障碍。与黄宗羲的个人政治权利意识一样，顾炎武和王夫之的平等意识也是中国政治思想史的巨大进步。

顾炎武的“取士”观是平等地取天下之人，不论其人是否是生员。生员为科举时代在学肄业者。国家设生员，“盖以收天下之才俊子弟，养之

① 顾炎武：《清议》，《日知录集释》第 3 册，黄汝成集释，杭州：浙江古籍出版社 2006 年版，第 774 页。

于庠序之中，使之成德达材，明先王之道，通当世之务，出为公卿大夫，与天子分猷共治者也”[①]。鉴于生员日众，水平参差，顾炎武主张废除天下所有生员。但生员废除后，如何取士呢？顾炎武说：

“吾所谓废生员者，非废生员也，废今日之生员也。请用辟举之法，而并存生儒之制。天下之人，无问其生员与否，皆得举而荐之于朝廷，则我之所收者既已博矣，而其廪之学者为之限额。”[②]

顾炎武取“天下之人”的气魄，透露其打破等级界限的雄心。黄宗羲养士，顾炎武取天下之人，后者在平等之路上走在了前面。人人有进入士阶层的机会，也就意味着每个人都平等地拥有参与政治的权利。这就是现代政治常说的机会平等。机会平等被现代政治学家视为最重要的平等权。因为平等就其实质而言，近乎伪命题。人类无法做到让每个人在出生时便是平等的，同样漂亮、同样健康、同样的家庭背景、同样的天赋，这些都是无法做到的。唯有机会平等才是真正的平等，它保证每个人的权利得到公平公正的对待。顾炎武虽然未对此进行理论总结，但其机会平等的意识是超前的。同样对平等有所觉悟的，还有王夫之。

“古者诸侯世国，而后大夫缘之以世官，势所必滥也。士之子恒为士，农之子恒为农，而天之生才也无择，则士有顽而农有秀；秀不能终屈于顽，而相乘以兴，又势所必激也。”[③]

---

① 顾炎武：《生员论上》，《顾炎武全集》21，上海：上海古籍出版社 2011 年版，第 68 页。

② 同上，第 71—72 页。

③ 王夫之：《读通鉴论》（上），北京：中华书局 2013 年第 2 版，第 1—2 页。

王夫之面对历史中的不平等现象，抒发了对平等的渴望。不平等现象源自等级制的存在及个人自由权利的缺失。等级制在中国已经存在数千年，思想家甚至对此已经习以为常，默认其合法地存在。孟子曾以“天子一位”“君一位”[①]等描述周代等级制度，包括爵秩等级、食禄等级。其中，士阶层分上士、中士、下士三等，下士与“庶民在官者同禄”。可见，周代庶民即便做官了，其食禄待遇也只能与处在等级制度最末端的下士相等，“足以代其耕”即可，并最终按照“上农夫食九人”的标准划分等级。农之子恒为农就是这个意思。这种无法做到最优取士的制度设计，势必导致农民优秀人才的进身阻碍，以及顽劣士子的滥竽充数。长此以往，必将激化社会矛盾，积累社会不稳定因素，致使社会动荡。

但王夫之的平等意识稍纵即逝，很快便被等级观念打败。他认为，从性的角度看，人皆可以为善；但“其有必不可使为善者，习也”[②]。习，这里指习惯、习俗、习性。他所谓的“习”还指基于等级制度而与生俱来的差异。他说：

> “是以古之为法，士之子恒为士，农之子恒为农，非绝农人之子于天性之外也，虽欲引之于善，而曀霾久蔽，不信上之有日，且必以白昼秉烛为取明之具，圣人亦无如此习焉何也。”[③]

同样的话，不同的结论。这次，王夫之站在了等级制一边，维护着等级制的存在。他认为，士之子与农之子的“习”是不同的，强把农之子置

---

① 《孟子·万章下》。
② 王夫之：《读通鉴论》（上），北京：中华书局2013年第2版，第271页。
③ 同上，第272页。

于与士之子平等的地位，是“违人之习”“拂人之性”，是不能做的。而小心仔细地以品格高低选取士之子，“亦未甚为过也”[①]。自此，王夫之平等意识被积习的等级观念完全打败。王夫之的平等意识令人兴奋和自豪，但其被等级观念打败却也是人之常情。正如他自己所说，这就是“人之习”，习惯和习俗都很难改变，况论巨大的思想反差！虽然王夫之的平等意识一闪而逝，但其个人自由权利意识则暗布其书中。

“人则未有不自谋其生者也，上之谋之，不如其自谋；上为谋之，且驰其自谋之心，而后生计愈蹙。”[②]

王夫之论及隋朝均田制困民发出了如上感慨。均田制有两大弊端，一是仅分配无主荒田，不触及地主利益；二是分田后不得迁徙。无疑，均田制用分配土地纳赋税的政策，进而形成了禁止农民自由迁徙的法律，可谓历史之倒退。为此，王夫之提出“人自谋生”说。人自谋生是融自由、独立与生存于一体的论说，其自由是个人行动自由或迁徙自由，其独立是个人行为独立和经济独立。人享有自由和独立，人才能够获得生存权利。上既指君主，也指国家和政府。“上谋之，不如其自谋”是否定君主或国家的作用，王夫之或许自己也没意识到，他已经走到了无政府主义的边缘。但作为君主专制论者，王夫之不会走得太远。君主或国家为民众安排其生存方式或路径，会动摇或摧毁民众天然的生存能力。如果遇到问题，其生存能力的下降，对改善其生活来说是雪上加霜。他理想中的君主是：

① 王夫之：《读通鉴论》(上)，北京：中华书局 2013 年第 2 版，第 272 页。
② 王夫之：《读通鉴论》(中)，北京：中华书局 2013 年第 2 版，第 566 页。

“夫王者之有其土若无其土也，而后疆圉以不荒；有其民若无其民也，而后御众而不乱。”①

土地、人民是诸侯三事之二，处理它们之间的关系便是政事。王夫之主张君主无为，放任土地与人民，让人民自由而独立地谋生，则土地必将因此而肥沃。法国思想家卢梭谓：人生而自由。这是一种权利意识。中国古代思想家重视义务，鲜有权利意识，这便造成了后代思想家在形成权利意识后，无法从古代思想资源中找到准确定位。“人自谋生”说即是如此。与黄宗羲“起而易”学官的个人政治权利说相比，“人自谋生”仅是个人自然权利，是自由的生存权利。人民享有此自由权利，实际上也会为君主或国家带来利益。人民可以享有自由权利，身居等级制上层的大臣们也应享有自由权利。

“择君而后仕，仕而君不可事则去之，君子之守固然也。失身于不道之君而不能去，则抑无可避之名节矣。”②

三代之时，君子欲仕先择君，君不可事可以自由离开。这是三代君子的操守。可见，三代之时，君子参与政治的渠道非常自由和畅通。他可以自由选择辅佐的对象，也可以不受约束自由离开，毫无阻碍。这是三代之君子的自由选择权。大一统后，君子几乎再无择君而仕的可能，他们多数只能辅佐唯一的皇帝，别无第二选项。因此，君主和大臣之间

① 王夫之：《读通鉴论》(中)，北京：中华书局2013年第2版，第567页。
② 同上，第585页。

的关系便再无三代之时的自由。大臣想离开已别无去处，君主则暗中提防大臣之间可能发生的阴谋。唐德宗时，德宗命执金吾调查交往过密的大臣，便是此意。王夫之对此非常反对，认为唐德宗愚蠢，他说：

“人君不可禁大臣之交游。”[①]

从权利角度看，大臣之间的交往是他们的个人自由权利，君主不应干涉。王夫之意识到大臣具有个人权利，且这种权利应该得到保护。不过，这种声音似乎有些弱。君主和大臣处于不同的等级链条，他们的利益有时是对立的。君主对大臣的提防，是为保护政权的需要；而大臣之间正常的交往固然无须警惕，但如果其交往危害到君主的利益又该如何？很明显，禁止大臣之间的交往以防患于未然不失为上上策。这种例子在现实的政治过程中层出不穷。可以说，王夫之等人的个人权利意识是朦胧的，其证据散落在各人的文章中，并未形成理论概括，无法上升到理论高度。但他们的个人权利的朦胧意识说明了一个问题：民本思想与个人权利相结合的时代即将来临。

① 王夫之：《读通鉴论》（中），北京：中华书局2013年第2版，第789页。

# 第二章　平等观念与近代中国

中国近代史以鸦片战争为开端，但近代中国政治思想史以何为开端呢？政治思想史的断代一直与近代史的断代重叠，这似乎大有问题。政治思想史与近代史的研究视角严格说来并无重合之处，前者的研究与政治思想、政治伦理等观念价值相关，后者的研究与政治、军事、文化、思想等与事件过程有关。很明显，如果近代政治思想史以鸦片战争为开端，那么谁能说明鸦片战争与何种观念价值有关？鸦片战争表面上看是一场贸易战争，英国为获得鸦片贸易权而无耻地向中国宣战。无耻的战争给英国带去了沾满罪恶的巨银，却给中国和中国人民带来了无尽的苦难。如果站在政治思想史角度分析，鸦片战争与政治思想有何关联呢？一个所谓的民主的主权国家向一个闭关自守的君主专制的主权国家宣战，其理由仅仅是贸易吗？还有更冠冕堂皇些的说法吗？当然有。不仅有，而且这个说法还与近代政治思想史的开端大有关系，可以说中国近代政治思想史便是以此为开端的。这个说法是什么呢？就是平等。打开中国近代政治思想史大门的是平等观念，那么，这个平等观念来自哪里？它是怎么打开中国近代政治思想史大门的？又对中国近代政治思想史有何影响？

## 第一节　平等观念与等级观念的冲突

思想左右行动，有什么样的思想就有什么样的行动。以往对近代中国社会主要矛盾的梳理，或认为是帝国主义与中华民族的矛盾，或认为是封建主义与人民大众的矛盾，或认为二者均是。这样梳理的结果是突出了侵略与爱国、压迫与反抗，即突出了行动，淡化了思想。久之，人们只记住了仇恨，记不得仇恨因何而来。固然侵略导致仇恨，但主导侵略的一定是某种思想。如今世界各国反对、抵制、禁止纳粹思想，却并不反对现在的德国，便体现了思想左右行动这个原则。抓住了思想才是抓住了根本，对中国近代史的反思也是一样。落后就要挨打这句似是而非的话虽然主观，但已经成为部分学者的共识，可这“落后”指的是什么呢？有人说是科技，有人说是文化，有人说是军事，其实，这“落后”唯一所应指的便是思想，因为思想之落后可导致其他方面的落后。落后在哪里呢？两个字：平等。

### （一）对等外交观念与新教资本主义精神入华

平等思想缺失致使近代对等外交难以实现。1648 年，《威斯特伐利亚和约》签订，欧洲出现主权国家。主权国家即独立国家，其一大特征是国与国之间平等交往。同年，清定都北京，中国最后一个君主专制王朝建立。外交上，清继明制延续宗藩体制。宗藩关系、封贡制度共同构建了明清时期的华夷国际秩序。[①] “夷”含有贬义，因此，“礼义”成了区别华

① 陈潮：《传统的华夷国际秩序与中韩宗藩关系》，《韩国研究论丛》1996 年第 2 辑。

夷之尺度。不过时至近代，这个尺度因其天然缺乏平等性而遭到灭顶之灾。平等思想是在辛亥革命前后传入中国的，其主张有“天赋人权”“人人生而平等”等[①]。平等之前，“平均”是传统中国政治心态，这种心态使“中国传统政治文化主导方面是缺少平等规范的文化”，导致中国传统平均主义思想“缺少政治平等的前提”[②]。政治平等前提的缺少体现在外交上就是对华夷国际秩序下的宗藩关系的坚持和维护，而这种坚持和维护势必与持主权理念的国家产生冲突。

鸦片战争前，外交冲突便已发生。以往，为维护天朝上国尊严，英人与两广总督间的文书往来须经行商转交，中国地方官员被禁止与英国商人和官员进行直接接触。1834 年 7 月 26 日，新任英国驻华商务监督律劳卑受英国外相巴麦尊之“燃烧炸药的信管”[③]之训令：“直接致书粤督卢坤，被拒”。请注意，律劳卑不再是之前的所谓纯粹贸易上的“大班”，而是英国政府的正式代表。他的这个身份并未引起重视，英国在华商人还是认为“英国政府的直接代表律劳卑勋爵事实上就是中国的英国商务监督”[④]。中国政府也忽视了律劳卑身份的政治作用和意图。梁廷枏《英吉利国记》的记载大约可视为当时中国对律劳卑的真实了解。

“夷目律劳卑至，自称监督，移文督部，不自言其来意。还其文，

---

① 孙晓春、杜美玲：《近代中国思想界对“平等”的误释——以康有为〈大同书〉为例》，《探索与争鸣》2015 年第 8 期，第 117 页。

② 孙晓春：《平均主义与中国传统政治心态》，《天津社会科学》1992 年第 3 期。

③ 〔美〕马士：《中华帝国对外关系史 · 第 1 卷 · 1834—1860 冲突时期》，张汇文等译，北京：商务印书馆 1963 年版，第 139 页。

④ 〔英〕格林堡：《鸦片战争前中英贸易通商史》，康成译，北京：商务印书馆 1961 年版，第 175 页。

则以巡船扑入内河，拒击炮台兵。旋，悔罪出省。将还国，未行而死。此兵船节次内扰之始末也。”[①]

之后，律劳卑致书英国国内，主张武力对华；卢坤包围英夷馆，停止英人贸易。中英“鸦片战争前哨战”[②]打响。当年，律劳卑因过度劳顿而病逝，引起英国国内的抗议，这就是律劳卑事件。1837 年 4 月，英国外相巴麦尊命令英国驻华商务监督义律，要求“不经行商”直接与两广总督公文往来，时任两广总督邓廷桢不允。1838 年 7 月 24 日，英国驻华商务监督义律抵粤，代替英国东印度舰队司令马他伦传讯，“要求平行往还”，两广总督邓廷桢再拒。[③] 拒绝与英国人平等交往在当时是否是错误的选择，就连美国历史学家马士也未敢轻下定论。[④] 甚至，很多英美人站在中国立场上，认为“所有的过失都在英方，中国人是无可指责的”[⑤]。诚然，英国的侵略战争和侵略意图是不容否认的，鸦片贸易是无耻的，但被侵略的是中国，所以我们一定要从中吸取除仇恨以外更为深刻的教训。如果想从律劳卑事件吸取些历史教训的话，国与国之间的平等外

---

① 梁廷枬：《英吉利国记》，沈云龙主编：《近代中国史料丛刊续编第 52 辑》，台北：台湾文化出版社 1978 年版，第 23 页。

② 顾卫民：《基督教与中国近代社会》，上海：上海人民出版社 1996 年版，第 96 页。

③ 郭廷以编著：《近代中国史事日志》上册，北京：中华书局 1987 年版，第 53—68 页。

④ 马士说，在 20 世纪，我们是不难分辨这局势之所以造成的责任，但假使我们是处于 1834 年当时人的地位，那就比较困难了，尤其是要去决定什么是照理应该做的。〔美〕马士：《中华帝国对外关系史 · 第 1 卷 · 1834—1860 冲突时期》，张汇文等译，北京：商务印书馆 1963 年版，第 158 页。

⑤ 胡夏米：《对华战争是正义战争吗？》（第 2 版，伦敦，1840 年），第 16 页。转引自：〔美〕M. G. 马森：《西方的中国及中国人观念（1840—1876）》，杨德山译，北京：中华书局 2006 年版，第 122 页。

交[①]应该列在首位。当然,当时的清政府无法做到这一点,因为“这是中国的邦交观念和政治体制不能容忍的”[②]。也正是由于做不到,所以此后列强侵略战争中的借口皆与不平等有关。无法给予平等的外交礼仪,那么对方感受到的一定是不平等。有这种不平等体会的还有生活在中国的英国基督教新教传教士,他们中的一些人渐渐地把这种不平等体会转化成了鼓动侵略的动力。

基督教新教的资本主义精神是近代中国最早的激进主义因素。十六世纪早期,马丁·路德引领宗教改革,基督教新教创立。马丁·路德反对托马斯人文主义,反对教会拥有司法权等主张,透露着与当时宗教思想格格不入的激进主义观点。尤其是新教思想中,所有基督徒都是“属于神圣的等级,并不依据他们在社会中的地位和作用,而只依据他们平等的信仰的能力”[③]显露出来的平等理念,不仅贬低了圣职人员的神圣性,而且给世俗社会的等级观念造成了冲击。路德教派新教的平等理念还促进了“形式上自由劳动之理性的资本主义组织方式”[④]的发展。之所以是促进,因为这种资本主义因素在宗教改革之前便已存在。这种理性

---

① 当时的一些作者已经看到了平等这个问题。如德庇时:《中国》(新订本,伦敦,1857年),第1卷,第146页。密迪乐:《中国人及其反叛》(伦敦,1856年),前言,第6页。J. Q. 亚当斯:《对华战争演说》,1841年11月22日在马萨诸塞州的历史协会发表;《事件》(1910年),第43期,第295—325页;参见《中国丛报》,(广州,1842年),第11期,第274页;《约翰·昆西·亚当斯回忆录》,C. F. 亚当斯编(费城,1376年),第6卷,第30页。上述注释参见:注5,〔美〕M. G. 马森:《西方的中国及中国人观念(1840—1876)》,杨德山译,第134页。

② 顾卫民:《基督教与近代中国社会》,上海:上海人民出版社1996年版,第96页。

③ 〔英〕昆廷·斯金纳:《现代政治思想的基础》,段胜武等译,北京:求实出版社1989年版,第287页。

④ 〔德〕马克斯·韦伯:《新教伦理与资本主义精神》,赵勇译,杨豫审校,西安:陕西人民出版社2009年版,第6页。

的资本主义组织方式与在"中国、印度、希腊、罗马、佛罗伦萨""流传了数千年的那种资本主义精神"，即"由高利贷者、军火承包商、公司里面的贸易员、收税员、大商人和金融巨头加以发展的"[①]资本主义完全不同。继路德教派之后，禁欲主义教派加尔文主义清教徒(新教的一个派别)强调固定职业——劳动是禁欲的最好方式，因为赚钱是上帝的要求，这"为商人的活动提供了正当理由"[②]。这就是马克斯・韦伯所说的资本主义精神。可以说，鸦片战争前抵达中国的基督教新教传教士大多具有这种精神。而英国作为当时的资本主义强国，其赴中国使团所秉持的任务也与资本主义密切相关，如要求中国公开税率和税则；要求开辟更多口岸，与十三行行商以外的中国人自由贸易等。新教伦敦会传教士，如马礼逊、米怜、麦都思等，为成功传教做了大量基础性工作。第一位来华传教士马礼逊(Robert Morrison)翻译了《圣经》《英华字典》，方便了后来者。米怜(William Milne)帮助马礼逊翻译了《圣经》，并曾任英华书院校长。麦都思(Walter Henry Medhurst)为著名的梁发(Liang A-fah)洗礼，后者之《劝世良言》启迪了太平天国运动领袖洪秀全、新教圣公会[③]传教士郭实腊(Gutzlaff，亦译郭士立)。1829 年，美国公理会向中国派遣了第一位传教士裨治文(Elijah C. Bridgman)，与他同行的是代表美国海员友人会的传教士雅裨理(David Abeel)。裨治文定居于广州，发行了著名的《中国丛报》，其主旨是"把中国介绍给西方人——特别是那些生活在中华帝

① 〔德〕马克斯・韦伯：《新教伦理与资本主义精神》，赵勇译，杨豫审校，西安：陕西人民出版社 2009 年版，第 35 页。

② 同上，第 123 页。

③ 另有一说认为郭实腊受路德宗(信义宗)荷兰礼贤会派遣来华，后脱离。顾长声：《传教士与近代中国》，上海：上海人民出版社 2013 年版，第 94 页。

国国门之内的西方商人——他们大多不认识中国或蔑视它”[①]，但事实上，这个刊物也是传教士鼓动侵略的阵地。其后来华的还有著名的卫三畏(Samuel Wells Williams)、伯驾(Peter Parker)，他们亦属美国公理会派遣。此外，美国浸会、圣公会、长老会等也都向中国派遣了传教士。这些传教士不仅把资本主义精神和平等观念带给了中国，而且还给中国带来了战争的种子。

### (二)旅华英人平等交往需求及其战争鼓动

律劳卑事件后，因意识到平等外交理念的缺失，以《中国丛报》为阵地，包括传教士在内的旅华英人的立场转为激进。1834年12月，该报发表《英国在华侨民上英王请愿书》，请求本国政府改变以往对华“沉默政策”，因为“采取这种政策就是要让天朝的史册永远载着不列颠国王是个中华帝国的朝贡者，而且虔诚地服从天朝的法令，这样传至后代都会认为外侨是野蛮的夷人”，这些在华英国侨民“建议让大不列颠国王陛下派出的全权公使先进驻接近北京的适当地点，而且要保证有足够的海军力量为后盾”，并要求政府向中国提出索赔和规劝，并强调，“如果他们不接受规劝，就强逼他们接受。可能的话，就引导他们走上一条和他们的权利和义务相适应的道路”[②]。这份请愿书还提到了重新开放“厦门、宁波和舟山各口岸”，以期“扩充商务”，并扩大“从贸易方面获利的机会”[③]。显然，它透露了包括传教士在内的旅华英人不惜以武力维持和扩大资本

---

① 〔美〕赖德烈：《基督教在华传教史》，雷立柏等译，香港：道风书社、香港汉语基督教文研究所有限公司2009年版，第186页。

② 广东省文史研究馆译：《鸦片战争史料选译》，北京：中华书局1983年版，第39—40页。

③ 同上，第34页。

主义贸易的要求。1836年2月，该报发表《与中国缔约的迫切需要》一文，直言“如果我们要和中国订立英国条约，这个条约必须是在刺刀尖下，依照我们的命令写下来，并要在大炮的瞄准下，才发生效力的”①。这段激烈的赤裸裸的侵略言论的背后竟然有着一个要求平等的主张：“为了对我们和中国的关系有着正当的理解，我们第一个步骤必须向中国政府获得一个承认大不列颠是个独立自主的国家的绝对的保证。在《大清会典》里，我国是与高丽、暹罗等国列在同等地位的。只要我们仍被作为中国的封臣和诸侯中的一员看待，向他们建议订立平等互惠条约，或要求他们给我们的公使或商人以比过去更好的待遇，终是枉费心机。”②平等外交理念是宗藩体制与主权国家体制之间的最大差距。从这点看，清政府并非输在鸦片战争之后，而是之前。因缺乏平等外交理念，清政府的外交外贸政策引发了以新教传教士为主的旨在在中国发展资本主义的旅华外人的激进主义思想。几年后，他们的激进主义思想终于在英国政府和国会内部发酵，并直接促成了对华战争命令的下达。

公平和自由贸易理念的缺失是另一个促成近代对华侵略战争产生的因素。鸦片战争前，清政府实行“闭关锁国”政策，只开广州一关用于海上贸易。且要求外国人与中国贸易须经行商，而行商遂集运动员与裁判员身份于一身，进而为满足自己或地方政府利益而随意提高进口税，令来华外商颇为不满。外商认为，“（中国）大臣们都深信，如果容许外国蛮夷进入京都附近的口岸，偶因细故，凶性大发，就会使这个大清帝国的基础动摇起来。也因此就把外人限制居住在一个角落里。在广州，外人尽被安顿在行商和通事的控制下，无法与中国政府或其他文武官员接

---

① 广东省文史研究馆译：《鸦片战争史料选译》，北京：中华书局1983年版，第48页。

② 同上，第49页。

触，而这些行商和通事就是奉行清朝官员的命令，来监督、约束外国商人的”[①]。他们认为中国人民比中国政府更向往自由贸易，因为“他们是逐利的民族，喜欢做买卖，与外人也友善”，所以对于中国政府限制外贸的做法，中国人民“不得不甘愿服从，反而千方百计把它们化为乌有”[②]。为此，外商要求英国政府与中国订立“一个明确的、一定的进出口货税则，废除公行专卖权，完全允许英国人在中国沿海一带凡有海关的地方、各口岸以及在北京自由贸易”。他们认为“现行公行中的赏钱、船只丈量费、通事费等等惯例，以及其他无穷无尽的项目，都要立刻废除，永不再用”，并要求废除“有害于自由贸易”的官商专卖权，要求外国侨民在口岸“有权与当地人自由交往和自由行动”[③]。而为获得这些权利，他们毅然选择用武力背书：“我们不须大动海军，也不须多费钱财，需要的不过几只中等的和小型的军舰，由一个志坚心决的人率领着，并带着一份拟就的、要清廷签字的条约稿本，直接到北京去，通知清廷他不但负有全权去签订条约，而且非等他的使命完成时，绝不离开北京。”[④]这种“敲山震虎”的想法不仅当时在广州的外商有，而且也影响到了英国政府官员。英国东印度公司罗宾臣爵士致函英国外相巴麦尊时直言：“但我坚决相信，除非使用武力，那是绝不可能实现的。过去几年发生的事件在不小的程度上妨碍了我们抱有任何合理的希望，所有如不采取恫吓措施，而且我担心如不最后诉诸战争行动，便不能够达成一项适当的协议。”[⑤]

① 广东省文史研究馆译：《鸦片战争史料选译》，北京：中华书局1983年版，第45页。
② 同上，第46页。
③ 同上，第49页。
④ 同上，第51页。
⑤ 胡滨译：《英国档案有关鸦片战争资料选译》上，北京：中华书局1993年版，第101页。

可以说，平等外交理念、公平和自由贸易理念的缺失与新教的资本主义精神背道而驰，进而积累了大量的战争和冲突因素。这些因素遭遇中国君主专制主义固有的宗藩体制思维和重农轻商的经济传统理念，由英国传教士、官员化为鼓动和煽动战争的理由，终于导致第一次鸦片战争的爆发，而且其影响延续到第二次鸦片战争、中法战争、中日甲午战争，究其原因，不外乎前述两个理念的缺失。

### （三）等级观念的固化与统治阶层平等观念

两广总督卢坤拒绝英国商务监督律劳卑的书信后，向道光皇帝上奏此事。这份奏折有两点须要注意：第一，卢坤注意到了平行即对等交往；第二，卢坤对西方文明之不屑。

> 卢坤等奏：英吉利国夷情谬妄，请旨办理，并现在筹备情形。据称该国夷人，自公司散局，各自贸易，事无统摄。本年六月内，有该国夷目律劳卑来粤，称系查理贸易事务，携带眷属，寄住澳门兵船。该夷目换船至省外夷馆居住，当即饬令该洋商查讯。该夷目不肯接见，旋即呈递致卢坤书信一函，**系平行款式**，混写大英国等字样。卢坤等以体制攸关，申明例禁，俾该夷人遵守旧章，反覆晓谕。该夷目违抗不遵，随饬委员等面加查询。该夷目总不将办理何事，说明原委，又不将兵船开行回国。历次违抗不法，请照例封舱。将该国买卖，暂行停止，量加惩抑。如果夷目改悔，遵守旧制，即准其奏请开舱。**该夷人除炮火以外，一无长技。**现在密派员弁，在省城内外及澳门一带，分投布置，镇静防范。仍饬该府县访查汉奸，严拏惩办。并查明该商等有无情弊，严参究处。其澳门附近洋面等处，所有密

派弁兵，豫为筹备。俟察看夷情安静，即行撤回。[①]

道光皇帝接到卢坤奏折后，发出了更加傲慢的谕旨。道光皇帝的谕旨可谓面面俱到，无可挑剔。唯可挑剔之处在于其内心对英国及英国人的认识：凶狡、蠢愚、犬羊之性。道光皇帝谕曰：

所办尚妥，所见亦是。英吉利国夷人，**素性凶狡**，向与中华不通文移。**惟化外蠢愚**，未谙例禁，自应先行开导，令该商等传谕饬遵。兹该夷目既报拗顽梗，不遵法度，自当照例封舱，稍示惩抑，俾知畏惧。如该夷目及早改悔，照常恭顺恳求贸易，即准奏请开舱。祇期以情理之直诚，**化犬羊之桀骜**。但能无伤大体，即无庸过事苛求。傥该夷人自恃船坚炮利，阴蓄诡谋，不听约束，**犬羊之性**，急则反噬。则驱逐出省，不能不示以兵威。其省城内外及澳门一带大屿山炮台等处，务须密派弁兵，加意巡逻，不动声色，镇静防范。至外夷在内地通市，如能照常安静，自当一视同仁，曲加体恤。**况天朝嘉惠海隅，并不以区区商税为重。** 该国贸易百数十年，诸事均有旧章，岂能以该夷目一人之执谬，绝商舶之往来？总当通盘筹画，设法整顿，自未便任听该夷目固执，致各散商纷纷向隅。务随时察看情形，酌量办理。固不可于国体有妨，稍事迁就；亦不准令边夷启衅，稍涉张皇。至该夷目胆敢抗违，有无内地汉奸，暗中唆使，必应严饬该府县密速访拏，从重惩办。其外夷贸易，系洋商专责。兹该夷目来粤，该商等既不先行禀报，节饬传谕，又无一能为，殊属玩忽。着该督等查

① 《宣宗成皇帝实录 4》卷 255，《清实录》第 36 册，北京：中华书局 1986 年影印，第 896—897 页。

明有无情弊，严参究办。其现在筹备防范各处，该督等当约束弁兵。密饬稽查防守，以备不虞。不准轻启衅端，致烦兵力。俟察看夷情安静，即行撤回。仍将办理情形，随时据实具奏，毋稍含混。①

道光皇帝的傲慢与偏见显示，当时清政府对英国（或西方世界）的认识几乎为零。“嘉惠海隅”的表达是以中华帝国为天下中心的意识体现，同时，这种表达也是处于等级制顶端的优越感体现。对两广总督卢坤奏折中的书信“平行款式”一事，道光皇帝并未在意，并以“化外蠢愚”形容英国从不与中国互通文书。这次忽略，让平等观念进入北京成为泡影。当然，道光皇帝并非拒绝平等观念的始作俑者，拒绝对等交往的最著名事件发生在道光皇帝的祖父——乾隆皇帝身上，即马戛尔尼事件。

1793 年 8 月，英国使臣马戛尔尼率领八百余人的庞大使团，浩浩荡荡，带着真诚的意愿，来到北京，准备向中国乾隆皇帝祝寿。其诚意可用礼物证明，英王乔治三世用了一年时间准备了足足六百箱贺礼。贺礼从大炮到望远镜、钟表几乎网罗了英国所有的精致物品。时乾隆皇帝正在热河，马戛尔尼和斯当东便带领少数使团成员，来到避暑山庄，准备觐见乾隆皇帝。不想，双方协商觐见礼仪时发生了严重分歧。英国方面坚持用自己的单膝礼，而中国方面坚持英国人觐见乾隆帝必须行三跪九叩礼。英国方面认为三跪九叩礼并非平等交往礼仪，有损英国尊严。乾隆皇帝闻讯很生气，便下了逐客令。英国使臣马戛尔尼等不愿事情闹僵，态度也软化下来。此后，双方达成协议，觐见乾隆帝用单膝礼，祝寿当日见皇帝行三跪九叩礼。

---

① 《宣宗成皇帝实录 4》卷 255，《清实录》第 36 册，北京：中华书局 1986 年影印，第 897—898 页。

祝寿礼毕，英国使臣马戛尔尼留下国书，返回北京。国书请求与中国贸易、请求允许派遣使臣驻华、要求保护英人等。国书翻译出来后，乾隆帝方知英国人有常驻北京的“无礼”要求，便对廷臣说：

现在译出英吉利国表文内，有恳请派人留京居住一节。虽以照料买卖、学习教化为辞，但伊等贸易远在澳门，即留人在京，岂能照料？至于天朝礼法，与该国风俗迥不相同。**即使留人观习，伊亦岂能效法？**且向来西洋人，惟有情愿来京当差者，方准留京，遵用天朝服饰，安置堂内，永远不准回国。今伊等既不能如此，异言异服，逗留京城，或其心怀窥测，其事断不可行。但该国王具表陈恳，非若使臣等自行禀请之事，可以面加驳斥。已颁给敕书，明白谕驳。此次该国航海远来，念其尚为恭顺，是以诸加体恤。今该贡使到后，多有陈乞，屡为繁渎。**看来此等外夷，究属无知。**今又不准其留人在京，该国王奉到敕谕后，或因不遂所欲，心怀觖望，恃其险远，藉词生事，亦未可定。[①]

乾隆帝颁发敕谕，拒绝了英国派遣常驻使节的要求。敕谕曰：

至尔国王表内，恳请派一尔国之人，住居天朝，照管尔国买卖一节。此则与天朝体制不合，断不可行。向来西洋各国，有愿来天朝当差之人，原准其来京。但既来之后，即遵用天朝服色，安置堂内，永远不准复回本国。此系天朝定制，想尔国王亦所知悉。**今尔国王**

---

① 《高宗纯皇帝实录 19》卷 1435，《清实录》第 27 册，北京：中华书局 1986 年影印，第 182—183 页。

> **欲求派一尔国之人，住居京城。既不能若来京当差之西洋人在京居住，不归本国；又不可听其往来常通信息，实为无益之事。**且天朝所管地方，至为广远。凡外藩使臣到京，译馆供给，行止出入，俱有一定体制，从无听其自便之例。今尔国若留人在京，言语不通，服饰殊制，无地可以安置。若必似来京当差之西洋人，令其一例改易服饰，天朝亦从不肯强人以所难。设天朝欲差人常住尔国，亦岂尔国所能遵行？况西洋诸国甚多，非止尔一国。若俱似尔国王恳请派人留京，岂能一一听许？是此事断断难行。岂能因尔国王一人之请，以致更张天朝百余年法度？[①]

清廷与马戛尔尼使团交换的照会或存在翻译问题[②]，但这并不影响对乾隆帝主动陈述的判断。无论是对廷臣讲话还是在《敕谕》中，乾隆帝都表现出缺乏与主权国家交往的外交常识，他似乎并不知道英国派人常驻北京的意义在哪里。他以为英国人是“来京当差”而已，事实上，英国提出派人常驻北京就是今天缔约国家互派大使。这是两国外交实践中，最能体现平等思想的外交互动。嘉庆二十一年(1816)，英使阿美士德因拒绝跪拜，无法履行改善中英贸易关系之使命，愤愤而返。关于外交对等交往，乾隆帝不明白，其子嘉庆帝不清楚，其孙道光帝也弄不懂。后来

---

① 《高宗纯皇帝实录》19 卷 1435，《清实录》第 27 册，北京：中华书局 1986 年影印，第 184 页。

② 学界对清英间的照会和交往中存在的翻译问题有较细致的研究。刘黎，《一场瞎子和聋子的对话——重构英使马戛尔尼的访华的翻译过程》，《上海翻译》2014 年第 3 期；《何止译者——马戛尔尼使团访华活动之译员考析》，《重庆理工大学学报》(社会科学版)2015 年第 3 期；《马戛尔尼觐见乾隆皇帝礼仪照会翻译之考析》，《重庆交通大学学报》(社会科学版)2015 年第 4 期。计秋枫，《马戛尔尼使华事件中的英吉利“表文”考》，《史学月刊》2008 年第 8 期。

的历史证明，即使道光皇帝当时意识到了平行即对等交往的存在，他也无法理解其价值与存在意义。平等最终还是靠战争被中国接受。但思想界大约在律劳卑事件之前，便已有明确的平等意识了。

### （四）智识界的平等意识及其集体主义特征

平等观念虽然在北京和广州遇到了等级观念的坚决抵制，但任何真理、任何进步观念都不会遭到伟大思想家的抵制。他们可以接受真理和进步观念而传播之，亦能因环境的启迪而自我产生伟大的思想。近代著名思想家龚自珍便是后者。龚自珍(1792—1841)，字璱人，号定庵，浙江仁和县(今杭州)人。“我劝天公重抖擞，不拘一格降人才”是其脍炙人口的名句，但作为思想家，其政治思想还有强烈的但并不为世人所熟知的平等观。

> “儒者失其情，不究其本，乃曰天下之大分，自上而下。吾则曰：先有下，而渐有上。下上相推之，而卒神其说于天。”①

1823年，龚自珍32岁，居北京，任内阁中书。是年，龚自珍“第四次参加会试落第”②。屡次落第，并未扑灭其心中济世之火。同年，其名作《农宗》问世。《农宗》乃论社会经济改革之作，但从政治思想角度讲，其所表达的平等观更加耀眼夺目。其平等观，乃出于对上下孰先孰后之推究。古者，天为上，民为下。“天祐下民，作之君，作之师”③，于是圣人出。天子做民父母，与民同类，并非高不可攀的神仙。董仲舒提出，倡君权神

---

① 龚自珍：《农宗》，《龚自珍全集》，上海：上海人民出版社1975年版，第49页。
② 郭延礼：《龚自珍年谱》，济南：齐鲁书社1987年版，第91页。
③《尚书·泰誓上》。

授，天子不再出自下，天子是天之子，只能天诞之。故其后，历代皇帝之出生均有神迹相随，意在向世人证明天子与普罗大众之不同：天子就是天之子，是神不是人类。上下等级明矣。但龚自珍认为，天子也是人，其与普罗大众的区别是智力能力上的，而非种类上的。他曾赞叹乾隆皇帝之博识，曰："博矣夫！大圣人之知物也。"①龚自珍赞乾隆帝并非谬赞过誉，是据事实而赞。但包括他所钦佩盛赞的乾隆帝在内，他认为所有的"上"都是后于"下"而出的，先有下，后有上。"而渐有上"，是"比其久也，乃有大圣人出"。人民以为这个大圣人是"天之藉"，但龚自珍则明确而坚定地说："天神，人也；地祇，人也；人鬼，人也。非人形，则非人也。"②圣人与我同类也，皆人也。

其实，龚自珍 26 岁时便已有了较成熟的平等意识。1817 年，龚自珍居上海，作《平均篇》。曰：

> "龚子曰：有天下者，莫高于平之之尚也，其遂初乎！降是，安天下而已；又降是，与天下安而已；又降是，食天下而已。最上之世，君民聚醵然。三代之极，其犹水。君取盂焉，臣取勺焉，民取卮焉。降是，则勺者下侵矣，卮者上侵矣。又降，则君取一石，民亦欲得一石，故或涸而踣。石而浮，一则不平甚。涸而踣，则又不平甚。"③

龚自珍所谓的平均其实就是平等。他认为，唐虞之时，存在平等观

---

① 龚自珍：《乙丙之际箸议第十九》，《龚自珍全集》，上海：上海人民出版社 1975 年版，第 10 页。

② 龚自珍：《壬癸之际胎观第一》，《龚自珍全集》，上海：上海人民出版社 1975 年版，第 13 页。

③ 龚自珍：《平均篇》，《龚自珍全集》，上海：上海人民出版社 1975 年版，第 78 页。

念。而且当时的天子以平等为最高的价值观。三代之时，社会开始出现等级观念，社会分配以等级为标准。三代之后，等级观念日重，社会分配越来越不公平。《平均篇》和《农宗》两篇文章是龚自珍平等观念的自白，应该说，他的平等观念早于鸦片战争的炮火，但并未引起重视。就平等观念而言，龚自珍无疑是时代先驱。其实，何止平等观念。钱穆先生说："嘉、道以还，清势日陵替，坚冰乍解，根蘖重萌，士大夫乃稍稍发舒为政论焉，而定菴则为开风气之人。"[①]钱穆先生说的是政治观念，就政治思想而言，龚自珍亦是开风气之人。当然，龚自珍并非一个人在为平等观念探路，其好友魏源亦是此路上的领跑人之一。魏源（1794—1857），字默深，湖南邵阳人，与龚自珍齐名，时有"龚魏"之称。

魏源幼受儒学，以曾子为偶像，尚宋儒理学，故其思想以儒学为根基。他的海洋、国家等知识来自在华传教士。魏源编纂的《海国图志》，有些资料便取自英国著名传教士米怜、麦都思及中国教徒梁发编辑的《每月统纪传》。该刊物内容"以宗教居大半，余为新闻及新知识之介绍"[②]，前后刊行七年（1815—1821），共七卷，总五百七十四页。马礼逊和麦都思均为著名来华传教士，而梁发对中国的间接影响更要超过此二人。梁发是中国人，作为一名虔诚的受洗教徒，他曾作《劝世良言》宣传基督教新教，其中一些内容涉及中国人闻所未闻的平等观念。洪秀全科举失意，恰好拾到一本《劝世良言》。令人意想不到，就是这本小册子激发了他革命的勇气。洪秀全的思想受其影响，具有明确的平等观念，如男女平等观念。

魏源阅读基督教新教刊物，从中接触到该教的平等思想。比如《海

① 钱穆：《中国近三百年学术史》下册，北京：商务印书馆 1997 年版，第 592 页。
② 王家俭：《魏源年谱》，台北："中央研究院"历史研究所 1981 年版，第 9 页。

国图志》便注意到人民的选举权利，并提到过白人、黑人、妇女在权利上的差别待遇。魏源在介绍美国纽约州时指出，纽约“设立正总领一人，副总领一人，均由人民公举”；其立法之官“推举必须白人、年逾二十、居本部经一年者方能出书荐人，否则不能预也”①。在介绍新泽西州时，魏源指出，该州“设立总领及立法之冈色尔并总会公署一所，均由民人公举”，其人“须年逾二十、曾纳丁粮者方准出书荐人，若妇人、黑人，皆不得预”②。预即参与。介绍英国政治制度时，魏源注意到了该国基于平等和自由观的民主政治：“都城有公会所，内分两所：一曰爵房，一曰乡绅房。爵房者，有爵位贵人及耶稣教师处之；乡绅房者，由庶民推择有才识学术者处之。国有大事，王谕相，相告爵房，聚众公议，参以条例，决其可否；辗转告乡绅房，必乡绅大众允诺而后行，否则寝其事勿论……此制欧罗巴诸国皆从同，不独英吉利也。”③《海国图志》成书于 1852 年，其中多处引用三十年前的《每月统纪传》，后者对魏源的影响不可小觑。不妨梳理梳理魏源文章中的平等倾向。

> “攻他人之异端，不如攻一身之异端。气禀物欲，皆为性分所本无。去本无以还其固有，损之又损以至于无。始而以道德战纷华，既而以中行绳过、不及，内御日强，外侮日退，则人我一矣，则自身之

① 魏源辑：《海国图志卷 62 · 弥利坚国东路二十部》，林则徐译，魏源撰、魏源全集编辑委员会编：《魏源全集》7，长沙：岳麓书社 2011 年版，第 1706 页。

② 同上，第 1709 页。

③ 魏源辑：《海国图志卷 52 · 英吉利国广述中》，魏源撰、魏源全集编辑委员会编：《魏源全集》6，长沙：岳麓书社 2011 年版，第 1463—1464 页。

异端尽矣。”[①]

魏源有明确的追求平等的意识。异端之说出自孔子。子曰:“攻乎异端,斯害也已矣。”[②]此语一般作言治道解。三国何晏曰:“攻治善道有统,故殊途而同归,异端不同归也。”[③]魏源不走寻常路,他把异端置于人我之间,指出见人之异端不如见己之异端。去己之异端,则我回归本性。人人去除自己的异端,则人我同一,不再有矛盾纷争。异端尽去,人我归于平等。我不见人高低贵贱,人亦不见我高低贵贱。人我包括所有人,既有圣人也有众人。圣人与众人皆本于天。

“万事莫不有本,众人与圣人皆何所本乎?人之生也,有形神、有魂魄……其聚散、合离、升降、劝诫,以何为本,以何为归乎?曰:以天为本,以天为归。黄帝、尧、舜、文王、箕子、周公、仲尼、傅说,其生也自上天,其死也反上天。其生也教民,语必称天,归其所本,反其所自生,取舍于此。大本本天,大归归天,天故为群言极。”[④]

群指众人。极,天地人三极,三才也,至极之道也。天不仅是圣人之本之归,亦是群即众人之本之归之极。面对天,众人与圣人是平等的、无

---

① 魏源:《默觚上·学篇一》,夏剑钦编:《中国近代思想家文库·魏源卷》,北京:中国人民大学出版社2013年版,第13—14页。

②《论语·为政第二》。

③ 何晏:《论语集解·为政第二》,《四部丛刊初编(8)》,上海:上海书店1989年版,第13页左。

④ 魏源:《默觚上·学篇一》,夏剑钦编:《中国近代思想家文库·魏源卷》,北京:中国人民大学出版社2013年版,第16页。

差别的。黄帝本天、归天，众人亦本天、归天。这与《诗经》“天生烝民，有物有则”[①]的说法是一致的。但秦汉以后，君主专制兴起，人民与天的关系逐渐脱节。尤其是董仲舒抛出君权神授理论后，“天子父母事天，而子孙畜万民”[②]，人民正式成为等级制的末端。魏源称董仲舒为“冒天下之道者”[③]，恐怕意正在此。

> “人者，天地之仁也。人之所聚，仁气积焉；人之所去，阴气积焉……‘天地之性人为贵’，天子者，众人所积而成，而侮慢人者，非侮慢天乎？人聚则强，人散则尪，人静则昌，人讼则荒，人背则亡，故天子自视为众人中之一人，斯视天下为天下之天下。”[④]

魏源引东汉班固的《白虎通德论》名句为论据，其全句为“天地之性人为贵，人皆天所生也”[⑤]。人皆天所生，人性贵在此也。天子得到人民拥护，方能由“众人所积而成”而为天子，故天子要尊重人民，侮辱人民就是侮辱天。天子虽然在地位上高于人民，但他应当把自己看作人民的一份子，把自己等同于人民。天子自视与民平等，只是天子要有与民平等的意识，虽然天子事实上地位高于人民。天子以平等观念看待人民，就能够以天下为天下所有的眼光看待天下。平等观念下，天下不是天子个

---

① 《诗经·大雅·烝民》。

② 《春秋繁露·郊祭第六十七》。

③ 魏源：《董子春秋发微序(1822)》，夏剑钦编：《中国近代思想家文库·魏源卷》，北京：中国人民大学出版社2013年版，第86页。

④ 魏源：《默觚下·治篇三》，夏剑钦编：《中国近代思想家文库·魏源卷》，北京：中国人民大学出版社2013年版，第39页。

⑤ 班固：《白虎通德论·诛伐》，上海：上海古籍出版社1990年版，第34页。

人所有的天下，而是人民所有的天下，是天下所有的天下。

> “天下其一身与！后元首，相股肱，诤臣喉舌。然则孰为鼻息？夫非庶人与……古圣帝明王，惟恐庶民之不息息相通也，故其取于臣也略，而取于民也详。”①

董仲舒曾用心体比喻过君民关系：“君者，民之心也；民者，君之体也。”②这种比喻表现出明确的等级观念。魏源的比喻则是另外一回事，人民不再是可有可无的四肢，而是不可或缺的呼吸系统。有生命的身体无法离开呼吸，天子也就无法离开人民而存在。人民在，天子在；人民亡，天子亡。人民与天子同呼吸、共命运。在这个意义上，天子与人民是平等的。

龚、魏之有平等意识或为当时之特例。其时，清代公羊学正盛。清代公羊学以庄存与为祖。庄存与传孙庄述祖，述祖传外甥刘逢禄、宋翔凤。龚、魏均依刘逢禄治公羊。“刘宋龚魏而后，闻声相和者日众，包慎言即其一也”③。包慎言即包世臣（1775—1857）。包世臣不仅是公羊学家，而且还是经世思想家，其经世思想与龚自珍、魏源齐名，且三人为好友。与龚魏不同的是，包世臣更重于经世致用，对平等未见明显阐述。这个“尽读《日知录》三十卷”④的饱学之士，似乎并未受亭林之熏染。

---

① 魏源：《默觚下·治篇十二》，夏剑钦编：《中国近代思想家文库·魏源卷》，北京：中国人民大学出版社2013年版，第52页。

②《春秋繁露·为人者天第四十一》。

③ 陆宝千：《清代思想史》，上海：华东师范大学出版社2009年版，第225页。

④ 包世臣：《读亭林遗书》，刘平、郑大华主编：《中国近代思想家文库·包世臣卷》，北京：中国人民大学出版社2013年版，第282页。

平等观念是民本思想近代转型的充分必要条件之一。近代思想家在鸦片战争前后，已经形成了朦胧的平等意识。虽然他们未能把这种朦胧的平等意识理论化，但其对后世的影响是显而易见的。什么影响呢？就是其平等意识中的集体主义特征。从龚自珍到魏源，“民”始终是一个集合的概念，从未化为个体而存在。中国传统政治思想中，君主始终是最核心的概念。所谓“君一位”，君主必须以个人形式存在，独一无二，唯我独尊。君主之下的“臣”“民”则均为集合概念，也唯有以集合形式，“臣”“民”才能作为君主的对应物而存在。为何会这样？大约是因为中国传统政治思想中个人权利观念的缺失所导致。至清中期，三纲观念已固化于中国文化，臣忠君、子孝父、妻节夫、弟义兄成为人民观念中的必然和义务。忠、孝、节、义所形成的义务意识阻碍和淡化了个人权利意识的形成。这里所说的个人权利专指个人政治参与权利、个人自由权利、平等权利等与政治相关的权利。至于个人财产权等经济权利，中国人早就享有。由于缺乏个人政治权利的支持，个人经济权利无法得到保障的事件屡屡出现，这也是中国清官思想深入人心的原因。清官成为保护个人财产权利的最后一道屏障，若缺乏这道屏障个人财产权便岌岌可危了。清官思想还从侧面证明中国人政治参与平台的缺位。政治参与平台是培养个人权利观念和意识的最佳场所。梭伦时期，雅典曾制定特别法律，要求公民参与政治，如果公民在发生内争时，“不加入任何一方者，将丧失公民权利，而不成为国家的一份子”①。而同时期的中国战国时代，人民非但不是政治参与者，还是政治斗争的牺牲品。由于战争，人民被迫背井离乡，君主却慨叹“寡人之民不加多”。从战国时代直至清中

① 〔古希腊〕亚里士多德：《雅典政制》，日知、力野译，北京：商务印书馆 2009 年版，第 13 页。

叶，政治参与平台的缺位令人民无法有效地形成个人权利观念和意识，因此，平等意识形成之时，集合概念和整体观念便融入进来。这也为后来国家主义思想取得主导地位埋下了伏笔。

平等意识停留在个别思想家的著作中，无法有效撼动社会观念尤其是政治统治阶层的观念。中国统治阶层等级观念的固化引发了中英之间以观念冲突为主因的贸易冲突。因此，贪婪的英国人便以平等为借口悍然发动了第一次鸦片战争。

## 第二节　平等与等级冲突的激进结果

就国与国关系而言，清沿明制实行具有等级特征的宗藩制度，英国等威斯特伐利亚缔约国实行具有平等特征的主权独立体制。鸦片战争之前，这两种国际关系体系并存而立，前者比后者历史更悠久。如今，宗藩制度已然成为不平等和落后的代名词，以致其曾经的天然的合理性早已被人遗忘。宗藩制度最早起源于畿服制。畿服，即天下。《中文大辞典》曰："畿谓王畿，服谓九服。"所谓九服，也称九畿，是指王畿之外，还有侯、甸、男、采、卫、蛮、夷、镇、藩九畿之地。其中，"蛮"以上六服为中国，夷、镇、藩三服为夷狄。王畿与九服合称天下。畿服制是中国宗藩制度的文化基础，相沿已久，广为世界各国尤其是亚洲邻国所接受。宗藩制度并非政治上的统治，而是文化上和心理上的臣服。比如，中国政府并不任命、派遣、罢免藩国统治和管理官员。这与英联邦国家的总督截然不同。比如，拉丁美洲国家伯利兹《2001年宪法》第三十条规定：总督须为伯利兹公民，由英国女王任命。其任期由女王决定，是女王在伯利兹的代表。[①] 这一条款表明，英国女王对伯利兹最高领导人的任免具有绝对的权力。而这同时也表明，英国与伯利兹处于等级关系之中，而非平等的国与国关系。中国清朝的宗藩制与此相比，其占有性、政治性几乎全无，仅存的等级特征也只是来自文化崇拜或精神信仰。当然，宗藩制度和主权制度是中英关系潜在的更大的冲突来源。不过，英国政府发动鸦片战争的借口不是上述冲突，而是贸易冲突。他们向清政府要求平等贸易的权利。

## （一）以不平等方式要求平等待遇的霸权主义

鸦片战争是英国发动的对华侵略战争。从政治价值观角度看，鸦片战争还是英国驻华商人为要求平等贸易权而怂恿政府发动的对华侵略战争。等级与平等的对立是中英两国关系的最大障碍。不过，两国政治文化虽渊源不同，但值得注意的是，两国间仍存在共同尊重和遵守的价值取向，或者说，某些普遍的价值观为两国人民自觉遵守。这一结论有实例为证。

> 英军侵入广州，要求民众剪发。民人张遇祐拒剪发："辫为我天朝所最重，头可断，辫不可割也。"英国全权代表义律闻此事，义之，赏银一百元。张怒曰："我虽贫，不受逆金，急持去，毋污我目！"义律将其释放。后，义律在与广州知府余保纯谈判时，称赞张遇祐，保纯赏"额外顶戴"。邓廷桢有诗赞曰："截发何如竟断头，盘空硬语压夷

---

① 伯利兹《2001 年宪法》。https://www.constituteproject.org/constitution/Belize_2011.pdf。访问日期：2017 年 8 月 29 日。

酋；男儿要脊坚如铁，愧杀夸毗惯体柔。”①

此事说明，中国儒家传统忠义思想与西方爱国主义观念是相通的。忠诚能够感动义律，同样能够感动中国官员余保纯和邓廷桢。对忠诚的感动，证明中英文化间存在着一定的价值共识。倘假以时日，更多价值共识的发现或可突破等级与平等的对立。魏源《海国图志》有云：“中国文字，天下闻名已数千年，才能迭出，甲于天下。许多道理规矩，皆与欧罗巴之国略同，只是疲懦不善于战，故为外国人所轻。”②但面对罪恶的鸦片贸易带来的巨大税收，英国内阁贪婪地选择了战争这个最野蛮的方式。为罪恶的鸦片贸易发动战争，这是大多数英国国会议员难以启齿的议案，因为他们知道鸦片贸易是可耻的。“斯汤顿爵士一贯以来与议会任何一位议员一样对鸦片贸易是强烈反对的”③，但271位明知鸦片贸易可耻且罪恶的英国国会议员，以各种借口为侵华战争投下了自己的赞成票，使另外262位正直的议员阻止战争的努力付之东流。战争的借口之一是要求清政府给予英国商人平等待遇。那么，秉持平等理念的英国上流社会的绅士们是否真正在战争问题上给予中国必要的平等待遇呢？英国国会通过对华战争议案后，正直的斯坦厄普伯爵向女王上奏，提出了斯坦厄普命题：每一个住在别国的侨民对住在国中的法令都有责任无条件地绝对遵守：

---

① 不著撰人：《英夷人入粤纪略传钞本》，杨家骆主编：《中国近代史文献汇编之一鸦片战争文献汇编第3册》，台北：台湾鼎文书局1973年版，第9页。

② 魏源辑：《海国图志卷83·华事夷言录要》，林则徐译，魏源撰、魏源全集编辑委员会编：《魏源全集》7，长沙：岳麓书社2011年版，第1987页。

③ 广东省文书研究馆译：《鸦片战争史料选译》，北京：中华书局1983年版，第234页。

“中英的友好关系所以遭到破坏是由于英国臣民违背中国政府的禁令，坚持把鸦片运进中国去所引起的。他请求女王陛下采取措施，制止英国人这类行为。不管中国政府禁烟的动机是不是道德的、政治的、财政上的或者是任性而行的，他认为每一个住在别国的侨民对住在国中的法令都有责任无条件地绝对遵守。鸦片的被禁止进口，无论其动机是否因为它败坏了中国人的智力和品格，或由于它引起了作为中国通货的白银的外流，我们同样也要尊重他们的法令……鸦片贸易或许是不可能禁止的，但是我们仍要尽一切努力去把这个已经被证明是有害于我们正当的商业利益的贸易抑制住。”①

用今天的话说，斯坦厄普伯爵的观点就是告诫英国不要干涉别国内政。中国政府禁烟是中国政府自己的事情，其禁烟的动机不应是别国反对的理由。鸦片贸易自身的原罪性注定会给所有支持此项贸易的英国绅士带去永世的耻辱。而他们的支持无论以何种借口，都证明了他们的伪善。他们要求中国政府给予平等贸易权，却不以平等之观念相待中国，无视中国政府合法的禁令，践踏中国主权。用不平等的手段去追求平等，英国政府给毫无平等观念的中国政府上了一堂生动的霸权主义课。多年后，中国思想界对进化论的热衷与受到霸权主义的刺激大有关系。当然，在此，应该郑重介绍斯坦厄普伯爵。查尔斯·斯坦厄普(1780—1851)，是第四代哈灵顿伯爵，少将军衔。斯坦厄普伯爵受人尊敬，地位高贵。他的言论引起了威灵顿公爵的反对。威灵顿公爵

① 广东省文书研究馆译：《鸦片战争史料选译》，北京：中华书局1983年版，第231—232页。

(1769—1852)，第一代威灵顿公爵，本名阿瑟·韦尔斯利，英国陆军元帅，两次担任英国首相，是英国政治领袖。鸦片战争的爆发有其多半功劳。威灵顿公爵反驳斯坦厄普伯爵，说：

“鸦片贸易确确实实是在违背中国法律中进行着的。然而这也是在中国的地方官的眼前下进行着的。这些地方官由于鸦片进口获得不少钱财或关税以及取得贿赂而沉默。运进鸦片，这种贸易在中国的法律上虽被禁止，可是，实际上它是被许可的。这个矛盾，中国官吏们许多年来已经十分明白，中国皇帝也知道。应否把鸦片禁绝这个问题也曾提出来加以讨论。斯坦厄普伯爵曾对中国皇帝的正直美德说了不少好话。我现在请问伯爵，如果中国皇帝正义感既因他让鸦片在缴纳重税的条件下由自由进口以代替私运，是这么极其崇高，那么，当他按照现在这样的办法任走私者在他的受了贿赂的官吏的默许下把鸦片运进广州，甚至用官方自己的船只，从海外把鸦片运进内地去时，他的正义感又会增加多少呢？我确实看不出伯爵关于鸦片贸易的非法性的论据有任何说服力，因为这已为中国政府所深知，不过它没有采取任何措施把鸦片禁止，反而打算让它在缴纳重税的条件下自由进口罢了……鸦片贸易仍要继续下去，这对我们来说，是一个重大的目标……对于从事鸦片贸易的人加以申斥……这实在有点刻薄了。这样的方针，我作为置身其事的一个人员，是绝不会参与的。”①

① 广东省文书研究馆译：《鸦片战争史料选译》，北京：中华书局 1983 年版，第 233—234 页。

威灵顿公爵的反驳涉及国际法。鸦片战争前，中国政府已粗略了解国际法。1839 年，林则徐禁烟前曾请美国传教士、医生伯驾翻译《滑达尔各国律例》，中国籍天主教徒、林则徐主要译员袁德辉翻译《法律本性正理所载第三十九条》。其中第 172 条规定："我思律例之设，原为保存身家性命起见，非关遵其例，即子其民之理。国家立法，应须如此。而外国人，一入其地，即该凛然遵顺……自法制一定，普天之下莫不遵守。故外国有犯者，即各按各犯事国中律例治罪。"①此次国际法翻译是"有明确中文史料记载的西方国际法著作首次传入中国"②。国际法所定之条款，本着对各国公平、平等的原则，言之凿凿，不容违反。鸦片战争前即已出版、1863 年方在中国译出的《万国公法》强调"各国自主其事，自任其责，均可随意行其主权，惟不得有碍他国之权也"③。鸦片贸易是英国政府和国会心知肚明的罪恶贸易，中国禁止鸦片进口，无非是阻止其罪恶进一步扩散。而英国政府和国会置中国主权于不顾，悍然批准战争，令罪恶贸易合法化。一个对外灌输平等观念的国家，抛弃基本的国与国平等之理念，违反国际法，为罪恶的鸦片贸易正名，足见其要求的平等，何其虚伪。

### （二）不平等条约的平等意义

鸦片战争前，清政府并无完备的与包括英国在内的外国政府交往预

---

① 魏源辑：《海国图志卷 83・华事夷言录要法律本性正理所载第三十九条》，林则徐译，魏源撰、魏源全集编辑委员会编：《魏源全集》7，长沙：岳麓书社 2011 年版，第 1992—1993 页。

② 王维俭：《林则徐翻译西方国际法著作考略》，《中山大学学报》（哲学社会科学版）1985 年第 1 期，第 58 页。

③ 〔美〕惠顿：《万国公法》，〔美〕丁韪良译，何勤华点校，北京：中国政法大学出版社 2003 年版，第 70 页。

案。由于准备不充分，因此在面对英国官员向广东当地官员投书时，后者往往不知所措，不是充耳不闻，就是断然拒绝。这样的态度加深了英国官员对中国官员的偏见。应当指出的是，中国官员的态度并非源于中国官员的昏庸无能，而是清政府禁止官员与外国人接触。地方官员没有自主权，遇事不免掣肘，向北京上奏往还又颇费时日，因此，一般官员都对外国人敬而远之。鸦片战争爆发后，道光皇帝或许发现了这个问题。得知英国军舰北上消息后，道光皇帝命直隶总督琦善驰赴天津防备，并谕：

> "倘有投递禀帖情事，无论夷字汉字，即将原禀进呈。"①

经过战争的教训后，道光皇帝开始了政策检讨。针对英国方面经常提起的平行交往一事，道光皇帝虽未允行，但允许地方官员接受禀帖，仍可视为其向前走了一小步。皇帝集权固然给其自身带来极大的安全感，但下级官员因此而被束缚手脚，无法自由发挥其才华和智慧，往往贻误事机。论职设官，有其职必有其权。皇帝设官便是分其权而治国，倘凡事设限，有其官而无其权，则国家治理便是空谈。琦善得到道光皇帝允许平行交往的谕旨不久，便遇到英国人马他伦投书。这或许是清官员合法地与外国人平等交往的最初的几个事例之一。琦善向道光帝上奏说：

> "该夷尚无桀骜情形，据称伊系该国守备马他伦，经其长官派伊前来投文。其词只谓迭遭广东攻击，而其负屈之白，无从上达天听，

① 中国第一历史档案馆编：《鸦片战争档案史料》第2册，天津：天津古籍出版社1992年版，第253—254页。

恳求转奏，并执有致臣字据……臣查字据内，有请派官员即来船上接受转递照会公文等语，其词意不甚明晰，似其大船内尚有别项文书，今所呈字据，似系先行通信，嘱为派员往取之意。”①

由于道光皇帝仅授权琦善“将原禀进呈”，故琦善只好在收到马他伦投书后，上奏北京，等待北京裁决，无法自行与英方进一步沟通。琦善等了四天，得到道光皇帝谕旨，允许其接收英方公文。如此一来一往，耗时颇多，可见只有皇帝放权，地方官员才有施展空间。琦善与义律会晤时，义律依据《巴麦尊照会》明确提出了平等待遇等要求。

他（琦善）说，帝国关于官方交往的各种旧规则是很严格的，所有国家的官员们之间有等级的差别，而且我们（义律自指）驻广州的官员们一直都是由商人充任。

我（义律）说，这一点是正确的，即所有国家的官员们之间有等级的差别，英国政府为它驻中国的官员们所要求的只不过（是）平等待遇和直接的官方交往。我（义律）指出，这一点与各国之间的平等有关，而不涉及各国不同级别的官员们之间的差别。②

炮火相逼之下，英国堂而皇之地向中国要求平等待遇。拿枪的人向被打得瑟瑟发抖的人说：“你要给我平等。”这一幕太滑稽，但却是真实历

---

① 中国第一历史档案馆编：《鸦片战争档案史料》第2册，天津：天津古籍出版社1992年版，第258页。

② 胡滨译：《英国档案有关鸦片战争资料选译》下册，北京：中华书局1993年版，第744页。

史事件。中国是一个大国，当时号称有三亿五千万人口。欧洲国家贪婪中国这个大市场，急于打开与中国自由贸易的渠道。清政府奉行闭关锁国政策，仅留广州一地与洋人做生意，致使欧洲国家巨大的贸易需求无法得到满足。同时，中国外交奉行等级制的宗藩关系，与他国交往，皆以天朝自居，不能以平等观念与别国交往。由于理念的差异，中国从上到下多不明白平等的意义。皇帝甚至可以割地可以赔款，就是不能与外国人平等往来。此后，琦善作为钦差大臣代替被处罚的林则徐前往广东处理事务。不久，英军强占香港。道光皇帝重拾对英作战之信心，要求琦善等与之决战。1841 年 2 月，义律提出《善定事宜》七条，其中第二条规定："两国官员文移应平行往来交接。"但《善定事宜》待签之时，琦善已被抄家且拿解回京，故清政府对《善定事宜》不予承认。不过，清政府的强硬没挺多久，便在一败再败之下，接受了中国近代史上的第一个不平等条约——《南京条约》。

> 《南京条约》第二款规定："自今以后，大皇帝恩准英国人民带同所属家眷，寄居大清沿海之广州、福州、厦门、宁波、上海等五处港口，贸易通商无碍；且大英国君主派设领事、管事等官住该五处城邑，专理商贾事宜，与各该地方官公文往来。"
>
> 第五款规定："今大皇帝准以嗣后不必仍照向例，乃凡有英商等赴各该口贸易者，勿论与何商交易，均听其便。"
>
> 第十一款规定："两国属员往来，必当平行照会。"①

---

① 王铁崖编：《中外旧约章汇编》第 1 册，北京：生活·读书·新知三联书店 1957 年版，第 30—31 页。

五口通商即广州等五个港口城市成为与英国进行贸易之所。在这五个港口城市，英国可以派驻领事管理商务，其领事可与中国当地地方官员进行公文往来。这就等于是通过不平等条约，直接赋予了五口中国官员与外国领事平等交往的权力，这是不平等中的一个平等意义上的进步，是通过不平等条约，以法律固化了平等的形式和内容。两国官员的平等交往将有助于中国上下传统观念的转变，可惜，在《南京条约》签订后很长一段时间，清政府的高级官员们仍未对平等的意义有所领悟。

### （三）爱国主义与被漠视的平等外交原则

《南京条约》作为不平等条约，其履行理所当然地会遭到不小的阻力，这是可以预见的。一般以为阻力会来自下层民众，毕竟他们更容易受到迷信等观念的蛊惑，以为外国人进城会带来凶兆。但不想最大的阻力却来自地方官员，其中以时任两广总督叶名琛为最。

叶名琛(1809—1859)，字昆臣，湖北汉阳人。26岁中进士，39岁任广东巡抚，学识能力俱佳。叶名琛赴任广东后，逐渐成为广州入城问题的主要决策人。

所谓广州入城问题其实是个伪问题。《南京条约》第二款载明：英国领事有权入住五口城邑。问题出在“城邑”二字上。“城邑”是什么？是城内还是城外？有中国官员为阻止英国人进城将其解释为城外。如闽浙总督刘韵珂便称“城邑二字系兼指城内城外，英国人前来通商，自应在城外居住”，但他密奏道光皇帝时却称“城邑二字原指城内而言”[①]。可见，官员们用“城邑”做文章是有爱国因素存在其中的。但《南京条约》英

① 邱永庆：《第一次鸦片战争之后福州问题史料》，《历史档案》1990年第2期，第43—47页。

文本亦是法律承认的正式文本，其对应城邑的英文是“cities and towns”[①]，这就排除了城外的概念。中国官员们或许不知道，他们的爱国情怀无法对抗已经成为事实的具有合法性的《南京条约》。爱国情怀和不平等条约之间无法取得平衡，具有爱国情怀的人无法容忍不平等条约的存在，不平等条约亦无法容忍执行过程中的阻碍。当时的清政府从上到下大多不明白《南京条约》具备什么样的效力，它对国家间关系来说意味着什么。因此，有官员便利用“城邑”可能引发的歧义，企图做一个另类的反对不平等条约的爱国者。但玩弄文字游戏不仅不能为爱国情怀加分，甚至还会给国家带来更大危险。因此说，广州入城问题是个伪问题。广州入城问题的发生，从政治思想角度看，必将延迟《南京条约》带给中国官场的外迫的适应平等规则机会的发生。

也许有人会反驳：中国需要用战争、割地、赔款为代价而签订的《南京条约》来学习如何平等吗？历史告诉我们，思想左右一切，先进的思想引导一切。中国思想发展到十九世纪中叶已疲态尽显，且不说个体意识的缺失，单单一个等级制的国家观念便已无法适应那个时代的国际关系。平等观念天然缺失于君主专制国家中，对专制君主而言，平等意味着权力的让渡。让渡了权力的专制君主的地位是危险的，其最理想的归宿是立宪君主制下的名义上的国家元首。国王睡着了还是国王，哪个专制君主会心甘情愿地让渡自己的权力？《南京条约》允许英国领事进城居住且可与地方官员平行照会，表面上看，是英国用霸权迫使清政府做出了让步。其实，英国领事入住五口可以视为中国外交走入近代的第一步。外交关系最能体现平等原则，两国之间派驻大使、领事都是对等的，

① 茅海建：《关于广州反入城斗争的几个问题》，《近代史研究》1992年第6期，第45页。

不可能永远是单边的。两国官员平行照会更能使中国地方官员放下耳濡目染的华夷观、天下观，接受主权国家思想。主权国家思想是以平等观念为基础的，没有平等观念的培养，中国无法形成主权国家意识。而平等观念的培养，与其自上而下，不如自下而上。因为平等是普适的概念，它必须进入社会、政治、文化的方方面面才能真正形成观念。今天的西方不再公开歧视妇女和黑人，这种平等观念是多少个世纪才培养起来的。如果《南京条约》之后便能够完成地方官员层面平等意识的普及，或许中国会避免在其后发生的很多不必要的战争。当然，历史从不按照理想方式演进。

广州入城问题从《南京条约》签订起，到咸丰皇帝即位，都未能解决。英国方面坚持履行《南京条约》条款，广州地方官员则把拒绝英人入城视为"御夷"的最佳手段。叶名琛主持广东工作后，其态度更为坚决。茅海建先生认为，叶名琛独特的外交风格有三：以最快的速度答复各国照会、以最和缓的语气拒绝各国要求、以公务繁忙为借口拒绝各国使节会晤的要求，"毫无疑问，他是用一种最消极的办法来维护国家和民族利益，而这种不合西方外交惯例的方法又使西方使节极为恼怒"①。战争隐患便暗藏其中。外交是国与国之间最平等的沟通方式，付诸外交便意味着相信国家间的关系可以通过平等原则得到维护和保持。外交失败，则意味着断交和战争的到来，而断交和战争则表示平等原则和关系遭到破坏。当然，叶名琛的坚持起码在最初阶段得到了咸丰帝的鼓励和支持。咸丰帝甚至把地方外交权仅交与广东一地，"嗣后如有商办之件，仍应照会广

① 茅海建：《入城与修约：论叶名琛的外交》，《历史研究》1998 年第 6 期，第 76 页。

东钦差大臣办理”[1]，如此一来，等于是在国家层面上违背了《南京条约》五口通商、五口驻领事办外交的规定，把五口地方官员外交权力统一划给了两广总督兼钦差大臣叶名琛。1854年，英国新任驻华公使包令奉英国政府命令，照会叶名琛，提出“修约”一事，即修订《南京条约》等。包令的照会包括进入广州城、官员互相拜会等，并提出在广州城内的两广总督署与叶名琛会晤。对此，叶名琛施展其外交术，建议双方在城外行商栈房会晤。双方你来我往，为此耗费不少笔墨。此后，包令联合美法共同照会叶名琛“修约”事，不果。三国公使遂北上天津海口，向咸丰帝提出要求。但咸丰帝仍坚持三国公使与叶名琛协商，事情陷入僵局。僵局拖到1856年，英国人再度选择武力解决问题，炮击广州城，以求打破僵局，实现入城。包令乘胜，连向叶名琛发出四份照会，要求入城谈判，叶名琛均不为所动。1857年，英法联合封锁广州城。英国专使额尔金向叶名琛发出最后通牒，叶名琛仍一如既往，予以拒绝。年底，英法联军攻破广州城。1858年1月5日，叶名琛被英国俘虏，随后送往印度。1859年4月9日，叶名琛受尽侮辱后，死于印度加尔各答托里贡的一座两层楼房内。

站在爱国主义角度，叶名琛无疑是坚定的爱国者、与外国侵略者做不屈不挠斗争的典范。但作为一位被皇帝授权的具有外交权限的封疆大吏，叶名琛“不战、不和、不守、不死、不降、不走”的外交原则实乃“玩敌误国”[2]也。站在政治思想史的角度，叶名琛等官员的做法令平等意识晚

---

① 中国第一历史档案馆编：《鸦片战争档案史料》第7册，天津：天津古籍出版社1992年版，第960页。

② 薛福成：《庸庵文续编·卷下·书汉阳叶相广州之变》，薛福成：《庸庵文编》，沈云龙主编：《近代中国史料丛刊第95辑》，台北：台湾文海出版社1973年版，第598页。

进入中国至少二十年。

当然，也有一些地方官员能够履行《南京条约》。美国驻华公使伯驾向叶名琛投书遇阻，便转往福建，请求会晤闽浙总督王懿德。王懿德会见了伯驾，并接受了国书。会晤后，王懿德将国书驰递北京。国书要求二事：中美互派使节、美国公使驻北京。咸丰帝既然已将外交大权授予叶名琛，对王懿德此举便不甚欣赏。咸丰帝说："王懿德接到此件，自应正言拒绝，告以一切夷务，皆由广东办理，他省不能入奏，令其将原件赍回广东。一面照钞密奏，不使该夷知悉，方为得体。"①但既然王懿德已经接收了，木已成舟，无法挽回，便下谕旨，曰：

> "乃咪酋伯驾驶至福建，呈递国书，求为转奏，王懿德即将原件代为进呈。览其大意，欲遣人住居京师，仍是要求改约之意，万不能行。惟叶名琛前奏，该夷在广东，并不述及有国书之事。显系明知广东无可觊觎，故不肯在广东呈递。又因前年在上海、天津，计无所施，希冀向福建一为尝试。其居心叵测，不言可见。本日已将原件发还王懿德，谕令开导该酋仍回广东……俟该夷驶回广东，即着遵照前旨，妥为晓谕。能坚持定议，无所更改，固为妥善。即必不得已，亦只可择其无碍大局者，酌量变通一二条。若遣人来京之说，则悖谬无理，谅叶名琛自能炮斥。毋俟再三谆谕也。"②

闽浙总督王懿德会晤并接收伯驾国书，咸丰帝应该给予奖赏表彰，而非申饬警告。相比叶名琛，王懿德的举动更符合近代外交习惯。近代

① 《文宗显皇帝实录4》卷203，《清实录》第43册，北京：中华书局1986年影印，第202页。
② 同上，第203页。

外交的一个表现就是缔约国平等交往，履行双方或多方签订的条约条款。已经签订的条约条款要认真执行，不能借故中止。条约具有约束力，它平等地约束缔约各方，任何签约国家不能置之度外。成为例外的国家摆脱了条约的束缚，也就失去了平等原则对其的支持。其他国家不以平等待之，等待这个国家的必定是噩运。当然，清政府之反悔责任应该归到咸丰帝头上，毕竟他才是决定一切的专制君主。而叶名琛被授权行使外交权限，其所作所为却全为沽名钓誉，而去外交之实远甚。黄宇和先生认为，叶名琛的"外交思想是被动的而不是主动的，丝毫没有任何挑衅性"[①]。这种评价对叶名琛来说实在是褒奖。作为握有外交实权的封疆大吏，以反对英人进入广州为借口，便可以拒绝条约国另一方进入广州城谈判吗？入住广州城和来广州城内谈判是彻彻底底的两回事，事实上，叶名琛主动拒绝的是包令等公使入城谈判而已。拒绝与缔约方进行平等会谈，拒绝接受缔约方国书，这不是被动，不是没有挑衅性，而是对平等外交原则的漠视。对受到拒绝的缔约方来说，这种不平等的待遇就是侮辱，而且不是对公使个人的侮辱，而是对缔约国的侮辱。受到侮辱必然会引起反抗，中国近代史上的很多恶劣事件和残酷战争其背后都缺少外交这个环节。不是弱国无外交，而是清国不懂外交，最关键的是清政府不懂平等及其意义。

民本思想要在近代实现复兴实现转型，其最大的障碍是专制君主权力的顽固。欲瓦解顽固的专制君主权力，一个和平的方法就是分散其权力。《南京条约》固然是不平等条约，但其内在的平等外交理念却是分散专制君主外交权力的绝好途径，同时，该理念也是促进中国官僚阶层形

---

① 黄宇和：《两广总督叶名琛》，上海：上海书店出版社 2004 年版，第 167 页。

成平等意识的良好途径。可惜，时也运也，清政府不仅两手空空地浪费了宝贵的二十年，还付出了另一场侵略战争的代价。官僚阶层没能把握住接受平等观念的机会，那么，智识阶层呢？

### （四）平等观念缺少智识阶层支持

魏源《海国图志叙》云："是书何以作？曰：为以夷攻夷而作，为以夷款夷而作，为师夷长技以制夷而作。"[①]魏源这句话被后世人简化为"师夷长技以制夷"。实际上，它是三句话：以夷攻夷，以夷款夷，师夷长技以制夷。其中，以夷款夷最令人费解。何为款夷？款夷一般认为是与外国交往的外交手段。常青先生解释，款夷就是用"和平的外交手段在敌国之间制造矛盾"[②]，以期形成于己有利的局面。还有学者认为，"款"就是"和"，用"款"不用"和"是清政府的"阿Q精神胜利法"[③]。既然"款夷"是外交手段，那么，魏源的"款夷"思想来自哪里呢？魏源与林则徐是好友，而《海国图志》又是后者向前者交代的临终遗愿，故其思想根源在后者。

林则徐以公平意识形成"以夷治夷"的思想。"以夷治夷"最初是林则徐的表述，后经魏源理论化，形成"师夷长技以制夷"的主张。1840年4月27日，林则徐上《复奏曾望颜条陈封关禁海事宜折》，云：

> "今若忽立新章，将现未犯法之各国夷船与英吉利一同拒绝，是抗违者摈之，恭顺者亦摈之，未免不分良莠，事出无名。设诸夷禀问

---

① 魏源：《海国图志叙（1842）》，夏剑钦编：《中国近代思想家文库·魏源卷》，北京：中国人民大学出版社2013年版，第343页。

② 常青：《释"攻夷""款夷"与"制夷"》，《史学月刊》1985年第3期，第143页。

③ 易振龙、彭忠德：《"以夷制夷"正解》，《北京师范大学学报》（社会科学版）2012年第2期，第142页。

何辜，臣等碍难批示。且查英吉利在外国最称强悍，诸夷中惟米利坚及佛兰西尚足与之抗衡，然亦忌且惮之。其他若荷兰、大小吕宋、嗹国（丹麦）、瑞国（瑞典）、单鹰（普鲁士）、双鹰（奥地利）、堪波拉等国到粤贸易者，多仰英夷鼻息。自英夷贸易断后，他国颇皆欣欣向荣，盖逐利者喜彼绌而此赢，怀忿者谓此荣而彼辱，此中控驭之法，似可以夷治夷，使其相间相睽，以彼此之离心，各输忱而为向。”①

林则徐把来粤贸易的国家分为抗违者、恭顺者两部分。他意识到，如果制定新法规把抗违者和恭顺者一同拒之门外，有违公平，“不分良莠，事出无名”。公平意识的存在有助于平等观念的产生。人的公平意识形成于己欲得到充分满足之后，是进行了满足与匮乏的对比之后，而形成的人之善。人的公平意识是一种善。孔子的“不患寡而患不均”②便是其公平意识的流露。公平意识源于不平等的现状，因此其归宿必然是平等，尤其是机会平等。当代著名政治学家约翰·罗尔斯非常重视公平的机会平等。他以男女平等为例，认为在家庭法中应“规定某些具体的条款，以使生育、抚养和教育儿童的重担不要完全落在妇女身上，从而破坏她们所享有的公平的机会平等”③。林则徐意识到“一棒子打死所有人”的新法规是不公平的，他为此提出反对意见，要求区别对待抗违者和恭顺者。尽管林则徐还未能用形而上的理论表达公平和平等，但其说法已足以证明他即将走向公平的机会平等。可惜的是，他在半路上提出了

① 林则徐：《复奏曾望颜条陈封关禁海事宜折（1840 年 4 月 27 日）》，杨国祯编：《中国近代思想家文库·林则徐卷》，北京：中国人民大学出版社 2013 年版，第 266 页。

② 《论语·季氏第十六》。

③ 〔美〕约翰·罗尔斯：《作为公平的正义：正义新论》，姚大志译，北京：中国社会科学出版社 2011 年版，第 18 页。

“以夷治夷”的观念，致使其无法抵达平等的理论彼岸。“以夷治夷”是一种政治、外交、军事策略，亦是中国传统文化中所谓的谋略。“以夷治夷”强调的是制驭与平衡。林则徐认为，制驭之道“惟贵平允不偏，始不至转生他弊”①。至于平衡，则是利用诸国逐利之心理，用利益使恭顺者与我亲近。由于未能上升至平等的形而上高度，而是转向了治夷之谋略，致使林则徐“以夷治夷”观的公平性远逊于其暗含的攻击性。而把这种攻击性展示于外的便是林则徐的好友、魏源所作的《海国图志》。

魏源虽有明确的追求平等的意识，但面对“夷”，他并未沿着林则徐的公平意识一路探究下去，而是把“以夷治夷”更加全面化、细化，形成以夷攻夷、以夷款夷、师夷长技以制夷的命题。其中的“以夷款夷”就是林则徐“以夷治夷”的翻版。

> “不能守，何以战？不能守，何以款？以守为战，而后外夷服我调度，是谓以夷攻夷；以守为款，而后外夷范我驰驱，是谓以夷款夷……款夷之策二：曰听互市各国以款夷；持鸦片初约以通市。”②

魏源的款夷二策与林则徐“以夷治夷”的主张完全相同。思想家为国献策无可厚非，但优秀的思想家不应该仅把自己停留在为国献计献策上，而是要在思想层面为国家发展和治理提供更强大的智力支持。林则徐流露出的公平意识便是这样的智力支持。国与国交往必定矛盾重重，

---

① 林则徐：《复奏曾望颜条陈封关禁海事宜折（1840 年 4 月 27 日）》，杨国祯编：《中国近代思想家文库·林则徐卷》，北京：中国人民大学出版社 2013 年版，第 267 页。

② 魏源：《筹海篇一议守上（1842 年）》，夏剑钦编：《中国近代思想家文库·魏源卷》，北京：中国人民大学出版社 2013 年版，311 页。

能解决矛盾的不是金钱、不是武力，一定是某种普适的思想。普适的思想可以理解为各国普遍接受的价值观，这样的价值观能在冲突国家之间找到共识基础。国与国之间共识的基础和价值观是友谊和交往的基础，没有这种价值观的存在，国与国便形同陌路。普适的价值观能同时为多国所接受，各国均愿意遵守和服从这种价值观的安排。在众多普适价值观中，林则徐具有的公平意识无疑是最能被接受的一个。个人需要公平，国家也需要公平。中国认为英国做法对中国不公平，英国亦有相似看法。为何处在鸦片战争中的两个当事国会同感不公平？唯一的解释是平等原则缺失所致。双方均未能以平等国家的态度彼此相待。林则徐的公平意识没能走向平等；魏源没有抓住林的公平意识，只抓住了谋略。谋略自然是有用的，但有思想支撑的谋略才有作用。

> “故款夷之事，能致其死命使俯首求哀者上；否则联其所忌之国，居间折服者次之。”①

由此看来，款夷只是对策，未见思想支撑。没有思想支撑的对策或有短期效果，却难言长期功效。英美法三国为何能联合修约？英法为何能联合起来打北京？八国为何能联合起来打北京？侵略固然是侵略。但如果仅看到侵略，那么下一次的侵略还会到来。抛开侵略，这些国家间必然形成了一个共同的价值观，这个价值观让他们可以肆无忌惮地理所当然地侵略中国。这个价值观是什么？就是平等。魏源无法继续挖掘林则徐公平的意识，而转向以夷治夷、以夷款夷，致使平等之路无法打

---

① 魏源：《筹海篇四议款（1842 年）》，夏剑钦编：《中国近代思想家文库·魏源卷》，北京：中国人民大学出版社 2013 年版，341 页。

通。更令人遗憾的是,魏源的“师夷长技以制夷”理念很快便深入人心,甚至号召了洋务运动。“师夷长技以制夷”本身是一个非常适合中国当时社会和国情的发展理念。当然,夷之长技或许是那个时代人们的共识。同时期的著名学者姚莹便曾以“夷人之长全在大船火器”[①]向道光帝上奏,讨论用兵之道。学习西方优秀的军事、工业技术是正确的,但推广“师夷长技以制夷”理念的人也许忘了,任何科学技术都是建立在一定思想基础上的。思想为本,科技为末。舍本逐末,必定半途而废。从近代政治思想史的进程来看,平等观念之到来早于平等观念之接受近半个世纪。但这就是历史,既让人遗憾,更让人无奈。

### (五)有利于普及平等观念的平等受教育权

冯桂芬之师夷长技内含教育平等之意。冯桂芬(1809—1874),字林一,江苏吴县(今苏州)人,林则徐学生,近代重要思想家,其代表作为《校邠庐抗议》。该书成稿于 1861 年 11 月,共有文四十篇,内容涉及治理、税赋、养民、西学、科举、法治等。其中,《收贫民议》受西方影响,内容涉及教育平等。

> “法苟不善,虽古先吾斥之;法苟善,虽蛮貊吾师之。尝博览夷书,而得二事焉,不可以夷故而弃之也。荷兰国有养贫、教贫二局,途有乞人,官若绅辄收之;老幼残疾入养局,廪之而已;少壮入教局,有严师又绝有力量,其所能为而日与之程,不中程者痛责之,中程而后已。国人子弟有不率者,辄曰:逐汝,汝且入教贫局。子弟辄耸之

① 姚莹:《遵旨筹议覆奏》,施立业编:《中国近代思想家文库·姚莹卷》,北京:中国人民大学出版社 2015 年版,第 462 页。

改行，以是国无游民、饥民。瑞典国设小书院无数，不入院者，官必强之。有不入书院之刑，有父兄纵子弟不入书院之刑，以是国无不识字之民。"①

据冯桂芬自述，其上述有关荷兰、瑞典两国教育的内容得自美国传教士祎理哲所著的《地球说略》。《地球说略》中译本于1856年在宁波印刷出版。近代来华传教士通过书籍等载体带给中国社会大量新鲜的知识、常识和见闻，冯桂芬等近代思想家去粗取精、披沙拣金，从中发现了一些值得为其所用的政治、经济等方面的知识。荷兰、瑞典两国强制学龄儿童教育的举措令其大开眼界。冯桂芬所不知的是，他对强制教育的关注已经非常接近教育平等的理念。

荷兰、瑞典两国的教育是普及教育。在欧洲，普及教育的存在是为民主制度服务。民主制度需要培养人的公民意识、政治参与意识和参与能力，而这些意识和能力必须通过教育灌输来完成。民主制度以平等和自由为基础，其教育制度则奉行人人有受教育的权利和机会，甚至立法保护未成年人受教育的权利和机会。今天的美国纽约市，每到未成年人上学上课时间，便会有教育警察在街道和学校外巡逻，遇到未依法上学的学生，教育警察将行使执法权，该学生监护人亦会受到法律制裁。西方民主制度提倡个人自由，但亦重视对个人权利的保护，未成年人受教育的权利便是其一。保护未成年人受教育的权利亦是民主国家保障自身未来发展能力的重要和关键一环，只有受过教育的人才有能力参与到国家和社会事务，这是民主国家的智慧。而君主专制国家对教育则是另

① 冯桂芬：《校邠庐抗议》，沈云龙编：《近代中国史料丛刊第62辑》，台北：台湾文海出版社1971年版，第101—102页。

一番态度，美国哲学家、胡适的老师杜威说："说教育是一种社会功能，通过未成年人参与他们所在群体的生活，使他们得到指导和发展，实际上等于说，教育将随着群体中生活的质量的高低而不同。一个不仅进行着变革，而且有着改进社会的变革理想的社会，比之目的在于仅仅使社会本身的风俗习惯沿袭下去的社会，将有不同的教育标准和教育方法，这一点尤为正确。"[①]这里所说的"风俗习惯沿袭下去的社会"就是当时清朝的写照。

清代教育是君主专制和等级制度下的教育。清代，君主专制得到前所未有地加强，其教育方针的等级特征更加鲜明，其表现为："纯粹本于满族利益的立场上，对汉人施行统治教育，其主要方案在笼络士子与利用士子以吸收汉民族的文化。"[②]等级特征之外，还有一个特征就是政府缺席未成年人教育。中国文化传统非常重视未成年人教育，孟母三迁、欧阳修母亲画荻教子，此类故事俯拾皆是。未成年人教育即蒙养教育，其对象一般在七八岁至十五六岁之间。蒙养教育完全是私学性质，由民间独自承担其责任，政府基本置身事外。"也即是说，在中国古代的官学的体系中，还没有纳入蒙养教育这一教育的低级阶段形式。蒙养教育为私学所独占，这是中国古代教育的一大特色"[③]。至清，这种说法乃不适用于满族学童。清代八旗各参领，下设义学。雍正六年(1728)，清政府规定"各旗选择官房立一学"，入学对象为十至二十岁旗人；规定"每甲喇设一清文学舍"，要求"旗下十二岁以上余丁，俱令入学学习清语骑射，学

---

① 〔美〕杜威：《民主主义与教育》，王承绪译，北京：人民教育出版社 1990 年版，第 86 页。
② 任时先：《中国教育思想史》，上海：上海书店 1984 年版，第 247 页。
③ 吴霓：《中国古代私学发展诸问题研究》，北京：中国社会科学出版社 1996 年版，第 259 页。

习伦理。一年一次考试,成绩归档"[①]。显然,这是具有官学性质的政府参与的蒙养教育。由于实行满汉差别对待,尤其是蒙养教育时期的差别对待,民族不平等的观念便根深蒂固地刻在了满汉人民心中。牢固的民族不平等观念令中国士族阶层无法形成平等受教育权的权利意识,直到冯桂芬读过《地球说略》,思想界才算是有了启蒙。

> "至官强民入塾,中国所难行。惟责成族正稽察族人有十五以下不读书、十五以上不习业者,称其有无而罚之,仍令入善堂读书、习业亦善法也。或曰:贫民且麇至何以给之是,不然此举实禁锢耳!衣食之瑟缩使令之荷暴,所不待言,其人之瑟缩,荷暴之不畏,可怜悯孰甚?正仁人君子所不忍弃也,且吾知其为数之必不甚多矣。"[②]

可喜的是,冯桂芬提出了具体举措。他主张采用江浙一带善堂、义学、义庄的做法,由宗族族正负责此事。族正由宗族内部选举德高望重的人担任,负责核查族中子弟品行,地位高于族长。[③] 可惜的是,冯桂芬未将此事上升到国家高度和理论高度。

平等受教育权必须由国家法律规定并且由国家执法机构保护。宗族是中国传统社会结构的核心单位,其在中国社会、政治、文化中的作用历来为学界所重视。宗族内部有其自身的民事习惯法,这种习惯法与国家法律相辅相成,即互相配合,又时见抵牾。应该说,一个国家如要走向

---

① 张国昌:《满族教育在清代》,《满族研究》1986 年第 3 期,第 58 页。
② 冯桂芬:《校邠庐抗议》,沈云龙编:《近代中国史料丛刊第 62 辑》,台北:台湾文海出版社 1971 年版,第 104 页。
③ 常建华:《清代族正制度考论》,《社会科学辑刊》1989 年第 5 期,第 92 页。

近代，这种民事习惯法必然会成为其道路上的阻碍。由于民事习惯法的存在，宗族履行其督促教育的职责时便会各行其是，其结果便会五花八门。而国家法律具有强制性，任何人都必须无条件遵守，理论上讲，皇帝以下无人能超越国法。用国家法律强制推行平等受教育权，才能使教育作为一种义务深入人心。未成年人强制教育如能取代民间蒙养教育，中国不仅会很早便尝到普及教育的成果，而且还能尽享由平等教育权带来的平等观念。但直到四十多年后，清政府内部始用“普及教育”一词[①]，可见其是何等后知后觉。公平地说，历史仍要感谢冯桂芬这样的思想家。因为他能有此学习西方先进教育制度的意识，已经走在一众思想家前列。

此外，冯桂芬的《请均赋牒》《均赋说劝官》《均赋说劝绅》《均赋说劝衿》《均赋说劝民》《均赋议》亦能体现其经济平等意识。

近代思想家对平等观念的迟悟与中国两千余年的君主专制统治有极为密切的关系。他们要拨开君主专制的迷雾，走出宋明理学的束缚，放弃金石考据的功夫，专心致志分析西学，探究西学与中学的异同。有些思想家已经具有追求平等的意识，但尚未形成理论。不过，这就是学术的历程，前人栽树，后人乘凉，真理最终会变成近代政治思想的核心内容。平等之外，民本思想之近代转型还遭遇了自由和权利观念的洗礼。近代中国大事迭出，自由和权利等重要的政治价值观念竟伴随着屈辱的炮火和条约一并来到了这个千疮百孔的国度。它们是怎么到来的？中国政府和思想界又对它们有怎样的理解呢？

---

① 普及教育首次正式出现是在直隶总督袁世凯预备立宪官陈十事奏折中，时间是光绪三十三年六月十九日戊寅（1907 年 7 月 28 日）。

# 第三章　自由权利观念进入与近代中国的回应

平等观念不会独自来到中国。由于它与自由互为存在条件，故有平等的地方，必有自由的存在。反之，亦然。与自由和平等结伴而来的，还有权利观念。当然，观念到来之前，意识早已存在。意识是一种要求、一种表达，是尚未形成概念的观念的雏形。观念是概念化的意识，是一种抽象的思维。中国传统政治思想存在着大量可证实的平等意识、自由意识、权利意识，但这些意识仅停留在思想家的表述层面，虽经几千年的演进，惜未能形成观念。近代以来，中西发生了激烈的文化碰撞，西方政治价值观念和思想随着大炮、随着战舰、随着传教士、随着贸易、随着译著，或大张旗鼓，或潜移默化，来到了中国。中国儒家传统民本思想需要西方政治思想的养分，这些标注着平等、自由、权利的养分是民本思想再获新生的直接动力。平等来了，自由和权利亦并肩而至。

## 第一节　传教弛禁带来的自由意识

传教是基督教徒最神圣的工作。基督教有天主教、东正教、新教三大分支，其中天主教、新教与中国近代史有紧密的联系。天主教（罗马公会）下有若干修会，其中著名者有方济会、道明会等，其立会宗旨便是向所有异端传授福音。新教则有伦敦会、圣公会等修会。清末基督教传教弛禁主要针对天主教、新教这两个分支。

雍正初年，基督教禁于各省，传教士被逐至澳门，内地仅北京可合法供职。嘉庆年间，北京基督教北堂、东堂、西堂相继被毁，仅剩南堂。道光十八年(1838)，南堂毕学源(Pires)主教逝世，“北京无西教士”[①]。同年，道光帝下谕旨严禁天主教。曰：

> “嗣后刑部审办天主教案，无论该犯等改悔与否，均著该部堂官当堂亲讯明确。其情愿改悔者，著即将该犯家内供奉之十字架，令其跨越，以昭核实。”[②]

跨越十字架以示悔过，这种带有明显羞辱性质的惩罚方式预示着清代宗教不自由走到了极致。清代多数统治者不知宗教自由为何物，他们能够容忍西方传教士，只是为了羁縻和抚夷的需要。但是，自由并不因统治者的意志而消亡而存在，它是一种价值，就在那里，从不仰强权鼻息，从未曾臣服暴政。

### (一) 弛禁西教与宗教信仰自由

宗教信仰自由是近代中国迎来的第一种自由形式。纵观历史，中国文化对外来宗教总是抱着好奇、尝试、接受的心态。西汉时期，印度佛法已经传入中国。[③] 景教于唐贞观年间进入中国，唐太宗“深知正真，特令

① 徐宗泽：《中国天主教传教史概论》，上海：上海书店出版社2010年版，第267页。

② 《宣宗成皇帝实录5》卷309，《清实录》第37册，北京：中华书局1986年影印，第808页。

③ 张星烺编注：《中西交通史料汇编》第6册，北京：中华书局1977年版，第83页。

传授”，[①]并敕造大秦寺一所，供信徒祷告礼拜。阿拉伯人阿布赛德哈散记载，回教、犹太教、拜火教等宗教曾于唐末出现在中国。[②] 但中国古代帝王对外来宗教的接受往往视政治需要或个人喜恶，并非遵照一定的价值理念。喜则由我迎，恶则为我逐。一种宗教，可以被奉为国教，亦会被罪为邪教。天堂与地狱之择，其权力尽在君主。随意性是君主专制统治的常态。近代政治为规避这种随意性，便采用宪法规范权力的界限和权利的范围。就宗教而言，宗教信仰自由是绝大多数近现代国家宪法的常用语。近代中国弛禁天主教，即允许宗教信仰自由，成于鸦片战争后。

法国公使剌萼尼提出天主教弛禁的要求。鸦片战争失败后，清政府与英国签订《南京条约》等一系列不平等条约，众条约中未有明确与传教相关之内容。但有些条款，如允许英国人在五口定居和贸易，或能给传教士带来方便。随后的中美《望厦条约》则有“合众国民人在五港口贸易，或久居，或暂住，均准其租赁民房，或租地自行建楼，并设立医院、礼拜堂及殡葬之处”[③]等语，显示基督教信仰自由在五口得到法律上的肯定。当时，法国政府欲取代葡萄牙成为天主教在“非西方世界传教的保护者”[④]，法国公使剌萼尼积极配合，希望为天主教在华争取更多权利。他向中国负责签约的钦差大臣耆英提出弛禁天主教的要求。据记载，道光帝于 1844 年 12 月 28 日曾下诏令天主教弛禁[⑤]，但中法《黄埔条约》之

---

① 张星烺编注：《中西交通史料汇编》第 1 册，北京：中华书局 1977 年版，第 115 页。

② 张星烺编注：《中西交通史料汇编》第 3 册，北京：中华书局 1977 年版，第 35 页。

③ 王铁崖编：《中外旧约章汇编》第 1 册，北京：生活·读书·新知三联书店 1957 年版，第 54 页。

④ 赖德烈：《基督教在华传教史》，雷立柏等译，香港：道风书社、香港汉语基督教文研究所有限公司 2009 年版，第 196 页。

⑤ 郭廷以：《近代中国史事日志》上，北京：中华书局 1987 年版、第 133 页。〔美〕马士：《中华帝国对外关系史》第 1 卷，张汇文等译，北京：商务印书馆 1963 年版，第 373 页。

规定则更加具体:“佛兰西人亦一体可以建造礼拜堂、医人院、周急院、学房、坟地等项……倘有中国人将佛兰西礼拜堂、坟地触犯毁坏,地方官照例严拘重惩。”[①]此外,《黄埔条约》还允许法国人学习汉语、教习中国人学习法语、出售法国书籍,这些权利的赋予为法国传播天主教奠定了基础。由于诏令仅弛禁天主教,其他宗教亦渴望获得平等待遇。不久,美国公使福士(P. S. Forbes)要求钦差大臣耆英解决此问题。1845 年 12 月 22 日,耆英答复说:“凡习教为善者,中国该不禁止。至规矩之或异或同,断无分拒之理。”[②]《中国丛报》记载,耆英致函福士“宣布弛禁基督教”[③]。1846 年 2 月 20 日,道光帝发表上谕,“发还奉雍正谕旨没收入官的教产”[④]。天主教的传教自由和财产权利得到了恢复和保障,但传教士的旅行自由仍限于五口之内。

由于解除了法律束缚,宗教信仰自由得到保护,五口地区信教中国民众大幅增加。据统计,到 1846 年,天主教江南教区已有 48 286 名教徒。[⑤]随着教徒的增加,传教士受到鼓舞,开始违法进入非条约开放地区。

### (二)教案中的自由权利与持平羁縻

拥有自由能够保护自己的权利,滥用自由亦能够侵害别人的权利。

---

① 王铁崖编:《中外旧约章汇编》第 1 册,北京:生活·读书·新知三联书店 1957 年版,第 62 页。

② 〔法〕史式徽:《江南传教史》第 1 卷,天主教上海教区史料译写组译,上海:上海译文出版社 1983 年版,第 81—82 页。

③ 张西平主编:《中国丛报(1832. 5—1851. 12)》第 14 卷,桂林:广西师范大学出版社 2009 年版,第 550 页。

④ 〔美〕马士:《中华帝国对外关系史》第 1 卷,张汇文等译,北京:商务印书馆 1963 年版,第 373 页。

⑤ 〔法〕史式徽:《江南传教史》第 1 卷,天主教上海教区史料译写组译,上海:上海译文出版社 1983 年版,第 154 页。

自由以法律为界，超越法律的诉求不应受到保护。传教士不满足于五口内的教会范围，他们经常越界，在五口外宣传教义，吸收教徒。其实，中国与英法美等国所缔结的条约，虽然在中国看来是不平等的，但从法理角度看，这些条约的签订和执行都必须本着平等原则来进行。条约规定外国人只能合法居住在五口，那么，破坏这个规定，便是损害了中国的平等权益，违反了条约的规定。传教士步入五口之外，等于是其主动放弃了合法权益，其非法权利便不能受到条约保护。自由不能没有限度，权利不能没有止境。真正的自由不是放纵的自由，恰恰是被保护的自由。对传教士来说，保护他们自由和权利的就是条约。当然，由于有着各种各样的目的，传教士渴望在五口之外实现更多的抱负。于是，他们不断走出五口，试探中国地方政府的容忍底线。毫无任何预案的地方官员见此情形，要么就是不作为，不管不理不问；要么就是全武行，撵人抓人杀人。传教士越界是放弃自己的权益，中国官员没能有效使用法律为国家争取权利和平等，是整体的官僚阶层缺乏外交公法知识和政治常识所致。如此一来，教案频发。

教案是晚清对外关系中最大的难题。一个教案往往涉及中国和外国之间、中国民众与传教士之间、地方政府与传教士之间等多重关系，稍有不慎，便轻则赔款，重则引发战争。教案的发生既是文化冲突，又是观念碰撞，后者是前者的深层次原因。观念是一种价值取向。向往自由的传教士当然知晓中国传统文化对中国人民的意义。天主教传教士最初在中国传教时，曾经竭尽全力试图与中国绅士文化融合，“他们先穿上佛教和尚的衣服，而当他们发现绅士蔑视和尚时，他们穿上了儒教学者的外衣”[①]。天主教禁止教徒有其他信仰，但面对中国孔子时，包括利玛窦

① 赖德烈：《基督教在华传教史》，雷立柏等译，香港：道风书社、香港汉语基督教文研究所有限公司2009年版，第114页。

在内的早期传教士确实有些为难。

> “经过长期的研究后，利玛窦采取了缓和的立场，而且他认为，给孔子和祖先举行的敬礼只有社会性的意义；如果帝国的法律有这样的要求，基督徒们也可以参与其中。”①

应该说，利玛窦的实践是在文化平等主义下形成的最能尊重彼此的传教方案。历史证明，天主教在明代取得的发展与此是密不可分的。但利玛窦的耶稣会在华的工作方案却遭到了天主教其他修会如道明会、方济会的反对，这些修会向地区主教控诉耶稣会的妥协方案。经过近半个世纪你来我往的申辩，最终，罗马教宗于1704年宣布“禁止信徒参与敬孔或敬祖先的祭祀礼仪”②。天主教在维护自身纯洁性权利的同时，忽略了与儒家文化交往所必需的平等的基础。中国有句俗语：入乡随俗。这句俗语背后的价值取向就是平等，以平等的理念尊重对方的习俗与文化，与对方进行友好交往。康熙皇帝本来对利玛窦的传教方式充满好感，而当罗马教宗的禁令传到北京后，康熙皇帝向天主教下了逐客令。当时，天主教传教士在华传教，在背后支持他们的只有地区主教和罗马教宗。然而两次鸦片战争后，躲在天主教传教士背后支持他们的除了主教和教宗外，还多了他们的祖国和炮舰。

新一代的传教士抛弃了入乡随俗的理念，代之以直接、任性甚至放肆的高高在上的传教方式。文化平等主义不再是他们的护身符，缺失了

---

① 赖德烈：《基督教在华传教史》，雷立柏等译，香港：道风书社、香港汉语基督教文研究所有限公司2009年版，第115页。

② 同上，第121页。

平等条件的自由是他们钟爱的选择。为自由、为上帝，他们不顾一切地踏入并不合法属于他们活动范围的中国广大的乡村，企图用自由打开几千年来厚厚的文化积淀，把这些文化积淀换成天主的十字架。依据以赛亚·伯林的自由观，那么可以说，传教士的积极自由打破了中国乡村民众的消极自由的宁静。或者说，是传教士教会了中国乡村民众使用自由这个权利来反对外来文化对他们近乎羞辱的骚扰。1848 年，麦都思等三名传教士违反条约规定，前往江苏青浦县传教。传教过程中与当地水手发生冲突，受了轻伤。史称青浦教案。事发后，英国驻上海领事阿礼国不顾事实，要求赔偿。上海苏松太道台咸龄据理力争，不愿"执民而媚夷"[①]，阿礼国便用手杖击打其头部，极尽侮辱之能事。最后，阿礼国用炮舰封港威胁，清政府服软。处理结果是：十名水手被捕、咸龄免职、赔款银三百两。软弱的清政府和无耻的侵略者已经无数次遭到谴责，这里不再重复。青浦教案令一向以自由和平等自居的大英帝国蒙羞的是：炮舰下的自由和平等被强权、霸权取代。此后，每当教案发生，这种炫耀武力的表演便要公映一次。法国传教士马赖违反条约，擅入广东西林县传教，因为非作歹被西林县县令法办。史称西林教案即马神甫案。此案是法国加入英国发起第二次鸦片战争的由头。久而久之，中国官僚阶层和思想界基本形成了一个共识：强权就是真理。日积月累，这种共识逐渐成了接受西方进化论的主要认识基础。

第二次鸦片战争后，西方国家根据《天津条约》获得了赴中国内地传教的权利，从此，教案更是有增无减，规模越来越大。西方国家获得赴内地传教权，从法律层面讲，传教士得到了更大的自由空间。但是，这种靠

① 夏燮：《中西纪事》，齐思和等编：《第二次鸦片战争》第 2 册，上海：上海人民出版社 1978 年版，第 334 页。

武力获得的自由，令传教士更加相信做到这些的是炮舰而不是上帝。1860年，英法联军攻入北京，焚烧圆明园。之后，与清政府签订《北京条约》索要更多权益。其中，中法《北京条约》第六款堪称后期教案的导火索。该条约规定：

> “应如道光二十六年正月二十五日上谕，即晓示天下黎民，任各处军民人等传习天主教、会合讲道、建堂礼拜，且将滥行查拿者，予以应得处分。又将前谋害奉天主教者之时所充之天主堂、学堂、茔坟、田土、房廊等件应赔还，交法国驻扎京师之钦差大臣，转交该处奉教之人，并任法国传教士在各省租买田地，建造自便。”①

咸丰皇帝从即位起，折腾了十年，还是乖乖地回归其父当初政策上来了。清中期后，国家政策起伏多变，令人无所适从。从历史角度看，外患内忧、软弱外交、技不如人等或可成为国家政策多变的原因。但从政治思想角度看，国家政策多变的根本原因还是政治价值观念无法走入近代在作祟。所谓政治价值观念走入近代，就是要抛弃传统的束缚发展的等级观等政治价值观念，用更进步的普适的平等、自由、权利等政治价值观念更新传统文化中无法适应近代要求的内容。从历史角度看，中国近代史就是不断战争、条约、割地、赔款的历史；从政治思想角度看，中国近代史就是先进政治价值观念代替传统落后政治价值观念的历史，而后者才是中国近代史命运多舛的真正原因。道光帝鉴于鸦片战争的代价，同意弛禁天主教等西洋各教。表面上看，清廷软弱无能，屡屡让步。实际

① 王铁崖编：《中外旧约章汇编》第1册，北京：生活·读书·新知三联书店1957年版，第147页。

上，允许传教的同时，自由的火种便有通过传教士播种到中国各地的可能。咸丰帝即位后，一改其父之软弱，谁知侵略者报以更残酷的回应。结果，咸丰帝折腾十年，又回归了乃父当初的政策，而且代价更大。中法《北京条约》第六款的“还堂”要求，造成了民间、地方官府、教会之间更大更多的矛盾。

“还堂”是一把双刃剑，一方面，法国传教士要求收回其既往财产的所有权；另一方面，中国民众在被迫的“还堂”过程中明晰了个人财产权观念。“还堂”要求涉及了许多无法明晰产权的问题。由于一些“还堂”要求的权益原始档案须上溯到乾隆朝甚至更远，地方官府和教会往往都无法拿出合法有效的凭据来支持各自权益主张。而且，即便能够证明其权益要求的合理性，但百多年来，其地或已多次易主，有的甚至持有合法地契，如何能够强制搬迁该处居民？这令地方官员颇感为难。正如1861年山东巡抚清盛上奏所言：

> “臣复查从前废毁天主堂一案，臣衙门无卷可稽，既据历城县查明基址属实，似应按照条款分别交还。第该处久经改造民房，转相承买，执有契据，势难责令退让。”①

当时，清政府要求各地官员持平办理“还堂”等涉教问题。持平就是秉持公平、平等的原则处理由于传教引发的纷争。但清政府纸面上说持平，实际则放弃了自己的平等权利，往往以偏袒外国传教士为持平第一要义。回复山东巡抚清盛的上谕曰：

① 中国第一历史档案馆、福建师范大学历史系合编：《清末教案》第1册，北京：中华书局1996年版，第194页。

“着清盛按照该国天主堂原基亩数，另查官地抵给，听其修造。如查无官地，即置买民地一段，给予该夷建立天主堂。其买地价值如该夷情愿归还，即照数收回。如不肯给价，亦不必与之争辩，以示羁縻。”①

“还堂”从财产权明晰演变为政治权利安抚。羁縻是清政府的常用外交术语，亦是其外交观。何谓羁縻？羁縻是中国历代王朝统治边疆民族的一种制度，被羁縻方一般是已纳入地方行政管理体系或与羁縻方存在政治隶属关系。② 换句话说，羁縻是内政的需要。经济上来讲，羁縻一般是援助、施舍、救助的代名词。政治上来讲，羁縻就是放弃自己的部分权利以换取其他的权益。就晚清历史而言，羁縻就是清政府退让、软弱的官方表达。实际上，清政府实行羁縻政策给国家和人民的权利造成了巨大伤害。因为羁縻是与天下观相配合的观念，几项不平等条约签订后，传统天下观已经在法律意义上荡然无存。清政府在国家层面上没有及时调整相关的政治价值观念，给更大的矛盾和战争埋下了隐患。清政府通过羁縻主动放弃国家权利，是等级思维在外交上的延续。近代外交崇尚主权平等原则，国与国之间在平等原则基础上发展外交关系。平等原则下，中国的国家权利才能得到保护，西方传教士及其教徒的自由和权利亦能得到保障。

---

① 中国第一历史档案馆、福建师范大学历史系合编：《清末教案》第 1 册，北京：中华书局 1996 年版，第 195 页。

② 程妮娜：《羁縻与外交：中国古代王朝内外两种朝贡体系——以古代东北亚地区为中心》，《史学集刊》2014 年第 4 期，第 27 页。

羁縻政策的实施，促进中国天主教教徒的财产、社会、政治权利意识和观念的迅速进步。人对利益的追求是一种本能，只要合法，无可厚非。当时，天主教为吸引中国人入教，也是想尽了招数，其中之一是教民享受天主教会的保护，不向地方政府缴纳与天主教信仰相抵触的活动的费用。比如，天主教徒无须支付民间迎神的摊派费用。这一福利很能吸引一批底层民众。但凡事常与愿违，地方官员不管教徒与否，依然摊派如故，教徒抱怨异常。为此，法国公使照会清政府。

“山西各处教民仍须出迎神演戏等费，否则别项公用必致比常民加倍，是仍与出演戏等费无异。且阳曲县即因此事将教民一人责打，二人收监。”①

为此，法国公使向清政府提出如下要求：

“第一节：建造修理庙宇暨一切祈雨、谢神、演戏、赛会干涉仙佛等无益之事，皆永免习教人等摊钱。第二节：凡修桥、补路、填坑、挑河一切于人有益之善事，皆不可勒派习教人较常民格外多摊。第三节：若地方官将以上有益无益二事合并摊派，则教民只出有益之费，其无益费一概免出。第四节：若有各村堡会首等逼令教民摊出各项无益费用，因教民不从，故命人或自行抢掳什物，毁夺田禾，应令伊

① 中国第一历史档案馆、福建师范大学历史系合编：《清末教案》第1册，北京：中华书局1996年版，第206页。

等赔偿。”[①]

法国公使出面保护中国教徒的合法权利，这是清政府羁縻政策下出现的怪现象。中国天主教徒首先是大清国的子民，然后才是教徒。其合法权利本应归清政府保护，法国政府无权插手。令人无奈的是，清政府采用羁縻政策，放弃了自己保护国民的权利。因此，当中国教徒权益受到损害时，他们首先想到的是教会。而教会能找到的最佳解决途径就是法国公使——法国政府在中国的代言人。法国公使出面后，无形当中，中国教徒不仅权利得到了保护，而且还得到了更大的自由。更大自由的获得，令这些中国教徒有了明显的优越感，成为特殊阶层。中国教徒与普通民众之间的矛盾便酝酿在这些优越感之中。清政府负责接受法国公使照会的是恭亲王奕䜣。奕䜣说：

> “臣等业已行文各省，以后凡习教之人，于一切应出钱文之事，除正项差徭外，其余祈神、演戏、赛会等费，该教民既不愿与不习教者一律同出，即可免其摊派。”[②]

法国公使向清政府要一个苹果，清政府在羁縻政策指引下，干脆送了一棵苹果树。书上常说，清政府丧权辱国。丧的什么权？其实就是国家平等和自由权，即主权。同时，由于失去了平等这个原则，清政府给予教徒越多权利和自由，普通民众权利受到的损失就越大。就摊派而言，

① 中国第一历史档案馆、福建师范大学历史系合编：《清末教案》第1册，北京：中华书局1996年版，第207—208页。
② 同上，第215页。

在总额不变的情况下，分母越少，人均摊派额度就越多。这种经济权益的损失还在其次，最可怕的是中国教徒自由权的扩大。人的自由权是天然平等的。清政府通过合法免除中国教徒某些应缴纳的费用，实际是在中国教徒与普通民众之间创造了新的不平等。这种新的不平等反映在每个人的自由权上，便会形成自由权的不平等。清政府未能把握住自由和平等，并不等于它们就不存在。实际上，自由和平等作为政治价值始终存在于古往今来的政治活动中。中国传统政治思想中没有形成自由和平等的概念和观念，不等于自由和平等作为政治价值未出现在政治生活中。清政府过于仰赖羁縻政策，迫使朝臣上奏要求平等权利。

“掌广东道监察御史臣华祝三跪奏，为教民激怒外夷，借端寻衅，请旨持平办理，以尊国体而弥后患……朝廷生杀予夺之权，操之自上，王公大臣尚且不得干预，设令夷人得以借端主持，则国事不可问，而后患将不可言矣！”①

华祝三请求朝廷不要偏听外国人一面之词，以免大权遭人控制，形成对朝廷命官和普通民众不公平不平等的局面。“持平办理”是当时清政府最常用的办事原则，一般叮嘱封疆大吏办理民教冲突时必用。华祝三要求持平办理，是要求朝廷平等对待朝廷命官与洋人、民人与教民。这种自下而上要求持平的做法，是平等意识和权利意识的双重觉醒。此外，华祝三还另上一折，要求秉公对待教民，不能因其背后有洋人支持便容忍其为所欲为。华祝三的忠告可以视为对自由的警惕。宗教信仰自

① 中国第一历史档案馆、福建师范大学历史系合编：《清末教案》第1册，北京：中华书局1996年版，第321—322页。

由是人的权利，但这个自由以及其他所有自由，如果没有平等原则和法律的约束，便会成为放纵的自由。华祝三的觉醒具有重要价值，只是有这种觉醒的官员仅凤毛麟角，无法形成对自由和平等观念的公开追求。

### （三）信与契约精神

不过，并非所有朝臣都如华祝三所想，还有一些人以“信”来总结西人传教。何谓信？孟子曰：有诸己之为信。实在、老成这些品德存在于一个人身上，这个人便有“信”，这个人便是信人。在孟子看来，人的品格有六等：善、信、美、大、圣、神。“可欲之谓善，有诸己之谓信，充实之谓美，充实而有光辉之谓大，大而化之之谓圣，圣而不可知之之谓神”①。清末弛禁西教，传教士得以合法进入中国内地，中国人与洋人接触机会增多。西方传教士带来很多知识类书籍，使中国智识阶层加深了对西方国家政治、文化、历史的了解。一些朝臣通过观察，纷纷用“信”来评价传教士的所作所为，沈葆桢便是其中之一。

> “窃思传教与用兵不同，用兵则以力屇（屈）人，传教则以心服人。人何以服？信之斯服之矣；人何以信？示之以可信斯信之矣！即如佛教成自西藏，当其初入中国，夫谁信之？今则士大夫以至愚夫愚妇群然信之矣。即天主教行于上海等处，民趋之若不及，而江西、湖南遽有此变，非江西、湖南好与法国为难也。上海等处为时较久，民实见其可信，故不可强之信而自信。江西、湖南为时短暂，民未知其可信，故迫求其信，而愈不信也。使传教士徐示以可信，不强

① 《孟子·尽心下》。

以遽信，久焉断无不信之理。”[①]

沈葆桢的观察和判断是正确的。但问题是，作为一名政治家，他的观察角度却不是政治的，而是道德的。“信”具有政治伦理的特征，但不具有政治思想的特点。传教士是神职工作，其自身没有政治内涵。不过，近代来华传教士鲜见纯粹的布道，绝大多数都依靠本国政府的政治影响力以保障其在华的安全。在现实面前，政治和武力比上帝更值得托付。正因如此，观察和评价传教士一定要从政治思想的角度出发。从政治思想角度看，传教士在华成功靠的是自由、平等、权利这三件法宝。

从传教自由到信仰自由。西方国家依靠炮舰获得了进入中国内地传教的自由，此后，除西藏外[②]，中国各省均有天主教堂或基督教新教教堂。西方宗教进入中国内地的同时，也带去了基督教自身的文化和哲学。宽容是基督教哲学的一大特色。传教士在中国内地遇到麻烦时，宽容往往是他们的第一选项。比如，广州的一个中国人偷了当地主教的十字架等物品。两广总督破案后，向主教归还物品，并表示要将这个中国人处死，主教“立刻为罪犯求饶，并且得到了他们的同意”。主教用宽容挽救了这位中国人的生命，中国人的父亲向主教表示感谢，“并且答应他的全家都将信奉基督教”[③]。宽容或许是天主教的内在特征，但不可否认其目的就是吸收更多中国信徒。当然，这也无可厚非。宽容能够挽救一

---

① 中国第一历史档案馆、福建师范大学历史系合编：《清末教案》第1册，北京：中华书局1996年版，第294—295页。

② 张先清、赵蕊娟编：《中国地方志基督教史料辑要》，上海：东方出版中心2010年版。

③ 中国第一历史档案馆、福建师范大学历史系合编：《清末教案》第4册，北京：中华书局2000年版，第132页。

条生命，总比偏狭苛刻冷漠无视生命存在要高尚得多。这或许就是沈葆桢所说的“信”的力量。如果从宽容引申开去，传教自由还给中国社会带来了对人、人性、人身关怀的理念。这是中国底层民众甚至多数上层人物从未体验过的自由和权利。当然，这种自由和权利有些则是清政府羁縻政策的产物。因为在一些中国人看来，“一位欧洲神父可以获得一切，只要去拜访一下官员就可以解决一切”①。传教士受到的差别待遇，在正直的中国民众看来是不可接受的。因为差别待遇是在缺乏平等原则的基础上形成的，而不平等的对待则无法保证信仰自由。

信仰自由乃由法律保证，而不是政府。传教士遵循上帝的旨意来到辽阔的中国，但传教时他们往往狡猾地利用地方官羁縻的心态，以取得事半功倍之效。一位传教士说：“应我的要求，那名文官张贴了一张赞助圣教的告示。他允许所有人选择这种宗教，以最严厉的惩罚来威胁那些诋毁它的人。”②地方官员肯于为传教士背书，传教士肯于接受，双方有意无意地都破坏了信仰自由以及平等原则。法律保证信仰自由，但信仰自由的实现须依靠公平的平等原则。公平的平等原则是政治价值观念的尺度，通过它制定的法律才能保证包括信仰自由在内的一切自由的实现。地方官府出于羁縻之需要，自作主张，强加给某一宗教的保证，不仅破坏了公平的平等原则，而且会更增加西方国家和传教士对积极自由的憧憬。

除沈葆桢外，著名的冯桂芬也谈到了“信”。

---

① 中国第一历史档案馆、福建师范大学历史系合编：《清末教案》第4册，北京：中华书局2000年版，第159页。

② 同上，第275—276页。

“夷人动辄称理，吾即以其人之法还治其人之身。理可从，从之；理不可从，据理以折之。诸夷不知三纲而尚知一信，非真能信也，一不信而百国群起而攻之、钳制之，使不得不信也。”①

冯桂芬所谈的“信”是信用、守信，或可理解为西方的契约精神。中国社会统于三纲，君为臣纲、夫为妻纲、父为子纲。三纲形成了自上而下的约束性的社会伦理和政治伦理关系。三纲以等级、尊卑、长幼为立论基础，塑造的是不平等的社会政治关系。作为当时最出色的思想家之一，冯桂芬对西方的了解只能上升到“信”这个阶段，还无法把“信”上升到社会契约。这并非是对令人尊敬的思想家的责备，事实上，冯桂芬的“信”已经超越了沈葆桢的“信”，因为后者的“信”只是可信、信赖等道德层次的内容，而前者的“信”已经有了政治思想的内容，这就是社会契约。

冯桂芬是清末著名的思想家，故其对“信”的理解于民本思想近代转型具有特殊意义。他对“信”的理解与契约颇为接近。事实上，三纲和契约是中西两种不同的对社会秩序进行约定的方式，前者强调的是义务，后者关注的是权利。三纲社会推崇忠、孝、节、义，把履行义务看作是维持社会正常运转的必须手段。通过层层履行义务，最终巩固了唯我独尊的君主专制政治。契约社会奉行的是权利意识。拥有自己的权利、尊重别人的权利都是在为维持社会秩序服务。法国哲学家卢梭认为，社会秩序“是所有其他各种权利赖以保持的神圣权利”②。也即是说，社会秩序是一种权利，它是其他权利的基础。美国学者马斯特提醒人们注意卢梭

① 冯桂芬：《校邠庐抗议·善驭夷议》，熊月之编：《中国近代思想家文库·冯桂芬卷》，北京：中国人民大学出版社 2014 年版，第 330 页。

② 〔法〕卢梭：《社会契约论》，李平沤译，北京：商务印书馆 2014 年版，第 5 页。

从“公民社会的约定中推出了‘所有其他’权利”[①]。也就是说，社会秩序是公民所享有的全部权利的基本权利。如果没有稳定、持续、和平、法治的社会秩序，现实权利则是一种奢谈。在卢梭看来，现实权利是后天的社会秩序形成的，自由和平等是现实权利的天然原则。与契约社会不同，三纲社会是服从的社会，是义务的社会，等级是其天然原则。中国社会数千年来没有产生（政治）权利观念，这或许是一个原因。

冯桂芬所言还有一层意思：契约国家间具有相互制约的关系。契约国家间的交往以平等为基础，遵守共同约定，维护国际社会秩序。一国违反契约规定，损害其他国家权利，危害国际社会秩序，其他签约国有义务有权利要求该国纠正错误。中国传统的“天下观”则不然。“天下观”中，中国皇帝是唯一的领袖，藩国远夷对皇帝俯首称臣，年年朝贡。不过，由于中国皇帝对藩国远夷并无政治约束权力，因此他这个领袖只是文化或礼仪上的。等级制的天下观能够存在千年，自有其内在原因。然而，西方社会早已走完平等替代等级的社会阶段，但直到十九世纪末，东方的中国却仍对此无动于衷。是什么原因令中国如此迟钝？

这是一个超级大问题，涉及哲学、伦理学、政治学、思想史尤其是科学思想等诸学科知识。就科学思想而言，美国学者托比·胡佛的《近代科学为什么诞生在西方》给出了详尽的答案。但就民本思想的近代转型而言，科学思想与政治思想的因果关系和相互作用必须纳入研究范围。

### （四）自由权利与科学精神

中国传统政治思想的内在特征决定了科学精神的迟到。崇尚等级

---

① 〔美〕马斯特：《卢梭的政治哲学》，胡兴建、黄涛译，上海：华东师范大学出版社 2013 年版，第 393 页注释 1。

制的政治思想把一切文化都纳入其影响和决定的范围，任何额外的生长空间都受到政治思想的压制。在政治思想的压制下，科学精神只能任由等级制引领，无法成为自身的主人。科学精神自身缺乏独立空间和独立意识，政治思想便会为其规定符合等级制政治思想的内容。如此一来，政治便成为科学的内容规定者，而科学只能对政治俯首称臣。但是，科学不是附庸，科学无法沿着政治的轨迹行走，科学精神需要独立和自由。托比·胡佛说："中国没有经历过像西方12和13世纪那样的法律变革和社会变革，因而未能发展出能够赋予某些机构自治权并保护自由思想不受政治和宗教审查侵扰的制度机构——制度化的中立空间。这比任何其他事实都更能说明传统中国的系统科学思想发展滞后的状况。"①君主专制下的专制君主贪婪地守护着自己的权力，集权对他来说是世界上最美味的佳肴，无法与人分享。他甚至把科学都视为自己独享的领域，拒绝把科学知识变成常识，拒绝科学知识成为民众智识的一部分。这样一来，科学知识无法普及，科学精神除依附政治思想外，找不到生存空间。中国古代天文、历法学科发展得好，便与专制君主严格控制天文、历法等领域密切相关。"编制历法属君主的特权，这也是他治理天下的权力之最清楚的象征"②。用垄断来形容专制君主的做法殊为合适。专制君主垄断科学知识，是等级制思想的自然反映。而失去平等，自由便无意义。没有自由，科学精神便无生长土壤。

近代来华传教士带来了科学，但中国拒绝了科学精神。著名传教士

---

① 〔美〕托比·胡佛：《近代科学为什么诞生在西方》，周程、于霞译，北京：北京大学出版社2010年版，第288页。

② 〔法〕谢和耐：《中国与基督教——中西文化的首次撞击》，耿昇译，北京：商务印书馆2013年版，第66页。

利玛窦为顺利开展在华传教事业，便立下一个原则：自然科学知识在前，传教在后。由于发现中国人对西方科学知识和器物非常好奇，有着强烈的求知欲望，利玛窦决定用自然科学知识打开中国对西方传教士的信任之门，信任之门开启，传教也就水到渠成，“为了赢得他们的注意，则必须在他们的思想中获得信任，通过他们大都不懂并以好奇心钻研的自然事物的知识，而博得他们的尊重，再没有比这种方法更容易使他们倾向理解我们的基督教神圣真诠了”①。最初，事情如传教士们所想，进展得颇为顺利。但当基督教创世思想与中国传统天命观相遇时，中国几乎是毫不犹豫地坚持了后者。这是一场世界观的碰撞，但背后的主导力量却是君主专制的政治权力，是专制政治权力迫使基督教在中国再次成为异端。与基督教一起沉默的还有西方科学精神。没错，如果打开《四库全书》，其中确实保存了大量西方科学知识读本，这对中国近代科学的发展无疑是有益的。但这与《四库全书》抛弃的基督教哲学相比，无异于捡了芝麻丢了西瓜，舍本逐末，买椟还珠，因为“那种认为宇宙是由数学和钟表一样准确的上帝创造的假说，启发了西方近代科学的发展”②。上帝创造假说启发了西方近代科学的发展，也就是说，基督教哲学是本，近代科学是末；基督教哲学是因，近代科学是果。一个不信仰基督教的人而信仰科学的人，或许无法接受这样的结论，但事实就是如此。哲学是一切科学的科学，没有某种哲学指导，便没有科学的诞生。吴雷川先生在分析了基督教在世界历史上的价值后，说：“西方各国事业都受到基督教的影响，人人都含有基督教的血液。类如历代发明科学的人们，竭尽一生

① 〔法〕谢和耐：《中国与基督教——中西文化的首次撞击》，耿昇译，北京：商务印书馆2013年版，第62页。

② 同上，第65页。

的精力以造福人群，以及近代所提倡的群众化与合作，虽似乎与基督教无关，其实也都是基督教的种子在那里发荣滋长。”[①]正因为没有认清孰大孰小、孰重孰轻，清政府即便在被迫弛禁基督教后，也只是虚与委蛇地与西方各国和传教士周旋，未能让基督教的种子开出科学精神之花。作为清末民本思想的先驱，冯桂芬通过了解西方科学知识，研究西方器物，并结合中国实际，得出“四个不如夷”的论断。

> “人无弃材不如夷，地无遗利不如夷，君民不隔不如夷，名实必符不如夷。”[②]

“四个不如夷”分别指教育、经济、政治、道德四个方面。“君民不隔不如夷”实际上蕴含着对平等和自由的渴望，这是冯桂芬通过探究“不如夷”的原因而提出政治解决方案，即实现君民不隔。何谓君民不隔?

君民不隔体现平等意识。当时，实行立宪君主制且对中国影响最大的西方国家是英国。立宪君主制是民主制度的一种，立宪君主是名义上的国家元首，当官不理政。人民的意愿通过民选的下议院来表达，议会设上下两个议院相互制衡。首相由下议院多数党选出，负责处理国家事务。与其他“无父无君”的美国、法国民主制度相比，英国的这种政治制度设计很符合中国思想家的改革理念。毕竟，改革如果改掉了皇帝，是肯定不会得到皇帝同意的。英国式的议会无疑是沟通皇帝与平民的良好媒介，林则徐、魏源等思想家早已通过《四洲志》《海国图志》等著作表

---

① 吴雷川：《基督教与中国文化》，北京：商务印书馆 2015 年版，第 86 页。

② 冯桂芬：《校邠庐抗议·制洋器议》，熊月之编：《中国近代思想家文库·冯桂芬卷》，北京：中国人民大学出版社 2014 年版，第 326 页。

达了对议会制度的肯定和向往。冯桂芬具有明显的平等意识，可惜的是，他无法把这种平等意识上升到理论高度。也许，这是中国思想内在的问题；也许，这是所谓中国式思维的问题。中国式思维即“使用的语言表达形式增强和保持了关联性或类比性思维模式”①。这种思维模式由于缺乏假设、综合、概括等方法，因此无法到达形而上的高度，自然也就无法理解基督教哲学中的绝对的意义，更无法理解出自基督教哲学的科学精神，“这种关联模式作为中国的核心思维一直持续到20世纪，其间并没有被机械式思维和因果式思维所取代”②。事实上，这种思想模式至今仍大量存在于社会科学研究中。

君民不隔体现自由的政治参与意识。三纲维持下的社会秩序只须民众的服从，无须民众的参与。或者说，服从是三纲社会最大的义务，亦是最重要的参与形式。服从是等级制上端对下端压制和限制的结果，是不平等对自由的摧残。“君民不隔”意味着君民之间有着良好的沟通渠道，这个渠道可以是议会，也可以是媒体，或者是君民面对面的交流。实现君民良好的沟通，必须保证这些渠道的畅通。而这些渠道的畅通不仅需要法治的完善，更需要对民众政治参与意识的培养。“君民不隔”意识下，君主和民众共同构成政治参与的主体。君主和民主在这样的设计中成为平等的政治参与者，民众可以在政治参与中自由表达自己的意见，君主亦然。如果没有平等和自由，政治参与的最好结果是服从，其最坏后果是暴君放伐。中国古代儒家先贤在政治思想中始终为人民保留了这个宝贵的最大的最自由的革命权利。由于中国儒家思想家只有平等

---

① 〔美〕托比·胡佛：《近代科学为什么诞生在西方》，周程、于霞译，北京大学出版社2010年版，第279页。

② 同上，第280页。

意识，未能形成平等观念，故儒家思想无法约束暴君放伐的革命权。平等意识虽是约束自由放任的良药，但平等仅有意识还远远不够，平等要形成观念，更要寻求法治的保护。只有这样，政治参与才能真正实现。

君民不隔体现权利意识。平等意识、自由意识、政治参与意识实际都是权利意识。三纲社会中，专制君主掌握至上权力，民众只是权力下的刍狗。民众的存在只是为君主和国家尽自己的义务，义务的尽头就是他们自身价值的尽头。三纲社会中，民众依然享有私有财产权，但经济上的权利只是经济上的权利，受等级制所限，他们无法享受政治权利。事实上，三纲社会的民众就不曾有过真正的政治权利。民本思想虽然把“民”提高到“贵”的社会优先序列中，但并未因此而赋予民众应得的权利，比如政治参与权。因此，这样的“贵”民只是毫无政治权利的摆设，而“轻”君却在拥有绝对权力的情况下，肆无忌惮地成为所有政治权利的唯一主人。民本思想要在近代完成转型，必须融入权利观念，从这点看，冯桂芬确实是名副其实的清末民本先驱。

作为清末民本先驱，冯桂芬未能继续把“君民不隔”理论化，而是提出了国家自强的要求。

> “不自强而有事，危道也；不自强而无事，幸也，而不能久幸也。矧可猜嫌疑忌，以速之使有事也。自强而有事，则我有以待之，矧一自强而即可弭之使无事也；自强而无事，则我不为祸始，即中外生灵之福，又何所用其猜嫌疑忌为哉。”①

---

① 冯桂芬：《校邠庐抗议·制洋器议》，熊月之编：《中国近代思想家文库·冯桂芬卷》，北京：中国人民大学出版社 2014 年版，第 331 页。

自强是国家、政府的责任。政治思想家提出自强的要求亦是一种责任，但其更大的责任不是推行具体救国策略，而是要在理论上指导国家前进的方向。当然，等级制限制了包括社会科学在内的一切科学的自由发展空间，科学没有自由和平等滋养，其精神便无法树立，国家和人民便无法享受其成果。冯桂芬提出自强的要求，标志着其思想在权利观念形成道路上戛然止步，不再前进。

## 第二节　列强索权与中国人的权利意识

最著名的列强索权事例就是对领事裁判权的索取。自《南京条约》等不平等条约签订以后，权利意识和观念便开始向中国政治文化渗透。不平等条约一般涉及两种权利：治外法权和领事裁判权。这是两种容易混淆的权利。治外法权，一般指“有特定身份的外国人所享有的不受所在国法律管辖的特权或豁免”[①]。这是国与国之间存在的平等权利。王铁崖先生认为治外法权分广义和狭义两种，“最广义的治外法权包括一般国际法所指的治外法权、称为领事裁判权的治外法权”[②]，而狭义的治外法权与前述定义的一致。但赵晓耕先生认为，治外法权和领事裁判权还是有区别的，前者“体现了国际公法上的平等关系”，而后者“则为一国单方面政策，有违于国际法上的平等原则”[③]。领事裁判权到底是怎样规

① 夏征农主编；辞海编辑委员会编：《辞海》，上海：世纪出版集团、上海辞书出版社 2002 年版，第 2200 页。

② 王铁崖：《治外法权》，王铁崖总主编：《中华法学大辞典》，北京：中国检察出版社 1996 年版，第 676 页。

③ 赵晓耕：《试析治外法权与领事裁判权》，《郑州大学学报》(哲学社会科学版)2005 年第 5 期，第 71 页。

定的呢？1843 年签订的《五口通商附粘善后条款》规定：

“其英国水手、兵丁或别项英人，不论本国、属国，黑、白之类，无论何故，倘有逃至中国地方藏匿者，华官必严行捉拿监禁，交给近地英官收办，均不可庇护隐匿，有乖和好。”①

1843 年签订的《五口通商章程：海关税则》“华人英民交涉词讼一款”规定：

“其英人如何科罪，由英国议定章程、法律交给管事官照办。华人如何科罪，应治以中国之法。”②

领事裁判权的出现给清代社会秩序带来极大的问题和困惑，它是阻挠近代中国走向自由和平等的巨大障碍。

### （一）国人权利意识的形成与权利观念的启蒙

由于奉行等级制的天下观，中国皇帝便自以为是天下的领袖。以天子自居的中国皇帝坐在北京的紫禁城中，等待万邦来朝、进贡方物。天子的赏赐往往几倍于贡品，以示天朝上国之地大物博。等级制未能孕育出政治权利观念，故它无法给予民众权利，亦无法教会皇帝权利观念。也就是说，民众因等级制无法享受权利，皇帝亦因等级制而在与主权国

① 王铁崖编：《中外旧约章汇编》第 1 册，北京：生活·读书·新知三联书店 1957 年版，第 36 页。

② 同上，第 42 页。

家交往中失去本该属于自己的权利。当然，失去的权利亦是国家的权利。由于朕即国家，因此国家失去的便是皇帝失去的。为什么清政府一再签订卖国条约？一个重要原因是它没有权利意识，因此无从保护自己并未意识到的权利。主权国家则不同，他们以平等关系维持国与国关系。每个国家都拥有自己的权利，一国必须尊重另一个国家的权利。因此，当清政府把领事裁判权拱手让给英国人时，急于羁縻的清朝官员或可能不知道他们给予英国的到底是什么。清政府爽快地把领事裁判权让给了英国，英国人还没来得及使用，美国人却率先让中国腐朽的官僚阶层认识了何为领事裁判权。

1844 年 6 月 15 日，广东清远县民人徐亚满在广州被美国人开枪击毙，史称“徐亚满案”。

徐亚满案导致了领事裁判权的扩大。这是官方说法。实际上，徐亚满案发生后，美国以英国享有领事裁判权为借口，向中国要求最惠国待遇，并最终促成了包含领事裁判权条款在内的《望厦条约》的签订。任何案件只要发生了，其案情都是复杂的，多数难以准确还原。徐亚满案也是一样。中国史料所记载的案件基本情况大都是含糊的：发生日期有 6 月 15 日和 6 月 16 日，被害人姓名有徐亚满、徐阿满、徐亚福。但这些并不重要，重要的是这样一个案件如何会让中国失去本该属于自己的权利。

徐亚满案发生后，美国急于借助此事获得领事裁判权，故美国驻华公使顾盛(Mr. Cushing)向钦差大臣耆英提出了美方的谈判原则：

“我们认为，所有在华美国人无论是发生刑事案件还是民事纠纷，只能由美国政府进行司法管辖。”①

权利应该是平等的，但在近代中国，权利的面孔首先表现为贪婪。坦白地说，近代中国在鸦片战争之后的很长一段时间里，不知权利为何物。这段无知时期大约以1864年美国传教士丁韪良翻译并出版美国著名国际法学家亨利·惠顿的《万国公法》为终点，时间达二十余年。美国人是具有权利意识和观念的，那些从事外交工作的美国官员亦了解《万国公法》为何物。《万国公法》第二章第六节《内治之权》规定：

“自主之国，莫不有内治之权，皆可制律，以限定人民之权利、分位等事，有权可管辖疆内之人，无论本国之民，及外国之民，并审罚其所犯之罪案，此常例也。而其所异者，或由公法而起，或因诸国相约而定其限制。”②

主权国家有权利审判在其疆域内犯罪的外国人，除非该主权国家与此外国人的国籍所在国有条约约定，让渡了审判和处罚该国家公民的权利。徐亚满案发生之时，中美之间尚无领事裁判权约定。但美国参议院领袖给在华外国官员的指示却要求他们使用领事裁判权，并说：“英国和法国条约中均有是项条款，只要中国仍保留是项条款，我们就要审慎对

---

① 张西平主编：《中国丛报（1832.5—1851.12）》第14卷，桂林：广西师范大学出版社2009年版，第531页。

② 〔美〕惠顿：《万国公法》，〔美〕丁韪良译，何勤华点校，北京：中国政法大学出版社2003年版，第84—85页。

待之。我们面前的徐亚满案就是顾盛先生依据是项条款而议的。”[①]美国人知道其自身并未享有领事裁判权，但却仍坚持用领事裁判权解决徐亚满案。在美国的坚持下，1844 年 7 月 3 日，即徐亚满案发不到二十天，中美《望厦条约》签订。条约规定：

“嗣后中国民人与合众国民人有争斗、词讼、交涉事件，中国民人由中国地方官捉拿审讯，照中国例治罪；合众国民人由领事等官捉拿审讯，照本国例治罪；但须两得其平，秉公断结，不得各存偏护，致启争端。”[②]

美国人顺利且如愿地取得了徐亚满案的领事裁判权。美国驻广州领事福士（Mr. John Forbes）负责审理此案，并最终以“合理的自卫杀人行为”[③]成功地为凶手开脱了罪行。美国政府的无耻反令凶手良心发现，据《中国丛报》消息，凶手“自愿为（徐亚满）其母和遗孀提供抚恤金”[④]，徐亚满案就此落下帷幕。美国官员们击掌相庆的时候，大概无颜以对号称正义、民主的美国宪法。美国 1787 年宪法规定：

---

① 张西平主编：《中国丛报（1832. 5—1851. 12）》第 14 卷，桂林：广西师范大学出版社 2009 年版，第 531 页。

② 王铁崖编：《中外旧约章汇编》第 1 册，北京：生活・读书・新知三联书店 1957 年版，第 55 页。

③ 屈文生：《〈望厦条约〉签订前后中美关于徐亚满案照会交涉研究》，《法学》2016 年第 8 期，第 143 页。

④ 张西平主编：《中国丛报（1832. 5—1851. 12）》第 15 卷，桂林：广西师范大学出版社 2009 年版，第 306—310 页。

“不得通过公民权利剥夺法案或追溯既往的法律。”[①]

“司法权的适用范围包括：由于本宪法、合众国法律和根据合众国权力已缔结或将缔结的条约而产生的一切法律的和衡平法的案件。”[②]

徐亚满案发生在《望厦条约》签订之前。为妥善解决徐亚满案，本欲进京的美国公使顾盛选择了在广州与更加容易沟通的钦差大臣耆英进行商讨。1844 年 7 月 3 日，耆英接受了顾盛的国书，《望厦条约》便于是日签订。可见，即使按照“将缔结的条约而产生的”案件来看待，由于接受国书的日期在徐亚满案之后，美国驻华官员的“爱国主义”或“人权意识”仍然违反了美国 1787 年宪法。

美国驻华官员及其政府通过违反美国宪法获得了不应得的权利，继而用此权利剥夺了中国人民徐亚满本应享有的获取公道的权利，因此说，权利是以贪婪的面孔首次出现在中国的。贪婪的背后是一次又一次无耻的举动，另一次，他们的目标是上海海关关税。

英国驻上海领事阿礼国否认上海海关行政管理权和收税权。海关行政管理权和收税权是一个国家固有的权利，是国家主权的一部分。1853 年 9 月，上海小刀会起义，上海县城沦陷。英、法、美三国领事以保护贸易和租界安全为借口，宣布上海县中立。至此，江北海关停顿。同时，阿礼国发布《船舶结关暂行章程》，暂时代替中国政府收取海关税，从而使清政府同时失去了海关行政管理权和收税权。

---

① 姜士林等主编：《世界宪法全书》，青岛：青岛出版社 1997 年版，第 1617 页。

② 同上，第 1618 页。

“把被承认的政府自己的一部分土地划出该政府的军事行动之外的一种中立政策，在地球上任何其他地方是不可能的；不过保护本国贸易的政策是被强加在西方列强身上的，而且采取这种政策的绝对必要性在同一年里又为政府的无能和它的无力维持秩序所证实。”[①]

马士先生说得对，这“在地球上任何其他地方是不可能的”，但它却实实在在地发生了。阿礼国们的行为用今天的语言来表述就是：肆意践踏中国主权。今天的中国对主权格外珍视，而当时的中国从上到下大概无人知道主权为何物。主权并非中国本土术语，它源自欧洲，是近代西方国家为建立国际秩序而提出的表示国家权利的概念。主权概念，近代有博丹(Jean Bodin)式解读。让·博丹是法国著名政治学家，他认为主权是绝对的、不可分割的，主权必须“整体地集中于某个个人或某个集团”[②]。在此必须说明，博丹的主权观在当代面临学理和实践挑战。主权概念，当代有克拉斯纳(Stephen Krasner)式主权解读。克拉斯纳是美国著名主权学家，他从当今世界现实出发，认为主权有四种形式：国际法理主权、威斯特伐利亚主权、国内主权、相互依赖主权。国际法理主权(International Legal Sovereignty)是指具有正式司法独立资格的领土实体间相互承认的实践，威斯特伐利亚主权(Westphalian Sovereignty)是指

---

① 〔美〕马士：《中华帝国对外关系史·第2卷·1861—1893屈从时期》，张汇文等译，北京：商务印书馆1963年版，第13页。

② 〔法〕让·博丹：《主权论》，〔美〕朱利安·H.富兰克林编，李卫海、钱俊文译，北京：北京大学出版社2008年版，第7页。

以排除某一特定领土权威结构外部行为体为基础的政治机构，国内主权(Domestic Sovereignty)是指一国内的正式政治权威机构及其有效行使管控本国疆域内政治权威流动的能力，相互依赖主权(Interdependence Sovereignty)是指管控跨国界商品、意识、人口、污染、资本流动的能力。之所以在此介绍当代主权观念的发展，是因为博丹的主权观已经不适应当代以自由和平等为基础的政治全球化的需要，而一些主张全球化的学者仍固守着博丹主权观。这就好比今天的人们嘲笑清末官员不懂权利观念，五十步笑百步耳。

虽然如此，博丹的主权观仍然能够圆满解释阿礼国们对中国主权的侵犯。1853年，是清政府焦头烂额的一年。小刀会起义、太平天国运动，直如按下葫芦浮起瓢，令清政府左支右绌、疲于应付。但清政府虽然懦弱，虽然腐败，它仍是中国的政府，仍是中国对外的唯一合法政府，仍对中国广袤的疆域行使主权。而阿礼国们却在中国最艰难的时刻，在中国的领土上声称中立，这与占有和侵入中国领土并无二致。何谓中立？《万国公法》曰：

> "凡自主之国，遇他国交战，若无盟约限制，即可置身局外，不与其事，此所谓局外之全权也。"
>
> "倘与战者早有盟约限制，致必遵行，即谓局外之半权。"[①]

《万国公法》说得很明确，中立成立的条件必须是"他国交战"。而清政府和太平天国、小刀会的战争只是中国内部的战争，后者并未被西方

---

① 〔美〕惠顿：《万国公法》，〔美〕丁韪良译，何勤华点校，北京：中国政法大学出版社2003年版，第222页。

国家承认为交战团体。而在西方法律看来，只有交战双方都是交战团体，第三国才可以选择中立。清末武昌起义时，中立观念得到了充分的利用。湖北革命军政府大都督黎元洪为取得西方列强的中立态度，通过积极沟通得到了交战团体的地位。而西方列强的中立，正是武昌起义取得胜利的重要客观条件之一。这说明，清末权利观念从无到有，最后在清朝灭亡之时得以充分利用。但1853年阿礼国们的中立举动则是列强贪婪嘴脸的再次展示。

没有权利观念和权利意识，对一个人来说，他便有被人奴役的可能；对一个国家来说，她便有被他国奴役的可能。一个国家的人民要成为这个国家的主人，就必须把权利意识和观念刻在心中。民本思想要想走入近代，完成自己的近代使命，就必须把权利观念融入其理论。权利观念不是形单影只的荒漠游客，其背后有自由和平等做支撑。可以这么说，民本思想有了权利观念的加盟，便自然地融入了自由和平等理念，成为近代民权和民主思想。

徐亚满案和阿礼国们中立事件虽然都是西方列强在华挑起的事端，但不得不承认，清政府缺乏权利意识和观念所得到的教训是深刻的。清政府在与西方列强交往，从最初的傲慢自大，到最后的卑微谦恭，都是权利意识和观念缺乏的必然结果。等级制的君主专制没有权利观念，它要求自己的国民尽义务，却不知交给他们权利。但这些没有权利观念的专制君主在要求自己国民尽义务的同时，却奴颜婢膝地向西方列强尽着卖国求荣的义务。西方列强用武力和欺骗贪婪地索取着本不合法属于他们的权利和财物。西方列强一次又一次地践踏中国和中国人的权利，也终于启发了国人封闭的头脑，令国人从不知权利为何物到走向追求权利之路。

## （二）赫德《局外旁观论》与权利意识自觉

罗伯特·赫德（Robert Hart，1835－1911），英国政治家，清政府聘用的首位外籍海关总税务司，也是在华时间最久的清政府外籍高级公务员（正一品）。赫德掌管中国海关税务后，中国海关税收逐渐实现了收支平衡，甚至盈余，为清政府财政提供了相当大的支持。其在海关事务中的成就有大量文献记载，此处关注的是其为清政府树立权利观念而做的工作。

《续定招工章程条约》中的权利意识。第二次鸦片战争后，英法两国分别与清政府签订了《北京条约》。两份条约中均有华工出口内容，因此需要清政府筹定中国人出国工作细则，并与英法两国就此续约。当时，清政府对外事务由恭亲王奕䜣负责。同治五年（1866），奕䜣见“从前约内，原有会定章程，保全华工之说”[①]，便请时在北京的赫德驰赴广东，会同两广总督瑞麟办理此事。就学问而言，瑞麟后官拜文渊阁大学士，亦是清官员中之佼佼者。《续订招工章程条约》内有多少内容出自赫德，有多少内容出自瑞麟等中国官员，不得而知，但从该条约内容看，赫德应该是主笔。该条约更令人惊艳的是出现了一些关心人权的条款。比如第八款规定：

“一、在彼作工预定日期、时刻；一、在彼承工应受衣物、工食并各等利益，遇有疾病、医治医药不用该人工值；一、支身出洋，或有眷

① 《筹办夷务始末·同治卷39》，《续修四库全书》编纂委员会编：《续修四库全书·419·史类·纪事本末类》，上海：上海古籍出版社2002年版，第691页上。

口留在中华，意欲按年计月拨给养家之费，应扣若干。”①

第十款规定：

“承工工作日期时刻，定准七日之内必得休息一日，一日之内作工不过四时六刻（即外国九点钟零二刻也）。”②

第二十二款规定：

“华工出洋到彼，夫妇不能分派两处作工，幼儿不及十五岁者不准令离父母。”③

条约内容涉及外出做工人员的工资、医疗、休息日、工作时长、家庭团聚等多项与个人工作权利和生存权利相关的内容。个人权利和国家权利都是平等基础上的社会秩序的产物。社会秩序由法律约束，法治保障社会的正常运转；国际秩序由条约束缚，条约保障国际社会的和平发展。法律、法例、条约都是平等各方的共同意愿的表达。等级制社会亦有法律，但难言公平，更侈谈权利。等级制社会更加注重对义务的履行，但它与平等制社会碰撞时，便会自觉或不自觉地出卖人民和国家的权益和权利，因为等级制君主并不以为那些是属于人民和国家的，在他眼里，

① 王铁崖编：《中外旧约章汇编》第1册，北京：生活·读书·新知三联书店1957年版，第243页。

② 同上，第244页。

③ 同上，第246页。

不过是宁予友邦，不予家奴耳。

《续订招工章程条约》透露的一个重要信息是：清政府已经开始采用平等姿态与英、法两国展开外交谈判。从鸦片战争到同治五年，二十六年时间、两次鸦片战争、无数不平等条约，终于令顽固的清政府决定尝试一下平等交往所能带来的利益。正因以平等意愿为基础，条约中便满是个人权利和权益的意识。平等带来权利的自觉，这是自然而然的事情。因为平等基础的存在，个人便自动地被赋予了自由。一个自由的个体所应有的权利便均可在平等的条约中见到。这并非夸大其词，事实上，平等、自由、权利三者虽息息相关，但没有以平等为基础，自由便更倾向积极自由，社会秩序也就无法产生权利。同时，平等如果没有自由做保障，平等一定是伪平等，是不平等。因此，清政府虽然采用平等的姿态向英、法两国提出了做工人员的权利要求，但这只是国际交往或对外关系中的进步。等级制的君主专制不打破，中国社会不可能实现真正的平等。遗憾的是，英、法两国政府未能批准《续订招工章程条约》。拒绝的原因不是重点，重点是当时的外国人究竟是如何看待中国人的，中国人或中国文化中缺少了什么，抑或是西方文化中缺少了什么，令中国和西方如此格格不入？

时任美国驻上海总领事西华(George F. Seward)曾站在西方人的角度试图理解中国人为何厌恶洋人。他总结了八条原因，即西华八条：第一，种族偏见，“我认为，很难在美国找到一个体面的白人，即使在最进步的平等权利论者当中，愿意同被轻视种族中哪一个人维持一种亲密无间的关系”；第二，闭关政策；第三，教育未普及，“中国人必须被看作一个未受教育的民族，因而他们必然是迷信的和多疑的”；第四，自有信仰，“中国有她固有的信仰”“外来的人想要改变中国人的宗教信仰，就必然会受到极大的冷遇”；第五，鸦片贸易，“洋人同鸦片纠缠在一起是他们文化中的一个污点，也是中国人深恶痛恨洋人的一个起因”；第六，治外法权；第七，不平等对待华人，“在外国租界里，欺负性情较温顺的华人是司空见惯的事”；第八，外国报刊的不公正，“外国的报刊表现着洋人的过火倾向，它所刊行的文章往往出之以过激的方式”。①

“西华八条”中有五条与外国人对中国人的不平等待遇有关。诚然，西华认为中国有能力通过其自身的发展会有“比以往更加美妙的前途”，但观念引导历史向前发展，不正视和接受新观念，一个国家或一种文化便会被历史淘汰。国家产生后，引导历史前进的观念便始终是政治思想观念。有人说科技改变了世界，其实是思想哲理化的观念促进了科技的发展。清末的中国落后于西方，表面上，是工业、航运业、贸易的落后；实际上，是观念的落后。等级制在面对平等观念时，展现出来的懦弱、腐朽、愚昧并非仅仅摄于炮舰之威力，对平等的无知、对自由的无知、对权利的无知才是等级制的君主专制真正落败的原因。改革是清政府的唯一出路，不改革的结果就是被革命淘汰。民本思想也是一样，其内在的等级观念必须由平等替代，才能完成近代转型，才能焕发自己的生机。民本思想还要引入权利观念，由于权利来自社会秩序，因此，如何维持和巩固优良的社会秩序成为问题的关键。

赫德用《局外旁观论》道出了自己的社会秩序观点。1865 年 11 月，赫德向清政府呈递了其名篇《局外旁观论》，洋洋万字。其中，就社会秩序的维护，他说：

---

① 中国第一历史档案馆、福建师范大学历史系合编：《清末教案・美国对外关系文件选译》第 5 册，北京：中华书局 2000 年版，第 52—58 页。

“民间立有合同，即国中立有条约。民间如违背合同，可以告官准理。国中违背条约，在《万国公法》，准至用兵，败者必认旧约赔补兵费，约外加保方止……照约办理，内情如何？曰民化而国兴。外国所有之方便，民均可学而得；中国原有之好处，可留而尊……国民两沾其益，愿学者皆能学，故曰民化；中外来往日多而敦好，外无多事之扰，内有学得之益，故曰国兴。”①

虽然赫德早期在贝尔法斯特皇后学院求学期间，便曾获得过逻辑和形而上学的奖章，但在《局外旁观论》中，他使用的都是平实易懂的语言。他提出的“民间立有合同”，实际是为社会秩序的维护而使用的形象的说法。赫德没有上升到形而上的是揭开合同背后的契约精神面纱。契约精神是世界上有文字记载的最古老的社会约束机制，可以追溯到公元前1762年古巴比伦的《汉谟拉比法典》。维护契约精神有效运行的自然是法律，但支持契约精神得以存在的则是公正和平等。公正和平等的背后就是正义，因为正义“是某些事物的‘平等’（均等）观念”②。法律保护契约精神，保护的是信用；正义支持契约精神，支持的是公正和平等。亚里士多德认为，政治学上的正义“以公共利益为依归”③。国家产生后，维护社会秩序成为国家的责任。社会秩序的和平和稳定对国家来说就是最大的公共利益。要实现这个最大的公共利益，就必须实现正义，践行公正和平等。就个人而言，就是履行契约精神，遵守法律。“不公正可以被

① 《筹办夷务始末·同治卷40》，《续修四库全书》编纂委员会编：《续修四库全书·420·史类·纪事本末类》，上海：上海古籍出版社2002年版，第9页。

② 〔古希腊〕亚里士多德：《政治学》，吴寿彭译，北京：商务印书馆1965年版，第152页。

③ 同上。

划分为违法和不平等，相应地，公正可以划分为守法和平等”[1]，契约精神的公正是在守法和平等中获得的。

赫德认为，遵守契约精神，则民化。一方面，民化是通过学习“外国所有之方便”而来，是民自觉自愿求知的结果，故民化不是教化，而是新知；另一方面，民化也包括中国固有的优质文化。如何学习西方以及学习西方什么，是当时社会精英阶层讨论的热点话题。正如“师夷长技以制夷”，这种讨论是一种国家宏观战略上的考量，与平民距离相对遥远。而赫德的民化则不然，它强调的是平民的参与。平民学习外国先进知识，受益的不仅是平民，还有国家，“国民两沾其益”。民化还有平等受教育权的含义。“愿学者皆能学”，每个想要学习的中国人都有受教育的机会。冯桂芬曾提出相似的看法。中西学者不谋而合，足以证明平等或普及教育对中国走入近代的意义。当时国人的受教育程度非常低，据美国驻上海总领事西华估计，“每一百个中国人中，大约有三个人能阅读各种体裁的著作或古典著作。每一千个妇女中大约有一个这样的人”[2]。当然，受教育程度或识字率是有一定标准的，一般的标准是以两千字为门槛。而西华的标准更高，大约为一万字。不过，不管怎样的标准，清代民众受教育程度低是事实，无可争辩。这种文化程度要想与近代政治、科学、文化接轨，谈何容易。因此，必须提高民众的受教育比例，愿学者皆能学，让每个需要受教育的人享有受教育的权利，则国家和人民皆受益。

---

① 〔古希腊〕亚里士多德：《尼各马可伦理学》，王旭凤、陈晓旭译，北京：中国社会科学出版社 2007 年版，第 185 页。

② 中国第一历史档案馆、福建师范大学历史系合编：《清末教案 · 美国对外关系文件选译》第 5 册，北京：中华书局 2000 年版，第 53 页。有关清代识字率的问题，学界颇有争论，参见：刘永华：《清代民众识字问题的再认识》，《中国社会科学评价》2017 年第 2 期。

赫德认为，遵守契约精神，则国兴。“中外来往日多而敦好”，遵守和约，与其他国家平等往来，是清政府获得国际尊重和认可的唯一途径。国与国交往并不复杂，但不遵守平等的原则，以天朝自居，则必在自大中失去所有。清政府坚持等级制的天下观，不仅与西方列强无法沟通，甚至在平等观念传播开来后，其亚洲藩国亦逐一他去。殖民主义或可为天下观崩塌的借口，但平等观念的缺失是清政府更应从中吸取的教训。因为殖民主义不是引导历史前进的观念，平等、自由、权利等观念才是。遵守国际条约，国与国平等交往，清政府亦能从中获得自己应得的权利。这点从日本明治维新及其果断遵守西方契约精神取得的成就便可证明。国家在国际上的权利归根结底就是主权。主权在国际交往中是既虚拟又真实的存在。虚拟的是主权无处不在，所有与国家利益相关的都与主权相关；真实的主权就是领土、领海、领空这些可见的存在，非法越界就是侵犯主权。但西方列强并没有给予清政府主权国家待遇。其原因，从历史角度看，西方国家侵略了中国，把中国变成了他们的半殖民地；从政治思想角度看，清政府放弃与西方国家平等交往的同时，便成为了主权国家的敌人。这些主权国家用侵略的方式给中国带来了平等、自由、权利的观念，这是中国的幸还是不幸？当然是后者。任何借口的侵略都是不可宽恕的。西方列强通过战争给中国带来了近代先进观念，可悲的是，正是由于他们的侵略，这些先进观念来到中国后，并没有形成普遍的个人平等、个人自由、个人权利等观念。善良的中国智识阶层从国家救亡、民族利益出发，提出了国家平等、民族平等、国家自由、民族自由等与国家和民族有关的概念。

### （三）政治世俗化与权利意识

“师夷长技以制夷”、冯桂芬的自强观、赫德的《局外旁观论》以及统治集团内部的辩争，最终使清政府决心开展一场经济改革——洋务运动。洋务运动是一场长达三十年的“师夷长技以制夷”的改革，政府层面上，设立总理各国事务衙门负责改革的全面事务，设立同文馆负责培养外语人才以及翻译外文图书；军事层面上，加强练兵、造船、兵工、筹饷等事宜；工业层面上，发展矿业、纺织、铁路、电报等。可以说，洋务运动之“洋”就是清政府官方主导的东渐之“西学”。聘用洋人为官、聘请洋人教习、翻译西方各种书籍、选送幼童留学等等都给长期封闭的中国带来阵阵新鲜的空气；机器的引进、铁路的建设、信息的速递、产业工人的出现大大影响了中国人的传统观念。中国智识阶层如想不被这突如其来的西学洋务抛在身后，就必须在观念上追赶超越之。有学者认为当时中国人的传统观念根深蒂固，很难接受新事物、新观念。其实，传统和守旧不分古今，不见今天尚有人视网络为害吗？不独不分古今，而且不分中外。英国人最初见到火车时，也是不乏反对的声音。

> “但是在英国，一位著名的律师说，在有狂风的时候是不可能使蒸汽机运转的，就是‘搅拨火炉，或是增加蒸汽的压力到汽锅要爆炸的程度’，也是没有用处的；医学专家们说，隧道的暗淡与潮湿，汽笛的尖叫，机器的飞转，火车头悽怆地睨视着人们，都将给公共卫生带来很大的损害，他们将这种损害描绘成一幅可怖的图画。人们说，机车通过时的火花将引起房屋的火灾，或是使房屋被倒塌的防堤打碎。乡下的士绅们对他们的猎场的前途感到忧惧，因为火车头将穿

过他们的地产，放出毒烟，破坏了他们的猎场；他们坚信他们的牛将受惊慌而永远不想再吃饲料，他们的母鸡在新情况之下将不再下蛋。”①

观念是顽固的，一经形成便要固守在人的意识里，很难改变。这点上，中西并无差别。英国人在观念上走入近代不是一蹴而就的，中国有更长的历史、更悠久的文化，其走入近代之困难便不难想象。观念走入近代，不是普通平民的工作，不是文武百官的工作，是思想家的工作与责任。而中国民本思想走入近代，则需要思想家融西方政治思想之精华于中华之灿烂文明。西方政治思想之精华无非“权利”二字，或“政治权利”四字而已。权利是承上启下的观念，承上是指民主制度的建设不能离开人民的权利，启下是指自由和平等的社会秩序产生权利。有权利尤其是政治权利，便能够享有自由和平等；没有政治权利，民主制度便是空中楼阁。权利对国家来说是最重要的外交力量，是与各国展开平等对话的桥梁。对当时的清政府来说，其国际权利来自与各国签订的条约。

薛福成建议扩大条约内容的宣传范围，令各级官员熟悉自己的权利。薛福成（1838—1894），号庸庵，江苏无锡人，清末外交家、洋务运动主要领导者之一。光绪元年（1875），薛福成上书北京，洋洋数千言，其中提及条约问题：

“条约诸书宜颁发州县也。西人风气，最重条约。至于事关军国，尤当以《万国公法》一书为凭。如有阻挠公事，违例干请者，地方

① 高斯特撰，张雁深摘译：《中国在进步中》，中国史学会编：《中国近代史资料丛刊·洋务运动》第8册，上海：上海人民出版社1961年版，第428页。

官不妨据约驳斥。果能坚韧不移，不特遏彼狡谋，彼且从而敬慕之；如或诡随骫法，不特长彼骄气，彼且从而非笑之。盖西洋立国，非信不行，非约不济，其俗故如此也。”[①]

炮舰下签订的条约固然不平等，但寻求改变的同时，亦须了解条约的作用。条约并非仅给予一方权利，而强迫另一方尽义务。理论上，条约必须是平等的双方或各方自由签订的产物，它平等地规定了各方的权利和义务。比如，《南京条约》规定五口通商，外国人禁止进入五口之外的地区，这便给予了清政府行使“禁止”的权利。同样，中英《北京条约》规定了华人出国的权利，亦可视为对等的权利。利用《万国公法》和各种条约与外国“据约驳斥”或交往，显示薛福成已经具有国家权利意识以及如何保护国家权利的观念。自从鸦片战争失败后，清政府官僚阶层在与西方官员和传教士交往时，便常常出现两种极端，一种极端是惧怕，一种极端是强硬。惧怕是不敢与洋人交往，强硬是不怕杀洋人。当然，还有叶名琛那种拒不见面型的官员。这些表现大约均来自对权利的无知。权利，尤其是政治权利，对个人和国家来说，便如同保护网。没有它，个人的言论和人身安全便无法得到保障；没有它，一个国家便无法融入世界。薛福成的权利意识产生的同时，意味着其平等意识也同时存在。地方官员与外国人据理力争，必须与外国人同时具有平等的权利。最初，因仅广州一地开埠，故清政府指派两广总督兼钦差大臣负责对外事务。五口通商后，此例沿袭，给地方的对外交往带来不便。国家掌握外交权，但地方官必须享有与外国领事官员对等的交往权利，才能更好地应对地

① 薛福成：《诏陈言疏乙亥》，《庸庵文编・卷1》，沈云龙主编：《近代中国史料丛刊续编第95辑》，台北：台湾文化出版社1973年版，第72页。

方突发事件。地方官员熟悉和掌握《万国公法》和条约，就是熟悉和掌握自己的权利，就是让地方官员认识到平等为何物、权利为何物。地方官员的尊严就是国家的尊严，其尊严必须建立在平等的权利基础上。当然，地方官员必须拥有一定限度的自由，可以灵活运用自己的权力，否则，其权利的使用便会出现窒碍。明末清初思想家曾辩论治人与治法之间的关系，这种辩论或思考至晚清犹在。薛福成强调普及条约，就是明确治法的重要性，强调规范的平等权利。除薛福成外，就平等思想而言，洋务运动时期，当数王韬为佼佼者。

王韬（1828—1897），号弢园老民，江苏苏州人，清末思想家。王韬独占中国近代史三个第一：创办中国第一份政论性报纸——《循环日报》、第一位提出变法口号的思想家[①]、近代中国第一位提出君主立宪制的思想家[②]。当然，王韬还是一位非常重要的中国近代思想家，其民本思想源自其平等思想。请注意，这里使用的词是思想而不是意识。意识是思想的出发点，思想是意识的形而上理论。王韬的平等思想始于男女平等。

“故欲齐家治国平天下，则先自一夫一妇始。”[③]

王韬认为，婚姻之中必须实行一夫一妻制，才能符合婚姻伦理，才能符合“天地生人，男女并重之说”[④]。王韬崇尚男女平等、一夫一妻或与其皈依基督教有关，但这并非肯定或否定其平等思想的理由。平等思想无

---

① 朱英：《中国近代最早提出“变法”口号的思想家——王韬》，《史学月刊》1982 年第 6 期。

② 忻平：《中国最早提出君主立宪制的是王韬》，《华东师范大学学报》1983 年第 6 期。

③ 王韬：《弢园文录外编·原人》，张岱年主编：《中国启蒙思想文库》，沈阳：辽宁人民出版社 1994 年版，第 11 页。

④ 同上，第 10 页。

论来自哪里，来自哪位先贤，都不改变人们对其之迷恋。卢梭认为平等是与生俱来的，王韬则把与生俱来理解为“道”。他说：“道不自孔子始，而孔子其明道者也。”[①]道先于孔子而存在，孔子是明道解道传道之人。同样，耶稣也不是平等的缔造者，平等先于耶稣而存在，耶稣只是崇尚平等。男女平等属于婚姻伦理、家庭伦理，而家庭是社会的基本单位，是维持社会秩序的最小细胞。中国人的权利尤其是妇女权利出自家庭这个社会细胞，只有妇女与男子平等，前者才能获得社会上应有的权利。王韬的“自一夫一妇始”别有深意。中国是三纲社会，夫为妻纲是三纲的最后一纲，也是最基本的一纲。如果“夫为妻纲”变成了“一夫一妇”的男女平等观，则父子平等、君臣平等便有可能实现。等级制的三纲只有平等思想才能将其和平瓦解，三纲瓦解后，人人平等才能有实现的可能。人人平等是社会走向秩序的唯一合法途径。集权和暴政固然能带来社会秩序的暂时稳定，但等级和奴役造成的政治权利的消失，必然会招致更大的索取政治权利的反抗。集权的专制君主热衷于独享国家的权利，孰不知他在剥夺人民政治权利的同时，便已经被国际社会剥夺了主权国家的权利。把权利交给人民，把平等和自由还给人民，君主不会再是专制君主，但君主可以成为平等的人。王韬通过平等，转向了权利的诉求。

“上有以信夫民，民有以爱夫上，上下之交既无隔阂，则君民之

① 王韬：《弢园文录外编·原道》，张岱年主编：《中国启蒙思想文库》，沈阳：辽宁人民出版社1994年版，第3页。

情自相浃洽。”[①]

“夫能与民同其利者，民必与上同其害；与民共其乐者，民必与上共其忧。”[②]

“苟得君主于上，而民主于下，则上下之交固，君民之分亲矣。内可以无乱，外可以无侮，而国本有若苞桑磐石焉。”[③]

王韬的“上下之交既无隔阂”颇似冯桂芬的“君民不隔不如夷”，不过，由于前者已经形成了平等思想，故其对上下之交的理解便是一种平等的关系，而非后者的君臣名分。王韬翻译过《圣经》等西方思想著作，对西方政治制度有着较清楚的认识。他了解民主制度，知道民主国家的人民拥有什么样的权利，故他敢于直言“民主于下”，表达了强烈而明确的政治权利和政治参与观念。与冯桂芬朦胧的平等意识和朦胧的政治参与权利意识相比，王韬则坚定地向专制君主提出了政治权利诉求。

如果再给王韬加个“第一”的话，作为近代思想家，他应该是近代民本思想转型的第一人。民本思想并无权利观念，但王韬却要赋予这个传统思想以新的内容——政治权利尤其是政治参与权利。

政治参与权利即参政权是政治世俗化的关键。自董仲舒提出“君权神授”以来，专制君主的合法性便得自于“天”，政治一变而为神权政治。从那时起，民本思想偃旗息鼓，君本思想取而代之。虽然清初黄宗羲喊

① 王韬：《弢园文录外编·重民上》，张岱年主编：《中国启蒙思想文库》，沈阳：辽宁人民出版社1994年版，第31页。

② 王韬：《弢园文录外编·重民中》，张岱年主编：《中国启蒙思想文库》，沈阳：辽宁人民出版社1994年版，第33—34页。

③ 王韬：《弢园文录外编·重民下》，张岱年主编：《中国启蒙思想文库》，沈阳：辽宁人民出版社1994年版，第36页。

出“天下是天下人之天下”，但其分量不及王韬之“民主于下”，因为后者不仅要求参政权，而且要求政治世俗化。世俗政治的对立面是神权政治。清代政治是以政统教，宗教受皇权制约。皇权虽非得自宗教，但皇权乃得自“天”。这个“天”的具体化就是昊天上帝，而皇帝的父亲、祖父、曾祖父是昊天上帝身边的顾问，在昊天上帝身边保佑人间的皇帝，因此皇权来自神授。这种神授实际就是人授，只不过假借“天”之名而已。专制君主通过“君权神授”，独揽国家权力和权利，成为国家所有权力和权利的唯一主人。政治世俗化就是通过参与政治，行使参政权，把专制君主独享的权力和权利的一部分或全部变成人民的权力和权利。这样，人民和君主同时成为权力和权利的拥有者和参与者，人民和君主在某种意义上有了平等的可能。没有政治世俗化的过程，人民没有参政权，民本思想的转型就无法达成。

参政权还能促进社会平等的进步。历史证明，经济上的财产权无法导致政治权利的实现。中国古代极为重视对私有财产的法律保护，房屋、土地等私人财产多数时间都受到法律的明文保护。但这种人人享有的财产权并未能形成人人平等的政治理念和社会理念。甚至，一些朝代的富商巨贾往往因得罪官府而导致家破人亡的境遇。不独商人，就是政府高官时常也面临不白之冤而申诉无门。究其原因，乃人民缺乏平等的政治权利使然。中国政治文化崇尚等级的三纲理念，故义务是社会最大的责任。义务有社会义务、政治义务、伦理义务之分。其中，政治义务的表现就是忠。忠是政治参与的一种态度，但忠的对象是决定这种态度性质的关键。现代政治强调忠于国家，而专制社会必须忠于君主个人。因此在专制社会，只有忠于君主本人才能获得参与政治的机会。也正因如此，君与臣之间便形成了等级制的上下关系，双方在人格上是主仆或主奴的关系；而现代政治强调忠于国家，总统或国家元首与下属的上下级关系只是职务上的等级差别，双方是平等的政治人。参政权能促进社会平等的进步，亦能巩固君主的地位。王韬认为，巩固君主地位最好的方法就是实行立宪君主制。无独有偶，清末政治思想家郑观应亦有相似观点，且其观点建立在更加平等的基础之上。

关于权力分配，郑观应主张：

“凡军国大政，其权虽决于君上，而度支转饷，兵权实操诸庶民。”

关于选举资格，郑观应主张：

“盖必使举人者不限于资格，然后能各供所知；而于所举者必严其限制，然后能杜绝嘘声也。”①

郑观应提出一视同仁的平等的选举人资格，是巨大的进步。郑观应(1842—1922)，字正翔，广东香山(今中山)人，清末启蒙思想家。“举人者不限于资格”是郑观应平等思想的最佳写照，他强调的是人人都有选举权，要知道作为世界民主国家典范的美国直到1965年才给予黑人合法的选举权，而《盛世危言》是在1894—1900年间完成的，可见其思想之进步意义。平等是民主制度的基石，亦是政治权利的基础。立宪君主制是民主制度的一种形式，它赋予人民政治参与的权利。在郑观应看来，

① 郑观应：《盛世危言·公举》，张岱年主编：《中国启蒙思想文库》，沈阳：辽宁人民出版社1994年版，第62页。

这种政治参与权利必须惠及每一个人，不能以资格为借口排斥某些人。这使郑观应的平等观倾向绝对化。绝对的平等在实际操作中无法实现，比如年龄较小的幼年儿童尚未形成自己的政治观，无法表达政治意愿，故各国宪法均对选举人的年龄有限制。当然，如果不限制选举人的种族和性别，则是巨大的进步，这种平等亦是民主制度需要的。郑观应平等思想的进步是清末洋务运动启蒙思想家整体知识水平和观念的进步，这是毋庸置疑的。

洋务运动时期的启蒙思想家们给一潭死水的清末民本思想带来了最新鲜的空气。他们对平等的热爱和接受，对政治权利的追求，对民主制度的向往都为随后民本思想的发展提供了最充足的养分。此时的民本思想早已在平等、自由、权利等政治观念中得到充分的熏陶，它要完成与这些观念的融合，它要完成自己的近代转型和复兴。

# 第四章　平等思想与民本思想的融合

平等思想与民本思想的融合始于甲午战争失败之后。1894年甲午战争的失败终结了洋务运动。整个国家从上到下都在反思：为什么偌大的帝国在实行了三十年的洋务运动后仍然不堪一击？中国智识阶层部分有政治智慧的先驱者放弃了从经济、军事等方面寻找自强途径的老路，采用“公车上书”的方式，向清政府提出了政治改革的要求——变法。作为专制、集权的化身，晚清统治阶层最惧怕的就是涉及自身权力和权利的改革。晚清统治阶层对权力和权利的贪婪，令其无法睁开眼睛真正看看世界的变化，更无法接受变法的请求。然而，经过甲午战争的失败，中国思想界的先驱们却更加成熟。他们不仅仍一如既往地笔耕不辍，著书立说，宣传新思想新观念，而且还走出书斋直接参与各种形式的对抗或改良专制皇权的运动和工作。这些人中的大多数都深受儒家民本思想的熏陶，是儒家民本思想的继承者或改革者。他们通过焕发民本思想的生机，用复兴的民本思想去改良或改变这个社会。他们亲身接触西方和西学，清楚民本思想与西方民主思想的距离。他们要做的就是为民本思想补上其近代的短板，令其通过转型走入近代。但不同的思想家认识的世界也不相同，在民本思想转型的路上，他们最后是殊途同归还是分道扬镳呢？

## 第一节　平等观念的来源与碰撞

民本思想的短板是什么？近代思想家思考这一问题的时候，西学东渐之风已经刮了二百余年，西方主要政治学书籍的译作已经随着洋务运动的深入成为关心国事的文人们的必读书目，平等、自由、权利、国家、公民、国民、社会、民族等政治学词汇成为近代思想家们思考政治问题的工具性专业术语。多数思想家受长期思维习惯所困，往往要采用关联法，即在中国传统历史和文化中寻找与这些政治学词汇相近的词语来表达自己的观点。这种方法的好处是可以令中国读者很快进入词语的相关语境，促使读者迅速了解词语的含义；其坏处是这种迅速了解令中国读者失去了对词语概念性、抽象性、形而上的把握。这种关联法还深藏着一种传统思想的恶习。梁启超与严复通信时，曾说过此事："启超生平最恶人引中国古事以证西政，谓彼之所长，皆我所有，此实吾国虚骄之结习。初不欲蹈之，然在报中为中等人说法，又往往自不免。"[①]或因这种不自免，中国思想家在理解西方政治概念时便出现了严重的偏差。排除外部干扰的因素，这种偏差又进而导致更大的决策差异，以致令中国思想家在近代自觉或不自觉地分成了几个思想各异的阵营。这些差异究竟是因何而起，没有准确答案。既然平等是西方民主政治最基础的概念之一，不妨就以近代思想家对平等的不同理解作为起点，来探究民本思想近代转型的坎坷历程吧。

---

① 梁启超：《与严幼陵先生书》，《梁启超全集》第1册，北京：北京出版社1999年版，第71页。

### （一）近代平等观念的四个来源

晚清思想家皆知平等。如果以平等为关键词研究诸位思想家的思想，会很快发现他们所说的平等并非同一个平等。不同的思想家由于所受教育所处环境不同，他们所接受的平等思想并非源自一处。不同的平等思想所形成的结论或为天壤之别。比如，一些思想家接受西方民主思想的熏陶后，选择了立宪道路，而另一些思想家虽然接受的也是西方的平等思想，但他们选择的却是革命道路。换句话说，同样接受了西方的平等思想，一些人选择了改革，一些人选择了革命。以往，思想界多从帝国主义的压迫、清政府的腐朽等外因和内因寻找不同道路产生的缘由，形成了或令人信服或令人困惑的观点。应该说，无论思想家选择何种道路，都是一条理论的道路，都无法脱离其自身的理论体系的支持，因此，凯撒的归凯撒，上帝的归上帝，理论的归理论。理论所造成的歧路一定与理论本身有关。无论立宪理论还是革命理论，它们最基本的根基都是平等思想、自由思想、权利思想。三者之中，平等和自由更具根本性。而就中国近代的现实来讲，由于多数思想家均认为中国历史上从未缺少过自由，因此，思想界对平等的需要比自由更迫切。这样，诸位近代思想家平等思想的来源便是解决道路歧途问题的关键。纵观近代思想家的著作，可以发现，他们的平等思想大约有四个来源。

**第一，西方政治学之卢梭平等思想**。严复对西方政治学之近代汉译功不可没。严复（1854—1921）字又陵、几道，福建侯官（今福州）人，近代翻译家、教育家、思想家。从 1897 年起，严复先后翻译并出版了英国生物学家赫胥黎的《天演论》、英国经济学家亚当・斯密的《原富》、英国社会学家斯宾塞的《群学肄言》、英国政治思想家约翰・斯图亚特・穆勒的

《群己权界论》《穆勒名学》、英国社会学家甄克斯的《社会通诠》、法国启蒙思想家孟德斯鸠的《法意》等著作，对西方平等、自由、权利等民主思想在中国的传播厥功至伟。在严复翻译的同时，西方政治著作的引进仍在进行。1898年，由日本近代自由民权思想家中江笃介（中江兆民）翻译的法国启蒙思想家卢梭的《民约通义》（《社会契约论》）进入中国。《民约通义》后在中国俗称《民约论》。《民约论》对中国近代思想家的影响非常大，尤其是其“人人生而平等”的观点，不仅强烈影响了近代思想家，而且也引起了他们强烈的争议。

严复认为，卢梭的看法是“故谓初民有平等之极观”①。极观，极端之观点，严复之反卢梭跃然纸上。严复利用赫胥黎学说反对卢梭的主张。赫胥黎认为，新生儿如果没有人照顾温饱，十二小时之内，多数都会夭折。“是呱呱者，尚安得自由之能力乎？其于社会尤无平等之可言。言其平等，无异九九家言一切无皆平等耳。”②九九家，即算术家。严复据此亦认为，人长大后很多先天条件，“若强弱、若灵蠢、若贤不肖，往往大殊，或难掩矣”③。一句话，严复认为，卢梭思想“其所以误人者，以其动于感情，悬意虚造，而不详诸人群历史之事实”④。严复对卢梭的批判具有极强的代表性。颜德如、宝成关先生说：“严复笔下卢梭的形象主要是取决于其自身的好恶和当时变动不居的社会形势。”⑤这个评价不错。事实

① 严复：《〈法意〉按语》，王栻主编：《严复集·第4册·按语》，北京：中华书局1986年版，第936页。

② 严复：《〈民约〉平议》，王栻主编：《严复集·第2册·诗文下》，北京：中华书局1986年版，第336页。

③ 同上，第336页。

④ 同上，第340页。

⑤ 颜德如、宝成关：《严复笔下的卢梭思想》，《中华文化论坛》2004年第2期，第136页。

上，当时，当然也包括现在，很多初次接受西方政治思想的学人均与严复有着相似的看法。此外，严复对卢梭的评价还暴露了其哲学修养的欠缺。梁启超曾引康德之语为卢梭辩护，曰："民约之义，非立国之实事，而立国之理论也。"①实事与理论不分，特殊与普遍不决，绝对与相对不解，卢梭的平等思想便无法成为近代思想家自身思想的基础。由此，卢梭的平等思想仅仅成为梁启超等少数思想家立论的原则，而其他思想家则继续追寻能令其满意的平等思想。

**第二，孔子平均主义或孔教平等主义。**康有为、梁启超师徒为改造中国传统民本思想，以期适应变法的中国社会，相继主张设立孔教。康有为认为，佛教和基督教均不合国情，唯孔教"以人为道，而铸范吾国数千年人民、风俗、国政者也"②。1911 年 11 月，辛亥革命期间，康有为甚至欲用孔子后人为"虚君"，以完成其虚君立宪之理想："吾党欲戴孔衍圣公为虚君。孔衍圣公者，孔子之后而汉人者也。"③康有为设立孔教的主张，得到了梁启超、谭嗣同等近代思想先驱的拥护。由于梁启超有着扎实的理论功底，知道孔教要走得更远就须奠定牢固的基础。这个基础就是孔教平等主义。

"南海先生尝著一书，名为孔教民权义，今演讲之间，时刻仓促，不能多引也，其余若井田之制，欲以平贫富之界，亲迎之制，欲以平

① 梁启超：《卢梭学案(1901)》，《梁启超全集》第 1 册，北京：北京出版社 1999 年版，第 504 页。

② 康有为：《孔教总会弘道募捐序》，《康有为全集》第 9 卷，姜义华、张荣华编校，北京：中国人民大学出版社 2007 年版，第 115 页。

③ 康有为：《致党内公启(1911 年 11 月)》，《康有为全集》第 9 卷，姜义华、张荣华编校，北京：中国人民大学出版社 2007 年版，第 218 页。

男女之权。其事更不一而足，可见孔子全以平等为尚，而后世民贼，乃借孔子之名，以行专制之政，则荀子之流毒耳。”①

所谓《孔子民权义》或为《孔子改制考》。康有为写作此书，乃为变法提供理论准备和依据。孔子学说中虽不乏论述平均或暗示平等的主张，如不患寡而患不均，但遗憾的是，其主张并未能如近代的卢梭思想一样自觉地推向绝对，形成一个形而上的理论。当然，这不是在苛求先贤，而是指出康梁以孔教为统治思想的近代制度架构之不足。毕竟，孔子思想所缺乏的通往绝对的理念注定其无法承担政治哲学应当承担的任务。

**第三，佛教平等思想**。章炳麟（1869—1936），原名太炎，近代著名政治思想家。章太炎认为，平等思想来自佛教，乃佛祖为解决印度种姓问题而倡。章太炎说：

“夫椭颠方趾一也，而高下之殊至是。此释迦所以不平，而党言平等以矫正之也。揉曲木者，不得不过其直，恣言至其极，则以为卵毛鳞，皆有佛性，其冥极亦与人等。此特其佐证之义，觊以齐一四类，而闳侈不经，以至于滥，有牛鼎之意焉。愚者滞其说，因是欲去君臣，绝父子，齐男女。是其于浮屠也，可谓仪豪而失墙矣。”②

在章太炎看来，佛教平等思想关注的是“冥极亦与人等”的来世平

① 梁启超：《论支那宗教改革（1899）》，《梁启超全集》第1册，北京：北京出版社1999年版，第265页。

② 章太炎：《訄书·平等难第二十八》，《章太炎全集》第3册，上海：上海人民出版社1984年版，第235页。

等，佛祖释迦牟尼虽然认识到了现实世界的不平等，但他矫正这一不平等的方式是赋予万物同样的佛性，而非“齐一四类”。正因佛教信仰的是来世平等，所以去除“君臣，父子，男女”这些现世中的不平等，对佛教来说，就是仪豪失墙，就是见小忘大。也就是说，佛教平等思想的终极目的是实现来世平等。章太炎对佛教平等思想的理解完满解释了其后来对革命思想的排斥。当然，关于佛教平等思想尚有别种解释。俞可平先生说：“‘众法平等’和‘是法平等’是佛教平等观所强调的重点所在。佛教经典中所说的平等，基本意义就是‘有情众生’与‘无情众生’之间本质上的‘无差别’。”[①]众生平等，这是佛教平等思想留给人们的最强烈的印象。但众生在何种时空状态下才能平等，更值得人们去追问。佛教虽言平等，但其平等之目标着眼来世，这是学者应常存心中的一把标尺。不过，即便是章太炎本人对这把标尺的运用也是随意的。1906 年，他在东京致留学生欢迎辞时，反对孔教和基督教，认为佛教理论“使上智人不能不信”“使下愚人不能不信”，主张“通彻上下”的佛教“是最可用的”[②]。那么，佛教平等与民族主义是否矛盾？章太炎认为，佛教“最重平等，所以妨碍平等的东西，必要除去”。他说：“满洲政府待我汉人种种不平，岂不应该攘逐……照佛教说，逐满复汉，正是分内的事。”[③]前后对比，章太炎正是用自己的矛攻了自己的盾。佛教是来世主义，故能产生“非暴力不抵抗”的圣雄甘地；基督教是现世主义，所以拥有“我有一个梦想”的马丁·路德金。用佛教理论逐满，或是一种不现实的设计，更与其之前的

① 俞可平：《重新思考平等、公平和正义》，《学术月刊》2017 年第 4 期，第 6 页。

② 章太炎：《东京留学生欢迎会演说辞(1906 年 7 月 15 日)》，汤志钧编：《章太炎政论选集》(上)，北京：中华书局 1977 年版，第 273 页。

③ 同上，第 275 页。

说法相矛盾。虽然章太炎没有注意到自己的前后矛盾，但佛教平等思想对民本思想的近代转型过程却有着一定的影响。

**第四，来自日本的民族主义平等思想**。近代洋务运动开展以后，清政府对人才的内在需求加大。为培养人才，清政府先是向美国选送小留学生，继而派员赴欧洲学习军事等科目，进入二十世纪，留学的目的地主要集中于日本。一批又一批的赴日留学生接受了最先进的政治学、法学教育，他们中的一些佼佼者成为中国近代化进程中重要的理论和实践贡献者。以汪精卫为例，其观点和理论深受日本近代法政学家的影响。为反对立宪主张，汪精卫曾作《希望满洲立宪者盖听诸》一文，文中引用了日本法政学家有贺长雄、美浓部达吉、末岡精一等人的大量论述。日本是一个民族国家，故汪精卫的平等思想有着强烈的民族主义情结：

> "凡民族必被同一之感蒙，具同一之知觉。既相亲比，以谋生活矣。其生活之最大者为政治上之生活。故富于政治能力之民族莫不守形，造民族的国家之主义。此之主义名民族主义。盖民族的国家其特质有二：一曰平等……二曰自由。"对于平等，汪精卫是这样解释的："自有人类，即有战争。战胜民族对于战败民族，牛马畜之，不齿人类。古之希腊所征服者，悉以奴隶，是其例也。若一民族则所比肩者皆兄弟也，是为天然之平等。"①

① 精卫：《民族的国民》，《民报》报馆编：《中国近代期刊汇刊·第2辑·民报》第1册，北京：中华书局2006年版，第13页。

甚至孙中山也主张要“在非满族的中国人中间发扬民族主义精神”[①]。可见，民族主义的平等是本民族内部的平等，不与外民族分享，是民族自身的自私或保护。但汪精卫的民族主义平等思想在反对贵族政治时，却要求一种普世的平等：“盖人类当一切平等。”[②]这是一种矛盾。这种矛盾是把平等当成一种工具，而不是当作政治的原则。视平等为工具的学者和政治家往往会在不同的著作、文章或行动中展现不同的平等取向，而其本人或对此浑然不知，也许是有意为之吧。

如上四种平等思想大约可以涵盖近代中国学界所能接受到的平等观念。研究民本思想近代转型，平等思想的来源、内容和运用无疑是最基本的也是最重要的研究对象。民本思想中存在的平等意识如何上升到平等思想，如何以理论的方式成为构造权利观念的基石，这些都是转型过程中必然会遇到的问题。而要解决这些问题，一些原有的概念必须抛弃，一些基本的概念必须融入近代思想。

### （二）国家、主权、公民与平等思想

天下观是中国民本思想的重要理论之一。“天下非一人之天下也，天下之天下也”[③]，天下是谁的天下，中国思想家很早便有意识地试图解答这个哲学命题。何谓天下？天下和国家有何区别？孟子云：“人有恒言，皆曰‘天下国家’。天下之本在国，国之本在家，家之本在身。”[④]天下

---

① 孙中山：《在檀香山正埠的演说（1903 年 12 月中旬）》，广东省社会科学院历史研究室等编：《孙中山全集》第 1 卷，北京：中华书局 1981 年版，第 227 页。

② 精卫：《民族的国民（其二）》，《民报》报馆编：《中国近代期刊汇刊·第 2 辑·民报》第 1 册，北京：中华书局 2006 年版，第 170 页。

③《吕氏春秋·贵公》。

④《孟子·离娄上》。

乃由国家组成，国家的集合是谓天下。但如果就此得出“中国是一个国家，中国乃天下之一分子”的结论，则大谬。因为中国在中华元典中并非一个地域概念，“而是源自‘以自我为中心’的政治理念”[①]。如果“用现代国家概念去正确解读历史上的中国”，此中国则为“先民心目中的包含‘中国’和蛮、夷、戎、狄五方之民在内的‘天下’”[②]。这个解释或可用于先秦文献，但不可用之于近代史。近代史中的天下就是中国、国家，夷则是英、法等西方国家。但问题是，近代中国政治思想中本无“国家”的概念，也不明白天下与国家的区别，因此在西学东渐过程中，常与西方相抵牾。梁启超说：“中国人向来不自知其国之为国也。”[③]严复说：“中国自秦以来，无所谓天下也，无所谓国也，皆家而已。”[④]不知其国为国的后果是什么。就平等思想而言，自然是平等思想无法与国家层面对接，无法塑造人民的爱国心理。

> “欧人爱国之心，所以独盛者，彼其自希腊以来，即以诸国并立，此后虽有变迁，而其为列国也依然……我中国则不然，四万万同胞，自数千年来，同处于一小天下之中，视吾国之外，无他国焉。缘此理想，遂生二弊：一则骄傲而不愿与他国交通，二则怯懦而不欲与他国

---

① 陈玉屏：《略论中国古代的“天下”“国家”和“中国”观》，《民族研究》2005 年第 1 期，第 70 页。

② 同上，第 71 页。

③ 梁启超：《中国积弱溯源论(1900)》，《梁启超全集》第 1 册，北京：北京出版社 1999 年版，第 413 页。

④ 严复：《〈法意〉按语》，王栻主编：《严复集 · 第 4 册 · 按语》，北京：中华书局 1986 年版，第 948 页。

争竞。以此而处于今天交通自由、竞争激烈之世界，安往而不窒碍也？”①

爱国之心是维系国家之所以为国家、人民之所以为其国人民的最重要的心理因素。没有国家观念，何处安放爱国之心？那么，近代中国为何缺失国家概念？因为封闭。封闭造成了自大骄傲，也形成了自卑懦弱。但这是表面上的历史事实，其实，封闭更大的危害在于破坏了平等的价值。平等是普适的价值，维系国与国关系的最重要的价值观就是平等。鸦片战争前后的中英矛盾从价值观来看就是平等思想与等级思想的对抗。军事上的对抗可以通过条约来确定和平；思想上的对抗则只能通过思想家的睿智来化解，民本思想的近代转型也是这种睿智的具体体现。国家可以承载爱国之心，盖国家乃是民权的载体；国家可以与他国平等外交，则国家是主权的载体。主权国家是到目前为止仍是一个国家争取国际权利的最重要形式。

主权是什么？主权国家因何而存在？美国学者克拉斯纳撰文，认为社会学家、国际法学家、政治学家对主权概念的理解不同。社会学家把主权理解为促进但不会决定结果的分享的认知映射图或文本；国际法学家把个体国家视为国际体系的基本单位，它们由于司法独立并且可以自愿签署促进其利益的条约而成为主权国家；对政治学家来说，主权是一种分析假定，新现实主义和新自由制度主义把国家假定为理性、单一、独立的行为体，英国学派则把主权视为政治家参与社交的规范原则，最重

① 梁启超：《中国积弱溯源论(1900)》，《梁启超全集》第 1 册，北京：北京出版社 1999 年版，第 413 页。

要的一条是不能干涉他国内政。[1] 主权国家之间自动获得了互不干涉内政的平等权利，各方之间能够互相尊重，并在平等基础上相互交往。主权国家彼此之间不因国土面积、人口数量、经济规模等因素分别高低，他们之间唯一的交往标准就是互相承认的平等的主权。自 1648 年《威斯特伐利亚和约》达成后，主权国家的概念随着欧洲殖民主义而迅速扩散至世界各地，尤其对中国的宗藩体系造成了摧枯拉朽式的毁灭。等级制的宗藩体系让位给平等的主权国家体系势在必行。平等的价值在此得到证明。今天，机会平等观念的盛行令主权概念从不可分割走向可以分割。主权学者正在研究主权国家即主权主体下可以细分为多个主权实体，令它们作为国内组织或国际组织的平等成员，参与到全球化中来。这种现象再次证明，宗藩可以变、主权可以变，但平等的价值永恒不变。

国家观念形成后，国民甚至公民观念自然而生。“民”这个概念对中国人来说并不陌生，但“民”与“国”与“公”连在一起，形成国民或公民则主要出现在晚清年间。1899 年，梁启超说：“彼其国民，以国为己之国，以国事为己事，以国权为己权，以国耻为己耻，以国荣为己荣；我之国民，以国为君相之国，其事其权，其荣其耻，均视为度外之事。”[2]1902 年，康有为完成《大同书》，其中便提及公民，他说：“今日国事，利害至明，权在公民，非若古者战国时之权在君相，得以听一二人之言议，因一二人之利害

① Stephen D. Krasner, *Problematic Sovereignty*, Stephen D. Krasner, ed, *Problematic Sovereignty: Contested Rules and Political Possibilities*, Columbia University Press, 2001, p. 1.

② 梁启超：《爱国论（1899 年）》，《梁启超全集》第 1 册，北京：北京出版社 1999 年版，第 272 页。

而散其纵也。"[①]我们注意到，梁启超、康有为在分别提及国民和公民时，却不约而同地提到了"权"。思想家的触觉是敏锐的，国民、公民观念的形成代表着人的社会权利和自然权利得到了承认。而得到承认的权利正是由于平等和自由的存在而获得的。平等而自由的国民才能够自觉地行使爱国的权利和义务，把国家的"事、权、荣、耻"均当作分内之事，国家因此才能由一盘散沙变成坚固的城堡。1906年，孙中山曾勾画未来民国人民的权利状态，他说：

"民国则以四万万人一切平等，国民之权利义务无有贵贱之差、贫富之别，轻重厚薄，无稍不均。——是为国民平等之制。"[②]

孙中山先生的国民平等严格说来是中国传统的平均主义思想。平等最初是以数量或数值来计算的。亚里士多德在《政治学》中说："所谓平等有两类，一类为其数相等，另一类为比值相等。"前者的意义是"你所得的相同事物在数目和容量上与他人所得者相等"，后者的意义是"根据各人的真价值，按比例分配与之相衡称的事物"[③]。这样的"平等"与孔子"不患寡而患不均"的平等意识或平均思想并无本质上的差别。不过，亚里士多德并未就此止步不前。他清醒地认识到这样的"平等"还算不上政治学意义上的平等，政治学意义上的"平等"需要一些政治学的逻辑，

① 康有为：《大同书》，《康有为全集》第7卷，姜义华、张荣华编校，北京：中国人民大学出版社2007年版，第131页。

② 孙中山：《中国同盟会革命方略（1906年秋冬间）》，广东省社会科学院历史研究室等编：《孙中山全集》第1卷，北京：中华书局1981年版，第317—318页。

③〔古希腊〕亚里士多德：《政治学》，吴寿彭译，北京：商务印书馆1965年版，第238—239页。

因此，正义进入了平等："正义是某些事物的平等（均等）观念。"他进一步解释道："简而言之，正义包含两个因素——事物和应该接受事物的人，大家认为相等的人就该配给到相等的事物。"[①]这里的正义就是公平、公正。正义成为平等的价值，这是亚里士多德的贡献。平等观念是发展的。近代卢梭的"人人生而平等"的平等观念重塑了平等，使平等本身成为一种价值，一种政治学意义上的价值。平等思想在欧洲完成了一次嬗变。而在中国，平等意识或平均思想则没那么幸运。孙晓春先生认为，古代中国统治阶级存在着"求安心理"，这种求安心理与平均主义观念紧密不分。"从孔夫子提出平均思想主张开始，历代思想家形成了均则安、不均则危的思维定式。在观念形态上，平均一直被认为是天下由以安定的门径。"[②]事实上，孙中山先生的"轻重厚薄，无稍不均"的"国民平等之制"告诉了人们，至少在这位伟大的革命先行者的意识里，平均依然是实现社会安定的不二法门。甚至有一次，孙中山先生在致信某友人时，明确指出："盖天下万事万物无不为平均而设，如教育所以平均知识，宫室衣服所以平均身体之热度，推之万事，莫不皆然。则欧美今日之不平均，他时必有大冲突，以趋剂于平均，可断言也。"[③]孙中山先生的平均观尽在此也。

毫无疑问，辛亥前，孙中山先生的平均观源自孔子平均主义思想。这种传统平均主义思想未曾产生过权利观念，最多就是模糊的权利意识，它如何给近代国民带去权利观念，将在后面探讨。但在探讨国民权

---

① 〔古希腊〕亚里士多德：《政治学》，吴寿彭译，北京：商务印书馆1965年版，第152页。

② 孙晓春：《平均主义与中国传统政治心态》，《天津社会科学》1992年第3期，第58页。

③ 孙中山：《复某有人函（1903年12月17日）》，广东省社会科学院历史研究室等编：《孙中山全集》第1卷，北京：中华书局1981年版，第228页。

利观念之前，必须首先澄清近代一组受到普遍重视的概念——公与私。

### （三）国家制度层面的公私群独与平等思想

《礼记·礼运》曰："大道之行也，天下为公，选贤与能，讲信修睦。"其意是指天子禅让，传其位于贤，而不以其位私其子孙。孙中山先生常常用"天下为公"作为题词用语，他认为，这句话"便是主张民权的大同世界"[①]。大同世界，世界大同，是中国传统文化的终极理想，孙中山先生以此作为革命的目标，"可以看出中国革命承续传统的一面，看到其道德主义积淀之深厚"[②]。但从文献记载看，孙中山先生在中华民国成立之前并未提出过完整的"天下为公"思想，或者说，孙中山先生在中华民国成立前历次讨论时并未见其将民权与"天下为公"联系在一起。可见，至少在中华民国成立之前，孙中山先生的民权主义还未与中国传统思想发生牢固的链接，民族、民权、民生这三大主义作为"欧美之进化"的理论基础，欲扎实地进入中国，还须为其寻找恰当的本地化思想资源。1924 年，孙中山完成了这项工作，系统地阐述了其"三民主义"理论。然而，在中华民国成立之前，国家观念已经进入中国，有些极具智慧的思想家早已把"国家"与"公"联系在了一起。

> "今大地百年来为新世界矣。拨数千年旧政旧义而更新之，扫除霾雾，别启青天，始于欧美，被于万国，其为第一大义，如日月之经

① 孙中山：《三民主义·民权主义》，尚明轩主编：《孙中山全集·第1卷·专论》，北京：人民出版社 2015 年版，第 396 页。

② 〔日〕沟口雄三：《中国思想史——宋代至近代》，龚颖、赵士林译，北京：生活·读书·新知三联书店 2014 年版，第 167 页。

天，若山海之络地者，曰国为公有而已矣。”

“始发于美、法，波于大地，举万国之民，暴骨如莽，糜无量之膏血而力争者，非他，国为公有而已矣。虽百国之争，事势不同，名义各异，或建独立之义，或发民族之说，或别君主、民主之名，或缘新教、异教之争，而总其流归，万派不同，归宗于国为公有而已矣。”

“国为公有之大义，即为天下之公理，万国所公行，苟不得者，则国民咸出死力而求必得之。若即得国为公有，则无论为君主、民主，为独立、半立，为同族、异族，为同教、异教，皆不深计。”①

与“国为公有”相似的便是孙中山先生经常使用的“天下为公”。巧的是，康有为也肯定“公有”就是出自《礼记·礼运》“大道之行也，天下为公”，并认为孔子三世说即与“公有”相关：“盖据乱世小康，则国为君有；若平世大同，则国为公有。”②须要注意的是，康有为发表《救亡论》在前，用的是“国家”；孙中山发表《三民主义》于后，用的是“天下”。如果说“国家”观是“天下”观的近代转型，那么，康有为无疑更深刻地理解了近代的意义。不过，孙中山先生作为中国革命的先行者，其伟大和睿智举世公认，有目共睹，他用“天下”而不用“国家”，或自有深意。受研究的时间范围所限，此问题仅提出，不做研究和讨论。但是，仍须对康有为的“国为公有”进行深入研究。“国为公有”到底是何意？

“欧人曰国为公有 Constitution，义出希腊，即吾中国之礼也，但

① 康有为：《救亡论（1911 年 11 月）》，《康有为全集》第 9 卷，姜义华、张荣华编校，北京：中国人民大学出版社 2007 年版，第 228 页。

② 同上。

不及鬼神耳。盖希腊人先创之，日人译之曰立宪，以明君民同受治于法律之中。质而言之，立宪国者，国为公有。”①

康有为认为，国为公有就是立宪。清末是近代各类政治观点和思想在中国大爆发的时期，其一即是立宪思想之争辩。立宪思想之争辩造就了三大派别(时称“党”)：共和派、帝制派、立宪派。这三大派又产生若干主张：共和立宪、民主立宪、君主立宪、虚君共和、君位共和等。共和派的代表人物是孙中山，他主张共和立宪和民主立宪；帝制派的代表人物是杨度，他主张君主立宪；立宪派的代表人物是康有为和梁启超，他们主张君主立宪，强调虚君共和。可以看出，康有为提出“国为公有”实际上是为避免各种立宪思想的纷争，最主要的是为弥合立宪派与革命派之间的裂痕。而“公”是最易引起中国思想家共鸣的观念。孔子天下为公、墨子举公义、管子废私立公、荀子公道公义等先秦诸子奠定了中国传统思想中“公”的观念的基础，直到近代，对“公”的讨论仍不绝于耳。因此，康有为抓住“公”来弥补立宪造成的误解，确实是明智的选择。由于“公”的理论基础是“平均”，而“立宪”的理论基础是“平等”，因此，“国为公有”的背后要完成从“平均”到“平等”的转变。

平均是分配理念，平等是天赋权利。西方政治学说发展到近代，以卢梭为代表的政治思想家强调“人人生而平等”的天赋权利。这样一种具有里程碑意义的表述，它把平等上升为普适的、天赋的、人人皆有的权利，使平等摆脱了亚里士多德的“平均”观而独自成为一种政治学意义上的价值。平等作为权利和价值的双重存在公平地重置了人的社会定位，

① 康有为：《救亡论(1911 年 11 月)》，《康有为全集》第 9 卷，姜义华、张荣华编校，北京：中国人民大学出版社 2007 年版，第 228—229 页。

平等的人的社会是近代国家追求的目标。不独个人，国家亦因平等观念而重新定位。神圣罗马帝国式的统治思维被更加平等的威斯特伐利亚主权和约代替，欧洲出现了相互承认和尊重彼此平等权利的主权国家。这一切都拜平等所赐。而平均要转变为平等，就必须首先改变其得以形成的等级制基础。中国传统平均主义虽然亦有保护农民利益的内在属性，但对尚无权利观念的等级制社会而言，平均更是经济上的分配理念，如均贫富。平均主义的积极意义在于其发现了不平等带来的社会隐患，进而主动采用经济手段抑制不平等的进一步发展。在没有相关政治理念配合的社会，用平均主义抑制不平等是一种“非法之法”。说其“非法”，是指其永远无法达到理想的结果。经济上的不平等，其解决办法一定是政治上的平等。政策或法律没有坚定执行平等原则，经济上出现不平等便指日可待。为解决这种不平等，康有为、梁启超等提出了立宪君主制和虚君共和制的主张，以求从制度层面寻求彻底的改变。

从国体角度看，康有为、梁启超先期主张效法日本，实行立宪君主制。1898年，康有为上《谢赏编书银两乞定开国会期并先选才议政许民上书言事折》，曰：“请即定立宪为国体，预定国会之期，明诏布告天下。”[①]康有为的立宪主张源自其对日本明治维新的研究和考察。他在《日本变政考序》中说：“宪法既定，然后治具毕张，与万国通流合化矣。”[②]宪法的制定成为日本走入近代的最关键最重要的一步。康有为认为，只有“明

① 康有为：《谢赏编书银两乞定开国会期并先选才议政许民上书言事折》，《康有为全集》第4卷，姜义华、张荣华编校，北京：中国人民大学出版社2007年版，第389页。

② 康有为：《日本变政考序》，《康有为全集》第4卷，姜义华、张荣华编校，北京：中国人民大学出版社2007年版，第103页。

定宪法，君民各得其分”[①]，国家才能长治久安。1910 年 10 月，清资政院第一次会议召开，速开国会成为各地呼声最高的要求。梁启超在致信杨度时说：“鄙人既确信共和政体为万不可行于中国，始终抱定君主立宪宗旨。”[②]梁启超的政治理论修养较高，能够把立宪与国民综合起来考量。他认为，反对专制就是“求立宪政治的成立而已”，而“立宪政治非他，即所谓国民政治之谓也”[③]。立宪政治即为国民政治，则国民即为政治上之主人。而国民欲履行其政治主人的义务还须具备三个条件：以政治为己任、具有政治常识、具有政治能力。一句话，国民必须具备参政能力，方能成为政治上之主人。个人无法独立完成这些工作，其大多数工作还须交与政治团体，由政治团体负责政治参与的工作。

从政体角度看，康有为、梁启超赞成虚君共和制。简单地说，“虚君共和制”就是政治学上的“一元君主制”。这种制度下，君主是国家唯一的最高领导人，是名义上的国家元首，当朝不理政，当时的英国是实行此制度的典型国家。武昌起义爆发后，清廷亡羊补牢，于 1911 年 10 月 30 日，命“将宪法条文拟齐，交资政院详慎审议，钦定颁布”[④]。康有为闻之，作《救亡论》大呼：“吾中国已为立宪国，名虽为君，实则可谓虚君共和国。”[⑤]至于何为虚君共和，他解释道：“众大臣为总理大臣所用，而总理大

---

① 康有为：《进呈〈法国革命记〉序》，《康有为全集》第 4 卷，姜义华、张荣华编校，北京：中国人民大学出版社 2007 年版，第 372 页。

② 梁启超：《（1910 年 10 月 6 日）致杨度》，张品兴主编：《梁启超全集》第 8 卷，北京：北京出版社，1999 年版，第 5988 页。

③ 梁启超：《政闻社宣言书（1907 年）》，《梁启超全集》第 3 册，北京：北京出版社 1999 年版，第 1713 页。

④ 郭廷以：《近代中国史事日志》（下），北京：中华书局 1987 年版，第 1416 页。

⑤ 康有为：《救国论》，姜义华、张荣华编：《康有为全集》第 9 集，北京：中国人民大学出版社 2007 年版，第 229 页。

臣由国会所举……军队虽统于君主，而须听国会之命……虽有君主，不过虚位虚名而已，实则共和矣，可名曰虚君共和国。”[①]这是典型的一元君主制。康有为的学生梁启超此时亦鼎力鼓吹虚君共和。武昌起义后，他在日本作《新中国建设问题》一文，大赞虚君共和制“就现行诸种政体比较之，则圆妙无出其右者矣”。至于何为虚君共和，他解释道：“其为制也，有一世袭君主称尊号于兆民之上，与专制君主国无异也，而政无大小皆自内阁出，内阁则必得国会多数信任于始成立者也，国会则由人民公举，代表国民总意者也。”[②]康有为、梁启超为国体和政体所做的实际就是在国家制度层面解决传统上的公私问题。梁启超说：

> “国之强弱悉推原于民主，民主斯固然矣。君主者何？私而已矣，民主者何？公而已矣。然公固为人治之极则，私亦为人类所由存。”[③]

中国古代的公私观念是与政治密不可分的。公，指“天下为公”；私，指“天下为家”。因此，公私与“天下观”相结合，形成了“公天下”和“家天下”两个概念。从三代的天下、国、家三者秩序来讲，公私只是两两对比产生的概念，并不具有明显的贬义：“天下相对于国与家为公；国相对于天下为私，相对于家为公；家相对于天下与国皆为私。”[④]但随着三代封建

---

① 康有为：《救国论》，《康有为全集》第 9 集，北京：中国人民大学出版社 2007 年版，第 238 页。

② 梁启超：《新中国建设问题（1911 年）》，《梁启超全集》第 4 册，北京：北京出版社 1999 年版，第 2441 页。

③ 梁启超：《与严幼陵先生书》，《梁启超全集》第 1 册，北京：北京出版社 1999 年版，第 72 页。

④ 陈乔见：《公私辨——历史衍化与现代诠释》，北京：生活・读书・新知三联书店 2013 年版，第 36 页。

体系的消亡、君主专制统治的深化，“家天下”“天下之私”等观念逐渐成了君主专制的代名词。近代西学东渐以来，西方民主制理论进入中国。中国智识阶层把民主制与三代之治比较后，普遍认为三代之治就是今天西方的民主制，有人甚至认为民主制就是从中国传到西方的。因此，梁启超等近代思想家把“家天下”与“私”和“君主”关联起来，把“公天下”与“公”和“民主”关联起来，形成了一种便于中国人理解的政治学说。前者代表着不平等，后者代表着平等。由后者平等的“公”的概念，近代学者又形成了“群”“独”的概念。

> “道莫善于群，莫不善于独。独故塞，塞故愚，愚故弱；群故通，通故智，智故强。”①

所谓群就是团体，独就是个体。大千世界，芸芸众生，孰优孰劣，凭何判断？梁启超认为，“优劣之道不一端，而能群与不能群，实为其总源”②。对人类来讲，“能群”即人们能够在社会上组成各种团体，以摆脱孤立无援的个体状态，进而在智力、体力、财力等多方面形成合力，即促进社会发展，又实现个体的进步。这样的“群”对中国来说并不陌生，明末甚至还有东林党那种具有政治性质的“群”。遗憾的是，中国传统的“群”未能实现组织化、规模化、社会化，往往形单影只散落在各地，无法形成合力。与“群”相对，“独”更加形单影只。“独”往往与

---

① 梁启超：《变法通义(1896年)·论学会》，《梁启超全集》第1册，北京：北京出版社1999年版，第26页。

② 梁启超：《新民说(1902年)·论学会》，《梁启超全集》第1册，北京：北京出版社1999年版，第693页。

“私”联系在一起，是中国传统思想极力摈弃的概念。但章太炎一反传统。他说：

> “大独必群，群必以独成。”
>
> “兴群而成独，不如独而为群王。”
>
> “小群，大群之贼也；大独，大群之母也。”[①]

章太炎理解的“独”，不是与“私”相关的“独”，不是“君子独善其身”的“独”。在他看来，这是“小独”。他欣赏和推崇的是足以融入社会、贡献社会的“大独”。“‘大独’必须以群体为依归，如果不合群，就肯定不是‘大独’”[②]。章太炎认为，群是大独的归宿，大独是孕育大群的土壤。大独精神虽然可征之于史，但中国古代“群”的观念不发达，“群”的形成比较困难。梁启超认为，古代无法成“群”的原因有二：一是缺乏公共观念，二是无分明的对外界说。[③] 前者与公私观念有关。梁启超认为，具有公共观念的人“常不惜牺牲其私益之一部分，以拥护公益”。损私益公，善莫大焉；后者亦与公私观念有关。梁启超认为，对外界说就是要分清此群与彼群的关系，“此群与彼群交涉，则内吾群而外他群，是之谓一群之我”“善为群者，既认有一群外之公敌，则必不认有一群内之私敌”[④]。群

---

① 章太炎：《訄书·明独第二十九》，《章太炎全集》3，上海：上海人民出版社1984年版，第241页。

② 张春香：《章太炎“大独”观解析》，《江汉论坛》2006年第4期，第70页。

③ 梁启超：《新民说（1902年）·论学会》，《梁启超全集》第1册，北京：北京出版社1999年版，第694页。

④ 梁启超：《新民说（1902年）·论学会》，《梁启超全集》第1册，北京：北京出版社1999年版，第694页。

指团体，政治上的群就是党派。一国之内，党与党的竞争颇为激烈。但当面对外敌时，所有党派皆能同仇敌忾，保家卫国，这就是共同对付“群外之公敌”。除党派外，政治上的群也指国家。

> “民约云者，民相约而后立其群。”①

严复认为“群”就是人们通过订立契约而成的国家。这是卢梭的社会契约理论。霍布斯同样秉持社会契约论，但其《利维坦》中的“群”则必须受制于君主：“民相约为服从，而其君则超乎约，而未尝有所服也。必如是者，其群治；不如是者，其群乱。”②当然，无论“群”指的是国家、社会、团体、党派，还是其他什么组织，在梁启超、严复等近代思想家眼中，其最终目标都是“公”。这个“公”在梁启超那里是“公共观念”，在严复那里是“社会之事”“国家之事”。

> “夫泰西之俗，凡事之不逾于小己者，可以自由，非他人所可过问。而一涉社会，则人人皆得而问之。乃中国不然，社会之事，国家之事也。国家之事，惟君若吏得以问之。”③

中国人何以没有公共观念？为何不去过问社会之事？古代中国是等级制的君主专制社会，一方面，国人受到的是“自扫门前雪”的教育，强

---

① 严复：《〈民约〉平议》，王栻主编：《严复集·第2册·诗文下》，北京：中华书局1986年版，第334页。

② 同上。

③ 严复：《〈法意〉按语》，王栻主编：《严复集·第4册·按语》，北京：中华书局1986年版，第994页。

调“事不关己高高挂起”；另一方面，专制君主大包大揽了几乎所有的国家之事，人民不具备参与国事的资格。加之中国人受“天下观”影响，国家观念淡薄，无法形成爱国意识和观念。平等思想被近代思想家接受后，国家观念、社会观念开始深入人心，“家”“独”“私”等传统观念受到明显排斥。如此一来，近代中国民本思想在转型过程中便出现了一个奇怪的现象，即个体观念包括人人平等、个人自由等虽也被人熟知，但并未被思想家们热烈追捧。相反，受“国家”“群”“公”等观念的影响，国家的平等和自由、民族的平等和自由则成为思想家们迫在眉睫的追求目标。国家平等、民族平等、国家自由、民族自由为何会如此牵动中国人的心？近代历次外国侵略给中国带来的国殇，恐怕是近代中国思想家转而追求“群”自由和平等的最大动力。

## 第二节　平等观念融入政治思想

平等观念得到近代思想家认可后，传统的等级观念受到抨击和排挤，其容身之地愈来愈狭窄。而平等观念欲在中国获得更大舞台，近代思想家不约而同的想法是为其找到中国的根。尽管梁启超说自己“生平最恶人引中国古事以证西政，谓彼之所长，皆我所有”①，但他仍不知不觉地根据康有为的“孔教平等义”，证明平等“起于尚仁”②。严复没有在中国传统思想中找到西方的平等，他认为这是由于中西对待“自由”的不同

① 梁启超：《与严幼陵先生书》，《梁启超全集》第 1 册，北京：北京出版社 1999 年版，第 71 页。

② 梁启超：《变法通义（1896 年）·论女学》，《梁启超全集》第 1 册，北京：北京出版社 1999 年版，第 33 页。

所致。在严复看来，西方的自由相当于中国的恕和絜矩，因此“中国最重三纲，而西人首明平等”①。为解决中国三纲的不平等，便须用西方平等观念化解之。

### （一）国民政治权利与平等

国民，即一国之民，他们可以享受该国的政治权利。十九世纪末二十世纪初，包括中国在内的世界上绝大多数国家的妇女并未享受到与男子同权的待遇，多数国家妇女的地位仍然低于男性国民。平等观念占据近代思想家的头脑后，人与人的平等成为他们倡导平等的重要目标。1902 年，康有为完成《大同书》。书中称：

> “吾今有一大事，为过去无量数女子呼弥天之冤；吾今有一大愿，为同时八万万女子拯沉溺之苦；吾今有一大欲，为未来无量数不可思议女子致之平等大同自立之乐焉。”②

康有为总结，世界妇女未受到平等待遇的原因在于：第一，妇女不能做官；第二，妇女不能参加科举考试；第三，妇女不能做议员；第四，妇女不能做公民；第五，妇女不能参政；第六，妇女不能自立；第七，妇女没有自由。为改变这种现状，康有为提出十数条解决办法，其核心思想是给予妇女与男子平等的自由权利，“法律上应许女子为独立人资格，所有从

---

① 严复：《论世变之亟》，王栻主编：《严复集·第 1 册·诗文上》，北京：中华书局 1986 年版，第 3 页。

② 康有为：《大同书》，《康有为全集》第 7 卷，姜义华、张荣华编校，北京：中国人民大学出版社 2007 年版，第 53 页。

夫限禁，悉为删除”[①]。由于意识到了平等的重要性，康有为呼吁男女平等，而造成中国妇女不平等的三纲之“夫为妻纲”，无疑是最须废除的。而废除夫为妻纲，就必须给予妇女自由，令其自立。须要注意的是，康有为是从平等出发，进而找到了男女不平等的证据之一即妇女不自由。而本节开头所引用的严复的论断，恰恰相反，是从自由推导出平等。那么，理论上，是否能够从妇女不自由得出男女不平等的结论呢？也就是说，自由和平等，哪个是另一个的结果呢？

吾师孙晓春先生尝云：自由和平等互为条件。何谓互为条件？就是指在不同的社会政治制度下，自由和平等的关系不同。古代中国实行等级制的君主专制，等级导致不平等，不平等导致不自由或积极自由。西方国家实行民主政治制度，民主主张自由，自由则保证平等有实现的可能。正如卢梭所言：社会秩序产生权利。故，虽然人是生而自由和平等的，但不同的社会秩序产生不同的权利，现实世界中没有绝对的自由和平等。古代中国社会是等级制的，男女均无自由。显然，如果从妇女不自由出发，得出的结论肯定是男女平等、男女平等的“不自由”，而不是男女不平等。因此，对古代中国的社会政治制度来说，是不平等导致不自由或积极自由。严复从与自由“谓之相似则可，谓之真则大不可”的“恕”和“絜矩”上看到了三纲，只能说明一个问题，即“恕”和“絜矩”与自由风马牛不相及，这只是又一例“引古事以证西政”罢了。絜矩，出自《礼记·大学》。其最初包含两层含义，“即提倡天子、国君对人民大众行为的师范表率作用和对待上下左右关系的忠恕之道”。李振宏先生说：“南宋以

① 康有为：《大同书》，《康有为全集》第 7 卷，姜义华、张荣华编校，北京：中国人民大学出版社 2007 年版，第 75 页。

后，经过朱熹等人的发明和阐发，又增加了一个突出的平均思想；'絜矩之道'在思想方法上，强调的是一种推己及人的思想行为方式。"[1]也就是说，絜矩和恕与自由没有任何关系，其"平均思想"反倒令其与平等有些关系。其实，严复虽把自由与絜矩同列，但对此也有些忐忑："中国恕与絜矩专以待人及物而言，而西人自由，则于及物之中，而实寓所以存我者也。"[2]严复并未提及"絜矩"还有平均思想这层含义。因此，严格地说，严复并非从自由看到了不平等，而是不自觉地从平等（平均）看到了不平等。再者，严复并未把"人人生而平等"当作理论，而是当作了无法认证的事实，故其在男女平等问题上，表现得更加现实。

> "今日吾国所谓女权，无非与男子争权。既与男子争权，则不得不过于智育。过于智育，则女性必衰。女性之衰非他，一曰不事婚嫁，二曰不愿生育，此欧、美之已事。是故至今各国生齿，其进步皆逊于前，惟俄国、中华、日本不在此列。"[3]

平等和自由都是权利，人人生而享有权利。由于严复并未理解平等的真谛，因此权利在他看来就是有着固定范围、固定数值的一种物体。女子争取权利，是争取与男子平等的国民权利，而非侵夺男子的权利。至于女子受教育便会导致不事婚嫁和不愿生育，进而导致低生育率，则更彰显其平等观专注事实的取向。严复反对卢梭的平等观，通过向宗教

---

① 李振宏：《絜矩：一个已消亡的文化概念》，《史学月刊》2005 年第 3 期，第 25 页。

② 严复：《论世变之亟》，王栻主编：《严复集·第 1 册·诗文上》，北京：中华书局 1986 年版，第 3 页。

③ 严复：《天演进化论》，王栻主编：《严复集·第 2 册·诗文下》，北京：中华书局 1986 年版，第 314 页。

求证,发现宗教的平等观与卢梭所言亦无法相互印证。他说:“然则宗教之所谓平等者,乃皆消极之平等,而与卢梭民约所标积极之平等,倜乎相远,有必不可强同者矣。”[①]在另一处论及平等的文字中,严复说:“夫民主之所以为民主者,以平等……顾平等必有所以为平者,非可强而平之也。必其力平,必其智平,必其德平。使是三者平,则致治之民主至矣。”[②]严复对平等与民主的关系之理解或许有误。自由是民主制度的基石。民主制度下,自由决定平等,而非相反。与严复不同,梁启超对卢梭的平等思想有着理论上的理解,因此,其男女平等思想比严复进步。

> “今语人曰:欲强国必由学校。人多信之。语人曰:欲强国必由女学。人多疑之。其受弊之原,尚有在焉。”[③]

梁启超希望通过兴女学,实现男女平等。教育是启迪人智之佳途。受过教育的人们有能力参与社会政治生活,这对受教育程度极低的中国女性来说尤为必要。男女平等首先是男女政治权利的平等,而政治权利是通过政治参与而获得的。参与政治过程需要相关的知识和能力,这些知识和能力的培养主要是通过学校获取。这是梁启超倡言办女学的真正原因。办女学,可以开启民智,“民智未开,明自由之真理者甚少。”[④]不

① 严复:《〈民约〉平议》,王栻主编:《严复集·第2册·诗文下》,北京:中华书局1986年版,第338页。

② 严复:《〈法意〉按语》,王栻主编:《严复集·第4册·按语》,北京:中华书局1986年版,第957页。

③ 梁启超:《变法通义(1896年)·论女学》,《梁启超全集》第1册,北京:北京出版社1999年版,第33页。

④ 梁启超:《论变法必自平满汉之界始》,《梁启超全集》第1册,北京:北京出版社1999年版,第53页。

懂真理，如何用真理去为自己争取平等和自由权利呢？民智以外，男女平等最大的障碍来自身体束缚。梁启超指出，这种身体束缚遍布亚非欧：中国妇女缠足、非洲和印度妇女用石头压平头部、欧洲妇女束腰。这些束缚使妇女成为男子的玩物，只要这些束缚陋习存在，男女就永无平等之日。欲解除这些束缚，必须兴女学。

> “且中国之积弱，至今日极矣，欲强本国必储人才，欲植人才，必开幼学，欲端幼学，必禀母仪，欲正母仪，必由女教。”①

梁启超写这段文字之时，中国女子教育的种子已经由来华传教士播下。据统计，“截至 1877 年，在华新教传教士共开办女子寄宿学校 38 所，学生 777 人……女子日校 82 所，学生 1307 人”②。梁启超写作此文两年后，即 1898 年，由民族资本家经元善资助、中国第一所自己开办的女子学校“经正女学”在上海成立。这些成果对广袤的中国大地上生活的近两亿女性来说仅如沧海一粟，但对男女平等的目标来说却是良好的开端。或许是徒弟的言论影响了师父，1898 年，康有为向光绪皇帝上《请禁妇女裹足折》，以期“举国弱女，皆能全体；中国传种，渐可致强”③。师徒二人如此砥砺提倡男女平等，可想而知地遭到传统势力的反对。作为旁观之人，章太炎认为康氏知行不一，明反君权，实则保皇。章太炎有句

---

① 梁启超：《戒缠足会叙（1896 年）》，《梁启超全集》第 1 册，北京：北京出版社 1999 年版，第 80 页。

② 王立新：《美国传教士与晚清中国现代化——近代基督教新教传教士在华社会文化和教育活动研究》，天津：天津人民出版社 1997 年版，第 226 页。

③ 康有为：《请禁妇女裹足折》，《康有为全集》第 4 卷，姜义华、张荣华编校，北京：中国人民大学出版社 2007 年版，第 3872 页。

话描绘了康有为当时的处境：

“今之言君权者，则痛诋康氏之张民权；言妇道无成者，痛诋康氏之主男女平等。”①

等级制的既得利益者反对平等思想是正常的。男女平等观念进入中国，受到威胁最大的就是三纲中的“夫为妻纲”。夫妻组成家庭，构成社会基本单位。平等观念出现在家庭，无异于蚁穴出现在千里之堤，而其危害的必然是“父为子纲”的宗社以及“君为臣纲”的等级制国家制度。平等观念为何会对等级制形成威胁？平等观念必然产生权利的要求。等级观念在束缚人的同时，压制了人的权利欲望。人的权利欲望是始终存在的，它会摄于等级制的压迫而暂时停止欲求，但并不表示它完全放弃。一旦时机适合，人的权利欲望终究会表达出来。这种表达有很多种形式，其中一种最极端的形式就是暴君放伐的革命。如果套用严复的“积极平等”概念，可以说，是积极平等导致了积极自由。等级制的统治集团害怕积极平等，更畏惧积极自由。如果条件具备的话，他们一定要阻止积极平等的发生；如果积极平等已经发生的话，他们则要千方百计阻止它转化为积极自由。清末，包括男女平等在内的平等思想传播中国后，清政府从反对立宪到宣布预备立宪等活动，都是在试图阻止积极自由的发生。

男女平等的归宿是人人平等。等级制的清代社会人口按性别分有男女，按民族分有满汉，按阶层分有士人、庶民、旗民、包衣等。这些都是

---

① 章太炎：《翼教丛编书后（1899年10月）》，汤志钧编：《章太炎政论选集》上，北京：中华书局1977年版，第97页。

按照等级来区别对待的，他们有一个共同的名字——臣民。而在一个奉行平等的国家，其人口或由多种族、多肤色的各类人群组成，但他们会有一个共同的名字——公民。康有为定义“公民”，曰：“人人有议政之权，人人有忧国之责，故命之曰公民。”[①]他强调中国变法，“宜先立公民”[②]。臣民是被统治者，公民“既是统治者又是被统治者”[③]。等级通往平等之路，也是臣民转变为公民之路。等级制的君主专制社会中，专制君主是唯一的统治者，其下皆为被统治者。严复译孟德斯鸠《法意》一书中，形容这种社会是“人主而外，人人皆其奴隶而已。皆奴隶，皆平等”[④]。皆奴隶，皆平等，是戏谑，亦是现实。奴隶位列等级制社会的最低阶层，奴隶之间似乎是平等的，但这种平等只是一种貌似的、表面的身份平等。由于奴隶没有自由，没有权利，因此，身份平等也便没有意义。提倡男女平等就是要把妇女从没有自由没有权利的地位中解放出来，使她们能够与男性一样，参与社会公共生活。解决了男女平等的问题，人人平等的问题也就解决了一半。人人平等，实际就是国民或公民的权利和义务相等。但是，人人平等的观念并未被思想家广泛接受。包括严复在内的一些近代思想家无法在人类历史长河中找到人人平等的先例，因此，他们无法承认人人平等具有存在的基础和可能性。严复不懂卢梭，梁启超懂。后者知道“人人生而平等”是理论而非事实。近代法国哲学家皮埃尔·勒鲁也懂卢梭，他指出，卢梭所谓的平等“是一种神圣的法律，一种

---

① 康有为：《官制议（1903年）》，《康有为全集》第7卷，姜义华、张荣华编校，北京：中国人民大学出版社2007年版，第267页。

② 同上，第268页。

③ 赫曼·范·冈斯特仁：《公民身份的四种概念》，〔英〕巴特·范·斯廷博根编：《公民身份的条件》，郭台辉译，长春：吉林出版集团有限公司2007年版，第44页。

④ 汪征鲁等主编：《严复全集·卷4·法意》，福州：福建教育出版社2014年版，第33页。

先于所有法律的法律，一种派生出各种法律的法律”[①]。人人平等是一条原则，是一条各种法律在制定过程以及法律成文中必须体现的原则。任何把平等当作目标的平等思想都不是卢梭的平等思想。

## （二）国体设计与平等思想的应用

说到国体，毛泽东给予的定义具有权威性。他说：“国体问题，从前清末年起，闹了几十年还没有闹明白。国体，它只是指的一个问题，就是社会各阶级在国家中的地位。资产阶级总是隐瞒这种阶级地位，而用‘国民’的名词达到其一阶级专政的实际。”[②]国体与“根本政治制度”和“政治制度”是同一序列的概念，其内容是国家主权归属关系。从国家主权归属关系看，国体有共和制、立宪君主制[③]（亦称君主立宪制、有限君主制）和君主制三种类型。清末，民本思想的等级观念在向平等思想转型的过程中，遇到了国体问题即立宪和共和问题的挑战。

### 立宪派的君民平等解决之道

立宪派中，康有为实为代表。从戊戌变法到辛亥革命，康有为头上的帽子也从维新派到了立宪派再到保皇派。三顶帽子，三个派别，其背后仅有一个理论——要改革，不要革命。这点上，康有为还是从一而终的。作为立宪派，康有为在与共和派的理论交锋中遇到了君民平等问题。如何解决立宪政体中君主与人民的关系呢？如何确保君主与人民

① 〔法〕皮埃尔・勒鲁：《论平等》，王允道译，北京：商务印书馆2009年版，第21页。

② 毛泽东：《新民主主义论》（1940年1月），《毛泽东选集》第2卷，北京：人民出版社1991年版，第676页。

③ 关于立宪君主制的译名问题，参见朱光磊：《政治学概要》，天津：天津人民出版社2008年版，第124页。

在立宪政体下是平等存在的？他的解决方案就是前面已经提到的虚君共和制。虚君共和，名为共和，实际仍是立宪。

> “夫既为虚君矣，虚者无也，与无君同。”①

康有为写这句话的时候，武昌起义已经打响，辛亥革命渐露胜利曙光。此时的他仍坚持立宪，足以证明一个真正思想家对理念的执着。但虚君既然等同于无君，为何不“无君”而必“虚”之？康有为说：“虚君如意皇之视教皇，如驻藏大臣之视达赖、班禅，如山东巡抚之视衍圣公，少加礼意，因以抚其民众。凡各兴国于一族一国所常尊者，无不礼异之，何必废之以激满、蒙、回、西藏之裂而自立哉？”②他认为，虚君可以抚众，可以避免激化民族矛盾。

> “夫以绝无权力，无关轻重之君，如土木偶之神焉。”③

虚君的君主只是名义上的君主，没有任何权力。没有任何权力的君主在政治上有何意义呢？戊戌变法失败后，康有为逃亡日本。之后的岁月里，他足迹遍及亚洲、欧洲、美洲，考察多国政治制度和历史。对外面的世界了解得越多，康有为便越坚信立宪国体对中国之亘要，因此，虽然时光流逝、政权变换，但他对立宪的坚持始终未变。他认为，“绝无权力”

---

① 康有为：《与黎元洪、黄兴、汤化龙书（1911 年 11 月）》，《康有为全集》第 9 卷，姜义华、张荣华编校，北京：中国人民大学出版社 2007 年版，第 215 页。

② 同上。

③ 康有为：《救亡论（1911 年 11 月）》，《康有为全集》第 9 卷，姜义华、张荣华编校，北京：中国人民大学出版社 2007 年版，第 235 页。

的虚君可以“止争总统之乱源”[1]。他指出，共和国家为争总统之位，往往导致政局动荡，国家不稳。而虚君共和（立宪）则可以使政治斗争始终维持在一个固定的架构内，即使政治斗争出现，国家始终稳定。除此之外，立宪国中的君民是平等的。

> “立宪之国，不论君主民主，要皆以国为国民之公有物，而君主虽稍贵异，不过全国中之一分子而已。”[2]

君主是全国中的一分子。康有为认为，立宪之国，国为公有，不再是君主私有之物。立宪国的君主与人民一起共同拥有国家的一切，君主是国家的一分子，人民亦是国家一分子，君主与人民平等，即君主与人民平等地享有国家的全部权利资源。君主只是政治制度中的一个名义上的元首，不拥有实际的权力。康有为甚至认为，这个位置上的君主可以找个外国人来充当，只要他宣誓入籍即可。可见，虚君在其心中位置之轻。不过，康有为并未说清楚虚君为何如此不重要却又非设不可，这个问题留给梁启超来解答。梁启超第一个提出“君主无责任”之说。

> “凡立宪君主国之宪法，皆特著一条，曰：君主无责任，君主神圣不可侵犯。此其义何？曰：此过渡时代之绝妙法门也，此防杜革命

---

① 康有为：《救亡论（1911 年 11 月）》，《康有为全集》第 9 卷，姜义华、张荣华编校，北京：中国人民大学出版社 2007 年版，第 235 页。

② 同上，第 229 页。

之第一要著也。”[①]

君主无责任为何能避免革命？君主有责任，便有相应的权力，有权力，便要履行相应的责任。“凡有责任者，不尽其责则去。不尽其责而不去，则夫立于监督之地位者，例得科其罪而放逐之。”[②]如果立宪君主有责任有权力，理论上便有被放逐的危险。立宪君主被放逐，国家便会陷入动荡。为避免这种危险，英国作为立宪君主制国家的鼻祖通过实践，摸索出一条“君主无责任”之路，即君主之大权交给大臣，大臣掌握实权，“大臣经君主之手以治国”[③]。至于君主所发诏书，必须有国务大臣副署方为有效，“政治上之诏旨，以国务大臣副署为原则。而副署之大臣，一字一句，皆负责任”[④]。国务大臣副署实际上是立宪君主无实权的证明。

**反对立宪派的声音**

康有为、梁启超师徒二人对虚君共和制的解释和支持并未得到共和派的谅解，反而招来更多的批判。章太炎认为，梁启超所谓立宪“特封建世卿之变相耳”[⑤]。他认为，中国去封建时代已远，人民赋税兵役习惯已成，突然转而行宪政，对国家和人民均不利，“欧洲、日本，去封建时代近，

① 梁启超：《政治学学理摭言（1902 年）》，《梁启超全集》第 2 册，北京：北京出版社 1999 年版，第 916 页。

② 同上，第 917 页。

③ 同上。

④ 梁启超：《立宪国诏旨之种类及其在国法上之地位（1911 年）》，《梁启超全集》第 4 册，北京：北京出版社 1999 年版，第 2410 页。

⑤ 章太炎：《政闻社员大会破坏状（1907 年 10 月 25 日）》，汤志钧编：《章太炎政论选集》（上），北京：中华书局 1977 年版，第 371 页。

而施行宪政为顺流；中国去封建时代远，而施行宪政为逆流”[1]。去封建时代远与去封建时代近的国家在平等问题上有何区别呢？章太炎说：“去封建远者，民皆平等；去封建近者，民有贵族黎庶之分。”他认为，与其行立宪形成等级，不如“王者一人秉权于上”[2]。

“要之代议政体，必不如专制为善。”[3]

章太炎否认代议政体能够带来平等。他认为，专制制度因去封建远，而民皆平等。如果实行代议制，无论是满族人还是汉族人掌权，无论实行君主制还是民主制，都不能达到专制制度带来的那种善，即民皆平等。因此，他表示不再“执守过河政体者，故以为选举总统则是，陈列议院则非”[4]。章太炎的态度中夹杂着对孙中山及革命党或公或私的复杂感情，其是其非在此仅作为一种思想家的态度来展现。至于革命党方面，汪精卫无疑是当时维护共和理论的悍将。

“夫公等以为立宪之后，则可申民权乎？可得自由乎？可得平等乎？”[5]

---

① 章太炎：《政闻社员大会破坏状（1907年10月25日）》，汤志钧编：《章太炎政论选集》（上），北京：中华书局1977年版，第373页。

② 章太炎：《代议然否论（1908年10月10日）》，汤志钧编：《章太炎政论选集》（上），北京：中华书局1977年版，第456页。

③ 同上，第461页。

④ 同上，第463页。

⑤ 精卫：《希望满洲立宪者盍听诸》，《民报》报馆编：《中国近代期刊汇刊·第2辑·民报》第1册，北京：中华书局2006年版，第353页。

汪精卫此言是为清末立宪而发。1905年,清政府派五大臣出洋考察宪政。其中,载泽等三人赴日本与日本政界要人伊藤博文等会谈,学习日本宪政。时汪精卫正在日本学习法政,对此事非常关注,特于《民报》撰文,反对立宪。他说:

“日本宪法第19条‘国民皆平等’,然尚有皇族、华族二者,故不得谓无阶级。使满洲而果效法乎此,则满洲人当为贵族,蒙古、汉军其次也。公等当在最下等。嘻,公等乃梦想立宪之后,国民平等乎?且日本天皇万世一系,民之戴之,犹可自解。公等宗祖不武,为外族所制服,二百六十年于兹。今乃谋求永久推戴,以靦然冀少馂,其余,吾实为公等羞之。”①

汪精卫反对立宪的观点站得住脚吗?不妨先来看看日本《明治宪法》第十九条原文。原文曰:“日本臣民依法律命令之规定,均有就任文武官员及其他职务之资格。”伊藤博文解释道:“维新之后,一扫此陋习,去除门阀之弊害,爵位之等级,官位之任用,皆无妨碍平等性之事。”②可见,宪法第十九条规定日本国臣民有平等的任职政府的资格。按现代政治学观点,这是宪法保证了国民机会平等。此外,日本贵族尚有皇族、华族。这些人固然与平民属于不同阶级,但他们组成的贵族院与平民组成的众议院享有平等的立法权。宪法第二十三条规定,“帝国议会由贵族

---

① 精卫:《希望满洲立宪者盍听诸》,《民报》报馆编:《中国近代期刊汇刊·第2辑·民报》第1册,北京:中华书局2006年版,第356页。

② 〔日〕伊藤博文:《日本帝国宪法义解》,朱仲军译,北京:中国法制出版社2011年版,第15页。

院、众议院之两院构成”。两院同享立法权力,“只一院不能单独完成参议立法之事”[①]。至于立法权,按宪法第五条规定:“天皇依帝国议会之同意,行使立法权。”[②]日本天皇作为国家元首,享有统治权,但不单独拥有立法权,或者说,天皇只拥有批准法律和发布法律的权力。宪法第三十七条规定:“所有法律均须经帝国议会之审核同意。”[③]也就是说,日本天皇和帝国议会共同享有立法权,二者形成制约关系,故其权平。如此看来,汪精卫的说法虽然表面上似乎是那么回事,但实际上经不起推敲。不过,汪精卫作为革命党人,其反对立宪并非是学术上之反对,而更多的是革命行动上之反对,故其粗糙的结论为学术虽不可,但为革命或可。

**共和的平等蓝图**

至于共和国体的平等到底为何,还得参照孙中山先生的表述。其实,孙中山先生早期曾赞同过立宪政治。1897 年,他在《伦敦被难记》中曾亲口承认参加了主张“改行立宪政体”[④]的澳门少年中国党。随着年龄的增长和理论修养的加强,他逐渐放弃了当初的信仰。甚至 1903 年在美国檀香山演讲时,孙中山先生直截了当地拒绝了立宪主张。他说:“有人说我们需要君主立宪政体,这是不可能的。没有理由说我们不能建立共和制度。中国已经具备了共和政体的雏形。”[⑤]三年后,孙中山先生发表了《中国同盟会革命方略》,提出了“驱逐鞑虏、恢复中华、建立民国、平

---

① 〔日〕伊藤博文:《日本帝国宪法义解》,朱仲军译,北京:中国法制出版社 2011 年版,第 24 页。

② 同上,第 5 页。

③ 同上,第 25 页。

④ 孙中山:《伦敦被难记(1897 年)》,广东省社会科学院历史研究室等编:《孙中山全集》第 1 卷,北京:中华书局 1981 年版,第 50 页。

⑤ 孙中山:《在檀香山正埠的演说(1903 年 12 月中旬)》,广东省社会科学院历史研究室等编:《孙中山全集》第 1 卷,北京:中华书局 1981 年版,第 227 页。

均地权”的著名主张。其中，后两个主张均与平等有关。关于“建立民国”，他指出民国“国民皆平等以有参政权”；关于“平均地权”，他指出“文明之福祉，国民平等以享之”①。平等的参政权主要是指选举总统、选举议会议员。但孙中山先生并未说明最重要的立法权归谁所有，故无法确定其设计的总统与议会是否具有平等关系。不过，1912 年南京临时政府成立后，孙中山的临时政府公布了《修正中华民国临时政府组织大纲》。其中第十三条规定：“参议院议决事件，由议长具报，经临时大总统盖印，发交行政各部执行之。”②这是赋予了临时大总统批准和发布法律的权力。南京临时政府《组织大纲》模仿的是美国的总统制，总统和议会相互制衡。等到《中华民国临时约法》公布后，革命党选择了法国的总统制，即总统和国务总理共同行使行政权，“国务员于临时大总统提出法律案，公布法律，及发布命令时，须副署之”③。这一规定，把临时大总统与国务总理的权力平等化了。

### （三）民族建国思想与平等

近代思想家在平等问题上争议最多的就是如何对待满汉关系。有清一代，满汉关系是统治者和被统治者的关系。清朝入关前，建立了由满洲八旗贵族组成的议政王大臣会议，负责策划军国大事。皇帝作为最后决策人有权批准、通过、发布议政王大臣会议的决议和方案。这一有着最高决策制度意义的政治架构一直延续至清末，汉族官员无份参与。

---

① 孙中山：《中国同盟会革命方略（1906 年秋冬间）》，广东省社会科学院历史研究室等编：《孙中山全集》第 1 卷，北京：中华书局 1981 年版，第 297 页。

② 中国第二历史档案馆编：《中华民国史档案资料汇编·第 2 辑·南京临时政府》，南京：江苏古籍出版社 1991 年版，第 6 页。

③ 同上，第 109—110 页。

清朝入关后，六部实行满汉复职，满族官员排名在前。始于顺治元年的剃发令是满汉民族矛盾的催化剂，令人发指的嘉定三屠则把这一矛盾推到了极点，也造成了民族间无法弥补的感情裂痕。满汉民族间的长期隔阂还有一个重要原因，那就是施行于康雍乾时期的禁止满汉通婚政策。虽然“终清之世，满汉两族互通婚媾，从未中断”①，但不平等政策造成的满汉民族间的等级差别却早已根深蒂固。近代西方平等思想传入中国后，思想家们在把平等思想应用到中国问题上时，很快便遇到了“满汉不分”与“满汉分界”二选一的棘手选项。最早提出满汉不分的大约是康有为。

> “为中国计，而求其治本，惟有君民合治、满汉不分而已。定其治本以为国是，乃可以一人心以求治理。”②

“君民合治、满汉不分”，前者是政治制度，后者是民族平等。二者一起谈，证明二者内在联系紧密、息息相关。“满汉”是“君民”之“民”的重要组成部分，废除“民”内的等级关系和不平等政策是立宪君主国体取得成功的关键。满汉平等不仅是满汉人民之间的平等，由于立宪君主国体的内在要求，身为满洲第一贵族的皇帝亦须与满汉人民平等。只有实现这个平等，立宪君主国体才能正式确立。因此，康有为在奏折内请求“立裁满、汉之名，行同民之实”③。名、实是古代中国逻辑思想的重要概念。

---

① 滕绍箴：《清代的满汉通婚及有关政策》，《民族研究》1991 年第 1 期，第 89 页。

② 康有为：《请君民合治满汉不分折(1898 年 8 月)》，《康有为全集》第 4 卷，姜义华、张荣华编校，北京：中国人民大学出版社 2007 年版，第 426 页。

③ 康有为：《请君民合治满汉不分折(1898 年 8 月)》，《康有为全集》第 4 卷，姜义华、张荣华编校，北京：中国人民大学出版社 2007 年版，第 426 页。

名指“称谓或概念”，实指“被称谓的对象或实际的内容”①。他要求废除满、汉这样的称谓，把满族和汉族人民作为平等的“同民”一体看待。等级制的国家最急需解决的是平等问题，而平等问题最主要的就是男女平等、人与人平等、民族与民族平等、种族与种族平等这些与“人”密切相关的问题。当然，平等问题不是一成不变的，随着前述平等问题的解决和落实，新的平等问题还会出现。当代政治学界重视的机会平等问题在等级制度未瓦解之前是无法成为人们关注的焦点的。同样，前述那些与“人”密切相关的平等问题并非是一蹴而就的，它们的实现大都经历了漫长的时间过程和社会接受过程。有些顽固的如种族歧视或地域歧视等不平等观念至今仍顽固地存在于某些人的头脑或某些文化之中。由此可见，康有为能在戊戌变法之初便提出“满汉不分”，足以证明其思想的成熟和深邃。作为本土的思想家，康有为能够融合中西文化，大胆地提出其平等思想，这一贡献是历史性的。同时也证明，中国传统民本思想的近代转型之路是离不开民族平等思想的。

“尽除满、汉之名籍，而定国名曰中华也。”②

名籍是中国古代的一种人口管理制度，具体方法是“以丁为户”。先秦时期便有名籍的记载。“从先秦到秦汉，根据其性质和用途有不同的

① 曹峰：《作为一种政治思想的“刑名论”“正名论”“名实论”》，《社会科学》2015 年第 12 期，第 117 页。

② 康有为：《海外亚美欧非澳五洲二百埠中华宪政会侨民公上请愿书(1908 年 7 月)》，《康有为全集》第 8 卷，姜义华、张荣华编校，北京：中国人民大学出版社 2007 年版，第 412 页。

名称。士兵入伍有军籍，内廷宦官有宦籍，市井小民有市籍，门生弟子有弟子籍”[①]等。清代，宗室有黄册，觉罗有红册，旗人有旗籍，汉人有保甲册等，其户籍制度五花八门，种类繁多。但如此繁杂的户籍种类的背后实则有一条指导原则——贯彻等级制。康有为提出“尽除满、汉之名籍”，实际是时隔十年之后再次强调平等，再次提醒清政府重视平等思想与国家的关系。“定国名曰中华”则有对外平等交往之意。康有为认为，“今外交之国书，尚称大清，是以对待前朝者而对待外国，犹人之有名而无姓也”[②]。大清是名，中华为姓。大清是朝代名，朝代更替常变；而中华是国家名，国名永不变。用永不变之国名与外国交往，是尊严和平等的双重体现。对于满汉平等，康有为的学生梁启超亦有申论。

> “然则中国积弱之源，非必由于满人之君天下明矣。然使人不能无疑于此者何也？则因满人主国，而满汉分界，因满汉分界，而国民遂互相猜忌，久之而将见分裂之兆也。”[③]

康有为“满汉不分”说的是平等原则，梁启超“满汉分界”讲的是等级现象。后者认为，这种等级现象的存在会导致国民之间的不信任，进而造成民族分裂。至于解决办法，梁启超说：“今夫国也者，必其全国之人，

---

① 辛田：《名籍、户籍、编户齐民——试论春秋战国时期户籍制度的起源》，《人口与经济》2007 年第 3 期，第 55 页。

② 康有为：《海外亚美欧非澳五洲二百埠中华宪政会侨民公上请愿书(1908 年 7 月)》，《康有为全集》第 8 卷，姜义华、张荣华编校，北京：中国人民大学出版社 2007 年版，第 412 页。

③ 梁启超：《中国积弱溯源论(1900 年)》，《梁启超全集》第 1 册，北京：北京出版社 1999 年版，第 424 页。

有紧密之关系，有共同之利害，相亲相爱，通力合作，而后能立者也。”[①]实际上，梁启超的解决之道就是平等。全国之人如何能够形成“紧密之关系”？如何能够有“共同之利害”？这离不开平等，精确地说，是离不开平等的政治参与资格。当时，国民共同的利害是政治问题。事实上，一个国家国民的共同利害只能是政治问题，因为一个国家的所有问题都是政治的衍生物，都受政治因素的决定和干扰。即便是当代中国轰轰烈烈且举世瞩目的经济改革亦是政治因素在指引其方向和速度。而对梁启超所处的时代来说，国民欲对“共同之利害”有共同的对待之权，就必须平等享有政治参与资格。只有这样，国民才能“通力合作”，国家才能避免民族分裂所带来的更大不幸。严复也曾认识到由于满汉分界而导致的国民无法“通力合作”的问题。

“夫欧亚之盛衰异者，一以其民平等，而一其民不平等也。印度有喀斯德、高丽有三户、中国分满汉矣。而分之中又有分焉。分则不平，而通力合作，手足相救之情，不可见矣！”[②]

喀斯德（Caste）即印度种姓制度，是闻名世界的等级制度。印度种姓制度最早称瓦尔纳（Varna），后称迦蒂（Jati）即喀斯德。“大约在公元前九世纪瓦尔纳制已经开始形成了”[③]，至今犹存。中国满汉分界始于清

① 梁启超：《中国积弱溯源论（1900年）》，《梁启超全集》第1册，北京：北京出版社1999年版，第424页。

② 严复：《〈法意〉按语》，王栻主编：《严复集·第4册·按语》，北京：中华书局1986年版，第962页。

③ 崔连仲：《古代印度种姓制度》，《历史研究》1977年第4期，第101页。

代，虽较印度种姓制度存在时间短，但其影响却很大。严复认为，中国要想实现“通力合作”“手足相救”，就必须解决满汉分界的问题。分就是分类、分离，形成等级关系。分与平相对，平是平等。满汉平等的实现，重要的是停止给予满族的特殊待遇，“夫优满，所以爱之者也，乃终适以害之”[①]。民族平等的关键是给予各民族以平等的国民待遇。这里的“各民族”包括所有民族在内，无论其是规模最大的民族，还是规模最小的民族；无论其信仰的是 A 宗教，还是 B 宗教；无论其是文化上的统治民族，还是被统治民族，均须一视同仁。优待统治民族的结果是统治民族成为众矢之的；同样，优待某一弱势宗教民族或规模小的民族终将爱之反害之。平等需要的是公平和公正，优待本身就有失公平和公正。优待会破坏平等原则，即使能够通过优待换得暂时的平等，但最终，由于公平和公正的缺失，暂时的平等局面一定会被打破。因此，只有平等才能维护民族团结，才能防止民族主义的发生。

满汉平等的说法甫一出现，便遭到其他派别思想家们的抨击。章太炎反对康有为“满汉不分”论，认为满族与汉族并非同种，“一切自异于域内，犹得谓之同种也耶”。他说：“若言同种，则非使满人为汉种，乃适使汉人为满种也。”[②]严格说来，章太炎所用语言并非政治学术语，而是带着感情色彩的革命演讲语言。如果把满族人民与汉族人民进行明确分界，进而排斥满族人民，这无异于割裂中华文明的历史。回到政治学本身来看，一种不平等无法用另一种不平等解决其自身的问题。不平等是遍及

---

① 严复：《〈法意〉按语》，王栻主编：《严复集 · 第 4 册 · 按语》，北京：中华书局 1986 年版，第 962 页。

② 章太炎：《驳康有为论革命书（1903 年 5 月）》，汤志钧编：《章太炎政论选集》（上），北京：中华书局 1977 年版，第 195 页。

世界的社会现象，虽然已存在数千年，但其本身早已遭到身受其害的客体的强烈反对。这些客体可以是个人，可以是社会，可以是民族，也可以是国家。不平等并非普适的政治价值，而平等是。因此，以不平等对待不平等是政治上的幼稚，只有以平等取代不平等才是政治的正确。

1902年，梁启超首次使用“中华民族”的概念，指出“我中华民族之有海权思想者，厥惟齐”①。“中华民族”概念出现后，经过杨度等思想家的使用，渐渐得到思想界的认可，成为公认的得到各界肯定的概念。不言而喻，中华民族涵盖了包括满族在内的所有生活在中国国土上的民族。按照近代政治语言来讲，它是一个真正的大群。这个大群只有实现群内的平等，才能彻底改变自己曾经固守的等级思维，把平等思想贯彻到国内和外交等各种政策中。

---

① 梁启超：《论中国学术思想变迁之大势》，《饮冰室合集 · 文集 · 第7册》，北京：中华书局2016年版，第21页。

# 第五章　自由思想与民本思想的融合

民本思想欲完成近代转型，必须融合自由思想。为何是“必须”呢？有两个原因：一是民本需要消极自由的思想，二是平等需要自由。诚如之前所论，民本思想固有积极自由的观念，但并未发展出消极自由的思想。也就是说，民本思想中存在的自由观念是不完整的自由观念，单一的积极自由观念无法帮助民本完成向民权或民主的转型。民本必须借助完整的自由思想，方能走完其近代转型之路。但实际上，民本思想近代转型之路并未如此行进。消极自由和积极自由是以赛亚·伯林提出的概念，是个人自由主义的观念。按照法国哲学家贡斯当的说法，个人自由主义说的是现代人的自由，国家自由或团体自由属于古代人的自由。

## 第一节　消极自由与民本思想的融合

中国传统民本思想是开放的，甚至可以说是分散的。所谓分散，是指民本思想并非固定在某一人或某几人的文集中，而是分布在儒家思想产生几千年来无数的思想家的文章或文集中。所谓开放，是指民本思想没有成为任人膜拜的只字不容更改的教义，而是不断融入新的观点。当然开放性意味着良莠都可以接纳，这便令君本思想钻了空子。从荀子提出“君为民本”，撼动“民惟邦本”之地位开始，到董仲舒主张“君为国本”，彻底封杀了民本思想，民本思想熬过了十几个世纪的寒冬。虽然中间偶有类似明末清初思想家那样的火花，但并未从根本意义上转变民本思想被君本思想压制的局面。传教士到来以及律劳卑事件的爆发，为近代中国带来了平等观念，正是从这个平等观念开始，思想家找到了理论上重塑民本思想辉煌的密匙。平等思想不是独立存在的，它须与自由互为条件。因此，睿智的近代思想家们始终重视对自由的研究。虽然他们并不知道消极自由的理论，但他们几乎都在积极主动地弥补消极自由这一思想理论的空白。

### （一）人人有自主之权与国家命运

近代思想家接受西方自由主义思想，主张维新，提倡“人人有自主之权”。何谓自主？胡其柱先生认为，从其掌握的资料看，“坚持儒家原则的知识分子，大都喜欢用‘自主’或‘自主之权’翻译‘liberty’”[①]。也就是说，自主就是 liberty（自由）。“人人有自主之权”是指人人平等地享有自由意志。这种“自主之权”可以是天赋的，也可以是法律保证的。它的出现对传统思想无疑是一种挑战。张之洞（1837—1909），号香涛，祖籍直隶南皮，人称“张南皮”。作为洋务运动的领袖，张之洞不是守旧派，他甚至积极支持过康有为的变法事业。但当康有为等人提出“人人有自主之权”后，张之洞便作了著名的《劝学篇》。文中，张之洞说：

“近日摭拾西说者，甚至谓‘人人有自主之权’，益为怪妄。此语

① 胡其柱：《清季改良与革命之争的思想缘起》，《人文杂志》2014 年第 6 期，第 90 页。

出自彼教之书，其意言上帝予人以性灵，人人各有智虑聪明，皆可有为矣。译者竟释为人人有自主之权，尤大误矣。泰西诸国，无论君主民主、君民共主，国必有政，政必有法；官有官律，兵有兵律，工有工律，商有商律；律师习之，法官掌之，君民皆不得违其法。政府所令，议员得而驳之；议院所定，朝廷得而撤之。谓之人人无自主之权则可，安得谓人人自主哉……至外国今有自由党，西语实曰'里勃而特'，犹言事事公道，于众有益。译为公论党，可也；译为自由，非也。若强中御外之策，惟有以忠义号召，合天下之心；以朝廷威灵，合九州之力，乃天经地义之道、古今中外不易之理。"①

如果"人人有自主之权"是天赋权利，那么它是自由理论的前提假设。前提假设中的人人有自主之权并非是事实上的实然状态，而是理论上的应然状态。应然无法通过实然证明其真实性，它是实然抽象化后得出的"善"的结论，因此，应然是一种正义。人们可以轻而易举地用社会中存在的"奴隶""童工"等现象否定"人人有自主之权"的实然，但"人人有自主之权"的应然就是用来反对"奴隶""童工"等非自由非平等社会现象的。人人有自主之权如果是法律条文，它一定是宪法的条文。法律保障公民的权利不受侵犯的同时，为自由划定了边界。己之自由与人之自由均有其法律的自由边界，二者都不能越过各自的边界，干扰对方的自由。也就是说，法律保障人民的消极自由不受侵犯，同时又谨防人的积极自由侵犯他人的消极自由。张之洞不是不懂自由，而是不愿自由破坏既定的君主专制统治秩序。因此，他极力掩盖自由的个人主义性质，强

① 张之洞：《劝学篇·正权第六》，苑书义等主编：《张之洞全集》第12册，石家庄：河北人民出版社1998年版，第9722—9723页。

调“强中御外”，以期把自由引上国家主义之路，使自由成为忠义的公论，为君主专制服务。显而易见，张之洞对自由的担心或恐惧，暴露了其早已了然自由将给腐朽的清政府带来什么。张之洞的文章发表后，遭到维新派领袖康有为的反驳。

> “夫人人有自主之权一语，今日欧美诸国，无论其为政治家，其为哲学家，议会之所议，报章之所载，未有不重乎是者……列国之名士……何一不言自由，何一不言平等，何一不言民权……若以人人有自主之权，为惨礉凶险，诬罔不道，犯上作乱，则诸人将为天下之罪人。何以声名遍及全球，各国争译其书……无他，公理之于全球，犹衣食之于吾身，不可一日无者。”①

康有为强调“人人有自主之权”是公理。何谓公理？康有为自诩是“在中国实首创言公理、首创言民权者”。他认为，公理“常与时势相济而后可行”，公理“今日万不能尽行”，如果现在行公理，“必即日至大同无国界、无家界然后可”②。康有为的公理是指具有普遍性的“必然之实”和“永远之实”，是应然。对人和社会而言，应然是自在，是人和社会出现之前便已存在的引导人和社会不断向善的法则。作为法则，应然具有普适性。它不为某个阶级或某个专制统治者而存在，而为所有人和社会的共同真理而存在。真理是应然，应然是真理的属性。康有为的公理就是社

---

① 康有为：《代上海国会及出洋学生复湖广总督张之洞书（1900 年 12 月 7 日）》，《康有为全集》第 5 卷，姜义华、张荣华编校，北京：中国人民大学出版社 2007 年版，第 328—329 页。

② 康有为：《答南北美洲诸华商论中国只可行立宪不能行革命书（1902 年 5 月）》，《康有为全集》第 6 卷，姜义华、张荣华编校，北京：中国人民大学出版社 2007 年版，第 314 页。

会科学领域的真理。真理是人所欲求，应然作为真理的属性早已存在。自由是应然，人生而自由是真理。自由是人和社会的原则，它先于人和社会而存在。人和社会不应追求自由，而应追求真理，追求“人生而自由”，追求“人人都有自主之权”。自主是应然，是原则，“人人都有自主之权”是必须追求的真理。但是，这个自主之权是否包含自由组织议会之权呢？

1900年7月26日，唐才常与八十余位同志大会于上海愚园南新厅，以“不承认通匪矫诏之伪政府，联外交，平内乱，保全中国自主”[1]为号召，组织了以容闳、严复分别为正副会长的“中国议会”。对此，时任湖广总督的张之洞颇不以为然。他说：

> “方今朝政清明，果有忠爱之心、治安之策，何患其不能上达？如其事可见施行，固朝廷所乐闻者，但建议在下，裁择在上，庶乎收群策之益而无沸羹之弊，何必袭议院之名哉？此时纵欲开议院，其如无议员何？此必俟学堂大兴，人才日盛，然后议之，今非其时也。”[2]

张之洞反对组织中国议会，认为其名不符，其时也非。一句话，中国议会的成立无正当性与合法性。议会作为民主国家政治权力架构设计中的一环，必须是以国家名义并且按照宪法的要求组织成立的。民间成立议会，既违宪又构成了对国家政权的危害。清朝是君主专制国家，没

① 郭廷以编著：《近代中国史事日志》(下)，北京：中华书局1987年版，第1090页。

② 张之洞：《劝学篇·正权第六》，苑书义等主编：《张之洞全集》第12册，石家庄：河北人民出版社1998年版，第9724页。

有宪法，也没有议会。维新派人士唐才常等人组织中国议会无疑有着在政治上督促清政府鼎故革新的愿望，但其背后复杂的政治利益关系或并非这位“浏阳二杰”①之一、33 岁的唐才常所能操控。随着“一切与清廷离心离德另立中央政府的阴谋一律停止，原本期待出兵期待重建政治权力中心的唐才常失去利用价值”，他的生命也走到了尽头，“8 月 22 日，(唐才常)在汉口被逮捕并立即处死”②。唐才常的死是维新派的重大损失，其死讯传来，中国议会便偃旗息鼓矣。但张之洞对中国议会合法性和正当性的批判牵动了康有为的神经。

> “国会者，立此会以兴中国者也，非发为议论以为采择者也。盖立国会者，各有宗旨，不必仿上议院，不必仿下议院，各有自由。暴君不可得而制，民贼不可得而夺者也。故地球之上，苟称为文明国者，其宪法所载，必使人人有立会之自由权。诚以会党者，国民之元气也。”③

国会并非会党，立会并非立国会，康有为偷换概念矣。张之洞反对中国议会其名不符，康有为用国会成立各有宗旨，偷换概念，用立会党为中国议会辩护，显然已经败给了对手。康有为的逻辑失败虽然令人遗憾，但其提及的“立会之自由权”却是民本思想近代转型中的重要理论，令人高兴的是，近代思想家早在二十世纪初便已知道运用这个理论。立

---

① 浏阳二杰，即谭嗣同、唐才常在长沙时务学堂做教习时的雅号。

② 马勇：《东南互保时期的郑观应》，《晋阳学刊》2010 年第 2 期，第 88 页。

③ 康有为：《代上海国会及出洋学生复湖广总督张之洞书(1900 年 12 月 7 日)》，《康有为全集》第 5 卷，姜义华、张荣华编校，北京：中国人民大学出版社 2007 年版，第 330 页。

会就是成立政党，会党在此仅指政治学上的政党。政党与国家相比，无疑是近代思想家所说的小群。若干有相似政治主张的小群可以组成大群，即主要政党。民主国家议会中，几个主要政党角逐议会席位，争取实现自己的政治主张。但对身处君主专制政体的近代思想家来讲，认识和了解政党的性质和功能固然重要，认识政党与自由的关系则更为重要，因为自由组党才是争取和保障民权的前提，以及民主政体成功的关键。没有政党，利益群体的权利便无法得到维护和有组织的申诉；没有政党，议会便无法通过政党竞争产生席位，进而无法组成政党内阁。但无论政党多么重要和关键，如果宪法未予自由组党的权利，自由组党便无法在一个国家合法实现。

对于“人人有自主之权”，康有为的学生梁启超解释得似乎更有道理。他说：

> “西方之言曰：人人有自主之权。何谓自主之权？各尽其所当为之事，各得其所应有之利，公莫大焉，如此则天下平矣。”[①]

各尽其所当为之事，各得其所应有之利，就是自由。当是时，自由的概念尚未在中国思想家观念中形成，梁启超只能借用中国传统公私观念表达其对自主之权的理解。“先王之为天下也公，故务治事；后世之为天下也私，故务防弊”[②]。从国家治理角度看，以天下为公是治事，以天下为私是防弊，“防弊者欲使治人者有权，而受治者无权，收人人自主之权，而

① 梁启超：《论中国积弱由于防弊（1896 年）》，《梁启超全集》第 1 册，北京：北京出版社 1999 年版，第 64 页。

② 同上，第 63 页。

归诸一人，故曰私”[①]。防弊就是私天下以为已用，用权力把本该属于每个人的自由变成一个人的自由，天下不再平等。可以看出，梁启超在1896年即其23岁之时便认识到了自由和平等的互为存在条件的关系。自由和平等同为政治哲学的应然存在，但均无法独存。也就是说，自由和平等均无法独自完成其应然状态，必须以对方为条件，才能真正步入应然状态。梁启超的认识是对民本思想近代转型的重大贡献，因为这个认识不仅清晰地勾画了自由与平等的关系，而且还把这个认识上升到权利，“地者积人而成，国者积权而立，故全权之国强，缺权之国殃，无权之国亡”[②]。人民的权利就是一个国家的权利，人人有权利的国家是强大的国家，部分人有权利的国家是受到祸害的国家，人民没有权利的国家是注定灭亡的国家。故梁启超说：

> “西儒之言曰：侵犯人自由权利者，为万恶之最，而自弃其自由权利者，恶亦如之。”[③]

梁启超引述的是个人权利的观点，实则却是由个人而及国家。个人与国家应有怎样的关系？个人自由不容侵犯亦不许自弃，这是民本向民权转变的关键因素，“故未有民不求自伸其权，而能成就民权之政者”[④]。民权是近代思想家追求的转型目标，而民权刚刚在中国萌芽之时，便与

① 梁启超：《论中国积弱由于防弊（1896年）》，《梁启超全集》第1册，北京：北京出版社1999年版，第64页。

② 同上，第65页。

③ 梁启超：《爱国论（1899年）》，《梁启超全集》第1册，北京：北京出版社1999年版，第275页。

④ 同上。

国家产生了联系。“民权兴则国权立，民权灭则国权亡”[①]，民权与国权相互依附，人民与国家互相依赖。梁启超用爱国来说明人民与国家的关系，人民如何才能爱国？首先，人民须知道有国；其次，人民须知道自己作为国民是国家的一份子；最后，也是最重要的，国家须用宪法保障人民的自由。从政治哲学角度看，自由是应然，人生来就须获得自由；从国家角度看，人民自由由宪法规定。实际上，宪法是依照人人生而自由的原则来规定人的自由权利。国家可以用法律的名义剥夺人民的自由权利，但无法用法律的名义剥夺人人生而自由这个原则。法律是特殊的，它会随着一个国家的消亡而失效和消失；人人生而自由是普适的，它不因某个国家而存在，它为人类和社会的平等而存在。但包括梁启超在内的近代思想家由于受到国家积弱、列强欺压等现实的困扰，几乎是不约而同地在认识到自由与个人关系之时，便把自由与国家命运挂上了钩。

### （二）西方自由思想与孔子思想的自由因素

近代思想家认识和了解了自由之后，进而探索自由与人和社会的关系。人生活在国家，立足于社会，都有哪些自由权利？如何行使那些权利？自由的人生活在自由的国家，活动于自由的社会，其自由的权利必须得到宪法保障。如果一个国家的宪法没有规定保护公民自由权利的条款，那么，这个国家的人民便没有相应的自由权利。因此，现代民主国家的宪法几乎千篇一律地宣布：该国人民具有新闻、结社、出版、信仰、游行等自由。近代思想家几乎也赋予了自由相应的内容。

---

① 梁启超：《爱国论（1899 年）》，《梁启超全集》第 1 册，北京：北京出版社 1999 年版，第 273 页。

“殊不知言论自由一义，为文明之国所最重。而政府当权之人，即担荷一国之责任，则一国人皆得监察而督责之。敌报纸在攻击政府，攻击官吏，乃报纸应行之义务，应行之权利，非政府官吏所得而禁之也。”[①]

言论自由是包括新闻自由、出版自由在内的人民表达自己意愿的权利。个人意愿是个人对学术、社会、经济、政治等事务的主张，它可以附和大众，亦可以独树一帜，外界无权干涉其内容，这样的个人意愿是自由的，这是言论自由。同样，新闻媒体如报纸、杂志等有权利表达自己独立的见解，外界无权干涉其内容，这是新闻自由。自由的个人言论可以公开发表在自由的媒体上，这是出版自由。言论自由、新闻自由、出版自由得到保障，独立而公正的见解得到传播，舆论监督方能成为现实。言论自由最大的社会政治作用就是实行对政府的舆论监督。近代思想家对舆论监督的认识早有体会，康有为上清帝书曰：“宜令直省要郡各开报馆，州、县、乡、镇亦令续开，日月进呈，并备数十副本发各衙门公览。虽乡校或非，宵旰寡暇，而民隐咸达，官慝皆知。”[②]他还曾总结报馆的四个好处。

“报馆之益，盖有四端：首列论说，指陈时事，常足以匡政府所不

① 康有为：《刘、张二督致英沙侯电驳词(1900年9月)》，《康有为全集》第5卷，姜义华、张荣华编校，北京：中国人民大学出版社2007年版，第268页。

② 康有为：《上清帝第四书(1895年6月30日)》，《康有为全集》第2卷，姜义华、张荣华编校，北京：中国人民大学出版社2007年版，第86页。

逮，备朝廷之采择，其善一也；胪陈各省利弊，民隐得以上达，其善二也；翻译万国近事，借鉴敌情，其善三也；或每日一出，或间日一出，或旬日一出，所载皆新政之事，其善四也……此报馆与民智、国运相关之大原也。"①

报馆固然有四善，但政府与报馆似乎是天敌。政府甚至民主国家的政府都对报馆等媒体的监督颇为忌惮，害怕由于媒体监督而失去自己的自由。政府作为政治权力的执行部门有没有自由？当然有。比如，政府部门有自由裁量权，可以自由运用其行政权力。行政权力至少需要舆论的监督来确保其合法运用。民本思想近代转型过程中，近代思想家发现了包括言论自由在内的足以保护人民权利的各类自由。当然，自由从未偏向某个群体，它光临人民之时，亦光临政府。腐朽的政府害怕舆论监督，但民主的政府欢迎之。自由能够保证受其保护的政府不受到非平等的对待。比如，言论自由保证舆论的公平，公平的舆论保证政府受到公平的对待。因此，政府不应妨碍言论自由，而须保护言论自由。民主制度的理论设计中，立法权、行政权、司法权三权分立，政府无法干涉言论自由。君主专制的社会，君主集各种权力于一身，人民没有言论自由，媒体也无新闻自由，更无监督政府的权利。1903 年，清政府为打击革命舆论，要求英美等国领事关闭位于上海租界的《苏报》馆，逮捕发表文章的邹容和章太炎，酿成"苏报案"。从自由角度看，此案无疑是政府对言论自由的干涉和破坏。对革命者来说，此案不仅涉及言论自由，更关系思想自由。

---

① 康有为：《请将上海时务报改为官报折代宋伯鲁作(1898 年 7 月 17 日)》，《康有为全集》第 4 卷，姜义华、张荣华编校，北京：中国人民大学出版社 2007 年版，第 331 页。

“文明之所以进，其原因不一端，而思想自由，是其总因也。”①

梁启超发现了思想自由与人类文明的关系。对民本思想的近代转型来说，这个发现具有里程碑的意义。近代以来，东方文明与西方文明屡屡碰撞，前者频频落败，令挣扎在等级的君主专制社会中的思想家们苦苦找寻原因，却久无结果。中国近代主要遭遇的是西方文明（欧洲文明）的挑战，那么，中西文明主要有什么差别？这个问题比较大，篇幅所限，加上与本书主题关系不大，这里只说结论。以色列著名政治学家艾森斯塔德著有《大革命与现代文明》一书，其中论述了世界几个主要文明与大革命的关系。

关于中国文明，艾森斯塔德说：

“儒家价值取向的主要精神是一种根据更高的超验取向来从这些社会关系看似自然的环境和它们的意识形态中去取得所需的意识，以及只有通过大量去神秘化和去魔法化的仪式、习得和冥想才能获得的一种适当的处世态度。”②

关于欧洲文明，艾森斯塔德说：

---

① 梁启超：《保教非所以尊孔论（1902 年）》，《梁启超全集》第 1 册，北京：北京出版社 1999 年版，第 767 页。

② 〔以〕S. N. 艾森斯塔德：《大革命与现代文明》，刘圣中译，上海：上海世纪出版集团 2012 年版，第 73 页。

> “在欧洲形成的不同的中心和集合体并不仅仅存在于一种适应性共生关系之中，而是往往成为一种复杂的但绝不是统一坚固的等级制度。在这种统治阶层中，没有一个中心是具有明确优势的，但很多中心追求的不仅是实际的而且也是意识形态的优越性和霸权。”①

一目了然，与中国文明相比，欧洲文明更具有扩张性。艾森斯塔德认为，欧洲文明没有形成一个固定的独具优势的势力中心，多数实力上旗鼓相当的势力中心不仅追求意识形态的统治地位，而且也追求实际的地理优势上的霸权。这就解释了很多欧洲国家拥有殖民地的原因。原因之一就是思想水平的优势。如果欧洲“没有一个中心是具有明确优势的”，那就是说它们的意识形态也维持在相对平均的水平线上。这种旗鼓相当的状态使欧洲无法容忍等级制，于是，不得不寻求国与国之间的平等和自由。相反，中国文明始终自成中心，早已习惯了等级制带给自身的满足感。等级制限制人民思想的自由，所有的素材（意识）只能从固有的意识形态中索取。进而形成固化的思想，阻碍思想自由的驰骋。中西文明的差异主要是自由和平等的认识差异。直到二十世纪初中国思想家才发现这一差异。如何改变这一差异？梁启超曾在孔子思想中发现“孔教平等主义”，同时，他还发现了孔子思想的自由内涵。

> “孔子作《春秋》，进退三代，是正百王，乃至非常异义可怪之论，阗溢于编中。孔子之所以为孔子，正以其思想之自由也。而自命为

---

① 〔以〕S. N. 艾森斯塔德：《大革命与现代文明》，刘圣中译，上海：上海世纪出版集团2012年版，第91页。

孔子徒者，乃反其精神而用之，此岂孔子之罪也？呜呼，居今日诸学日新、思潮横溢之时代，而犹以保教为尊孔子，斯亦不可以已乎？”①

民本思想是儒家思想的精华。民本思想的近代转型之路固然要学习西方思想中的精粹，但对思想家而言，这种学习仍须在儒家思想的框架内进行。超越儒家思想的框架，对思想家来说，就等于是失去了论证西方思想能否适用中国文化的理论根基。在近代思想家看来，西方思想的精粹无非平等、自由、权利等思想，而平等、自由思想如今皆从孔子那里找到，孔子之伟大不言自明。如此一来，孔教之设便无关保守主义，而且还能顺利完成中国传统文化与西方政治文明的和谐嫁接，为民本思想的近代转型保驾护航。梁启超还为孔教的内容做了限制——“进退三代，是正百王”，把战国及汉代以后的儒学排除在真正的孔学门外。梁启超把孔学限定在孔子自身的思想，一方面保证了孔学的纯粹性，另一方面摒弃了战国和汉代以后儒学保守专制的内容。因为只有这样，才能在孔学中找到足以与西方思想对接的成分和要素。有些当代学者认为，“三世”等主张本身就是回到过去的保守主义。但如果把这种观点与梁启超为孔教而布下的大局来看，便会了解其意并非仅在孔教，而在西方平等、自由、权利等思想与中国文化的融合。这样看来，所谓的保守主义只是表象，背后的思想融合才是主题。当然，梁启超强调孔子思想之自由，还有一层意思是反对所谓保教。

保教是信仰自由的反动。康有为保国会主张以“保国、保种、保教”

---

① 梁启超：《保教非所以尊孔论(1902年)》，《梁启超全集》第1册，北京：北京出版社1999年版，第768页。

为“论议宗旨”[1],保教便出自于此。保教即“保圣教不失”,圣教即孔教。梁启超本赞成老师康有为的保教主张,但由于接受了西方自由平等思想的熏陶,梁启超的思想与其师康有为渐行渐远。没错,康有为也了解西方自由平等学说,但其理解未达梁启超之深度。康有为谈保教,梁启超以“信教自由”反驳。

> “夫信教自由之理,一以使国民品性趋于高尚。(若特立国教,非奉此者不能享完全之权利,则国民或有心信他教,而为事势所迫强自欺以相从者,是国家导民以弃其信德也。信教自由之理论,此为最要)一以使国家团体归于统一(昔者信教自由之法未立,国中有两教门以上者,恒相水火),而尤其要者,在画定政治与宗教之权限,使不相侵越也。”[2]

信教自由即信仰自由,信仰自由一般指宗教信仰自由。戊戌变法之时,康有为主张设立孔教,梁启超亦著文赞成。但随着师徒二人政见渐相左,梁启超公开推翻自己之前的观点,主张信仰自由,反对保教。信仰自由是思想自由的重要组成部分,主张信仰自由,实际是争取信仰的权利。戊戌变法之后,梁启超的思想有了重要转变。其中之一就是不再把孔子思想视为孔教,而仅将其看作一种学说。他说:“他教惟以仪式为重也,故自由昌而仪式亡;惟以迷信为归也,故真理明而迷信替。其与将来

① 康有为:《保国会章程(1898 年 4 月 17 日)》,《康有为全集》第 4 卷,姜义华、张荣华编校,北京:中国人民大学出版社 2007 年版,第 54 页。

② 梁启超:《保教非所以尊孔论(1902 年)》,《梁启超全集》第 1 册,北京:北京出版社 1999 年版,第 767 页。

之文明，决不相容，天演之公例则然也。孔教乃异是，其所教者，人之何以为人也，人群之何以为群也，国家之何以为国也，凡此者，文明愈进，则其研究之也愈要。”[①]一句话，孔子思想是学说不是宗教。梁启超认为，既然孔子思想是一种学说，那么就应当采取思想自由的原则，用兼容并包的方式：

> “如佛教之博爱也、大无畏也、勘破生死也、普度众生也，耶教之平等也、视敌如友也、杀身为民也，此其义虽孔教固有之，吾采其尤博深切明者以相发明；其或未有者，吾急取而尽怀之，不敢廉也；其或相反而彼为优者，吾舍己以从之，不必吝也。又不惟于诸宗教为然耳，即古代希腊、近世欧美诸哲之学说，何一不可以兼容而并包之也。”[②]

梁启超主张以自由和开放的原则，汲取西方思想之精华，以济孔子学说之不足，以达尊孔之实。事实上，梁启超所言正是近代思想家为民本思想近代转型而设计的理论路径。包括康有为在内的近代思想家们固然在理论上无法齐头并进，但他们普遍接受了西方平等、自由、权利等思想，并将这些思想融入到传统民本思想中。就自由的思想而言，进步和前进永远是其方向。每一位近代思想家主观上都在追求完成一种好的适合中国国情的政治学说，后来的思想家之所以总能居上，恰恰是因为他站在了前人的肩膀上。发现了自由的思想家是伟大的，把自由限制

---

① 梁启超：《保教非所以尊孔论（1902年）》，《梁启超全集》第1册，北京：北京出版社1999年版，第769页。

② 同上。

在法律之下的思想家同样伟大。政治思想家的工作就是追求好的政治，就是寻求一种优良社会政治生活的获得途径。在这个意义上，近代思想家都是好政治的设计者。他们之间的差别无疑受到主客观条件的左右，这些因素造成他们对西方思想精华理解的偏差，进而导致他们在政治思想上的分道扬镳。就自由而言，近代思想家对其内容理解固有不同，他们对如何使用自由亦有不同看法。

### （三）自由边界的限制与保护

人是生而自由的，这是人的天赋自由权。但在社会生活中，两个同样享有天赋自由权的人如何平等地使用各自的自由权呢？无疑，平等是自由权使用的社会原则，离开平等，自由权将随心所欲。梁启超说：

“言自由者必曰：人人自由而以他人之自由为界。”①

梁启超认为，就自由来讲，放弃自由是第一罪，侵犯他人自由是第二罪。放弃自由等于主动制造了己与人的不平等，侵犯他人自由则是主动制造了人与己的不平等。放弃自由是侵犯他人自由的诱因，“苟天下无放弃自由之人，则必无侵人自由之人。此之所侵者，即彼之所放弃者，非有二物也”②。因此，梁启超强调自由之界，反对干涉他人自由，“放自由之有界也，自人人自由始也”③。人人自由是平等，平等是自由的条件，梁

① 梁启超：《自由书（1899 年）》，《梁启超全集》第 1 册，北京：北京出版社 1999 年版，第 348 页。

② 同上。

③ 同上。

启超亦认可之。梁启超对自由之界的认识来自西方思想家的理论，但具体是哪位思想家，他并未在此处提及。英国思想家约翰·密尔曾对自由之界有过论述。他说：

> “每个人既然事实上都生活在社会中，每人对于其余的人也就必得遵守某种行为准绳，这是必不可少的。这种行为，首先是彼此互不损害利益，彼此互不损害或在法律明文中或在默喻中应当认作权利的某些相当确定的利益；第二是每人都要在为了保卫社会或其成员免于遭受损害和妨碍而付出的劳动和牺牲中担负他自己的一份。”①

约翰·密尔说的是消极自由与积极自由。以自由边界看，消极自由的边界是自身不受侵犯，积极自由的边界是使他人免遭侵犯。约翰·密尔主张自由的边界，但他的主张与梁启超所言有很大区别。约翰·密尔认为，每个人都应谨守自由的边界，同时，如果社会中某人的自由边界遭到侵犯，每个人都有责任和义务去保卫该人的自由。保护自由是社会的责任，亦是人人的责任和义务。自由是私人的，但侵犯他人自由便越过了自由的边界，令整个社会受到其困扰。这时，帮助被侵犯自由边界之人便成了全社会的责任和义务。因为帮助别人就是在帮助自己。但不知为何，这种思想未能体现在梁启超所著的《自由书》中。受社会进化论影响，梁启超从自由的边界导出了“物竞天择，优胜劣败”，进而强调“争

① 〔英〕约翰·密尔：《自由论》，许宝骙译，北京：商务印书馆1959年版，第89页。

自存”[①]。争自存强调的是“充己力之所能及”[②]。中国古人讲“各人自扫门前雪，休管他人瓦上霜”，这是一种利己且排他的古老言论。“充己力之所能及”反映的就是“各人自扫门前雪”的理念，这种理念实际就是消极自由。梁启超在研究自由边界时发现了消极自由，遗憾的是，他没有认识到积极自由可以保护被侵犯的消极自由。由于忽略了个人积极自由的能力，包括梁启超在内的一些近代思想家从社会进化论中找到了足以增加信心的国家自强理论。

自强是人生活在社会、国家独立于世界的必要思想和态度，没有自强，人和国家均无法独立。自强诚可贵，但并非人人可以自强，每个国家都能够独立。生活不能自理的残疾人如何自强？自然资源枯竭的落后小国如何自强？当然，每个人、每个国家都不应放弃自强的观念，同时，整个社会、整个世界更应该主动提供自己的帮助，不让每个人或每个国家的人民的自由边界受到侵犯。消极自由受到侵犯，是指包括人为伤害和自然灾难在内的所有侵犯。此时，积极自由便应主动而起，承担自己的责任和义务。地震灾害发生时，震区人民的生命受到危害，消极自由受到侵犯。而地震救援等赈灾活动就是积极自由理念发挥作用的最好实例。对国家而言，发生地震灾害的国家是受灾国，国际社会鉴于受灾国消极自由受到侵犯，纷纷伸出援手，尽自己积极自由的责任和义务。

除梁启超外，严复亦有关于自由边界的论说。1903年，严复译《群己权界论》，也就是约翰·密尔的《自由论》。译文之外，严复添加了很多按语，来论说自己对自由的理解。

---

① 梁启超：《自由书(1899年)》，《梁启超全集》第1册，北京：北京出版社1999年版，第348页。

② 同上。

“但自入群而后，我自繇者人亦自繇，但无限制约束，便入强权世界，而相冲突。故曰人得自繇，而必以他人之自繇为界，此则大学《絜矩》之道，君子所恃以平天下者矣。”[①]

自繇，严复解释其本义就是“不为外物拘牵”。当自繇与群发生联系后，群即社会有多少人便有多少自繇。所有这些自繇，必须受到限制，以免发生冲突。而限制就是以“他人之自繇为界”。严复认为，这种状态就是中国所谓的絜矩之道。1895 年，严复作《论世变之亟》，曾把自由与絜矩相提并论，但强调两者并非一样，“谓之相似则可，谓之真则大不可”[②]。1903 年，严复作《〈群己权界论〉译凡例》，将自繇与絜矩之道相提并论，强调的是人人以他人自繇为界的状态。在严复看来，自繇和自由有何区别呢？严复认为：“由、繇二字，古相通假。今此译遇自繇字，皆作自繇，不作自由者，非以为古也。视其字依西文规例，本一玄名，非虚乃实，写为自繇，欲略示区别而已。”[③]自繇，英文是 liberty；自由，英文是 freedom。liberty 是指自由选择的权利，即严复所谓的“实”，有别于 freedom 无拘无束、自由自在的状态，即严复所谓的“虚”。但无论自繇还是自由，都无法与絜矩相提并论。只有当每个人都不侵犯别人的自繇，均固守自己的

---

① 严复：《〈群己权界论〉译凡例》，王栻主编：《严复集・第 1 册・诗文上》，北京：中华书局 1986 年版，第 132 页。

② 严复：《论世变之亟》，王栻主编：《严复集・第 1 册・诗文上》，北京：中华书局 1986 年版，第 3 页。

③ 严复：《〈群己权界论〉译凡例》，王栻主编：《严复集・第 1 册・诗文上》，北京：中华书局 1986 年版，第 133 页。

消极自由时，所呈现的那种状态才是絜矩之道。[1] 搞清楚这个问题，再来看严复所论的自由的边界。

严复并未论及约翰·密尔关于积极自由的内容。严复为何仅强调消极自由，而置积极自由于不顾？张师伟先生说："严复并未将西方语境中的'自由'的理由完整地输入，而是用救亡图存的思路与传统儒家思维惯性来解说'自由'，聚焦于人的自我实现及有效地救亡图存。"[2]忽略了积极自由，民本思想的近代转型之路便很艰难，因为自由思想不完整，人民也无法享受到完整的自由。这与民本思想的自由意识很像。民本思想只有暴君放伐的积极自由意识，完全不知不受干涉的消极自由为何物，因此民本思想只能始终存在于等级制之下。近代思想家理解了平等，也理解了自由，但当把自由应用于民本转型时，却放弃了引入起到保护消极自由作用的积极自由。单纯地限制自由的边界，却放弃了保护消极自由的责任和义务，这样的自由思想如果应用于立法工作，则无法形成消极自由受到侵犯时的保护思维，因此，也就无法形成相应的法律条款。虽然严复放弃了积极自由，但其对自由的边界的讨论还是非常深入，甚至从人的自由边界已经研究到人的言论自由的边界。

> "须知言论自繇，只是平实地说实话求真理，一不为古人所欺，二不为权势所屈而已，使理真事实，虽出之仇敌，不可废也；使理谬事诬，虽以君父，不可从也，此之谓自繇……是故刺讥谩骂，扬讦诪

---

① 有关絜矩与自由，见第五章第二节(一)国民与平等。

② 张师伟：《中国传统自由观与西方自由主义的相遇——严复自由话语结构的过渡性特征》，《探索与争鸣》2017年第6期，第122页。

张，仍为言行愆尤，与所谓言行自繇行己自繇无涉。”①

言论自由是近代思想家颇为重视的一种自由权。言论自由、思想自由、新闻自由、出版自由无外乎追求真理。真理和谬误是一对关联概念，追求真理，就是要反对谬误。追求真理与反对谬误均与自由权利密不可分。真理往往掌握在少数人手中是个脍炙人口的命题，但其本身能否称得上真理颇值得商榷。自由平等的社会中，个人权利受到保护，言论自由畅通无阻，真理有可能为少数人掌握；等级制的君主专制社会中，专制君主的权力不受约束，人民无法享有言论自由的权利，真理掌握在少数人手中就是掌握在君主手中，因为他是唯一的少数人。严复认为，追求真理“不为古人所欺”，是向传统思想的权威发起的挑战。古代圣贤给包括中国人民在内的全体人类留下了宝贵的精神财富，这些精神财富永远都是世界的宝藏。但就思想而言，古人的观点和论断是否能够跨越时代成为永恒的真理，则需要检验。检验必须是自由的、开放的，方法之一就是使用先进的科学研究方法和理论。以中国古代民本思想为例，它作为儒家思想的精华，以其为民谋利的原则，确实给人民带来过福祉。但民本思想本身缺乏平等、自由、权利观念，令其无法摆脱为等级的君主专制服务的宿命。“不为古人所欺”，是指人们要有思想自由，通过思考，得出自己的结论，以达到言论自由的目的。古人无法欺人，思想不自由，便无法跳出古人的窠臼，以达到言论自由。梁启超所说的“吾爱孔子，吾尤爱

① 严复：《〈群己权界论〉译凡例》，王栻主编：《严复集·第1册·诗文上》，北京：中华书局1986年版，第134页。

真理”[①]，表达的就是对言论自由的渴望。

威胁真理的还有权势。严复要求“不为权势所屈”。权势在任何社会都存在，如果没有言论自由，真理在权势面前就是待宰的羔羊。权势有可能是真理的掌握者，但权势令人害怕之处或许正在于此。真理是经过自由而公开的讨论，在不断否定的过程中得出的结果，“即使牛顿的哲学，若未经允许加以质难，人类对它的真确性也不会像现在这样感到有完全的保证”[②]。质难并非获得真理的必要步骤，但它却是获得真理的可靠步骤或充分条件。如果真理乃经过权势推广，纵然其为宇宙一等一的真理，但其过程已然违反了言论自由的原则。真理须通过何种机会“达到我们”，我们如何“行进真理”，是约翰·密尔关心的议题。他说：“奇怪的是，他们既已承认对于一切可能有疑的题目都应有自由讨论，却又认为有些特定原则或教义因其如此确定——实在是他们确信其为确定——故应禁止加以质难。”[③]权势的危险的力量便在这里。即便权势掌握了多数真理，但仅有的一次错误或可葬送人民、社会、国家的所有利益。有人或问：言论自由便可杜绝谬误的发生吗？言论自由无法保证获得百分之百的真理，但却是通往真理的必由之路。言论自由可以减少谬误发生的几率，可以增加防范谬误发生的手段和措施。梁启超和严复在讨论自由的边界时，均忽略了限制自由边界的积极自由。如果没有言论自由和思想自由，我们或将坦然接受他们留下的缺少了积极自由的限制自由边界的主张。如果依据这种主张研究政治、制定政策，那么，我们的

---

① 梁启超：《保教非所以尊孔论（1902年）》，《梁启超全集》第1册，北京：北京出版社1999年版，第770页。

② 〔英〕约翰·密尔：《自由论》，许宝骙译，北京：商务印书馆1959年版，第24页。

③ 同上，第25页。

政治或政策都将缺少积极自由的因素。

言论自由还有一个边界：出之仇敌的真理不可废，出之君父的谬误不可从。真理和谬误没有固定的所有人，无论接受与否，真理就在那里，谬误就在那里。如果没有言论自由，仇敌和真理定会被一起反对掉。真理掌握在仇敌手中也不能变成谬误，它始终是真理；谬误掌握在朋友手中也无法变成真理，它永远是谬误。真理就是真理，不在于其所有者是谁。养民、爱民是真理，不因思想家主张而成，不因专制君主提倡而废。言论自由可以保障所谓的异端发出自己的声音，阻止异端发声，就是在其自由的边界之内又画上了一条贴近其喉咙的界限。阻止异端的结果，“败坏最甚的还不是异端者的心灵。最大的损害乃在那些并非异端者的人，由于害怕异端之称，他们的整个精神发展被限制了，他们的理性弄得痀挛了”①。阻止和限制所谓的异端（如苏格拉底、基督教），阻止和限制的非仅异端本身，那些非异端者由于害怕和恐惧，往往选择避免与权势的正面冲突，进而导致真理渐行渐远。

限制言论自由的边界不是限制言论自由本身。限制言论自由的边界，是限制那些对人身的谩骂、攻讦，这些是对个人消极自由的侵犯，必须予以限制。相比消极自由，言论的积极自由意义在于它可以为消极自由提供保护，它可以保障人民的权利有机会获得真理的保护。

## 第二节　古代人的自由与国家民族

古代人的自由是法国哲学家贡斯当的概念，它是指国家或团体的自

① 〔英〕约翰·密尔：《自由论》，许宝骙译，北京：商务印书馆 1959 年版，第 38—39 页。

由。受客观环境影响，近代思想家在接受自由思想时，多选择将其与国家前途命运联系在一起，加以思考和讨论。自由，一般多指个人自由。近代英国著名历史学家、政治思想家约翰·阿克顿认为，所谓自由“意指这样一种自信，每个人在做他认为是自己的分内事时都将受到保护而不受权力、多数派、习俗和舆论的影响”①。但包括中国在内的近代民族国家由于饱受殖民主义和帝国主义的压迫，其思想家往往舍弃个人自由，而追求国家自由和民族自由，因为他们认为国家自由和民族自由才是解决外国势力压迫的有效途径。但约翰·阿克顿坚持个人自由的重要性："我们判断一个国家是否真正自由，最可靠的检验是看少数人享有多少安全。"②个人自由与国家、民族自由的关系确实值得思想家深思。那么，近代思想家是如何看待个人自由与国家自由关系的呢?

### （一）国家自由优先于个人自由

近代思想家对待自由往往会心生一种中国古已有之的态度，甚至认为这是中国玩剩下的，于是不免生出一些轻视。康有为在《德国游记》中说："妄人引言，甚且曰中国数千年不知自由之意味。夫自由也者，纵欲妄行之谓人生，即能不待教训，不待提倡，何至吾中国人之慧质而不知之乎？但吾国人日在自由中，譬犹饱者之不复求食，暖者之不复求衣耳。"③说中国人"日在自由中"，某种程度上是正确的。但是，这种自由是未经社会秩序和法律约束的自由，与西方自由思想强调的自由与社会秩序的

① 〔英〕约翰·阿克顿：《自由史论》，胡传胜、陈刚等译，南京：译林出版社 2012 年版，第 13 页。

② 同上。

③ 康有为：《德国游记（1904 年）》，《康有为全集》第 7 卷，姜义华、张荣华编校，北京：中国人民大学出版社 2007 年版，第 439 页。

法律上的结合大相径庭。不独康有为，很多思想家都有这种不顾真理的民族文化自大的陋习，他们给民本思想的近代转型带来的只能是肢解的、残缺的自由观念。事实上，民本思想早已表明，中国古代只有暴君放伐的积极自由意识。它历经数千年，也未成为一种思想，只是一种自由意识。不过，由于认为中国古代存在自由，而中国古代并无个人观念，于是，近代思想家选择国家作为自由载体，认为没有国家自由，个人自由也就没有意义。

> “然则自由之义，竟不可行于个人乎？曰：恶，是何言！团体自由者，个人自由之积也。人不能离团体而自存，团体不保其自由，则将有他团焉自外而侵之、压之、夺之，则个人之自由更何有也！”①

把自由分为个人自由与团体自由，是梁启超进步于康有为之处。梁启超认为，个人自由与团体自由的关系有两层含义：一是个人自由的集合组成团体自由；二是团体保护个人自由，离开团体，个人将无法享有自由。民本思想认为，人民是组成国家的三宝之一。人民由无数的个人组成，个人把自由权交给国家，便形成了国家自由的权利。假设一个国家的人口为零，其国家实际上已经失去了存在的价值。因为没有人口的国家便没有军队保卫领土，没有人口的国家也便没有政事可言。从民本思想角度看，人口是国家第一位的要素。这是梁启超的第一层含义。其第二层含义则有些复杂：国家和人民，到底谁保卫谁？梁启超的观点很明确，是国家保卫了个人自由，离开国家，个人将失去自由。华裔学者张灏

① 梁启超：《新民说(1902 年)·论学会》，《梁启超全集》第 1 册，北京：北京出版社 1999 年版，第 679 页。

认为,梁启超“不是不了解从个人独立意义上理解的自由,但他是如此全身心地关注国家的独立,以致他往往将任何有关个人自由的法规都看作是对他怀抱的集体自由这一目标的潜在伤害”[①]。张灏先生说得没错,梁启超当然了解个人自由,他仅是主观上为了国家独立而放弃了个人自由的坚持。

人是生而自由的,自由的人们通过契约组成国家。人们建立国家的目的是为共同抵抗自然灾害等个体无法承受的苦难。人们向国家交出他们的自由,并通过法律要求国家保障他们的权利。但人们向国家交出的自由,只是那些与消极自由有关的自由,人们保留着积极自由以防国家成为怪兽利维坦。民本思想产生于民智落后的先秦时代,尚且知道为人民保留暴君放伐的积极自由。这是民本思想的伟大,当然也衬托了近代思想家的浅陋。从自由角度看,个人和国家绝不是非此即彼的关系,如果承认人的天赋自由,就必须接受个人优先于国家的安排。个人优先于国家,意味着国家不会成为凌驾于人民之上的实体,不会造成人民与国家的不平等关系;意味着人民的消极自由得到尊重和保护,不会受到国家的侵犯。

离开国家和团体,人的自由依然存在。梁启超认为,离开团体,个人自由会遭受外来侵犯,个人自由将不复存在。这种认识或是其接受德国国家主义学说,转向国家自由主义的一个原因。民本思想认为,民众更易受到暴君的压迫和欺凌。这就是说,来自国内的对民众权利的危害更应得到重视。民本思想对国家和君主是警惕的,它保留暴君放伐的革命权就是对国家和君主的一种威慑。有国家存在,就有统治国家的人存

---

① 〔美〕张灏:《梁启超与中国思想的过渡(1890—1907)烈士精神与批判意识》,崔志海、葛夫平译,北京:新星出版社 2006 年版,第 137 页。

在。人民把自由交给国家，其实就是把自由交给了国家的统治者。国家如何保证统治者不会成为独裁者？独裁者和外来入侵者是否都会侵犯人民的自由？除制度设计外，个人优先于国家是对独裁者的最好防范。国家自由主义或许能在效率上超过个人自由主义，但约翰·阿克顿说："自由的进步不是模糊不清或没有限制，而是旨在达到这样的地步，即大众除了那些能从中受益的东西之外不受任何束缚；一个自由的国家在发展宗教、防止恶行或减轻痛苦方面可以做一些事，但比不上在遭遇重大紧急事件之时，牺牲个人某些权利或者某种集权的自由国家做得多；最高的政治目标有时应当服从更高的道德目标。"[①]尽管约翰·阿克顿坚称自己的个人自由主义观点，但显然他也赞赏集权产生的效率，并为个人优先于国家的原则留下了敞口。这表明，纵然是最优秀的政治学家，在面对个人与国家的问题上，也会衡量效率因素并以其为决策依据。因此，梁启超坚持国家自由主义自有其内在道理。另一位中国近代思想家严复与梁启超的观点相似。

> "特观吾国今处之形，则小己自由，尚非所急，而所以祛异族之侵横，求有立于天地之间，斯真刻不容缓之事。故所急者，乃国群自由，非小己自由也。"[②]

小己自由即个人自由，国群自由即国家自由。严复从国家现实状况出发，认为国家自由一定要优先于个人自由，才能驱逐外国殖民者，令中

---

① 〔英〕约翰·阿克顿：《自由史论》，胡传胜、陈刚等译，南京：译林出版社 2012 年版，第 27 页。

② 严复：《〈法意〉按语》，王栻主编：《严复集·第 4 册·按语》，北京：中华书局 1986 年版，第 981 页。

国以独立国家的姿态立于世界民族之林。严格说来，与其称之为一个思想家的论断，不如视其为政治家或历史学家的演说。严复确实是从历史出发，谈到自由的。他说："试读欧洲历史，观数百年百余年暴君之压制，贵族之侵陵，诚非力争自由不可。"[①]从历史事实上升到政治思想，力争自由似乎是欧洲历史的缩影。内忧外患的近代中国亦须力争自由，而且严复明确提出要争取国家自由。严复的结论引出一个问题：自由思想受历史事实左右吗？自由思想是抽象的，是无法得到历史事实验证的，如人人生而自由便无法在现实中找到实例。自由思想具有一般性，而历史事实无疑是特殊的，特殊无法决定一般。因此，严复从"异族之侵横"，中国要"立于天地之间"，便得出中国需要国家自由，国家自由优先于个人自由，这种推断似乎大有问题。上段已经说过，个人优先于国家是一条原则。尽管有时国家优先于个人在效率上更加突出，但问题似乎不在效率，而在自由。不妨先讨论国家自由何时可以优先于个人自由。

只有在宪法和法律下，国家的积极自由才能够优先于个人消极自由。所谓国家的积极自由是指国家强制权力行使的自由。国家强制权力是宪法和法律赋予政府等国家机构的特别权力，如戒严、救灾等。即使在民主国家，也无人可以阻止国家强制权力的行使。国家强制权力的行使受宪法和法律保护和监督，其触角所及或可侵犯个人自由的边界，即个人消极自由，但受效率的驱使，国家积极自由的行使受到宪法和法律的允许。美国9·11事件后，美国国防卫队取代当地警察在纽约曼哈顿各出入城隧道和桥梁承担了安全警戒检查的职责。过往车辆以及人员都要受到严格搜查，人民的消极自由无疑受到了侵犯。但这样的侵犯

---

① 严复：《〈法意〉按语》，王栻主编：《严复集·第4册·按语》，北京：中华书局1986年版，第981页。

是基于国家安全这个全体公民的共同利益，就威慑恐怖分子而言，它是有效率的。因此人民并不介意，反而非常配合。国家积极自由在这样的情况下侵犯人民的消极自由显然具有合法性。2008 年 5 月，中国四川汶川发生强烈地震，造成数万人伤亡，灾区人民在天灾面前束手无策，急需救援。中国人民解放军在中国共产党的领导下，根据国家宪法和法律，全力投入救灾，配合灾区政府解决基本的生命、物资、卫生、救治、安全等人民所必需的生活要素。从政治学角度看，天灾破坏了人民的基本生产、生活等社会秩序，侵犯了人民的消极自由。中国人民解放军在党的领导和宪法法律保障下的救灾活动是国家积极自由的体现，虽然从严格意义上讲，救灾工作肯定会介入灾民个人的消极自由，但这种介入一则受宪法法律保护，二则符合国家安全和人民利益，得到包括灾民在内的全国人民的称赞。从效率角度看，天灾造成人民生命和财产的严重损失。如果国家不行使积极自由，主动伸出援手，第一时间参与救灾和防疫，仅靠个人消极自由和积极自由的努力，震后卫生防疫、灾后重建等工作何时能够完成还是个未知数。而在国家积极自由的作用下，政府委派各省医疗救护机构，组成庞大的医疗防疫队伍，火速赶往灾区，控制疫情和病情。同时，命令各省与灾区对口支援灾后重建工作，用最快的速度恢复灾区人民的生产生活。国家积极自由的效率在 2008 年的中国是有目共睹的。国家积极自由在这样的情况下介入个人消极自由具有完全的合法性。如果在政治学理论设计中，只有个人优先于国家的原则，那么，国家积极自由的行使一定会受到宪法和法律的约束，人民的消极自由在受到天灾、恐怖主义等威胁时，便难以获得国家积极自由的保护。

国家积极自由虽能在特殊情况下、在法律范围内，优先于个人消极自由，但必须坚决止步于合法的个人积极自由。英国政治思想家以赛亚·伯林说:“‘自由’这个词的‘积极’含义源于个体成为他自己的主人的愿望。”[①]个人成为自己的主人,成为自己的统治者,“只要我相信这是真实的,我就感到我是自由的”[②],个人积极自由的极致可以是完全主观的,因此,它必须与思想自由发生联系,或者说,思想自由属于个人积极自由。我如果想要成为我自己的主人,我必须首先有思想自由的权利;其次,我须要表达自己的思想,要有言论自由的权利;最后,我须要实现我之所想,我须要行动自由的权利。政治思想家不能以任何借口,无论是国家的、民族的、社会的,都不能用来剥夺个人积极自由的权利。严复以国家图存自存为主张,倡言“小己自由,非今日之所急,而以合力图强,杜远敌之觊觎侵暴,为自存之至计”[③],正中当时社会切肤之痛,迅速得到各界共鸣。但是,由于包括严复在内的近代思想家无法辨析自由的种类,未能区别个人消极自由和个人积极自由的关系,往往一句“小己自由”便囊括了个人所有的自由,致使个人自由无法置身于民本思想的近代转型之中。而取代个人自由的,则是国家自由。此处须指出的是,民国成立后,严复作《天演进化论》,强调斯宾塞为“小己之利而后立群”说,认为国群自由和小己自由孰为先应“视时所宜用之而已”[④]。

国家自由取代个人自由进入民本思想的近代转型理路,致使个人自由思想无法成为近代民主政治构建中的必须选项。近代思想家放弃个人自由,选择国家自由,实际是受到了强权和强权思想的干扰。列强的

---

① 〔英〕以赛亚·伯林:《自由论》,胡传胜译,南京:译林出版社 2011 年版,第 179 页。

② 同上,第 180 页。

③ 严复:《〈法意〉按语》,王栻主编:《严复集·第 4 册·按语》,北京:中华书局 1986 年版,第 985 页。

④ 严复:《天演进化论》,王栻主编:《严复集·第 2 册·诗文下》,北京:中华书局 1986 年版,第 315 页。

军事外交干预、西方进化论学说的刺激，令近代思想家大呼“物竞天择，适者生存”或“物竞天择，优胜劣汰”。这些口号的背后强调的是自强思想，他们普遍认为，只有自强，才有自由。

## （二）国家自强与国家自由

对自强的认识来自对强权的理解。近代中国面对西方侵略，屡战屡败，从鸦片战争到庚子之役，西方国家无论大小，只要有意愿，便能在中国分上一杯羹。在这些贪婪的西方侵略者面前，清政府时期的中国无疑是羸弱者。而清政府面对的则是一个个大小强权。如何理解强权？梁启超说：

> “强权云者，强者之权利之义也。英语云 THE RIGHT OF THE STRONGEST，此语未经出现于东方，加藤氏译为今名，何云乎强者之权利，谓强者对于弱者而所施之权力也。自吾辈人类及一切生物世界乃至无机物世界，皆此强权之运行。故得以一言蔽之曰：天下无所谓权利，只有权力而已，权力即利也。”①

强权即强者对弱者所施之权力。此时的梁启超显然深受严复译作《天演论》影响，认为无论自然界还是人类社会，强者对于弱者，“其悬隔愈远者，其权力愈大而猛，此实天演之公例也”②。由此，他认为，强权与自由权就是一物，“要而论之，前此惟在上位者有自由权，今则在下位者

---

① 梁启超：《自由书（1899 年）》，《梁启超全集》第 1 册，北京：北京出版社 1999 年版，第 352 页。

② 同上，第 352 页。

亦有自由权。前此惟在上位者有强权,今则在下位者亦有强权,然则强权与自由权,决非二物昭昭然矣”[①]。这种认识实乃混淆了专制与自由、民主与自由、自由与平等的关系。君主专制制度下,专制君主固然掌握着无限权力,有着无限自由权,但这种自由是产生自专制权力的自由的独裁权力,称其为自由是对自由的歪曲和亵渎,它就是专制。民主制度下,人人平等,国家权力属于全体人民,理论上,国家并无在上位者和在下位者之分,并不存在所谓的下位者的强权。居上位者虽有更多荣誉,但理论上和法律上,其与居下位者同为平等的公民。如果认为居下位者有压迫居上位者的强权,实是对民主政治的误读。可以说,梁启超此时未明平等、自由,未明卢梭。他说:“则知自由云者、平等云者,非如理想家所谓天生人而人人界以自由平等之权利云也。”[②]他认为自由平等来自强权,国家必须争取强权。

梁启超把强权与国家联系在一起,认为“群群之强相等,然后群群之权相等”[③]。梁启超把强权理论与康有为的三世说相结合,发明“三界说”。指出,第一界即据乱世,人人无强权,人人平等;第二界即太平世,有人有强权,有人无强权,故不平等;第三界即升平世,人人有强权,人人复归平等。这是一国之内的强权。国与国之间的强权如何认识呢?梁启超认为,“若此群对于他群,而所施之强权之大小,又必视两群之强权以为差,必待群群之强相等,然后群群之权相等”[④]。真的是这样吗?如果把国家间关系比作毫无理性原则的不同动物种群的关系,强权理论或

---

① 梁启超:《自由书(1899年)》,《梁启超全集》第1册,北京:北京出版社1999年版,第353页。

② 同上。

③ 同上。

④ 同上。

许不错。但人与人之间、国与国之间的关系实受理性原则支配，这点从十七世纪《威斯特伐利亚和约》之签订便可证明。清政府作为专制主体，不知此条约，尚可；梁启超作为近代思想家，不知何为自由，不可。因为后者传播的思想对中国社会和知识界的影响非常深远。

国家自由不能以物质实力尤其是军事实力为基础。“群群之强相等”，是指国家之间欲达到平等的自由必须拥有同等的实力。卢梭提出人人生而平等和自由的命题，推而至国家，国家与国家也应无条件享有平等的自由。人的自由是与生俱来的，国家自由亦应如是。诚然，国家有大小之分、强弱之别，但国与国之间在主权问题上是平等的，它们的自由也是平等的。很显然，欧洲已经存在的主权平等的国际秩序体系并未在观念上影响近代中国主流思想家。如果按照梁启超的说法，国家只有在“强”相等后，才能“权”相等，那么，国际社会或将永远是等级制的，因为很多小国弱国永远无法与超级大国比肩。小国弱国欲在国际上立足，必须与最大的超级大国享有平等的自由。理论上，每个国家在成立时都有独立权和自由权，都与其他国家平等。虽然事实上找不到如此精确的平等的自由，但理论上的规定可以保证国际法按照平等原则维护每个国家的自由和独立。强权如果是国家自由，那么，最小的强权和最大的强权之比，实际上就是最小的自由和最大的自由相比。国家自由可以有大小之分吗？

国家自由是抽象的存在，无法用数量、规模衡量其状态。如果用大小衡量国家自由，那么，就自由而言，大者肯定比小者有着更多的自由。但是，自由与平等互为条件。国家自由之大者与国家自由之小者之间显然没有平等的基础。它们之间缺乏平等条件，它们之间便无自由可言。亡于清末的宗藩体系是中国特有的等级外交制度。中国作为宗主国接受藩国的进贡，为藩国敕封，允许藩国入境贸易，往往加倍回赠赏赐之物，但一般很少染指藩国具体内政。宗藩体系建立在等级制基础上，对宗主国而言，藩国没有敕封本国国王的自由权，这个权利归中国皇帝所有。虽然这个权利仅具有象征意义，但其依然让渡了国家的平等权，使宗主国和藩国成为事实上的等级关系。可见，没有平等，自由便无存在条件。反之，亦然。国与国之间无平等，便无自由；国与国之间无自由，亦无平等。因此，每个国家都有国家自由，国家自由无大小之分，国与国之间有着平等的自由权，这个自由权与国家大小、强弱无关，它天然是平等的。两年后，梁启超作《卢梭学案》，对卢梭理论如梦方醒。直言："卢梭所最致意者，不在于实事之际，而在事理之所当然。"[①]但这个纠正来得有些晚，前期文章所阐述的理论已然造成极大影响。与梁启超相比，严复对强权有着自己的理解：

> "故英美法者，既富而后强从者也。而德意志图强而后为富者也。"[②]

严复通过历史的角度，发现国家可以先图富后图强，也可以先图强后图富，各自都有成功先例。图强就是争取国家自由，争取国家自由与争取财富并无先后秩序之分。由于怀疑卢梭的天赋自由论，严复对国家自由之所出颇为疑惑。事实上，这也是近代思想家早期的共同疑惑。政

---

① 梁启超：《卢梭学案(1901)》，《梁启超全集》第1册，北京：北京出版社1999年版，第504页。

② 严复：《〈法意〉按语》，王栻主编：《严复集・第4册・按语》，北京：中华书局1986年版，第984页。

治思想的价值观念无法准确地在历史中得到还原，它的理论前提是假设的，它是人类思想的成果，它指导的是国家和社会政治制度的设计、运行。自由是天赋存在的，国家自由亦如此。国家自由和国家富强没有孰先孰后之争，因为国家自由先于国家而存在。如果承认国家富强之后方能有自由，那么，人类必然要在等级专制之路走上更长一段时间，或是永远。因为从中国五千年历史便可看出，以中华人民共和国成立为时间节点，自由和不自由哪个时间段更长便可一目了然。国家自由是原则，这条原则来自国家平等。国际上，只有承认国与国关系是平等的，国家自由才能被同时认同。这就是说，国家自由虽然是天赋的国家权利，但承认国家平等是这个权利获得的条件。近代从律劳卑事件起，直至庚子之役，清政府失败或可归咎为军事原因，但其政治原因或政治思想原因却是最主要的。那就是：拒绝接受平等思想。拒绝承认国与国平等，国家自由自然不会到来。

由于无法理解天赋自由的理论，近代思想家主张自强以实现自由。何谓自强？严复曾提出“自强之本”说，指出“鼓民力、开民智、新民德”[①]，以实现自强。他认为，三者中“新民德”最难。所谓新民德，是指中国固有之民德不讲“言信行果”，“言信行果仅成硁硁小人，君子弗尚也”。但西方与此相反。他说：“西之教平等，故以公治众而贵自由。自由，故贵信果。”[②]严复主张，通过新民德，令政府和人民皆养戍诚信习惯。自由重诚信，平等重自由。新民德在于形成中国人自由平等的观念，中国人之自强便在这里。自强来自新民德，民德非指个体道德，而是指团体道德。

---

① 严复：《原强修订稿》，王栻主编：《严复集·第1册·诗文上》，北京：中华书局1986年版，第27页。

② 同上，第31页。

自强与团体自由画上了等号。团体自由不同于严复常说的“小己自由”，而是以“民”为单位的集体的自由。严复认为，新民德之后，便要行“合天下之私以为公”之道，“设议院于京师，而令天下郡县各公举其守宰”[①]。一句话，行代议制，化私为公，以成就公，“欲民之忠爱必由此”。可见，自强之目标是为国，非为个人。

### （三）野蛮自由与文明自由

自由有多种分类，如国家自由、国群自由、团体自由、个人自由、小己自由等。但自由按其性质如何分类呢？梁启超曰：

> “人各有权，权各有限也。权限云者，所以限人不使滥用其自由也。滥用其自由，必侵人自由，是谓野蛮之自由；无一人能滥用其自由，则人人皆得全其自由，是谓文明之自由。非得文明之自由，则国家未有能成立者也。”[②]

自由是人人平等拥有的权利，自由权受自由边界和法律的限制。突破自由边界，侵入别人自由领域为野蛮自由；各自谨守自由边界，每个人的自由都完整地得到保护，是为文明自由。从自由角度看，野蛮和文明以自由边界为限，突破为野蛮，保持为文明。近代思想家与当代政治思想家不同，他们普遍认为中国古代的人民享有自由，而且还是很大的自

---

① 严复：《原强修订稿》，王栻主编：《严复集·第1册·诗文上》，北京：中华书局1986年版，第31—32页。

② 梁启超：《论政府与人民之权限（1902年）》，《梁启超全集》第2册，北京：北京出版社1999年版，第883页。

由。梁启超也赞同这种观点，他归纳这种自由的特点是有自由之俗，无自由之德，“自由之德者，非他人所能予夺，乃我自得之自享之者也”[1]。而自由之俗，即习俗的自由，“恃官员之不禁耳，一旦有禁之者，则其自由可以忽消灭而无复踪影”[2]。习俗的自由即自由之俗，也就是野蛮之自由；自由之德即文明之自由。可见，梁启超所谓的“野蛮”并非人类进入国家之前的状态，而是在国家状态中，自由不受法律保护的状态。野蛮和文明之别就是：宪法和法律规定的自由边界。

近代思想家意识到民本思想缺少保护自由边界的理念。民本思想提出了很多促进民生的概念，如养民、牧民、保民、爱民、教民、利民等，这些大约可统称为“仁政”。仁政无疑是善的，但中国历史上很少有人民会感受到“仁政”之善。为什么呢？梁启超说：“治人者有权，而治于人者无权。其施仁也，常有鞭长莫及、有名无实之忧，且不移时而息焉。”[3]治人者，统治者也；治于人者，被统治者也。统治者掌握权力，统治着毫无权力的广大人民。统治者负责分配手中的权利给被统治者，作为被统治者的广大人民除等待雨露滋润外，对即将到来或不能到来的权利无可奈何。君主专制下的民本思想虽然不乏令人眼前一亮的闪光点，但其甘于置身君主专制的制度框架，不能跳出等级制的束缚，亦是该思想最大的败笔。由于民本思想仅交给了广大人民暴君放伐的自由革命权，尚未形成完全的自由意识，故无法为“仁政”提供一条自由边界。由此，也令“仁政”成为统治者自诩的资本，尽管广大人民在多数时间内都无缘得见何为“仁政”。

---

① 梁启超：《十种德性相反相成义（1900 年）》，《梁启超全集》第 1 册，北京：北京出版社 1999 年版，第 429 页。

② 同上。

③ 梁启超：《论政府与人民之权限（1902 年）》，《梁启超全集》第 2 册，北京：北京出版社 1999 年版，第 883 页。

近代思想家为人民争取文明自由的努力是共通的。文明自由是立宪派所欲耳，亦是革命派所欲耳。

近代思想家大多认为中国古代存在自由。

自由必须与平等互为条件，没有平等，便谈不上自由。而中国古代一直处于等级制的君主专制之中，未曾有过真正的平等，何来自由？当然，有些思想家认为中国古代是一人专制，一人之下，皆奴隶，皆平等。但这不是平等，是不平等，是一人对其他人全体的不平等。自由是一个学术概念，它有严格的学术定义。随心所欲，天马行空，皆自由，但这种自由并非政治学的自由。政治学的自由以平等为条件，受平等束缚。在一个社会中，自由往往受宪法保护，并被宪法和法律严格规定。婚姻生死，不报于官，是社会和国家管理上的漏洞，不是自由。往来自如，为所欲为与自由并无关系，充其量就是放任的社会状态而已。

自由并非乖乖女，如果没有宪法和法律，它会是一个无拘无束的顽童。自由本身并不知道其边界在哪里，对边界的侵犯可谓习以为常。这样的自由就是野蛮自由。野蛮自由作为自由的性质，不会转变为文明自由，只要宪法和法律存在，野蛮自由便存在。野蛮自由和文明自由是理论概念，分别描述的是自由被侵犯与被保护的抽象状态，而且，“非得文明之自由，则国家未有能成立者也”。

梁启超所说的“国家未有能成立者”，指的是没有文明自由，国家无法走入近代。他认为，两千年前孔孟倡仁政“为独一无二之大义”，但时至二十世纪初，“经二千年之涵濡进步，俨然弃童心而为成人，脱蛮俗以进文界矣。岂可不学自养自治之道，而尤学呱呱小儿，仰哺于保姆耶”①。

---

① 梁启超：《论政府与人民之权限（1902 年）》，《梁启超全集》第 2 册，北京：北京出版社 1999 年版，第 883 页。

没有文明自由，中国无法走入近代。从民本思想角度看，没有自由亦无法完成民本思想的近代转型。但自由并非包治百病的神药，有时，它更是一把双刃剑。如何驾驭自由，把自由安置在一个公平、正义、平等的氛围中，让自由促进社会公平、正义、平等呢？梁启超的解决方案就是区别自由为野蛮与文明两类。“滥用其自由，必侵人自由”，即野蛮自由；“无一人能滥用其自由，则人人皆得全其自由”，即文明自由。

野蛮自由有些类似以赛亚·伯林所谓的积极自由，但仅类似而已。积极自由回答的是“谁是主人”[①]的问题。侵人自由是侵犯了他人作为主人的权利领域，用自己的积极自由干预了他人的消极自由，即“我在什么范围内是主人”[②]。消极自由规定了权利领域，积极自由为此权利领域寻找主人。前面论述过，国家的积极自由可以在宪法和法律下干预个人的消极自由，积极自由与消极自由是有联系的。以赛亚·伯林也说：“历史地看，‘积极’的与‘消极’的观念并不总是按照逻辑上可以论证的步骤发展，而是朝不同的方向发展，直至最终造成相互间的直接冲突。”[③]但是，梁启超的野蛮自由与文明自由却是一对完全对立的、非此即彼的、无法产生内在联系的概念。

野蛮自由与文明自由之间存在着一条衡量标准：个人自由是否遭到侵犯。得到肯定答复的就是野蛮自由，反之，就是文明自由。因此，野蛮自由与文明自由之间有一道鸿沟，但并无联系。侵犯个人自由的野蛮自由，可以是积极自由也可以是消极自由。“成为某人自己的主人”的积极

---

① 〔英〕以赛亚·伯林：《自由论》，胡传胜译，南京：译林出版社2011年版，第37页。

② 同上。

③ 同上，第180页。

自由与“不受别人阻止地做出选择”[①]的消极自由，可以同样侵犯他人的自由。因为消极自由不是拒绝做出选择，而是拒绝别人干预自己的选择。野蛮自由既然涵盖了积极自由与消极自由，那么，“人人全其自由”的文明自由就是既不受积极自由也不受消极自由干扰的自由。这样的自由是一种绝对意义上的自由，近代无政府主义者追求的正是这样的自由。但是，民本思想近代转型之际，这样的自由适合当时的转型社会吗？

民本思想追求的不是绝对自由。近代无政府主义者主张排斥政治，追求绝对自由，刘师复是其代表人物。他曾说：“凡有政府之世，人民必无真自由。”[②]政府成为自由的反动者，取消政府，才能获得绝对自由。民本思想在近代转型过程中，追求的不是无政府，而是如何建构好的政治以实现优良的社会政治生活。民本思想的转型过程离不开对国家和政府的依赖，其所追求的自由一定是在具体政治体制下的自由，而不是脱离政治体制的无限制的绝对自由。既然无法脱离一定政治体制的束缚，既然追求的不是绝对自由，那么，民本思想近代转型便无法与文明自由对接。

文明自由是无法在政治体制下实现的绝对自由。相对于野蛮，文明无疑是令人愉快的词汇，可以予人无限愉快的想象。如果不经分析，梁启超等人提倡过的“文明之自由”或应当被后人视为圭臬。试问：“人人全其自由”的社会能够在一个国家内存在吗？有国家，便有宪法和法律。宪法和法律在规定公民自由的同时，还会作出限制公民自由的规定，比如，前面已经论述过的戒严等。戒严即国家积极自由限制个人消极自

---

① 〔英〕以赛亚·伯林：《自由论》，胡传胜译，南京：译林出版社 2011 年版，第 180 页。

② 刘师复：《政治之战斗（1913 年 8 月 20 日）》，唐仕春编：《中国近代思想家文库·师复卷》，北京：中国人民大学出版社 2015 年版，第 55 页。

由，也就是说，公民在戒严时无法“全其自由”。那么，请问，这样的自由是文明自由吗？应该说，文明自由的绝对性限制了其与国家政治体制的联系。民本思想转型所追求的国家政治体制是近代民主国家形式，这样的国家政治体制有英国的立宪君主制、美国的总统制等，它们基本都是宪法指导下的代议制。尽管英国没有成文宪法，但并不妨碍其代议制背后的宪政精神。各国宪法在规定公民自由的同时，也相应限制了公民的部分自由，如公民年满十八岁方有选举权等。也就是说，宪法具有限制公民自由的能力，在宪政体制下，公民人人“全其自由”的理想永无实现的可能。因此，梁启超等人提出的具有绝对性的“文明之自由”便无法在一国的政治体制下实现。文明自由虽然是近代思想家思想中的亮点，但受其绝对性束缚，这个亮点无法与民本思想转型之路同行。

# 第六章　权利思想与民本思想的结合

平等、自由、权利等观念并非按照这样的顺序进入中国。平等和自由本身就是权利，但它们更是政治思想的原则。权利虽然包括平等权和自由权，但并非仅止于此二权。近代中国思想家认识和接受了权利思想之后，便想方设法把这种思想融入民本政治中。民本政治充斥着义务观念，但对权利思想完全陌生。民本政治要想补上权利这一缺憾，必须首先引入平等和自由思想，然后才能清楚何为权利。权利是抽象的，但一经与政治过程结合就有了具体内容。权利来自哪里？权利属于谁？如何分配权利？如何使用权利？有关权利的问题数不胜数。

## 第一节　国家与政治权利的获得

清末，人民对权利观念的觉醒给等级制的君主专制社会带来的是不尽的震荡。社会震荡往往会刺激思想家们的神经，激发他们的天才想象。因此，近代思想家不会失去这样的机会。起初，权利对大多数思想家来说，都是陌生的字眼。但随着西学东渐的深入，西著汉译、办报办杂志办学校等事业的推进，权利这个曾经陌生的字眼变得不再陌生，民权等词汇成为思想界和智识界人人皆知的术语。不过，虽然民权渐渐成为常识，但立宪派、革命派等派别的思想家往往因这两个字打得不可开交。

当然，这里的“打”是文斗不是武斗。“民权”的文斗是从民权、君权、国权的分类开始的。权利属于谁？谁会占有谁的权利？

## （一）权利来源与归属

权利属于谁？属于个人、人民、君主还是国家？对此问题的不同回答代表着不同的政治学说的各自定位，如《人权宣言》代表个人权利、《社会契约论》代表人民权利、马基雅维利的《君主论》代表君主权利、霍布斯的《利维坦》代表国家权利。近代思想家接触权利观念后，提出了民权、君权、国权三种权利主张。康有为自诩是中国“首创言民权者”①，但他或许也是第一个“反对民权”的思想家。

> “故今之言议院、言民权者，是助守旧者以自亡其国者也。”②

戊戌之际，康有为采用“以君权治天下”的主张为策略，与守旧派周旋。他认为，西方将国权交与议院的做法，在中国行不通。中国与西方的“国势、民情、地力”均不一样，无法套用西方的制度。甚至将“九卿、翰詹、科道会议”与“公车诸士会议”比作“西人之上下议院”，认为“中国惟有以君权治天下而已”③。扬君权，抑民权、国权，康有为戊戌维新时期的思想看来仅存些废八股的“新政”了，似乎并无近代政治思想启蒙的味道。他主张废八股，招致守旧派的反对，认为废八股就是废四书就是焚

---

① 康有为：《答南北美洲诸华商论中国只可行立宪不能行革命书（1902年5月）》，《康有为全集》第6卷，姜义华、张荣华编校，北京：中国人民大学出版社2007年版，第314页。

② 康有为：《答人论议院书（1898年7月9日）》，《康有为全集》第4卷，姜义华、张荣华编校，北京：中国人民大学出版社2007年版，第326页。

③ 同上。

书坑儒。他反对议院、反对民权，实际是反对这些守旧派成为议员。正因如此，他主张以君权治天下。从康有为的这些主张看，此时的他似乎并未理解何为民权、何为议会、何为议会政治。大错矣。康有为只是为君权而扬君权。作为近代启蒙思想家，他对西方政治学说可谓鞭辟入里。就在反对民权的同月，康有为向光绪皇帝进呈《法国革命记》一书，用法国皇帝路易十六的悲剧警告光绪皇帝，认为如果“明定宪法，君民各得其分，则路易十六必有泰山磐石之安”[①]。足见康有为对宪政的了解不一般。而且，他亦主张开国会、行宪政。礼部侍郎阔普通武奏请开国会后，大学士孙家鼐明确反对，认为开国会，则“民有权而君无权”。可见，清末高层官僚对宪政的理解也有一定深度。光绪帝回复孙家鼐曰：“朕但欲救中国耳，若能有益于国民，则无权何害？”[②]康有为闻之，感激涕零，至此把光绪帝比作尧舜禹汤，终身敬爱之。可见，康有为能从维新派走到保皇派，其中夹杂的个人感情因素不可忽视。当然，康有为感激涕零还有一个原因，那就是阔普通武的奏折是其代作的。折中言曰：“立行宪法，大开国会，以庶政与国民共之，行三权鼎立之制”。[③] 可见，戊戌之际，康有为主张的是君民共同拥有权力，君权在，民权亦在。他甚至在《大同书》中提出“权在公民”。

“今日国事，利害至明，权在公民，非若古者战国时之权在君相，

---

① 康有为：《进呈〈法国革命记〉序（1898 年 7 月）》，《康有为全集》第 4 卷，姜义华、张荣华编校，北京：中国人民大学出版社 2007 年版，第 372 页。

② 康有为：《谢赏编书银两乞定开国会期并先选才议政许民上书言事折》，《康有为全集》第 4 卷，姜义华、张荣华编校，北京：中国人民大学出版社 2007 年版，第 389 页。

③ 康有为：《请定立宪开国会折代内阁学士阔普通武作（1898 年 9 月）》，《康有为全集》第 4 卷，姜义华、张荣华编校，北京：中国人民大学出版社 2007 年版，第 424 页。

得以听一二人之言议，因一二人之利害而散其纵也。”[1]

康有为的公民定义之前介绍过：“人人有议政之权，人人有忧国之责，故命之曰公民。”[2]权在公民之“权”，如果按照定义理解，当为“议政之权”；若按“权在君相”理解，当为统治权。如果按国体理解，前者为立宪君主制，后者为共和制。难怪康有为有“百年内不为民主共和，亦必成君主立宪之体”[3]之语。当然，康有为主张的共和是虚君共和，这个后面会有论述。

戊戌之际，康梁师徒二人关于议院权利的观点相同。1896 年，梁启超作《古议院考》，指明设立议院的意义在于“君权与民权合，则情易通”[4]。君权与民权融合，合二为一，国家上下相通，平等且自由。不过，梁启超并不赞成当时即开议院，他主张须先办学校以开民智，然后议院可成。他以欧洲为例，指出权利交与人民符合公理。

“欧洲各国，土地之沃，人民之赜，物产之衍，匪有迈于中国也。而百年以来，更新庶政，整顿百废，始于相妒，终于相师，政治学院，

---

① 康有为：《大同书》，《康有为全集》第 7 卷，姜义华、张荣华编校，北京：中国人民大学出版社 2007 年版，第 131 页。

② 康有为：《官制议（1903 年）》，《康有为全集》第 7 卷，姜义华、张荣华编校，北京：中国人民大学出版社 2007 年版，第 267 页。

③ 康有为：《大同书》，《康有为全集》第 7 卷，姜义华、张荣华编校，北京：中国人民大学出版社 2007 年版，第 131 页。

④ 梁启超：《古议院考（1896 年）》，《梁启超全集》第 1 册，北京：北京出版社 1999 年版，第 61 页。

列为专门。改政之权，逮于氓庶。故其所以立国之本末，每合于公理。”[①]

氓庶，《中文大辞典》解释为“田野之民”。改革政治的权利交与田野之民、普罗大众，是合乎公理的立国之本。这是西方民为国本之法，“不戾于吾三代平天下之义”[②]，与中国三代之法无甚差别。从君权民权合到氓庶改政之权，可见，近代思想家对西方政治的推崇并未固定守一，而是多方探究。君权民权合是典型的立宪君主政治；而氓庶改政乃平民政治即共和思想。联系到康有为亦有同样的思路，因此，近代思想家在认识到君主专制之落后与危害之后，首先在权利归属即权力同属君民还是仅属民的问题上展开了思考和论证。细究之下，梁启超发现了一个问题。

“压力之重，既不如从前之欧美日本，而柔静无为之毒，已深中人心，于是压力动力侵淫至于两无，以成今日不君权不民权之天下。”[③]

结合中国现状，参考西方政治，梁启超无法按照西方政治学之种类把中国晚清政治归类。“不君权不民权”是指中国晚清政治既不属于君主专制也不属于民主共和。从政治学意义上讲，清代政治无疑是君主专

① 梁启超：《〈西政丛书叙〉(1897年)》，《梁启超全集》第1册，北京：北京出版社1999年版，第137页。

② 同上。

③ 梁启超：《说动(1898年)》，《梁启超全集》第1册，北京：北京出版社1999年版，第176页。

制政治。但晚清的政治情况确实非常特殊，列强入侵、割地赔款、港口开放、洋人管理海关税收、领事裁判权、太平天国和义和团等各种民间宗教邪教充斥。可以说，晚清政府在辛亥革命之前，至少有两次现国已不国之态，政治羸弱已臻极致。因此，从现实上看，晚清君权的至高威慑力已濒消失殆尽，而民权尚未整理一致，形成合力，故有“不君权不民权”之论。欲改变这种社会状态，就必须在君权与民权之间做出选择。梁启超选择后者。

> “今之策中国者，必曰兴民权，兴民权斯固然矣。然民权非可以旦夕而成也。权者生于智者也……昔之欲抑民权，必以塞民智为第一义。今日欲伸民权，必以广民智为第一义。”①

民权是天赋权利，与智力与革命均无关。主张兴民权，是主张人民应获得权利。但权利来自哪里，近代思想家在不同阶段，对西方政治学说的理解不同，往往存在前后不一致的论述。最初，梁启超认为权利生于智力，权利与智力成正比例关系，智力增一分，权利长一分。但仅一年后，梁启超却说中国人的权利是“人人天赋之权”②，表明此时的他已经接触到卢梭的政治思想。天赋人权是伟大的命题，亦是伟大的假设。其伟大在于其应然性，在于其平等和自由的本质。权利是天赋的，受法律保护，亦受法律制约，它与智力无关。受教育，了解宪法，了解政治，只是为

---

① 梁启超：《论湖南应办之事（1898 年）》，《梁启超全集》第 1 册，北京：北京出版社 1999 年版，第 177 页。

② 梁启超：《论中国与欧洲国体异同（1899 年）》，《梁启超全集》第 1 册，北京：北京出版社 1999 年版，第 315 页。

了更好地行使参政权、议政权；不受教育，不了解宪法，不了解政治，不代表个人权利本身的丧失。天赋人权的平等性规定着君主与每个公民的权利上的平等。“风可进，雨可进，国王不能进”，国王不天然地具有大于我的权利的权利，在私人权利的范围内，国王与平民是平等的。因此，当孙中山先生与汪精卫谈话，强调“革命以民权为目的”“革命之志在获民权”[①]之时，他的革命思想中必无真正的天赋人权成分。民本思想向民权转变过程中，对天赋人权的了解决定着民权思想的未来。包括平等和自由的权利不应作为目的而存在，权利是原则，是政治制度建构之初便应决定遵循的原则。政治制度如果以实现权利为目的，那么，这个政治制度将永远行走在所谓追求平等自由的路上，望不到终点。革命或能获得统治权，但民权如果是革命的目的而非原则，那么，革命胜利后民权之到来仍将遥遥无期。辛亥革命胜利后，中华民国成立，但民权何在？但列强压迫的大环境下，近代思想家更倾向于国权高于民权的判断。

“国亡而人权亡。”[②]

受时代大环境所限，近代思想家更倾向于国家优先观念。国家优先是指国家决定着公民的权利，国家强，公民权利在；国家弱，公民权利无。因此，必须集众智众力，先强大国家，然后人民的权利才能产生。国家优先观认为民权产生于国家，国家亡，民权亦亡。这实与天赋人权观本末

① 孙中山：《与汪精卫谈话（1905 年秋）》，广东省社会科学院历史研究室等编：《孙中山全集》第 1 卷，北京：中华书局 1981 年版，第 289 页。

② 梁启超：《爱国论（1899 年）》，《梁启超全集》第 1 册，北京：北京出版社 1999 年版，第 272 页。

倒置。天赋人权观认为，人权不因国家消亡而消亡，国家亦无法剥夺人民的天赋之权。人民组成国家，把权利交给国家，并不意味着国家具有了统治人民所有权利的权力。人民只是把部分权利交给国家，但其始终拥有自由和平等等天赋权利。国家亡，人民仍有自由和平等的权利。不属于任何国家的无国籍人士仍享有天赋人权。这也是自由平等的意义所在。梁启超得出"国亡而人权亡"的结论，但在同一篇文章中，他又辩证地得出了"民权灭则国权亡"的结论。

"国者何也？积民而成也。国政者何？民自治其事也。爱国者何？民自爱其身也，故民权兴则国权立，民权灭则国权亡。"①

民权与国权之关系到底为何？国家优先论者与天赋人权论者当然各执一词，谁能取得建国者的青睐，谁就是那个幸运儿。但某一政治哲学理论的幸运或许并非是人民的幸运，政治思想家们对任何一种已经成熟或尚未成熟的政治哲学都应保持足够的警惕，因为"教授在沉静的研究中所培育出来的哲学概念可能摧毁一个文明"②。这并非危言耸听，其惨痛教训俯拾皆是。梁启超对国权与民权关系的思考并未循着政治哲学的路径继续深入，而是由爱国情感转移至感性之路。他说："苟我民不放弃其自由权，民贼孰得而侵之？苟我国不放弃其自由权，则虎狼国孰得而侵之？"③民不放弃，国不放弃，便可保其自由权。显然，梁启超还是

① 梁启超：《爱国论（1899）》，《梁启超全集》第1册，北京：北京出版社1999年版，第273页。

② 〔英〕以赛亚·伯林：《自由论》，胡传胜译，南京：译林出版社2011年版，第168页。

③ 梁启超：《自由书（1899年）》，《梁启超全集》第1册，北京：北京出版社1999年版，第349页。

放弃了天赋人权论。天赋人权是人们无法放弃的,它是一种应然,而非实然,没有人能实际看到它,但它属于每一个人。野蛮自由的入侵,不代表个人自由权的失去。失去的只是个人自由的实然状态,但个人自由的应然仍在。它永远是你的权利,无人能够剥夺。虽然放弃天赋人权论,但梁启超并未放弃民权。1900 年,他上书李鸿章,再谈国权与民权的关系。

> “是以有国者而欲固其位,则莫若伸民权,有官者而欲保其禄,则莫若伸民权,彼民非必乐于争权也,而无如处今日生存竞争优胜劣败之世界,非借民权无以保国权,国权一失,而国民之身家性命,随之而亡。”①

同样的理论再次阐述,并无新意。但梁启超保国权之“国权”究竟为何,在此说得较为清晰。“有国者而欲固其位”,加之此文是写给李鸿章的,可以肯定,梁启超在这里保的是君主的国权。而且,他也从侧面肯定了这个判断。1901 年,他作《南海康先生传》,指出康有为在中国首倡民权,“然其言实施政策,则注重君权”,用的是所谓“以君主之法,行民权之意”。② 可以说,如果康有为国权与君权是分论的话,梁启超则将二者合二为一。这也显示他的权利观开始远离天赋人权论。随着社会进化论在近代思想界的传播,梁启超的权利观找到了新的理论基础。

---

① 梁启超:《上粤督李傅相书(1900 年)》,《梁启超全集》第 1 册,北京:北京出版社 1999 年版,第 438 页。

② 梁启超:《南海康先生传(1901 年)》,《梁启超全集》第 1 册,北京:北京出版社 1999 年版,第 495 页。

“权利何自生？曰生于强。”①

正因如此，梁启超才形成了强权、自强等观念。但权利真的能生于强吗？如果承认人人具有平等的权利，那么，强者多出的权利便是剥夺的弱者的权利。事实上，仅仅权利生于强的表述便已经说明，述说者本人放弃了平等，选择了不平等。社会进化论的“物竞天择，适者生存”观是以不平等的自然现实为依据，向社会和国家观念中灌输“强者为王”的丛林法则。但社会和国家不是自然界，它们要以某种政治哲学思想为指导，遵循必要的制度安排。如果以社会进化论为指导，那么这个国家必将回到不平等的自然丛林中。同样，梁启超对自己的新说法还是感到犹豫。在同一篇文章里，他又拾起了天赋人权论。

“天生人而赋之以权利，且赋之以扩充此权利之智识，保护此权利之能力。”②

梁启超对天赋人权认识的反反复复，显示了近代思想家选择民权理论的犹豫和踟蹰。民权概念和民权理论是中国古所未有的智慧，怎样将它们顺利嵌入中国民本思想中，将其变成中国思想的一部分是思想家们的最终目的。对思想和观念的犹豫接受是必要的，因为谁也无法知道一个所谓的好的政治思想带给一国的是灾难还是富强。比如，民主思想或

① 梁启超：《新民说(1902年)·论权利思想》，《梁启超全集》第1册，北京：北京出版社1999年版，第671页。

② 梁启超：《新民说(1902年)·论进步》，《梁启超全集》第1册，北京：北京出版社1999年版，第684页。

将与印度传统社会政治文化磨合更长的时间，方能展示其最闪亮的光芒。梁启超对天赋人权的犹豫也显示其对卢梭思想认识的局限性。同样，另一位著名的思想家严复对卢梭思想亦未能完全理解。

> "然自吾辈观之，则卢梭书中无弃之言，皆吾国孟子所已发。问古今之倡民权者，有重于'民为贵，社稷次之，君为轻'之三语者乎？殆无有也。"①

一些近代思想家否认中国古代是不平等的社会，他们认为中国古代一人之下，万人皆平等，因此，他们很自信地把孟子的"民贵"论直接冠以民权的荣誉。但正如本文曾经论述的，"民贵"论并非是建立在平等基础上的理论，而是建立在非常典型的等级制基础之上。而且，即便是"民贵君轻"，也是一种不平等，是民对君的不平等。"民贵君轻"的社会不可能具备平等的因素。卢梭的天赋人权理论是一种应然，是人民权利的必然原则，而"民贵"论是一种不平等的实然安排，不仅无应然性，而且实际上也无法实现民权。中国思想家倡导民权只是近代的事，严复就是这样的思想家。但由于严复反对卢梭天赋人权说，故其民权观走渐进路线。

> "故民权之成，亦以渐耳。上有所诺于民而不可食，有所约于民而不可负，食且负，民得据所守而责之，此民权之所以成也。"②

---

① 严复：《宪法大意》，王栻主编：《严复集·第2册·诗文下》，北京：中华书局1986年版，第241页。

② 严复：《〈法意〉按语》，王栻主编：《严复集·第4册·按语》，北京：中华书局1986年版，第927页。

严复把民权之所以成立的大权交与“上”，“上”必须信守对“民”的承诺，如果“上”违反承诺，“民”有权责之。如此这般，民权可渐渐而成。听起来很完美，但严复的设想是一种实然性的制度安排，尚未触及思想层面。思想家要完成民本向民权的转型，应该更关注“为什么”做，而不是“如何”做的问题。人为什么需要民权？也许严复的回答是吾未见“其民之无权者，其国之可以有权也”①。民无权，则国无权，这或许是一个理由。但别忘了，中国人民无权，但国家为世界强大国家的历史却达上千年之久。因此，这样的回答并未能解释“为什么”的问题。“为什么”的问题在这里需要的是一个应然性的答案。如：因为人人具有天赋人权。

### （二）民族主义与政治权利

何谓民族主义？梁启超说：“各地同种族、同语言、同宗教、同习俗之人，相视如同胞，务独立自治，组织完备之政府，以谋公益以御他族是也。”②简言之，就是提倡民族独立，以民族建国，为民族谋利益，保民族安全的民族自治精神。清末，民族主义传至中国，近代思想家大多予以支持。

> “故今日欲抵当列强之民族帝国主义，以挽浩劫而拯生灵，惟有我行民族主义之一策。而欲实行民族主义于中国，舍新民未由。”③

梁启超鉴于欧美各国因行民族主义而发达而进步，强烈提倡在积弱

---

① 严复：《〈法意〉按语》，王栻主编：《严复集·第4册·按语》，北京：中华书局1986年版，第917页。

② 梁启超：《新民说(1902年)·论学会》，《梁启超全集》第1册，北京：北京出版社1999年版，第656页。

③ 同上，第657页。

的中国实行此主义，以反抗民族帝国主义在中国的蚕食，“彼以民族不得已之势而来者，非合吾民族全体之能力，必无从抵制也”[①]。行民族主义就是抵制列强以民族帝国主义侵蚀中国，就是以己之民族主义对抗彼之民族主义。民族主义是否有此能量暂且不论，中国作为一个多民族国家，而且是少数民族为统治者的国家，如何行民族主义呢？梁启超的解决方案是：新民。新民的任务之一就是培养国民的权利思想，“一部分之权利，合之即为全体之权利，一私人之权利思想，积之即为一国家之权利思想。故欲养成此思想，必自个人始”[②]。提倡个人权利思想并非以个人为目的，而是以国家为目的，这是思想家受时代大环境影响而作出的最合乎理性的结论。但是，这样的结论也令个人权利思想淹没于国家权利思想的汪洋大海中。民本思想在近代转型过程中，虽然意识到了个人权利之积为国家权利，但却无法在转型后的民本思想中给个人权利留一处真正的容身之地，致使个人权利思想即便在覆灭了清王朝的中华民国仍就无家可归。除权利思想外，民族主义也被视为创造近代国家的思想。

“民族主义者，实制造近世国家之原动力也。”[③]

梁启超认为，民族主义是近代国家产生的原动力。那么，何谓近代国家？如何定义近代国家这个问题？可以从政治、文化、法律等多个角度来定义近代国家，因此近代国家可有不同的身份证明。但从普遍性来

---

① 梁启超：《新民说（1902年）・论学会》，《梁启超全集》第1册，北京：北京出版社1999年版，第657页。

② 同上，第673页。

③ 梁启超：《论民族竞争之大势（1902年）》，《梁启超全集》第2册，北京：北京出版社1999年版，第887页。

讲,近代国家都是法治国家:“近代国家的根本状态是它完全受法律制裁,法律代表利益底实际完成的估价。”[①]至于梁启超所谓民族主义是近代国家产生的原动力的论断亦有反驳的声音。英国学者萨罡痕(George H. Sabine)和许派德(Walter J. Shepard)说:“我们坚决主张十六和十七世纪内民族国家的兴起,是和王权的扩张有密切关系的。这种王权往往不能够使它本身同民族一样扩张,它或者不能够达到有势力的民族的界限,和使另一民族的一部分或全部受它的节制。”[②]这样一种观点不禁令人怀疑梁启超民族主义建国的可靠性和真实性。如果近代国家并非完全由民族主义而生,其扩张并非完全由民族主义决定,那么,仅依靠民族主义抵制民族主义的战略便有些站不住脚了。从历史上看,帝国主义在中国的扩张有多种形式,如文化扩张、宗教扩张、科技扩张、思想扩张等。民族主义似乎无法承担这些扩张的总纲之责。欧洲近代国家的产生是以主权思想而成,主权固然是国际法的重要观念,但与其说近代国家由法律而成,倒不如说近代国家因思想而成。建立一个主权平等的国家,是《威斯特伐利亚和约》得以成立的思想基础。没有主权平等,欧洲还会再次出现神圣罗马帝国。平等思想是欧洲近代国家产生的总纲,民族主义和王权主义只是其扩张的表象。立国与国家扩张是两个问题。以主权平等思想立国,国与国本质上是平等的;以民族主义立国,国与国本质上是对立的。民族主义国家之间的扩张是国家不平等思想的表现。以己之民族主义抵制彼之民族主义的思想,是以强胜弱、以大赢小,无法解决国家受压迫的本质根源。独立、平等、自由、主权是弱小国家与强国并

① 〔英〕萨罡痕、许派德:《英译者序》,〔荷兰〕克拉勃:《近代国家观念》,王检译,上海:商务印书馆 1936 年版影印本,第 59 页。

② 同上,第 62 页。

肩于世的思想基础。舍此，皆虚妄之论耳。作为近代最优秀的思想家，梁启超的民族主义思想把民本思想的转型之路指引到了标着“国家主义”的出口。

> “今日之世界，民族主义之世界也。凡一国之能立于天地，必有其固有之特性。”①

国与国相交，并非基于各自的特殊性，而是源于对普遍性的共同承认。承认包括主权等观念在内的共同政治价值，是近代欧洲、亚洲日本得以强大的主因。近代思想家对国家特殊性的重视是他们对民族主义理解的外在反映。美国学者杜赞奇说：“大多数历史的、被定义为自觉的乃至政治化的群体的民族，也许并没有把自己想象为领土主权性民族国家体系的组成部分，而是从利用特定的原则，如语言、种族、宗教（以及压抑其他）等来界定民族的叙述结果之中去寻找。”②强调特殊性，令民族主义内在的普遍性遭到忽视。民族国家之间的交往，必须基于共同承认的基本政治价值。强调特殊性是民族国家自身完善的手段和途径，但并非其立于天地、立于世界之法宝。世界有世界的法则，接受世界的法则，得到世界的承认，是一个国家近代化的最重要环节。这一点，日本明治维新是最好的实例。而中国近代思想家希望用民族主义的特殊性争国权，实际上，是在理论上放弃了一个国家本已具有的天赋的权利。一般认

---

① 梁启超：《论教育当定宗旨（1902 年）》，《梁启超全集》第 2 册，北京：北京出版社 1999 年版，第 915 页。

② 〔美〕杜赞奇：《从民族国家拯救历史：民族主义话语与中国现代史研究》，王宪明等合译，南京：凤凰出版传媒集团、江苏人民出版社 2008 年版，第 70 页。

为，梁启超是受社会达尔文主义影响而形成此思想。但同样受进化论影响的严复却对民族主义有不同看法：

"是以今日党派，虽有新旧之殊，至于民族主义，则不谋而皆合。今日言合群，明日言排外，甚或言排满；至于言军国主义，期人人自立者，则几无人焉。盖民族主义，乃吾人种智之所固有者，而无待于外铄，特遇事而显耳。虽然，民族主义将遂足以强吾种乎？愚有以决其必不能者矣。"①

严复认为，几千年来，中国社会形成的传统是"宗法而兼军国者"。这样的社会"言法也，以种不以国"②。因此，民族主义立场很容易找到共鸣。但严复否认民族主义能够强种，暗示军国主义、人人自立才是强种之道。严复曾对当时社会上流传的"盖今日欧洲之列强，出宗法而入军国之社会也"③的说法表示过不同意见，可知，军国主义被认为是欧洲强大的一个主要因素。至于"人人自立"更是近代思想家坚持不懈的强国目标之一。近代思想界的这种状态与日本明治维新前非常相似。日本著名政治思想家丸山真男认为，明治前的早期民族主义思潮，"为了国家独立而要求民族统一，作为国内对策，表现为两个方向。一是，政治力量

---

① 严复：《〈群学肄言〉按语》，王栻主编：《严复集·第4册·按语》，北京：中华书局1986年版，第926页。

② 同上，第925页。

③ 严复：《〈法意〉按语》，王栻主编：《严复集·第4册·按语》，北京：中华书局1986年版，第984页。

向国家凝聚；二是，向国民思想的渗入”[①]。这两个方向导致了海防论、尊皇攘夷论的出现，但均未触及平等、自由等西方政治思想的核心。似乎是一种同样的民族自救心理令中国重蹈日本民族主义之路。但正如严复所言，中国尤言种族，尤言满汉，民族主义至此变得复杂化。孙中山先生则不仅是民族主义的坚定提倡者，而且还是民族主义的伟大实践者。他说：

“鄙人往年提倡民族主义，应而和之者特会党耳，至于中流社会以上之人，实为寥寥。乃曾几何时，思想进步，民族主义大有一日千里之势，充布于各种社会之中，殆无不认革命为必要者。”[②]

1905年8月，孙中山先生在东京留学生欢迎大会上讲了上述一番话。其特别之处在于，孙中山先生在讲话中公开地把民族主义与革命画上了等号。梁启超提倡民族主义，是主张以民族主义为总纲改革中国，使中国进入近代国家之列，其改革权始终操之于统治者。孙中山先生把民族主义与革命并论，等于是否定了清统治者的政权合法性。

民族仇恨是一种感情，它是受伤害民族心底永远的疤痕。这个疤痕可随时间流逝而黯淡，亦可因某些特殊原因而再现。但从政治思想角度看，各民族享有平等的自由权利是民族相处的唯一共同原则。没有哪个民族能够超越这个原则之上，成为统治各民族的民族，就像没有人能够

---

① 〔日〕丸山真男：《日本政治思想史研究》，王中江译，北京：生活·读书·新知三联书店2000年版，第296页。

② 孙中山：《附：同题异文》，广东省社会科学院历史研究室等编：《孙中山全集》第1卷，北京：中华书局1981年版，第282页。

宣布另一个人是他的奴隶。排满思想之出现，就好像用一道不平等的屏障挡住了民本思想近代转型之路。排满是个伪命题，因为排满的目的是让汉族登上统治地位。今日有排满，明日就有斥汉，没有哪一个民族可以成为一个多民族国家的统治民族。

### （三）政治革命与国家权利

革命声音甫一出来，便在晚清社会形成了支持和反对两大思想阵营。中国近代革命思想发生于甲午战争之后。1894 年 11 月，孙中山先生在美国檀香山成立兴中会，号召“拯斯民于水火，切扶大厦之将倾”①，盟誓“驱逐鞑虏，恢复中华，创立合众政府”②。檀香山兴中会是“中山先生组织革命团体之初期也”③。次年，孙中山先生在香港创立兴中会。革命之声渐渐传入中国内地。

从兴中会盟誓可知，孙中山先生倡言革命的目的有二：一是推翻满洲统治阶层，二是建立共和制度。这两个目的实际上是两个革命：种族革命和政治革命。美国政治学家汉娜·阿伦特说：“民族的主权，一如在漫长的绝对君主制时代中所理解的那样，是公共领域本身的最高权力，这似乎与建立共和国相互矛盾。”④种族革命的目的无疑是争取民族主权，以取得对公共利益的绝对控制权，这是以牺牲平等为代价的革命；而

---

① 孙中山：《檀香山兴中会章程（1894 年 11 月 24 日）》，广东省社会科学院历史研究室等编：《孙中山全集》第 1 卷，北京：中华书局 1981 年版，第 19 页。

② 同上，第 20 页。

③ 贝华：《中国革命史》，沈云龙编：《近代中国史料丛刊续编第 86 辑》，台北：文海出版社 1981 年版，第 4 页。

④ 〔美〕汉娜·阿伦特：《论革命》，陈周旺译，南京：凤凰出版传媒集团、译林出版社 2007 年版，第 13 页。

建立共和的政治革命恰恰是以平等为原则的革命，因此，两种革命在理论上的冲突不可避免。革命是中国思想界最熟悉不过的观念，自《易》"汤武革命，顺乎天应乎人"起，革命不仅成为中国民众政治上唯一的自由权利，而且还是具有政治合法性和正当性的权利。革命思想甚至无须转型，它是民本思想中可以直接走入近代的观念。孙中山先生提倡的革命很快便遭到了立宪派的质疑。

> "夫民权自由之与革命，分为二者也。欧洲十余国，皆有民权，皆能自由者，除法国革命外，余皆有君主。然则必欲予民权自由，何必定出于革命乎？革命未成，而国大涂炭，则民权自由且不可得也。"①

康有为以欧洲为例，力言民权自由并非皆出自革命。他认为，欧洲除法国外都实行立宪君主制，每个国家都有民权，因此，民权并非一定出自革命。康有为的说法不够严谨，以英国为例，十七世纪就发生过清教徒革命、光荣革命，不能谓有君主便无革命。但可以说，有革命但未推翻君主。其实，从革命角度探求权利来源，着实令人费解。革命可以获得权利吗？当然可以，但革命及革命后的复杂性令权利的运动无法沿着其理论上描述的节奏前进。据法国思想家托克维尔观察，1789 年法国大革命后，法国人"在十年来他们获取或得到的一切事物中，唯一他们愿意放弃的是自由。他们准备放弃这个大革命一直仅仅向他们承诺的自由，目

---

① 康有为：《答南北美洲诸华商论中国只可行立宪不能行革命书（1902 年 5 月）》，《康有为全集》第 6 卷，姜义华、张荣华编校，北京：中国人民大学出版社 2007 年版，第 318 页。

的是最终平静地享受革命让他们充分享受的其他好处”[1]。大革命向法国人承诺了自由，却并未兑现，而革命后，享受着平等好处的法国人宁可选择放弃自由以保留刚刚获得的平等，“所以追求自由和平等的大革命最终以平等压倒自由而告终，这既反映了民主时代人们热爱平等甚于自由，也揭示了大革命本身强大的平等动力”[2]。失去了自由的法国人民，终将也会失去平等，法国人民在大革命后的一百年内仍然要为权利而战。自由和平等作为互为条件的政治观念，每个都无法独存。失去了自由，平等必将失去。即使在表面上极力掩饰，伪装着平等还在，但失去自由，平等之为平等的基础便消失了。不平等的社会秩序只剩下人民“暴君放伐”这一最后的自由。康有为反对革命，其弟子梁启超亦然。

> “今我国之志士，有愤嫉满人之深闭固拒，思倡为满汉分治之论，倡为革命之论者，虽然，其必有益于支那乎？则非吾之所敢言也，何也？凡所谓志士者，以保全本国为主义也。今我国民智未开，明自由之真理者甚少，若倡革命，则必不能如美国之成就，而其糜烂将有甚于法兰西、西班牙者……故革命者最险之着，而亦最下之策也。”[3]

梁启超深知自由对于中国的意义。他排斥野蛮自由，期待文明自由。虽然他的文明自由具有绝对性，不足为国家所用，但文明自由的拒

---

① 〔法〕托克维尔：《论革命：从革命伊始到帝国崩溃》，曹胜超、崇明译，上海：上海三联书店 2016 年版，第 237—238 页。

② 崇明：《中译本导言》，〔法〕托克维尔：《论革命：从革命伊始到帝国崩溃》，曹胜超、崇明译，上海：上海三联书店 2016 年版，第 33 页。

③ 梁启超：《论变法必自平满汉之界始》，《梁启超全集》第 1 册，北京：北京出版社 1999 年版，第 52—53 页。

绝任何干涉的内在本质却是反对革命的理论基础。反对革命的立足点在“保全本国为主义”，这是梁启超国家主义思想在革命理论上的应用。有关梁启超的权利思想是国家主义的还是个人主义的，学界有些争论，但这些争论显然与文本解读有关。日本学者土屋英雄认为梁启超具有个人主义权利思想，其国家主义思想具有实践意义。他说：“梁启超摄取新的权利——自由论的目的，并不是为了系统地研究学问，而是要在实践的意义上寻找救国灵药，以充实其时代认识和亡命日本以前的思想理论。因而摄入‘西洋’思想后，梁的思想、理论便具有多层性和选择性的倾向。”[①]以国家为目的，梁启超的理论固然庞杂、多层，甚至矛盾，但保国是其面对革命时最直觉的选择。梁启超知悉美国、法国等国的革命史，知道美国如何拥有自由，法国为何失去自由。革命对自由而言，并非万无一失之举。

梁启超称其所处的时代为“过渡之时代”。此时代的危险，在于“国民全体之过渡，以视个人身世之过渡，其利害之关系，有更重且剧者。所向之鹄若误，或投网以自戕；所导之路若差，或迷途而靡届”[②]。此时代的经验，在于“船头坎坎者，自由之鼓耶；船尾舒舒者，独立之旗耶”，在于“或渡一次而达焉，或渡两三次而始达焉，或渡一关而止焉，或渡两三关而犹未止焉”。[③] 因此，他强调在此“政治上之过渡时代”，其领导人物必须具有“别择性”，要为国民择一“最良合宜之归宿地”。他警告说：“世界

---

① 〔日〕土屋英雄：《梁启超的“西洋”摄取与权利——自由论》，〔日〕狭间直树编：《梁启超・明治日本・西方——日本京都大学人文科学研究所共同研究报告（修订版）》，北京：社会科学文献出版社2012年版，第113页。

② 梁启超：《过渡时代论》，《饮冰室合集・文集・第3册》，北京：中华书局2016年版，第488页。

③ 同上，第488—489页。

之政体有多途，国民之所宜亦有多途。天下事固有于理论上不可不行，而事实上万不可行者；亦有在他时他地可得极良之结果，而在此时此地反招不良之结果者。”[①]理论、现实、革命、国家及其前途，如何选择，梁启超的答案无疑是保国。

“中国今日，固号称专制君主国也，于此而欲易以共和立宪制，则必先以革命。然革命决非能得共和，而反以得专制。”[②]

据梁启超言，其结论来自德国政治学家波伦哈克（Conrad Bornhak）的学说。波伦哈克认为，共和制度下，“人民之上别无独立之国权者也，故调和各种利害之责任，不得不还求之于人民自己之中，必无使甲之利害，能强压乙之利害，而诸种之关系，常克相互平衡，而自保其权衡”。他认为，这种平衡在富于自治精神的英国人当中能畅行无阻，但在缺乏自治精神的国家，却是非常危险的。因为这样的国家的人民为获得平衡，“终不得不举其政治上之自由，更委诸一人之手，而自帖耳，复为其奴隶。此则民主专制政体其所由生也”[③]。波伦哈克和梁启超的警告不无道理，当然，这更是对卢梭人民主权论的反对。法国思想家贡斯当明确反对卢梭人民主权论，“在贡斯当看来，卢梭在讨论主权时忘记了一个最基本的道理：任何主权都必须由具体个人行使”，当抽象的主权者把权利交给自

---

① 梁启超：《过渡时代论》，《饮冰室合集·文集·第3册》，北京：中华书局2016年版，第491页。

② 梁启超：《开明专制论（1905年）》，《梁启超全集》第2册，北京：北京出版社1999年版，第1470页。

③ 同上。

己的代理人时，“卢梭赋予抽象的主权者的那些属性便不复存在了”①。虽然卢梭创造了伟大的天赋权利理论，但其人民主权论因法国大革命的失败而饱受争议。人民固然需要权利，但属于人民的权利也须要制约，方能平衡。人民无法成为自己权利的制约者，他们只能把自由交给专政者。法国人把罗伯斯庇尔送上断头台，却又迎来了路易·波拿巴，贡斯当认为，这就是人民主权论失败的实践。不过，革命派亦重视欧美过往历史中的革命问题，并制定了相应对策。

> “夫欧美社会之祸，伏之数十年，及今而后发现之，又不能使之遽去。吾国治民生主义者，发达最先，睹其祸害于未萌，诚可举政治革命、社会革命毕其功于一役。”②

孙中山先生在《民报》创刊之时，不言满汉革命，不言种族革命，而代之以社会革命，实大有深意。社会革命者，既包括民生问题，又包括满汉问题，覆盖面更加宽广。同时，也淡化了民族矛盾，更有利于在革命之际团结大多数的力量。社会革命较之种族革命、满汉革命更具平等倾向，更易于为不同派别所接受。孙中山先生鉴于欧美革命遗留的社会问题，主张通过革命一次性解决政治和社会两大问题。政治上，就是君主专制问题；社会上，就是等级制度问题。一句话，政治上取得民权，社会上实现平等。然而，革命与民权的关系并非是一种必然。

---

① 李强：《贡斯当与现代自由主义》，〔法〕贡斯当：《古代人的自由与现代人的自由》，阎克文、刘满贵译，北京：商务印书馆 1999 年版，第 10 页。

② 孙中山：《〈民报〉发刊词（1905 年 10 月 20 日）》，广东省社会科学院历史研究室等编：《孙中山全集》第 1 卷，北京：中华书局 1981 年版，第 289 页。

“革命以民权为目的，而其结果，不逮所蕲者非必本愿，势使然也。革命之志在获民权，而革命之际必重兵权，二者常相抵触者也。”①

孙中山先生认为，革命之际，民权与兵权是一对矛盾。他担心革命成功后，军政府不愿意放弃兵权，而用兵权压制民权。孙中山先生的设想是，革命后便成立军政府，如一县的军政府可与人民约定，“凡军政府对于人民之权利义务，人民对于军政府之权利义务，其荦荦大者悉规定之”。军政府组织地方官府，人民组织议会监督军政府执行约定的情况。如果军政府违背约定，则人民可以“不负当履行之义务，而不认军政府所有之权利”②。孙中山先生认为，如此一来，随着革命的推进，地方自治亦推进，“一旦根本约法以为宪法，民权立宪政体有磐石之安，无飘摇之虑矣”③。军政府“既有兵事专权，复秉政权”④，在实际运作中控制了行政权、军事权；人民组织议会，但没有立法权，只有监督军政府的权力。如果说军政府与人民相约共同享有立法权，则可以想见，军政府集立法权、行政权、军事权三权于一身，必成地方独裁势力。事实上，辛亥革命后，各地纷纷成立军政府，而军政与民政不分，致使中华民国北洋政府时期存在着很长一段时间的军阀割据状态。中山先生对革命一往情深，甚至将其视为中国人的天赋人权。

---

① 孙中山：《与汪精卫谈话（1905 年秋）》，广东省社会科学院历史研究室等编：《孙中山全集》第 1 卷，北京：中华书局 1981 年版，第 289 页。

② 同上，第 290 页。

③ 同上，第 291 页。

④ 同上，第 290 页。

“中国人数千年来惯受专制君主之治，其人民无参政权，无立法权，只有革命权。他国人民遇有不善之政，可由议院立法改良之；中国人民遇有不善之政，则必以革命更易之。由此观之，革命者乃神圣之事业、天赋之人权，而最美之名辞也。”①

革命是中国人的天赋人权，这是西方政治思想与中国古代“顺乎天应乎人”的汤武革命思想相结合的结论。不过，这个结论也透露着中国传统政治的悲哀。中国政治设计历来缺少防火墙思想，人民的不满总是直接爆发在地方官员或皇帝身上。孙中山先生说，他国之不善由议会改良之，中国之不善由革命更易之。按社会成本来讲，无疑是革命更高。但如果政治制度没有设计政治防火墙，这样的社会成本将始终存在。议会政治和革命都是人民自由权利的体现，前者是消极自由，后者是积极自由。民主政治体制以议会为舞台努力扩大人民消极自由的范围，同时尽可能缩小积极自由的平台。当一个人或一群人的消极自由越大，他或他们的积极自由的欲求便越小。中国古代人民只享有积极自由的革命权，革命成为近代一个必然选项便不足为奇了。

## 第二节　政治权利与制度

权利纵然是天赋的，但一国人民之权利仍须通过立法，通过政治制度体现出来。权利有多种，但无可否认，政治上的权利是最重要的。中

① 孙中山：《在旧金山丽婵戏院的演说（1910 年 2 月 28 日）》，广东省社会科学院历史研究室等编：《孙中山全集》第 1 卷，北京：中华书局 1981 年版，第 442 页。

国古代政治思想惯于阐述人民的义务，但对权利则几乎视而不见。民本思想虽然是中国古代政治思想的精华，亦须补充政治权利思想以完成近代转型。政治权利包括什么？它包括立法权、参政权、选举权、被选举权、地方自治权等。只有具备这些政治权利，人民的自由和平等才能实现。当然，在政治权利的分配上，立宪派和革命派的主张各异，致使分歧不断。

### （一）君权民权与立宪政治

晚清中国，思想家逐渐意识到了权利的作用。他们把权利分为若干种类，以便研究权利在国家体制内的运用和分配。按统治者和被统治者区分，有君权、民权。君权与民权之关系应体现平等，故近代思想家主张通过议院实现君民共治。

> “立行宪法，大开国会，以庶政与国民共之，行三权鼎立之制。”①

庶政与国民共之，即康有为所谓的“君民合治”②。何谓君民合治？其实就是行议会之治。如何行议院之政？康有为认为，议院之政，即“今之立宪体，君民共主法也。今英、德、奥、意、日、葡、比、荷、日本等国皆行之。左右者，行政官及元老顾问官也。诸大夫，上议院也。一切政法，以

---

① 康有为：《请定立宪开国会折代内阁学士阔普通武作（1898 年 9 月）》，《康有为全集》第 4 卷，姜义华、张荣华编校，北京：中国人民大学出版社 2007 年版，第 424 页。

② 康有为：《请君民合治满汉不分折（1898 年 8 月）》，《康有为全集》第 4 卷，姜义华、张荣华编校，北京：中国人民大学出版社 2007 年版，第 426 页。

下议院为与民共之，以国者，国人公共之物，当与民公任之也。”[①]康有为的政治设计中，议院的上下两院组成，上议院议员由诸大夫担任；下议院负责“一切政法”，君民共治之所也。这种设计基本照搬欧洲与日本，故其显然是为立宪君主制服务的。康有为颇不简单，早在1901年写作《孟子微》时，便能作国家是“国人公共之物”之论。中国古代思想家有“公”“私”观念，没有“公共”“个人”观念。“在以往的思想家那里，公的代表便是君或国，而在明清之际的思想家看来，‘公’的代表就是‘民’”[②]。也就是说，“公”代表君或国，就是君本思想垄断时期；“公”代表民，就是民本思想盛行时期。“公共”不是“公”。如何理解“公共”？希腊哲学家“强调个人的重要性，把个人理解为与公共相对应的概念，在希腊哲学家那里，公共的生活只不过是与私人生活相对的领域，只有弄清什么是私人的，才能知道什么是公共的，如果离开了私人的，也就无所谓公共的”[③]。康有为提出“公共”观念，显示他已经拒绝把国家视为君主的所有物，国家权力不再仅属君主一人，而是君主与国民共同享有国家权力。事实上，无论国家为君所有，还是为民所有，只要存在所有的概念，国家就不是公共之物，社会平等便无法实现。严复亦赞同立宪，与康有为稍有不同的是，其对立宪之君、立宪之民提出具体道德行为要求。

> “立宪之君者，知其身为天下之公仆，眼光心计，动及千年，而不计一姓一人之私利；立宪之民者，各有国家思想，知爱国为天职之最

① 康有为：《孟子微》，《康有为全集》第5卷，姜义华、张荣华编校，北京：中国人民大学出版社2007年版，第421页。

② 孙晓春：《中国传统政治哲学》上卷，长春：吉林人民出版社2003年版，第312页。

③ 同上，第308页。

隆，又济之以普通之知识，凡此皆非不学未受文明教育者之所能辨明矣。”①

君民共治，必须以爱国为政治道德基础。爱国是每个人最为神圣的义务，只有爱国，国家思想才能完整。立宪之君作为天下之公仆，实际上与立宪之民处于平等之地位。立宪君主制下，君主和人民实现了法律上的平等。君主只是名义上的国家元首，没有特权，但受人民爱戴，是为国民感情需要而存在。受宪法和法律监督，君主的特权仅在有限的形式上的领域获得应用，无法侵入公共政治生活领域。但颇有一些近代思想家反对立宪君主政治。章太炎反对立宪，其反对君民共主的原因有二：

“原吾辈所以遮拔立宪者，非特为满、汉相争，不欲拥戴异族以为共主；纵今日御宇者，犹是天水、凤阳之裔，而立宪固不适于中国矣。是何也？宪政者，特封建世卿之变相耳。”②

两个原因，一是满汉相争，二是封建世卿之变相。前者很好理解，章太炎等思想家以种族原因，不愿满族继续为统治者。但随着思考的深入，他逐渐抛弃民族观念而反对立宪本身，故称即便李世民（甘肃天水人）和朱元璋（安徽凤阳人）的后代掌权，也不能行立宪之制。他认为，立宪就是封建世卿政治的变种，“其二院并立，而因仍封建可知也”③。“中

① 严复：《宪法大义》，王栻主编：《严复集·第2册·诗文下》，北京：中华书局1986年版，第245—246页。

② 章太炎：《政闻社员大会破坏状（1907年10月25日）》，汤志钧编：《章太炎政论选集》上，北京：中华书局1977年版，第371页。

③ 同上。

国去封建时代远，而施行宪政为逆流。中国欲立宪，惟两汉之世差可，今则时已去矣”[①]，章太炎以时间距封建远近判断是否可以实行立宪，算是一个新颖的角度。但政治制度或许与历史有关，但更多则是政治思想家的主观设计。美国作为一个十八世纪建国的年轻国家，仍然设有参议院，实行两院制，这本身就说明立宪政治与封建世卿的关系并不紧密。政治制度的设计固然要考虑一国历史文化等因素，但更多关注的是平等、自由、权利等观念在政治制度中的体现和保护。反对立宪制或两院制，着眼点应该在如此的制度设计是否兼顾了公平、平等、自由，权利的分配是否平等。

1905年，清政府为预备立宪，成立考察政治馆。同年，派宗室载泽等五大臣出洋考察政治。载泽等到日本后，聆听了日本著名政治家伊藤博文的演讲。伊藤博文演讲全文刊发后，正在日本办《民报》的汪精卫颇有感触，连作长文，反对立宪。

> “夫公等非以为立宪之后，则可申民权乎？可得自由乎？可得平等乎？然使如伊藤氏所教，如载泽等而果从伊藤氏所教，则公等之希望，将无一能达。”[②]

汪精卫的论述本文已在第五章第二节予以反驳，此处不复赘言。需要指出的是，五大臣出洋考察确实对欧洲和日本的立宪君主政治有了较

---

① 章太炎：《政闻社员大会破坏状（1907年10月25日）》，汤志钧编：《章太炎政论选集》上，北京：中华书局1977年版，第373页。

② 精卫：《希望满洲立宪者盍听诸》，《民报》报馆编：《中国近代期刊汇刊·第2辑·民报》第1册，北京：中华书局2006年版，第353页。

深的了解。当时，载泽与尚其亨、李盛铎为一队前往日本等国，戴鸿慈与端方为一队直接前往欧洲。归国后，戴鸿慈进呈《欧美政治要义》。在《设立立宪君主政体之总因》一文中，戴鸿慈指明了君民合治的理由，他说："所谓君主亲裁者，仅有其裁可之形式耳。于是君主亲裁政治一变而为官僚政治，再变而为胥吏政治，求有一端不误国病民而几不可得者，又自然之理也。列邦早鉴及此，变计最决，乃以官僚之辅佐暨人民之偕赞。务使官僚所献替，国会所议决，一致而同归。此立宪政体之所以事无弗行，行无弗效也。"[①]戴鸿慈从官僚、胥吏这些与政治直接相关的人物出发，看待立宪君主政治之必然性，似乎解决了君民权力分配的问题。但将官僚政治细化，其内部存在的贵族阶层则具有独特性，梁启超用"贵族政治"来概括他们在立宪政治中的作用。

"贵族政治者，虽平民政治之蟊贼，然亦君主专制之悍敌也。"[②]

梁启超并不赞赏贵族政治，但他从权力制衡的角度出发，把贵族政治视为与君权相对抗的力量，"凡政治之发达，莫不由多数者与少数者之争而胜之，贵族之对于平民，固少数也。其对于君主，则多数也。故贵族能裁抑君主而要求得相当之权利"[③]。这就解释了上议院（参政院）存在的道理。贵族的存在是历史的产物，立宪君主政治选择接受历史留下的现实，在平等的基础上，公平安排各阶层的自由权利。没

---

① 戴鸿慈：《欧美政治要义》，桂林：广西师范大学出版社 2016 年版，第 24—25 页。

② 梁启超：《中国专制政治进化史论（1902 年）・附论中国封建之制与欧洲日本比较》，《梁启超全集》第 1 册，北京：北京出版社 1999 年版，第 782 页。

③ 同上，第 783 页。

有人没有阶层会得到特殊利益，但也没有人没有阶层会遭到政治上的歧视。

## （二）地方自治的权利及其约束

权利按地域可分为中央权利、地方权利。中央和地方之关系应体现自由，故近代思想家主张实行地方自治。

> “夫民者国之本，乡者治之本，本立则基固。”①

1902年，《新民丛报》创刊。康有为以“明夷”为笔名发表《公民自治篇》，其中谈及地方自治问题。据康本人自述，其乃中国首位言地方自治者，“今日中国言此者，皆自仆来”。他以地方自治为政治之本，“一切政本，皆出于此，若无地方自治，无一可行”②。为何地方自治如此重要？何谓地方自治呢？康有为说：“今吾中国地方之大病，在于官代民治，而不听民自治也。救之之道，听地方自治而已。今欧美之日强，人民之日智，地利之日出，学校之日盛，技械之日精，宫室桥梁道路之日修，警察保卫之日安，赋税之日多，医病恤贫之日仁，铁道银行之日广，山林渔泽之辟，因以整其兵备，精其航船，以横于大地，剪灭东方。此其本非在国政也，非在政府疆吏令长之一二人也，乃由于举国之公民，各竭其力，尽其智，

---

① 明夷：《公民自治篇》，姜亚沙等主编：《晚清珍稀期刊汇编（12）·新民丛报汇编》，北京：全国图书馆文献缩微复制中心2009年版，第347页。

② 康有为：《与某华侨笔谈（1903年4月）》，《康有为全集》第7卷，姜义华、张荣华编校，北京：中国人民大学出版社2007年版，第197页。

自治其乡邑，深固其国本固也。”[①]简言之，地方自治之治非在国政也。国政由政治体制安排设计，但国政以外，地方上还有修路、造桥、卫生、治安等政事须要处理。这些关系民生之政事因国家鞭长莫及，须委之于地方，令其自治。康有为指出，不独欧美和日本行地方自治得以强国，就是近邻俄国也因地方自治而强盛，“夫俄与我国之专制同，而强弱异者，由地方代治与自治异也”[②]。地方自治成为国家强盛的一大关键因素。梁启超称赞康有为“以地方自治为立国之本，可谓深通政术之大原，而最切中国当今之急务也”[③]。梁本人亦对地方自治有明确主张。

“国有宪法，国民之自治也。州郡乡市有议会，地方之自治也。凡善良之政体，未有不从自治来也。”[④]

梁启超的地方自治理论来自卢梭。在《卢梭学案》中，梁启超对卢梭所阐述的联邦民主之制大为惊叹。但痛惜卢梭并未将此制度论述完全便辞世矣。卢梭推崇联邦制，但对瑞士行联邦制则担忧其国太弱小，无法抵制外侵。梁启超曰：“使有一大邦，效瑞士之例，自分为数小邦，据联邦之制，以实行民主之政，则其国势之强盛，人民之自由，必有可以震古烁今，而永为后世万国法者。”[⑤]梁启超的地方自治实有联邦思想在其中。

---

① 明夷：《公民自治篇》，姜亚沙等主编：《晚清珍稀期刊汇编（12）·新民丛报汇编》，北京：全国图书馆文献缩微复制中心 2009 年版，第 347—348 页。

② 同上，第 348 页。

③ 同上，第 339 页。

④ 梁启超：《新民说（1902 年）·论自治》，《梁启超全集》第 1 册，北京：北京出版社 1999 年版，第 682 页。

⑤ 梁启超：《卢梭学案（1901）》，《梁启超全集》第 1 册，北京：北京出版社 1999 年版，第 509 页。

清末实行预备立宪后，梁启超反对地方自治要先于国会的倡议。

“夫谓自治当先于国会者，不过曰借此以养成人民政治上之能力而已……则假国会以养成政治能力，为道尚稍易；假地方自治以养成政治能力，为道尤难。”①

欧洲国会与地方自治成因果关系，中国当如何处理其关系呢？有些思想家认为，应该先培养民众的政治意识和观念，培养民众参与政治的热情和精神，应该先行地方自治，然后再开国会。但梁启超认为，中国民智未开，熟悉政治的开明人士数量有限，无法满足领土如此广大的国家地方自治的要求。而且地方自治涉及的财政问题必须首先得到国会批准，因此，国会必须先于地方自治而行。其实，在清廷内部也有类似梁启超主张的倡议。戴鸿慈在《欧美政治要义》中，把地方自治分管的政事归为公共事业。公共事业“非以众多团结之力，各出其资财之几，分不克举之。必俟各里各乡之同意而后可行，然此同意之成立因事业之重大必愈见其困难”②。公共事业必动用地方之财，因此需要相关各地方之同意方可进行，但相关各方之同意还需有国会的支持。

“然确立是等之义务其方法若何？曰：唯一之道即自国家干涉之也。盖先于地方团结之间判别其公共事业之轻重缓急。其重且急者，则为决定迫起之方法，使立会议之编制。凡会议决定者，则团

① 梁启超：《论政府阻挠国会之非（1910 年）》，《梁启超全集》第 3 册，北京：北京出版社 1999 年版，第 2270 页。

② 戴鸿慈：《欧美政治要义》，桂林：广西师范大学出版社 2016 年版，第 328 页。

体中之各家各人皆有遵守之义务。约言之,即以国家之法律(即自治编制法)施于民众之间,变自然之团结为公然之编制,而为决定其意旨之会议与实行其决定之机关。此其编制同国家之编制皆有约束该管内住民之权力也。有如此之编制,则公共事业可以盛起,人民生活可以发达。至人民生活发达,则立宪政体之目的庶乎达矣。此立宪国家所以必置重于自治制度之理由也。"①

地方自治受国家权力制约。国家权力对地方自治不作放任之态,而是在重大问题上积极参与,充当各地方自治团体间的协调员。各自治团体本为天然之邻里,其关系为"自然之团结"。但"自然之团结"与近代政治不相适应,需要通过国家权力变其为"公然之编制",即法律上的合作伙伴。这里须注意一个细节:地方自治各团体是平等关系,但地方自治团体与国家是等级关系。国家虽允许地方自治,但仍对其实行权力约束。地方自治是为地方谋取权利的方式,但地方的权力仍由中央控制。

### (三)政体与政治权利

何谓政体?毛泽东说:"所谓'政体'问题,那是指的政权构成的形式问题。指的是一定的社会阶级取何种形式去组织那反对敌人保护自己的政权机关。"②一句话,政体就是国家政权的组织形式。政体包括国家结构形式和国家管理形式两方面。前者即联邦制和单一制等,后者为总

---

① 戴鸿慈:《欧美政治要义》,桂林:广西师范大学出版社 2016 年版,第 329—330 页。

② 毛泽东:《新民主主义论》(1940 年 1 月),《毛泽东选集》第 2 卷,北京:人民出版社 1991 年版,第 677 页。

统制、内阁制、总统内阁混合制、委员制等。立宪君主制国体有一元君主制和二元君主制两种国家管理形式。简单地说，一元君主制就是梁启超所讲的“虚君共和”，前面已经介绍过；二元君主制是杨度所说的君主立宪，这种制度下，国家有君主和议会两个最高统治者，国家的宪法是钦定的，议会是君主的咨询机构，君主掌握国家的真正权力，当时的德国和日本是实行此制度的典型国家。而以孙中山先生为代表的革命党则主张实行美国式的总统制。无论实行哪种政体，思想家皆主张赋予人民政治权利，参政权即是其一。

> “日本亦于明治二十二年乃开议院，我国须于光绪五十年乃能开之。但于复辟之后先下明谕，布告天下，使天下人民皆知有参政之权而早学习之。”①

康有为主张开议院之前便先学习参政的知识，以便更好地行使参政权。参政权是公民享有政治自由的体现，公民通过参政来表达自己的政治立场或支持自己所在的政党。在民主社会中，参政权是每个达到法定年龄的公民均平等享有的自由权利，除非法律作出判决，否则无人可以剥夺公民合法的参政权。思想家在民本思想转型之初便认识到了参政权的重要性，这必将有助于民本思想顺利转型。民本思想的近代转型不仅要在思想层面完成自由、平等、权利观念的普及，而且还要为公民争取政治实践和参与的权利。同时，还要培养公民政治参与的意识，养成他们政治参与的习惯，只有这样，才能在需要之时履行其公民政治参与的

---

① 康有为：《与某华侨笔谈（1903 年 4 月）》，《康有为全集》第 7 卷，姜义华、张荣华编校，北京：中国人民大学出版社 2007 年版，第 197 页。

权利。梁启超则认为参政权可以保全人权。

> "泰西所谓文明自由之国，其所以保全人权，使之发达者，有二端：曰参政权，曰自治权。"①

参政权不仅赋予公民合法地表达政治立场的权利，而且还可以为公民的人权提供保护。这里的人权主要指政治上的自由和平等权利。自由和平等是人的天赋权利，民本思想的近代转型是否成功，关键要看转型后的政治思想是否把自由和平等作为原则应用到政治制度的设计中。参政权，作为积极自由的权利，可以为自由和平等原则的应用争取保障。君主专制政体的中国晚清社会，专制君主垄断了所有权利，人民不仅没有参政权，而且也没有任何政治权利。在这样的社会，人民表达政治立场的唯一且最后的途径就是革命。中国历史上的一治一乱，积极自由没有得到有效合法的安排是一大原因。事实证明，把积极自由交给享有参政权的社会，更有利于社会稳定，更能促进民主。立宪派渴望参政权，革命派亦然。

> "今者由平民革命以建国民政府，凡为国民皆平等以有参政权。"②

---

① 梁启超：《论中国人种之将来（1899 年）》，《梁启超全集》第 1 册，北京：北京出版社 1999 年版，第 259 页。

② 孙中山：《中国同盟会革命方略（1906 年秋冬间）》，广东省社会科学院历史研究室等编：《孙中山全集》第 1 卷，北京：中华书局 1981 年版，第 297 页。

孙中山先生认为中华民国国民平等享有参政权。1906年秋冬间，孙中山先生发表《军政府宣言》，提出“驱逐鞑虏、恢复中华、建立民国、平均地权”四主张。在“建立民国”下面，孙中山先生提出了上述有关参政权的主张。“国民皆平等以有参政权”，显示中华民国国民的参政权以平等为基础，说明平等成为中山先生制定政治宣言的原则。只有参政权是平等的，参政权的行使才具有平等性。参政权有多种，最重要的是立法权。

“议院最大之职权有二：曰参预立法也，曰监督行政也。”①

倡导二元君主制的立宪派思想家主张三权分立，即立法权、司法权、行政权三权分立。立宪派所谓的政治参与权，最重要者，一是通过议会行使立法权，二是通过议会行使监督行政权。监督行政权固然很重要，但在一个民主法治的国家中，立法权才是所有权力的权力。通过参政权行使立法权，使自由和平等原则顺利融入法律，使己派的政治立场得以通过法律体现出来，这些都显示着参政权的必要性。参政权主要通过议会得以表现，而议会最大的权力就是立法权，因此，参政权之最大者就是通过议会参与立法权的行使。严复说：“立宪之国，最重造律之权，有所变更创垂，必经数十百人之详议。”②所谓造律之权，实际上就是立法权。立法权之重要性在于，通过立法，可以规定和落实自由和平等的原则。

---

① 梁启超：《论资政院之天职（1910年）》，《梁启超全集》第3册，北京：北京出版社1999年版，第2294页。

② 严复：《〈法意〉按语》，王栻主编：《严复集·第4册·按语》，北京：中华书局1986年版，第995页。

立法是赋予公民自由和平等权利的最后时机。如果失去参政权，无权参与立法，就无法为自已或己派争取合理合法的自由和平等权利。立宪派有一种主张，认为“中国数千年相传之政治论，其大本大原所在，与今世所谓立宪政治者，无一不同，所异者其具有未备耳。质而言之，则缺一民选限制机关（即国会）而已”①。请忽略思想家常常发出的这种有误导性的言论，中国传统政治论是等级观念的政治论，立宪政治是平等观念的政治论，二者大相径庭。梁启超此言最吸引人的地方当在“民选”二字。

民选国会体现代议制精神。梁启超把代议制精神一分为二，一方面代表国家，“以国民全体之意思，为国家意思”；另一方面，发表政见，“使之能以适当之方法，发表其意思”。他认为，为代表国家，“就不可不使社会各方面，皆有代表人”；为发表政见，“尤不可不设置适当之机关，以调和代表人”②。梁启超认为，国会因其代议制精神的需要，为调和贵族主义与平民主义，故设两院制。国会议员乃由选举而当选，故引出公民选举权与被选举权的问题。

选举权与被选举权资格问题与公民政治权利的平等和自由有关。据梁启超统计，当时世界主要民主国家公民的选举权与被选举权受财产、年龄、住所、职业四大限制。以财产为例，当时仅德国、奥地利、比利时、美国、西班牙、法国等国对选举权与被选举权均不加以限制，给予公民最大的自由和平等；英国、意大利、日本、瑞典、卢森堡等国仅对选举权有财产限制，限制了部分公民的选举权利；葡萄牙对选举权与被选举权

① 梁启超：《中国前途之希望与国民责任（1911年）》，《梁启超全集》第3册，北京：北京出版社1999年版，第2393页。

② 梁启超：《中国国会制度私议（1910年）》，《梁启超全集》第3册，北京：北京出版社1999年版，第2114页。

均有财产限制。梁启超分析各国免除限制的原因有二：一是“人物之与资产，决非可成正比例者”，二是“贫乏之议员，临时设法增租纳税，以求中程，亦非难事”。[①] 世界主要民主国家的规定实际上也提醒了其他国家，那就是民主并没有一定之规，要视各国具体情况而具体抉择。自由和平等作为政治制度的原则被规定后，具体政治权利如选举权等的自由和平等所受到的限制是一定历史时期和观念的遗留问题，最终可以在自由和平等原则的框架内得以解决。这点从美国利用修宪解决妇女和黑人选举权问题便可证明，虽然是迟来的公平和正义，但其解决是在宪法框架内，并未引发革命。

革命党以孙中山先生为代表，主张民主立宪，提倡五权政治。中山先生在《民报》创刊周年讲话时，曾指出“政治革命的结果，是建立民主立宪政体”[②]。这个民主立宪政体就是他后来常说的民主共和制政体。至于五权政治之说，是五权宪法的雏形。

> “希望在中国实施的共和政治，是除立法、司法、行政三权外还有考选权和纠察权的五权分立的共和政治。”[③]

1906 年，俄国社会党领袖该鲁学尼等在东京拜访孙中山先生，中山先生与对方的交谈中提到了五权政治。五权即立法权、司法权、行政权、

---

① 梁启超：《中国国会制度私议（1910 年）》，《梁启超全集》第 3 册，北京：北京出版社 1999 年版，第 2139 页。

② 孙中山：《在东京〈民报〉创刊周年庆祝大会的演说（1906 年 12 月 2 日）》，广东省社会科学院历史研究室等编：《孙中山全集》第 1 卷，北京：中华书局 1981 年版，第 325 页。

③ 孙中山：《与该鲁学尼等的谈话（1906 年 11 月 15 日）》，广东省社会科学院历史研究室等编：《孙中山全集》第 1 卷，北京：中华书局 1981 年版，第 319 页。

考选权、纠察权。前三权是民主国家的普遍选择，即使立宪派亦完全赞同，故显示中山先生的民主理论不仅符合自由和平等原则，又与立宪派部分重叠。未重叠之处在于考选权和纠察权，它们是中山先生结合中国国情并参考国外经验的自创。

增设考选权的原因，中山先生的解释是，考选权是用考试制度为国家“最严密、最公平地选拔人才，使优秀人士掌管国务”。中山先生认为，外国国务由党派包办，每届国务员更迭，其下属芝麻小官也一同更换，流弊甚多。而且通过选举任命公仆会把那些缺乏演讲口才的人才排除在政府门外，很不公平。这些是中山先生提倡设立考选权的原因。中山先生所说的外国大小官员一体更换的问题是政务官和事务官不分的问题。1883 年，美国通过“彭德尔顿文官法”，“在法律上解决了政务官员和事务官员的区别，以及事务官员考试、录用问题，从而使美国的官员制度有了比较完备的法律规定”①。政务官一般采用选任制，选任内阁成员等高官；事务官一般采用聘任制，聘任普通行政官员。

增设纠察权的原因，中山先生的解释是，为监督议会和国家政治而设。中山先生认为，今天各国实行的共和政治有一些不足，那就是纠察权归议会。他指出，纠察权的权限“因国家不同而有强弱之别，由此产生出无数弊端”。他以“裁判人民的司法权独立”为由，反对把裁判官吏的纠察权“隶属于其他机关之下”②。如果遵循了自由和平等原则，那么，司法权的受众一定是包括国家元首在内的每个人。专门针对官员的纠察权与司法权平行，会产生另一个问题，即纠察权有没有终审资格。如果

---

① 朱光磊：《政治学概要》，天津：天津人民出版社 2008 年版，第 304 页。

② 孙中山：《与该鲁学尼等的谈话（1906 年 11 月 15 日）》，广东省社会科学院历史研究室等编：《孙中山全集》第 1 卷，北京：中华书局 1981 年版，第 320 页。

有，纠察权就干预了司法权；如果没有，纠察权还要诉诸司法权，不免多此一举。而且，单独对某一群体实行特别的纠察权并不符合平等原则，民主国家中，官员只是一份工作而已，并无任何特权。如果以纠察权防止官员有可能产生的特权，那么，就必须相应检讨平等和自由原则实施和履行的情况，毕竟，特权产生于不平等，而特权的产生部分则是限制自由如言论自由、新闻自由等监督措施的结果。

政治权利是自由和平等原则的体现。一个国家，无论其制度有何与众不同的名字，只要把自由和平等作为原则，贯彻于政治体制和政治过程中，这个国家就是现代文明国家，无论其国家元首是服装华贵的国王，还是衣不蔽体的酋长。以自由和平等为原则，政治权利便生成于自由和平等的社会秩序中。

### （四）法治与权利

何谓法治？法治是个非常复杂的概念，民国法学家蔡枢衡先生说："事实告诉我们，法治这东西是八面玲珑的。它可以和君主同居，也可以和民主结合，还可以和独裁握手。"[①]这个结论令法治更加复杂和神秘。但站在自由、平等、权利三观念角度看，法治则是清澈简单的。法治并不天然具有自由、平等、权利三观念，如果幻想实行法治就可以带来上述三观念，那么，人民将永远身处没有三观念的法治之中。因此，谈法治就必须与民主相结合，那才是民主制度的法治。近代思想家对此有相似的认识。

---

① 蔡枢衡：《中国法理自觉的发展》，北京：清华大学出版社2005年版，第58页。

“春秋改制，即立宪法，后王奉之，以至于今。盖吾国君民，久皆在法治之中，惜无国会以维持之耳。”①

与蔡枢衡一样，康有为也认识到法治可以通行于君主与民主两种制度。法治若要完成其自身的近代转型，则赖国会之成立。成立国会，实则制定宪法，奉行立宪君主制也。康有为认为，国会是中国早已存在的议政形式，“盘庚命众至庭；《周礼》询国危疑；《洪范》称谋及卿士，谋及庶人；孟子称大夫皆曰，国人皆曰，盖皆为国会之前型，而分上下议院之意焉”②。康有为所说或许有道理，但国会本身与法治一样，并未天然具有民主品质。如果建构国会的宪法未以自由与平等观念为政治原则，因此而成之国会必与民主相距遥远。看来，近代思想家要完成思想转型的历史重任，关心法治不如关心国会，关心国会不如关心自由与平等。《牛津法律大辞典》认为，法治是指“所有的权威机构，立法、行政、司法及其他机构都要服从于某些原则”③。民主国家中，自由与平等既是政治制度的原则，又是法治必须服从的原则。

“持法治主义者，虽认意志之自由，而行为之自由，非绝对的承认，故所以规律一般行为者，壹委诸法力之制裁。”④

---

① 康有为：《请定立宪开国会折代内阁学士阔普通武作(1898 年 9 月)》，《康有为全集》第 4 卷，姜义华、张荣华编校，北京：中国人民大学出版社 2007 年版，第 424 页。

② 同上。

③ 〔英〕戴维·M. 沃克编著：《牛津法律大辞典》，北京社会与科技发展研究所组织等译，北京：光明日报出版社 1988 年版，第 790 页。

④ 梁启超：《法治主义之发生》，《梁启超全集》第 2 册，北京：北京出版社 1999 年版，第 1270 页。

梁启超不愧是近代最伟大的思想家，一语便道破法治之奥秘。他肯定法治以服从自由与平等为原则。何以见得？如果把意志自由视为消极自由，行为自由视为积极自由，可以看出，梁启超必承认法治须服从自由原则。而积极自由为何会“非绝对的承认”呢？因为积极自由往往会突破自由的平等界限，干涉别人的消极自由，造成社会冲突。自由以平等为条件，平等亦以自由为条件。因此说，梁启超必承认法治须服从平等原则。但事实上，梁启超的法治主义乃战国时期法家的法治主义，这点必须明确。他认为中国法治主义兴于春秋之初，盛于战国之末。当是时，法治主义与放任主义、人治主义、礼治主义、势治主义相对峙。放任主义主无欲无为，是拒绝自由；人治主义主等级，是拒绝平等；礼治主义主道德制裁，是拒绝法律；势治主义主权力，是忽视权利也。

> “法治主义，在古代政治学说里头，算是最有组织的最有特色的，而且较为合理的。当时在政治上，很发生些好影响……政治在法治以上还要有事，我们是承认的，但若使连法治尚且办不到，那便不成为今日的国家，还讲什么‘以上’呢？所以我希望把先秦法家真精神着实提倡。”[1]

先秦法家的法治主义并非与法治完全一致，但其中的根本道理颇相通。梁启超认为，法治主义与名学渊源很深，战国墨家最精名学，其后代弟子将名学用于政治理论，便形成了法治主义。梁启超引用《尹文子》

---

① 梁启超：《先秦政治思想》，《先秦政治思想史》，北京：中华书局2016年版，第307—308页。

曰:“万事皆归于一,百度皆准于法。归一者简之至,准法者易之极。”[①]现代法治所秉持的理念亦是如此。李贵连先生说:“所谓法治,就是这种制度之治,规范之治,规则之治。”[②]君主专制国家的法治必须以等级为原则,所有权利向君主集中;民主国家的法治必须以自由和平等为原则,人人享有天赋权利。法治与民主无必然联系,但法治所服从的原则决定其是民主的还是专制的。民主国家强调法治,并非强调依法治国(Rule by Law),而是专指万法的原则(Rule of Law)。万法的原则就是法治所服从的原则。这个原则隐藏在法律内容和文本之间,隐藏在政体中,实际上是一种政治原则。立宪派注重法治,革命派亦然。孙中山先生创造了一种独特的分阶段的法治理论。

1906年秋冬间,孙中山先生发布《军政府宣言》,提出了“驱逐鞑虏、恢复中华、建立民国、平均地权”四项纲领,并指出四项纲领的实现要分“军法之治”“约法之治”“宪法之治”[③]三期进行。从辛亥革命爆发到中华民国成立,法治问题确实是按照这三期进行的。先是革命党人在武昌成立湖北军政府,实行军法之治;中华民国成立后发布《临时约法》,实行约法之治;从《临时约法》到《中华民国约法》,实行宪法之治。尽管“三期”基本得到了落实,但结果差强人意。以往,一提到民初的军阀割据便要痛诋袁世凯和北洋军阀。但历史告诉人们,当时的军阀割据是全国性的,从南到北,由东至西,都有军阀存在。军阀是怎么产生的?晚清时期

---

① 梁启超:《先秦政治思想》,《先秦政治思想史》,北京:中华书局2016年版,第302页。

② 李贵连:《从贵族法治到帝制法治:传统中国法治论纲》,《中外法学》2011年第3期,第482—483页。

③ 孙中山:《中国同盟会革命方略(1906年秋冬间)》,广东省社会科学院历史研究室等编:《孙中山全集》第1卷,北京:中华书局1981年版,第297—298页。

并不存在军阀，军阀是民国成立后产生的。那么，军阀便一定与某种足以形成军阀的因素有关。其中一个因素或许就是“军法之治”。

> “第一期为军法之治……军队与人民同受治于军法之下。军队为人民勠力破敌，人民供军队之需要及不妨其安宁……地方行政，军政府总摄之……每一县以三年为限，其未及三年已有成效者，皆解军法，布约法。”①

军法之治时期，军政府获得了包括军政和民政在内的全部权力。请注意，军政府的权力不是来自人民，而是来自军法。军法是相当于军政府时期的宪法，它不仅统治军队和人民，而且还负责军政与民政。各省军政府的首领称都督。都督手握兵权，是一省最高长官。中华民国成立后，多数省份的都督不愿解散军队，仍拥兵自重，渐至尾大不掉，中央政府无法亦无能以行政命令解散地方军队，故军阀割据难以避免。这是客观上军阀形成的简单过程。从军法之治角度看，军政府成为各省利维坦，成为掌握权力的独角兽。一省之内，无人无团体可与其竞争，遂形成合法的行省等级社会。各行省等级社会之间因政见分歧或军事实力对比悬殊，无法形成平等的省际关系。为此，他们或选择联盟，或不得不战争。军法之治是法治的一种，但因其是法治与等级和独裁的联合，所以，军法之治尽管托词为过渡性的法治，但仍是不可接受的。军法之治为期三年，到期改为约法。事实上，军阀对权力贪得无厌。中华民国成立后，十八个行省中只有湖北的黎元洪和云南的蔡锷等少数军政府都督愿意自解兵权，其他都是按兵不

① 孙中山：《中国同盟会革命方略（1906 年秋冬间）》，广东省社会科学院历史研究室等编：《孙中山全集》第 1 卷，北京：中华书局 1981 年版，第 297 页。

动，积极做大。可以说，军法之治虽然过渡到了约法之治，但其过渡仅是形式上的。

> “第二期为约法之治。每一县既解军法之后，军政府以地方自治权归之其地之人民，地方议会议员及地方行政官皆由地方选举。凡军政府对于人民之权利义务，及人民对于军政府之权利义务，悉归于约法，军政府与地方议会及人民各循守之，有违法者，负其责任。以平定天下六年后为限，始解约法，布宪法。”①

约法之治期间，军政府只是交出了民政权，仍保留兵权。这一时期，军政府独裁的局面被军政与民政平等所代替，但人民仍有“对于军政府之权利义务”，在这个意义上讲，人民尚未得到充分的自由权。因为，军政虽然与民政分离，但其仍能合法干预人民消极自由和积极自由的空间。如此一来，人民头上便存在两个貌似权力相同的权威，人民的自由便会受到双重干扰。同时，两个权威之间仅貌似平等，军政权力实则可以左右地方民政权力。军政与民政分离在当时称“军民分治”。最早提出“军民分治”的是湖北军政府民政长汤化龙、湖北军政府都督黎元洪。但随着时间的推移，各省军阀越做越大，至北洋政府倒台，“军民分治”也未实现。可以说，让军阀交出民政权，削弱其军权，就是与虎谋皮。约法之治用理想化的理论把所谓平等和有限自由作为法治必须服从的原则，但理想遭遇的总是冰冷的现实，独裁者不会把理论安排当作他的理想。

---

① 孙中山：《中国同盟会革命方略（1906 年秋冬间）》，广东省社会科学院历史研究室等编：《孙中山全集》第 1 卷，北京：中华书局 1981 年版，第 297—298 页。

> “第三期为宪法之治。全国行约法六年后，制定宪法，军政府解兵权、行政权，国民公举大总统及公举议员以组织国会。一国之政事，依于宪法以行之。”①

宪法之治时期，军政府完全解除军权和民政权，军政府成为历史，人民始享有完全自由和平等之权利。孙中山先生说：“此三期，第一期为军政府督率国民扫除旧污之时代；第二期为军政府授地方自治权于人民，而自总揽国事之时代；第三期为军政府解除权柄，宪法上国家机关分掌国事之时代。俾我国民循序以进，养成自由平等之资格。”②

自由和平等是天赋权利，无须循序渐进而得之。渐进的法治观相信，自由和平等的实现，必须经过不自由不平等到半自由半平等再到自由平等的过程。这相当于缩小版的人类自由平等的历史。卢梭提出天赋权利，并非否认人类获得真正的自由和平等不再需要经历艰辛和斗争，而是告诉人类自由和平等是我们应然的权利，这个天赋权利应该普遍贯彻于各国的法治，成为法治服从的唯一原则。只有这样，人民才能享有具有民主性质的法治，而不是经过向等级和独裁妥协的军法之治才能抵达民主。过程和应然性或许并不矛盾，但强调自由和平等的“循序以进”，实际上就是否认了自由和平等的应然性。不承认自由和平等的应然性，法治必将服从同时期最重要的政治原则，无论这个政治原则是什么，法治都将与其结合。

---

① 孙中山：《中国同盟会革命方略（1906年秋冬间）》，广东省社会科学院历史研究室等编：《孙中山全集》第1卷，北京：中华书局1981年版，第298页。

② 同上。

# 第七章　民本思想近代转型的评价

民本思想的近代转型是近代思想史上的一件大事，如何评价这件大事，可谓见仁见智。评价政治思想史的某一过程，必须找出足以支撑这一过程的政治思想观念。民本思想在近代遭遇了什么，其转型过程是如何完成的？从政治思想观念来讲，民本思想在近代遭遇了西方观念的冲击。西方奉行的自由、平等、权利三观念对中国思想家的影响可用“颠覆”二字来形容。固然所有思想家在遭逢此三观念时，纷纷求诸中华元典，试图找出与它们相对应的中国表述，但他们经过努力之后，往往败兴而归。西方传来的政治价值观念在中国传统政治思想中并未有过相对应的理论存在。当然，自由、平等、权利的意识肯定在中国传统政治思想中存在过，但古代思想家并未将这些意识上升到纯理论高度，致使意识始终停留在其固有的阶段。西学东渐改变了这些，思想家利用西方政治理论不仅把西方政治价值观念融入了中国传统政治思想，而且还兼顾了中国近代特殊的历史环境。

## 第一节　民本思想近代转型是政治价值观念转型

有国家便有政治，有政治便有政治价值观念。政治价值观念是政治文化中最重要的政治思想观念。政治文化不同，政治价值观念或有不同。从世界历史发展看，政治价值观念具有趋同性。从时间上看，欧洲国家最先接受了平等独立的主权观念，签订了《威斯特伐利亚约》。这说明，平等独立可以得到普遍承认。中国长期以来奉行等级制的宗藩观念，等级相对于平等具有明显的落后性，但在平等未被接受之时，等级是约定俗成的存在，没有哪个国家以此为耻。因此，相对于等级，平等更具有激进性。可以说，正是平等观念敲开了中国近代的大门，使中国民本思想进入了近代转型轨道。民本思想的主体是“民”。但“民”的等级的无权利的特征显然无法继续适应近代转型的要求，因此，公民观念顺利进入思想家的视野。

### （一）谁的权利：公民意识和观念的接受

公民（Citizen）一词出自古希腊。当时，只有满足两个条件的成年男性才有资格成为公民，它们是：一是父母均为自由民，二是拥有财产。成为公民后，可以享有参与全民大会、担任官职等权利。可以说，公民是权利的载体，成为公民是拥有权利的象征。公民与奴隶是相对的，奴隶不具有任何权利。中国民本思想的“民”是等级制中的庶民，不享有政治权利，只有无尽的义务。思想家要完成民本思想的近代转型，把西方政治价值观念引入中国，必须找到合适的载体。“民”显然不适合做这个载体，因此，思想家引进了“公民”观念。

公民是权利的载体。康有为定义“公民”，曰：“人人有议政之权，人人有忧国之责，故命之曰公民。”[①]他强调中国变法，“宜先立公民”[②]。臣

① 康有为：《官制议（1903年）》，《康有为全集》第7卷，姜义华、张荣华编校，北京：中国人民大学出版社2007年版，第267页。

② 同上，第268页。

民是被统治者，公民“既是统治者又是被统治者”①。梁启超采用“国民”概念表达“公民”之意。他说：“国也者，积民而成。国家之主人为谁，即一国之民是也。”梁启超认为，国民是“自由独立”的，是“当世文明之国所最尊重者”②。孙中山先生提出“凡为国民皆平等以有参政权”，把国民与政治权利结合起来。可见，无论公民还是国民，都是政治权利的载体，都享有政治权利。政治权利只是公民所有权利中的一种，但就政治思想而言，政治权利是公民最重要的权利。公民是社会政治生活的参与者，其参与社会政治生活的合法性部分来自其是否拥有政治权利。中华民国成立之前，中国人从未享有真正的政治权利。政治是国事，国人作为“民”并无参与国事的权利。公民则不同，公民是平等的，每个公民都平等地拥有参政权。公民的参政权有一定的适用范围——国家。

公民的政治权利在国家范围内使用。政治权利具有国别性，一国政治权利的适用范围基本仅限于本国政治，比如中国公民无法参与美国总统选举，因为他不是美国公民，并未合法享有美国选举权。基于相同的理由，美国公民也无法在中国参与中国的选举活动。这就是政治权利的国别性。近代中国公民在理解自己具有政治权利的公民身份的同时，还要同时理解另一个概念——国家。国家对中国传统政治思想来说是个再熟悉不过的词汇了，但传统上理解的国家与近代国家观念大相径庭。梁启超说：“中国人向来不自知其国之为国也。”③严复说：“中国自秦以

---

① 赫曼·范·冈斯特仁：《公民身份的四种概念》，〔英〕巴特·范·斯廷博根编：《公民身份的条件》，郭台辉译，长春：吉林出版集团有限公司2007年版，第44页。

② 梁启超：《中国积弱溯源论(1900)》，《梁启超全集》第1册，北京：北京出版社1999年版，第414页。

③ 同上，第413页。

来，无所谓天下也，无所谓国也，皆家而已。”[①]中国传统的国家观念中，国家是君主的所有物，人民作为被统治者只有向国家应尽的义务，没有任何权利。近代国家观念突出国家由公民组成，公民享有政治权利，具有参与国家事务的参政权。公民不仅享有参与国事权，还有爱国的义务。梁启超说：“彼其国民，以国为己之国，以国事为己事，以国权为己权，以国耻为己耻，以国荣为己荣；我之国民，以国为君相之国，其事其权，其荣其耻，均视为度外之事。”[②]爱国是近代思想家强烈提倡的公民的义务。中国人未有爱国心或由传统养成，但知道爱国义务必须从现在开始。近代思想家注意到，爱国心的培养可以增强中国人的凝聚力，这种凝聚力正是千疮百孔的晚清所迫切需要的。从一国角度看，爱国是公行为，每个公民都以爱国为荣，这是绝大多数国家的公民所赞同的行为。从国际角度看，爱国是私行为，爱国主义与国际主义有理论上的矛盾，爱一国是爱国主义者，爱所有国家是国际主义者。排除获得多国承认的多国籍人士，爱国一般发生在单一国家，因为绝大多数人的政治权利仅来自一个国家。

公民生活在一个国家，其活动离不开社会。社会一词进入中国时，多数近代思想家称之为“群”。群分大群、小群。近代思想家认为，大群指国家、社会，小群指党派、团体。多数思想家认为，群又与独相对，群则通、智、强，独则塞、愚、弱。个别思想家也有“大独必大群”的观点，显然，思想家们对“独”的理解并不完全一致。严复翻译英国社会学家斯宾塞

---

① 严复：《〈法意〉按语》，王栻主编：《严复集 · 第 4 册 · 按语》，北京：中华书局 1986 年版，第 948 页。

② 梁启超：《爱国论（1899 年）》，《梁启超全集》第 1 册，北京：北京出版社 1999 年版，第 272 页。

的《群学肄言》，今译名《社会学研究》，可见，群一般是指社会。国家与社会是有区别的。庞金友指出："古罗马的实定法暗示着国家与社会治理领域的分野：政府依据实定法行为，社会则借助传统、习俗与道德的力量治理。"[①]但是，国家与社会又是不可分的：社会的发展产生了国家，社会不能离开国家而存在。社会对于公民而言，是传统、习俗、道德的载体，是文化的根据地。公民之于社会，不仅是文化的传承者，还是文化的保护者。由于近代思想家受大环境影响，对国家关注高于对社会的关注，因此，社会在国家面前不再难以离开，而是可有可无。也就是说，近代思想家更偏向国家主义。不过，就政治权利建设而言，近代思想家往往更愿意从落后的社会习俗入手，如剪辫、戒缠足等，逐渐地废除旧道德，树立新道德。剪辫近乎民族权利的觉醒，戒缠足则是女性解放的标志。民族权利的呼吁从最初的排斥满洲逐步走到了最后的五族共和的民族平等，女性解放则突出了女权思想。可见，社会对公民而言是极其重要的舞台，不仅可以借此传承文化传统，而且还可以发扬政治权利思想。大群指社会，小群指团体，团体主要指政党。

公民还须培养政党意识。政党是民主政治体制下公民参与政治的最有力的方式。何谓政党？政党是具有相同政治观念和政治目标的人组成的政治团体。立宪政体下，政党的目标是获得选举胜利，以占有议会（多数）席位，进而取得组织内阁的权利。民本思想的"民"转型为公民后，公民作为享有政治权利的社会一份子，有机会参与政治活动。但公民参与政治活动的最佳方式是通过政党有组织地进行，这样公民便要了解政党，加入政党。近代第一个革命团体是1894年成立的兴中会，近代

① 庞金友：《国家与社会：近代西方的理论视角》，《宁波党校学报》2008年第1期，第30页。

第一个资产阶级政治团体是1895年成立的强学会，近代第一个革命政党是1905年成立的同盟会。中华民国成立后，同盟会联合其他几个小党改组为中国国民党，成为实力最强的政治党派，并在民国二年的参众两院选举中全面获胜，成为国会最大党。从同盟会转型为中国国民党，可见培养公民的政党意识，不仅包括培养革命精神，而且更包括培养参政精神。公民为何要通过政党参政？萨托利认为，政党“首先且最主要的是表达的手段”，政党是“工具，是代理机构，通过表达人民的要求而代表他们”①。政党表达人民的要求会有多种方式，但最重要的方式是通过议会获得多数席位取得多数党地位，并由多数党成为执政党，从而有机会实现本党的主张。公民不通过政党参与政治，很难落实自己的主张，因为独木难成林，纵使民主社会尊重个人自由表达权，但个人的声音无法超过政党的分贝。公民培养政党意识，有助于近代中国尽早进入政党政治，有助于近代政党尽早成为群众性政党。“普选权产生的是群众性政党和‘产生于外部’的政党”②，因此，群众性政党的出现意味着普选权的实现。培养公民政党意识的终极目的就是为了普选权的正常运作。

公民还须接受公共观念。梁启超认为，古代无法成“群”的原因之一是缺乏公共观念。何谓公共观念？梁启超指出，人生活在社会中“必相引相倚，然后可以自存”，这就是公共观念。他进一步解释说：“故真有公共观念者，常不惜牺牲其私益之一部分，以拥护公益，其甚者或乃牺牲其现在私益之全部以拥护未来公益。非拂性也，盖深知夫处此物竞天择

---

①〔意〕萨托利：《政党与政党体制》，王明进译，北京：商务印书馆2006年版，第56页。
② 同上，第47页。

界，欲以人治胜天行，舍此术未由也。”[①]可知，梁启超的公共观念在于减少私益，扩大公益，公益扩大，人能胜天。应该说，梁启超在此对于公共观念的解释偏于狭隘。他所说的私益与公益，只是利益，而非权益即权利。何以见得？盖利益是具体的，权利是抽象的。具体的权益可以计算出量的增减，抽象的权利无法用数量来衡量。因此，当梁启超言“牺牲其私益之一部分”时，他所说的定是利益。当然，为争取公益，一定会牺牲私人的时间、金钱等具体利益，但这样的私益所谋的公益类似于今天人们熟悉的社会公益活动。虽然梁启超的解释有些欠缺，但他所说的公共观念仍具有政治意义，因为此问题是在《新民说》中提出的，是哈贝马斯所说的公共领域。德国哲学家、社会学家哈贝马斯把公共领域描写为“在国家和社会之间的紧张地带获得明确的政治功能”[②]的场所。他指出，所谓公共领域就是社会生活中公共意见得以形成的地方，公共领域形成公共意见是为“监督国家权力并影响公共政策”[③]。关于公共意见，梁启超曾撰文论述过卢梭的公意观：“及约之既成，则主权不在于一人之手，而在此众人之意，而所谓公意者是也。”[④]他认为，卢梭公意的目的是公益。[⑤] 但是，由于后来梁启超对卢梭天赋权利学说有所怀疑，便不再提其公益及公意观了。当然，梁启超提出公共观念亦是民本思想转型的必要理念。许纪霖先生说：“最早在中国重视公共领域的，是以‘托古改制’

---

① 梁启超：《新民说(1902年)·论学会》，《梁启超全集》第1册，北京：北京出版社1999年版，第694页。

② 〔德〕哈贝马斯：《公共利益的结构转型》，曹卫东等译，上海：学林出版社1999年版，第34页。

③ 汪晖：《词语梳理——公共领域》，《读书》1995年第6期，第131页。

④ 梁启超：《卢梭学案(1901)》，《梁启超全集》第1册，北京：北京出版社1999年版，第506页。

⑤ 同上，第507页。

为特色的维新派。在他们论证和建构公共领域的时候，大量提到了孟子的民本主义思想。”[①]可见，公共领域与民本思想转型有着紧密联系。公共领域不应具有反政府的革命特征，但可以在体制化的保障下发表批判国家实践和公共政策的言论。近代思想家提出公共观念，是为立宪政治的普及夯实社会智识基础。

从“民”到公民并非一个简易的转变，它涉及方方面面。公民具有政治权利，可以参与政治生活，需要相关政治知识。同时，转变还是一个历史过程。转变并不能一蹴而就，尚有许多反复。如民国成立以来发生的三次复辟，其臣民观念难以割舍或是原因之一。

### （二）天赋权利与权利来自革命

民本思想近代转型时期，近代民本思想界出现了立宪派、革命派等政见不同的派别，但这些政见不同的派别有个相同的愿望，那就是把权利观念融入民本思想中，使民本思想得以完成近代转型。应该说，这种共识是难能可贵的。毕竟，共识的基础越扎实，反对意见也就越少。清末学界政界少有人反对权利观念便是这种共识的证明。但共识归共识，共识之外的分歧也很大。最主要的分歧是：权利来自哪里？

对于这个问题，立宪派内部的分歧也很大，甚至个别思想家本人的观点也有前后变化。康有为主张“人人有自主之权”，并认为此乃公理。康有为的公理是指具有普遍性的“必然之实”和“永远之实”，是应然。人人有自主之权就是人人都平等地享有自由独立的权利。康有为的说法与卢梭的天赋权利说很相似，但后者的学说交代了权利的来源即与生俱

---

① 许纪霖：《近代中国的公共领域：形态、功能与自我理解——以上海为例》，《史林》2003年第2期，第79页。

来，而前者学说仅强调状态并未说明权利来源。是康有为不知卢梭吗？非也。可以说，康有为对世界主要政治学说都有研究。他曾说："法之革命也，天赋人权之说，载于宪法。美之独立也，权利自由之书，布之列邦。其他各国所有者，曰人民言论思想之自由权，曰出版之自由权，曰从教之自由权，曰立会之自由权，曰从教转移之自由权，曰身体之自由权，曰住所之自由权，曰信书秘密之自由权，曰产业之自由权。载之宪法，布之通国，人人实享其利益。"①可见，康有为对西方政治学说已如数家珍，非常熟悉。那么，他为何不直接使用卢梭的天赋权利学说呢？或许源于其对"天赋"的不赞同。康有为弟子梁启超则经历了从反对卢梭到赞同卢梭再到对天赋权利学说举棋不定的思想过程。

梁启超最初反对天赋权利说。他在《自由书》中鼓吹强权、权力，反对权利。他说："自吾辈人类及一切生物世界乃至无机物世界，皆此强权之运行。故得以一言蔽之曰：天下无所谓权利，只有权力而已，权力即利也。"②由此，他推断："则知自由云者、平等云者，非如理想家所谓天生人而人人畀以自由平等之权利云也。"③两年后，梁启超认真研究了卢梭学说，改变了自己的看法。

梁启超转而赞同天赋权利说。梁启超曾作《卢梭学案》并引康德之语为卢梭辩护，曰："卢梭民约之义，德国大儒康德（IMMANUAL KANT）解之最明。康氏曰：'民约之义，非立国之实事，而立国之理论也。'此可谓一言居要者矣。虽然，征之史籍，凡各国立国之始，亦往往有

---

① 康有为：《代上海国会及出洋学生复湖广总督张之洞书（1900 年 12 月 7 日）》，《康有为全集》第 5 卷，姜义华、张荣华编校，北京：中国人民大学出版社 2007 年版，第 329 页。

② 梁启超：《自由书（1899 年）》，《梁启超全集》第 1 册，北京：北京出版社 1999 年版，第 352 页。

③ 同上，第 353 页。

多少之自由主义行乎其间者。夫人智未开之时,因天时人事之患害,为强有力者所胁迫,驱民众而成部落,此所谓势之不可避者,固不待言,然于其间自有自由之意存焉,人人于不识不知之间而自守之,此亦天理所必至也。”[①]梁启超深明卢梭天赋权利学说本义,故振振有词,为人人有自主之权辩护。他说:“西方之言曰:人人有自主之权。何谓自主之权?各尽其所当为之事,各得其所应有之利,公莫大焉,如此则天下平矣。”[②]但梁启超对卢梭学说并未持坚定态度。

梁启超对天赋权利学说的犹豫不定。1902 年,梁启超作《新民说》。文中,他对权利的来源有两种截然不同的看法。他说:“权利何自生?曰生于强。”[③]这是强权说。他还说:“天生人而赋之以权利,且赋之以扩充此权利之智识,保护此权利之能力。”[④]这是天赋权利说。两种权利学说同时在一篇文章中得以肯定,只能说梁启超尚在举棋不定之中。

严复则是坚定地反对天赋权利说。最初,大约于 1895 年,严复还是赞成天赋权利说的。在《辟韩》中,他曾说:“民之自由,天之所界也。”[⑤]此时,梁启超尚不明天赋权利说,严复算是先知先觉。后严复接触赫胥黎思想,渐渐认同赫氏反卢梭之主张。他说:“中古之时,罗马幅员最广,异族杂糅,本有等差。而法政所施,随地则生荆棘。由是划除苛绕,揭示大

---

① 梁启超:《卢梭学案(1901)》,《梁启超全集》第 1 册,北京:北京出版社 1999 年版,第 504 页。

② 梁启超:《论中国积弱由于防弊(1896 年)》,《梁启超全集》第 1 册,北京:北京出版社 1999 年版,第 64 页。

③ 梁启超:《新民说(1902 年)·论权利思想》,《梁启超全集》第 1 册,北京:北京出版社 1999 年版,第 671 页。

④ 梁启超:《新民说(1902 年)·论进步》,《梁启超全集》第 1 册,北京:北京出版社 1999 年版,第 684 页。

⑤ 严复:《辟韩》,王栻主编:《严复集·第 1 册·诗文上》,北京:中华书局 1986 年版,第 35 页。

同，民乃欢虞，而国势益固。是故自由平等者，法律之所据以为施，而非如民质之本如此也。”[①]《法意》中，严复亦曾明确反对卢梭。他说：“往者卢梭《民约论》，其开卷第一语，即云斯民生而自由，此义大为后贤所抨击。赫胥黎氏谓初生小孩，非母不活。无思想，无力气，口不能言，足不能行，其生理之微，不殊虫豸，苦乐死生，悉由外力，万物之至不自由者也。其驳之当矣！”[②]本文曾经论述，严复反对卢梭，盖因其不懂应然耳。

与立宪派纠结于天赋权利说和社会进化论不同，革命派认为权利来自革命。1903 年，孙中山先生作《敬告同乡书》，指出“满洲以东北游牧之野藩贱种，亦可享有皇帝之权，吾汉人以四千年文明之种族，则民权不能享”，因此要求“革命者志在扑满而兴汉”。[③] 扑满兴汉的目的是为汉人争取民权。1905 年秋冬间，孙中山先生在日本，提及革命目的时说：“革命以民权为目的，而其结果，不逮所蕲者非必本愿，势使然也。革命之志在获民权，而革命之际必重兵权，二者常相抵触者也。”[④]孙中山先生相信民权来自革命，没有革命就没有民权，没有革命满洲统治者便不可能交出皇权。革命出自民权的理论无论来自哪里，都与中国传统思想的暴君放伐理论密不可分。可以这么说，孙中山先生把革命看作是中国走入近代的必然，当然，也是民本思想近代转型的必然。

辛亥革命胜利了，权利出自革命的说法正确吗？历史表明，军法之

---

① 严复：《〈民约〉平议》，王栻主编：《严复集 · 第 2 册 · 诗文下》，北京：中华书局 1986 年版，第 337 页。

② 严复：《〈法意〉按语》，王栻主编：《严复集 · 第 4 册 · 按语》，北京：中华书局 1986 年版，第 986 页。

③ 孙中山：《敬告同乡书（1903 年 12 月）》，广东省社会科学院历史研究室等编：《孙中山全集》第 1 卷，北京：中华书局 1981 年版，第 232 页。

④ 孙中山：《与汪精卫谈话（1905 年秋）》，广东省社会科学院历史研究室等编：《孙中山全集》第 1 卷，北京：中华书局 1981 年版，第 289 页。

治、约法之治、宪法之治的三期理论并没有给中华民国带来稳定和发展，反而是军阀割据，内战不断，民不聊生。近代军阀割据始于中华民国成立后的北洋政府时期，其根源之一，本文认为在于军法之治等三期理论。三期理论认为，自由平等须逐渐获得，“俾我国民循序以进，养成自由平等之资格”①。权利出自革命说虽不是社会进化论，但显然有社会进化论的影子。因此，孙中山先生的权利出自革命说是中国民本思想的暴君放伐理论与社会进化论结合的产物。暴君放伐论赋予革命的合法性，革命产生权利，社会进化论则解释了权利逐渐获得直至完整的秘密。这种说法与天赋权利说大相径庭。天赋权利说认为，人的权利生而便具有，且人人享有平等的自由权利。我们说，天赋权利说所说的是一种应然，而权利出自革命说所说的则是一种实然。

应然与实然是哲学术语，法学、政治学等学科亦使用。应然是指事物应当如此的状态，实然是指事物已经如此的状态。康德是研究应然理论最重要的哲学家，他认为只有纯粹理念才能在理论上创造一个完美世界。纯粹理念先于经验而存在，可以指导现实世界。纯粹理念应用在道德领域，就是著名的绝对命令；应用在法学领域，纯粹理念就是立法的指导原则。因主张应然和实然不同，法学分为自然法学和分析法学两派。自然法学以正义为主张，是应然法；分析法学主张研究真实存在的法，是实然法。“法有应然实然之分”，不应用对立割裂的观点看到应然和实然，应然法是实然法的根基，“这不仅是西方法哲学的观点，也是马克思主义法哲学的理论观点”②。应然法是实然法的根基，应然也是实然的根

① 孙中山：《中国同盟会革命方略（1906 年秋冬间）》，广东省社会科学院历史研究室等编：《孙中山全集》第 1 卷，北京：中华书局 1981 年版，第 298 页。

② 李步云、赵迅：《什么是良法》，《法学研究》2005 年第 6 期，第 135 页。

基。马克思认为"应然是从实然出发的否定和超越"是对应然和实然关系最合理的解释。应然是纯粹理论，但绝不是冥想，不是凭空杜撰。应然是思想家把哲学、法律、政治等问题在头脑中的抽象和否定，进而揭示其本来"应该如此"的样子。应然状态是实然中无法窥见的，是对实然的"否定和超越"。如果拼命在实然中寻找应然，然后否定应然，则是否定了包括马克思在内的所有"应然"哲学家的努力。近代思想家常常会犯这个错误。

近代思想家大多不知应然为何物。由于普遍缺少哲学的训练，近代思想家在面对西方政治学说出现的应然问题时，往往习惯性地按照中国传统思维寻找答案。比如，严复虽然明知牵强，但仍把自由与中国传统思想的"恕""絜矩"并论。如此并论，最初会让人很快建立关于自由的具体想象，但随着最初想象的接受，自由被理解的含义会更接近中国术语的意思，而自由的本意尤其是其应然性会就此消失。因此，近代思想家虽然是中国最优秀最智慧的知识群体，但由于对应然性的忽视，使他们无法接受卢梭的天赋权利学说。严复认为卢梭天赋权利学说无法鉴诸历史。向历史求证应然性是他们普遍的做法，但结果令他们大失所望。为什么中国历史和世界历史都没有卢梭所说的天赋权利存在？人生来便有强弱如何能平等？如此诘难，不懂应然性肯定无法回答这个问题。但如果懂应然性，知道卢梭所说的是应然，这个问题就不是问题。应然性认为，人生来便有强弱，便有事实上的不平等，这是不错的，但人与人之间由于平等地享有天赋的自由权利，因此说人与人的平等是"本应如此"，不因外界和自身条件不同而改变其应然的平等权利。可惜的是，由于对应然性的不解和怀疑，近代思想家中的革命派选择了从实然的角度让人民逐渐获得自由和平等的权利。那么，实然性的权利能够实现吗？

革命后，实然性权利或能部分实现。实然性权利是事实的权利，革命以争取民权为目的，革命后对民权的争取自然不会放松。革命后，人民获得事实上的权利须依靠法律尤其是宪法，但仅依靠实然性的宪法只能以追求权利为目的，而无法如依靠应然般，以自由与平等的权利为宪法的原则。如果宪法不以应然的自由与平等的权利为原则，那么这部宪法便无法真正赋予人民自由与平等的权利。忽视应然性的政治体制还会面临一个重大问题，那就是它的法治。如果自由与平等的权利不能作为一国法治所服从的原则，那么，这个国家便无法享有民主的法治。总而言之，对应然性的误解和不解，令民本思想的近代转型踏上了一条与民权或民主渐行渐远的道路。革命成功虽然给近代中国带来了共和、民主、议会、政党等新鲜政治元素，但由于自由与平等的权利的应然性未被理解和应用，即使民国约法中声称人民有自由平等的权利，但事实上，实然因无应然为原则，实然便无法真正达到预期目标。无奈，新的制度无疑又走上了一治一乱的历史循环。

### （三）实现权利：立宪政体的理论设计

近代思想家知道，无论理论上有过怎样的辨析和争论，权利的实现仍须依靠一定的政治制度。哪种政治制度可以最完全地实现人民的权利，足以让人民过上优良的社会政治生活，成为思想家们最关注的论题，争论之中，近代思想家也有共识，那就是新的政治必须是立宪政治。

立宪政治或称立宪主义在近代中国仅指“为建立并推动某类政治制度的实践”。所谓“某类政治制度”，是指“包含有体现有限政府原理的规则”的制度，“它们通常含有保障政治或经济权利和自由的法案或宪章，以及旨在保护个人权利不受国家侵犯的其他结构性特征”[①]。显然，无论是立宪派主张的立宪君主制还是革命派主张的民主共和制都符合立宪主义特征。立宪主义的使用至少有两种，“一种比较注重形式，另一种则比较注重实质”[②]。近代中国的立宪主义则是从注重实质的辨析和争论，沦落到仅有形式上的宪法实践。

立宪派与革命派相较量，以前者失败而告终。但前者给中国留下了什么？要不要把他们的思想全盘抛弃呢？萧公权先生通过深入研究康有为，得出一个结论：“就当时政治生活的事实而论，康氏为中国所设计的道路并非无理。”[③]这是一个审慎公正的评价，而且，这个评价可以同样赠予其他立宪派思想家。立宪派的立宪君主制就形式而言是国家由宪法总摄其政治，制度建构方面，上有名义君主为国家元首，中有民选议会，下有自由平等的人民。作为立宪派代表，康有为、梁启超师徒二人的政见经历了从相同到相异、再相同再相异的思想过程。最初，二人均主张立宪君主制。戊戌之后，二人分道扬镳，但辛亥革命时期，二人再度走向一致，均言虚君共和制。民国成立后，二人思想二度背离。立宪君主制和虚君共和制的区别，即前者主张清帝继续任名义的君主，后者主张请孔子后人衍圣公为虚君。如果仅从形式看，革命派主张的民主共和制同样以宪法总摄政治，永远废除皇帝，人民既是统治者又是被统治者，国家元首和议会为民选。看来，立宪君主与民主共和在形式上的最主要差别就是名义的君主和人民哪个是统治者。那么，民主共和为何能够取代

---

① 〔英〕戴维·米勒主编：《布莱克维尔政治思想百科全书》，邓正来中译本主编，北京：中国政法大学出版社 2011 年版，第 119 页。

② 同上，第 118 页。

③ 〔美〕萧公权：《康有为思想研究》，汪荣祖译，北京：中国人民大学出版社 2014 年版，第 133 页。

立宪君主成为近代新政治制度的选择呢？这个问题可以从很多历史角度解答，比如满汉矛盾、清政府腐朽、革命组织遍布全国、清政府财政亏空、袁世凯掌权等。但就立宪政治而言，则须从政治价值的角度看待这个问题。

立宪政治离不开宪法，宪法总摄政治。当然，宪法不仅总摄政治，还包括道德。英国现代政治学家惠尔认为，宪法就通常意义而言，有两义："第一，它被用来描述国家的整个政府体制，即确立和规范或治理政府的规则的集合体。这些规则部分是法律，也就是说法院承认和适用它们"；第二，是指那些"不是法律或处于法律之外，主义形式有习惯、风俗、默契或惯例，法院并不承认它们是法律，但在规范政府方面，它们与严格意义上的法律规则至少同等有效"。[①] 上述引文最重要的两个字是"规则"。宪法确定的是一国政治的规则，正是在这个意义上，立宪主义与法治是否同义在学术界还引起了争议。[②] 由于这个争议产生于现代，与本文无关，故本文分别探讨立宪主义与法治，不介入二者之争议。政治规则构成宪法内容，那么，这些政治规则一定要服从一定的政治价值观念。甚至，这些政治价值观念就书写在宪法中。"很多现代宪法均包括有关于臣民权利、政治目标、政府权源和目的之宣告；这些规定虽然多少与宪法问题的研究有关，但毕竟不被化约成且经常不能化约为法律规则"[③]。所谓臣民权利、政治目标、政府权源和目的的背后，多存在着共同的政治价值观念。这些共同的政治价值观念就是本文反复论述的自由、平等、权

---

① 〔英〕K. C. 惠尔：《现代宪法》，翟小波译，北京：法律出版社 2006 年版，第 1 页。

② 〔英〕戴维 · 米勒主编：《布莱克维尔政治思想百科全书》，邓正来中译本主编，北京：中国政法大学出版社 2011 年版，第 118 页。

③ 〔英〕K. C. 惠尔：《现代宪法》，翟小波译，北京：法律出版社 2006 年版，第 31 页。

利三观念。民主国家的宪法必须依靠三观念为原则，专制国家的宪法或许有三观念，但它们一定不是宪法原则。梁启超的立宪政治观念的具体举措基本体现在《代五大臣考察宪政报告》一文里。其内容包括：实现两院制、司法权宜独立、宜定责任内阁之制、实行地方自治、再颁宪法及确定修改宪法之原则等。[①] 梁启超所报告之内容皆以自由、平等、权利三观念为原则。

后来，梁启超在《宪政浅说》中详细阐述了三观念在政体上的运用。他认为，专制政体和立宪政体的区别在于"以直接机关之单复为标准"，即"仅有一直接机关而行使国权绝无限制者，谓之专制政体；其有两直接机关，而行使国权互相限制者，谓之立宪政体"。他强调同时也是意在反对革命派，说："若仅有一国会而立法、行政、司法之大权皆自出焉，则其国会虽由人民选举而成者，亦谓之专制。"[②]此外，他还从权力的角度，阐述了立宪与国会的关系："无国会不得为立宪；有国会而非由民选，不得为立宪；虽有民选国会，而此两种权力不圆满具足，仍不得为立宪。"[③]对于君主权力，他主张立宪君主不负责任，故所有诏敕均须大臣副署。违宪发生时，大臣须辞职，保全君主神圣不受侵犯之尊。这一规定实则是以立宪君主为名义上的国家元首的具体体现。最后，则强调确定司法独立权。他认为，民选议会、大臣副署、司法独立，"此三条件规定于宪法中而不许妄动，谓之立宪"[④]。可见，梁启超的宪政理论贯彻着自由、平等、

---

① 梁启超：《代五大臣考察宪政报告》，李华兴、吴嘉勋编：《梁启超选集》，上海：上海人民出版社 1984 年版，第 439—448 页。

② 梁启超：《宪政浅说》，《饮冰室合集・文集・第 8 册》，北京：中华书局 2016 年版，第 2160 页。

③ 同上，第 2161 页。

④ 同上。

权利三观念的原则。同时，立宪派还主张立宪君主制只是向民主制度的过渡。

梁启超主张开明专制为过渡政治。梁启超说："由专断而以良的形式发表其权力，谓之开明专制。"[①]开明专制是为清末预备立宪时期而设计。他认为，这一时期，议会尚未成立，宪法尚未公布，国家和人民需要一段准备时期。董方奎先生认为，民主制度的建立是一个渐进的过程，"梁启超主张以开明专制为过渡，是符合社会发展规律及政治学原理的"[②]。民主制度或能渐进完善，但其赖以存在和发展的原则必须是应然的、普适的自由平等权利等政治价值观念。无独有偶，梁启超的老师康有为也是渐进政治的拥护者。他认为，立宪君主制是中国政治走向民主的第一步，反对革命派的激进主张。萧公权认为，康有为"对近代化的渐进主张，以及他反对用革命方式立即取得民主，不应埋没他坚持君主立宪仅仅是彻底民主的第一步的事实"。萧公权说："换言之，君主立宪并不是民主以外的一个选择，而是中国的第一个民主设施。康本人在1911年说，建议采用宪法无乃建议一大革命，此一革命将结束君主拥有国家的体制。我认为这是戊戌变法最重要的政治含意。"[③]是的，立宪的真实含义不应被革命淹没。立宪派还有一个贡献，那就是他们把自由、平等、权利三观念有序地贯彻于其主张和论说中，使三观念成为其所有理论的原则。至少由于他们秉持三观念，所以三观念可以成为未来宪法的原则，而以三观念为原则的宪法则满足了天赋权利学说的本意。秉持天赋

---

① 梁启超：《开明专制论》，《饮冰室合集·文集·第6册》，北京：中华书局2016年版，第1511页。

② 董方奎：《梁启超与立宪政治》，武汉：华中师范大学出版社2011年版，第188页。

③ 〔美〕萧公权：《康有为思想研究》，汪荣祖译，北京：中国人民大学出版社2014年版，第138页。

权利学说的宪法是人民追求政治权利在现实中实现的法律依靠。实现人民的政治权利，这是他们立宪政治的真正意义。

作为革命派的代表，孙中山先生的民主共和的宪政思想也是通过一个渐进的过程实现的。宪政方面，中山先生主张五权政治，五权即立法权、司法权、行政权、考选权、纠察权。宪政实现过程将通过军法之治、约法之治、宪法之治三期，共九年时间才能完成宪政的程序。从中山先生的“三期”理论看，他赞同民主是一个渐进的过程的观点。虽然他和立宪派都秉持渐进民主的主张，但双方在“谁”来主持这个渐进过程上有着巨大的分歧。革命派主张推翻清王朝，由人民来主持这个过程，因此孙中山先生有“革命以民权为目的”之语；立宪派反对革命，认为立宪君主制的名义君主或虚君共和都适合中国社会现状，主张以立宪君主制为民主的第一步。如果能够实现人民的权利，国家实行何种制度对人民的影响并不大。

孙中山先生在确定“三期”理论时，强调“俾我国民循序以进，养成自由平等之资格，中华民国之根本胥于是乎在焉”①。人民的自由和平等必须循序以进方能养成吗？这也是立宪派的疑问。抛开立宪派的反对，就宪法理论来讲，军法之治、约法之治、宪法之治三期分别形成的军法、约法、宪法均具有“宪法”效力。“宪法”并非普通法律，英国著名宪法学家杰弗里·马歇尔认为，宪法立法者的“职责所在，就是推进平等对待。至少从一方面讲，通过普遍规则而非个别或不可预测的命令，来处理人际事务，就是在平等对待每个人”②。这里的普遍原则指的就是自由与平等

---

① 孙中山：《中国同盟会革命方略（1906年秋冬间）》，广东省社会科学院历史研究室等编：《孙中山全集》第1卷，北京：中华书局1981年版，第298页。

② 〔英〕杰弗里·马歇尔：《宪法理论》，刘刚译，北京：法律出版社2006年版，第158页。

的天赋权利学说。杰弗里·马歇尔肯定现代立法机关必须遵循"卢梭在《社会契约论》中所规定的立法行为方式",即不仅"在起源上要相当普遍之外,其实质内容也必须追求普遍和平等"。[1] 立宪必须遵循卢梭所规定的方式,必须秉持天赋权利学说。为什么?因为迄今为止,只有卢梭回答了自由、平等、权利三观念的应然性问题。三观念从哪里来?孙中山先生通过三期理论给出的答案是:循序以进而来。革命后通过三期实践,人民逐渐获得自由和平等的权利。但这样获得的是事实上的权利,即实然的权利。实然的权利是人民正在或已经享受的权利,其或与应然权利有重叠,但决非应然权利。应然权利是人民应该得到的权利,无论在什么条件下,无论饥饿温饱,无论寒暑冬夏,它们都是人民的权利。人民可以暂时无法享受部分应然权利,但宪法必须把应然权利作为原则,否则人民将很长一段时间或永远与它们无缘。卢梭发明天赋权利学说,并不是指权利来自上天的恩赐,而是说每个人都应该享有平等的自由权利。他要求把这个应然权利作为普遍、普适、普世的原则,用于立宪,让其成为宪法遵循的原则。同时,也要把这个原则贯彻于法律条款之中。自由与平等成为宪法的原则和内容,人民的实然权利便有可能最接近应然权利。

孙中山先生的三期理论有理想成分在其中。三年的军法期、六年的约法期,一共九年时间各省均处于军政府统治之下。军政府能否主动交出权力在于军政府都督的德性和欲望,但问题是政治思想家不能把未来建立在某个人或某些人的德性和欲望之上,这样的安排显然偏离了近代政治的轨道。后来,军政府的都督们用实际行动告诉全国人民,他们绝不会轻易放弃到手的权力。宪法的设计中没有应然权利的原则,没有主

---

① 〔英〕杰弗里·马歇尔:《宪法理论》,刘刚译,北京:法律出版社 2006 年版,第 158 页。

张权利的内容，人民便毫无权利。天赋权利是应然权利，它必须依托宪法而实现，它是宪法的原则，也是宪法的内容。政治思想家能否像中山先生设想的那样，在追求实然权利的同时，逐渐打开应然的大门？中山先生设想“宪法之治”是宪政开始的时期，也是民主共和政治开始的时期。宪政民主“就是一种同义反复”，二者并无本质区别，因为“民主只是将宪政的根本规范与程序进行了法典化”①。历史告诉我们，所有以自由、平等、权利三观念为目的的政治制度都是抛弃了以应然权利为原则的政治制度，其实践的必然后果一定是实然权利的阙如。

## 第二节　民本思想近代转型是法治观念的转型

本书所研究的民本思想的近代转型仅止于中华民国成立。如何评价发生在这之前的民本思想的近代转型过程呢？思想转型的主体是近代思想家们，评价民本思想的近代转型就是评价近代思想家们。近代思想家，无论是立宪派还是革命派，其有不为民者乎？其有不为国者乎？可以说，每一位思想家都行走在孜孜以求救民救国之路上。他们找到的路，就是国家和人民未来之路。从政治角度看，他们中的每一位都致力于好政治的实现，都致力于优良社会政治生活的实现。这一点是毋庸置疑的，每一位认真读过立宪派和革命派思想家原著的后学都为他们的执着爱国心所感动。但是，为何爱着同一个祖国的思想家们会得出不同的政治思想结论呢？美国政治学家约翰·罗尔斯说：“当公民们首次介入政治时，有两件事情会使他们获得完全不同的政治理念：一件事情是他们在

① 〔英〕理查德·贝拉米：《政治宪政主义：民主合宪性的一种共和主义辩护》，田飞龙译，北京：法律出版社2014年版，第116页。

其中得以成长的政治制度的性质；另一件事情是背景文化的内容，以及这种背景文化在多大程度上使他们熟悉民主政治的理念并引导他们反思民主政治理念的含义。”[①]约翰·罗尔斯所言直指近代思想家的理念根源，我们甚至可以循着这个轨迹去发现他们的理论缺憾。不过，民本思想转型实实在在地发生了，而最无争议的转型就是国家主义战胜个人主义。

### （一）国家主义的选择：主权在国思想的胜利

国家主义战胜个人主义是最无争议的转型，其争议方仅包括立宪派和革命派。如果包括无政府主义者在内，这个判断便无价值。无政府主义是近代思想转型的一个特例，不在本书考察范围之内。无政府主义的目标是无政府、无国家，但立宪派和革命派都是国家思想的追随者，他们在民本思想近代转型时，皆主张国家主义。

何谓国家主义？近代思想家余家菊先生认为，国家就是“住于一定土地上拥有自主权之人民团体也”，并强调“若无团体，则是但有散涣之个人，而无同存共荣之民众；如无主权，则是但有受人驱使之奴隶，而无独立自主之国民”[②]。基于上述对国家的理解，他认为，所谓国家主义就是“使国家得为国家之主义也”，并主张“国家主义要求国家统一独立或昌荣”[③]。本书认为，国家主义应是以国家自由和平等为原则的政治学说和主张。同理，个人主义就是以个人自由和平等为原则的政治学说和主张。国家主义追求的是主权的独立和完整，个人主义追求的是人权的独

---

① 〔美〕约翰·罗尔斯：《导论：论政治哲学》，《政治哲学史讲义》，杨通进等译，北京：中国社会科学出版社 2011 年版，第 7 页。

② 余家菊：《新国家杂志社丛书之一·国家主义概论》，南开大学图书馆津南中心馆馆藏影印本，第 2 页。

③ 同上，第 3 页。

立和完整。国家主义战胜个人主义成为时代的选择，实质就是主权超越了人权。但人权一词在当时并不流行，美国主权学家克莱斯纳说："直到二战结束，作为个体或作为不是基本身份源（如难民）的某类人的一分子规定他们人类权利的情况，人权都不如少数权利受人瞩目。二战之前，只有十九世纪废除奴隶和奴隶贸易以及战争中一些国际劳工组织条约强调人权，反对少数权利。"①故近代思想家很少使用人权概念，多使用民权概念。因此，对近代思想家来说，国家主义实际上是主权对民权的超越。那么，为什么主权会超越民权？

主权超越民权成为近代思想家的共识，其根源在于卢梭主权学说是怎样被他们理解和使用的。那么，卢梭的主权学说是怎样论述主权的呢？

卢梭是人民主权论的发明者。他说："通过这一行为，这个有道德的共同体便有了他的统一性，并形成了共同的'我'，有它自己的生命和意志。这样一个由全体个人联合起来形成的公共人格，以前称'城邦'，现在称为'共和国'或'政治体'。当它是被动时，他的成员称它为'国家'；当它主动时，则称它为'主权者'；把它和它的同类相比较时，则称它为'政权'；至于结合者，总起来就称为'人民'；作为主权的参与者，则每个人都称为'公民'；作为国家的法律的服从者，则称为'臣民'。不过，这几个名词经常混淆，互相通用，只要我们严格按照它们的意义使用，知道加以区分就行了。"②

主权者不能约束其自身。卢梭把国家视为主权者，对于个人来说，

---

① Stephen D. Krasner, *Sovergignty*: *ORGANIZED HYPOCRISY*, PRINCETON UNIVERSITY PRESS, 1999, P.105.

② 〔法〕卢梭：《社会契约论》，李平沤译，北京：商务印书馆2014年版，第20—21页。

他“是主权者的一个成员”;对于主权者来说,“他又是国家的一个成员”。但是,不能“要求主权者约束其自身”,因为,“要求主权者给自己制定一条他不能违背的法律,那是违背政治体的本性的”。因此,“没有也不可能有任何一种约束人民共同体的基本法律,即使是社会契约,也不能”[①]。主权者是绝对的,它不受任何束缚。

主权者因社会契约的神圣性而存在。因此,主权者“不能做任何有损于这一原始契约的事”,比如,“转让他自己的某一部分或者受制于另一个主权者”。这些都将使社会契约遭到破坏,“破坏了他赖以存在的契约,就等于是消灭他自己”[②]。言外之意,主权不能转让,不能分割。

主权者不可能做违反人民利益的事。卢梭认为,主权者既然“是由构成主权者的各个人组成的,所以主权者就没有而且也不可能有与他们的利益相反的利益,因此主权权力没有必要向其臣民提供什么保证,因为政治体存心伤害其成员的情况是不可能发生的”[③]。主权者不可能做出与人民对立的事情,这是卢梭的保证。而且,他强调“臣民对于主权者就不是这样了”,君主作为主权者需要臣民向其效忠,而民主国家的人民无须向主权者效忠,他们本身就是主权者。

主权者之上不能有主人。主权是不能转让的,因为“主权是公意的运用”。主权者“既然是一个集体的存在,那就只有它自己能代表它自己”[④]。人民可以同意或赞同主权者,但不能“一味诺诺连声地服从”。如果这样,“人民本身就会由于这一行为而解体,从而丧失其人民的品质”。

---

① 〔法〕卢梭:《社会契约论》,李平沤译,北京:商务印书馆2014年版,第21页。
② 同上,第22页。
③ 同上。
④ 同上,第29页。

人民的意志或公意是不能被操纵的，“只要主权者之上出现了一个主人，主权者就不再存在，这个政治体就被完全摧毁了”①。显而易见，卢梭注意到了人民主权潜在地向个人集权转向的危险。

梁启超对卢梭主权学说有很深的了解。1901年，他作《卢梭学案》，认真剖析了卢梭的《民约论》。关于主权，梁启超说：“人人既相约为群以建设所谓政府者，则其最上之主权当何属乎？卢梭以为民约未立以前，人人皆自有主权，而此权与自由权合为一体。及约之既成，则主权不在于一人之手，而在此众人之意，而所谓公意者是也。卢梭以为凡邦国皆借众人之自由权而建设者也，故其权惟当属之众人，而不能属之一人若数人。质而言之，则主权者，邦国之所有，邦国者，众人之所有，主权之形所发于外者，则众人共同制定之法律是也。”②法律是主权之用，主权之用是可分的。梁启超以立法权、行政权、司法权三权分立为例，指其“所以分别部属不许杂厕者，正所以保护三权所从出之主权，使常在全国人之掌握也，是故主权之用可分，而主权之体不可分”③。梁启超对卢梭人民主权论有了很深了解后，认为当时的中国不能行共和立宪，不能把权力交给人民，经过深思熟虑，他提出了《开明专制论》。开明专制认为中国当时不仅不具备共和立宪的条件，甚至不具备立宪君主制的条件，必须经过“十年至十五年”④的开明专制，才能过渡到立宪君主制。

开明专制也是专制。何谓开明专制？梁启超曰：“凡专制者，以能专

---

① 〔法〕卢梭：《社会契约论》，李平沤译，北京：商务印书馆2014年版，第30页。

② 梁启超：《卢梭学案（1901）》，《梁启超全集》第1册，北京：北京出版社1999年版，第506页。

③ 同上，第507页。

④ 梁启超：《开明专制论》，《饮冰室合集·文集·第6册》，北京：中华书局2016年版，第1572页。

制之主体的利益为标准，谓之野蛮专制；以所专制之客体的利益为标准，谓之开明专制。”[①]故开明专制首先为专制。专制者，君主专制也，少数人专制也。以客体利益为标准者，民本思想或为其一，故民本思想亦开明专制也。既言专制，则其制度仍为等级制度也，其民仍无自由也。开明专制精神虽然要求国王为“国家公仆之首长”[②]，但无法摆脱开明专制“人治”的内涵。梁启超主张了多年自由和平等，为何突然又回到了开明专制？此时，梁启超迷上了国家干涉主义。德国哲学家倭儿弗（1679—1754）主张“人人有自发达其体力、意力之义务，同时，有不使他人妨害吾发达之权利”。梁启超认为，倭儿弗之说是指“人人对于道义上有不可不自由之义务，故曰积极也。不侵人自由，我以好意自限制其权利耳，故曰消极也。倭氏之说，则我因履行我义务，故必不容他人相侵，故曰积极也。此极邃之哲理也”[③]。与倭儿弗同时代的欧洲政治哲学家有洛克、孟德斯鸠、卢梭、康德、边沁等。梁启超认为此五人“莫不以自由为旗帜，于是开明专制主义被摈弃学界以外者殆二百年”。他看到十九世纪末以来倭儿弗的“国家干涉个人为不可不履行之义务”[④]学说在欧洲大行其道，政治思想也因之大变。当时流行之思想主张：“国家固为人民而存在，人民亦同时为国家而存在。国家于一方面为人民谋利益，于一方面亦为自身谋利益。若人民利益与自身利益不两立，则宁先自身而后人民。故国

---

① 梁启超：《开明专制论》，《饮冰室合集·文集·第6册》，北京：中华书局2016年版，第1512页。

② 同上，第1513页。

③ 同上，第1519页。

④ 同上。

家者，目的也。而人民则有时可以为供此目的之手段也。”[①]梁启超非常认可此理论，遂弃自由学说而就国家干涉主义。难怪美国政治学家费正清称梁启超虽然“有时候被称为现代中国自由主义的首倡者，但他的目标和通过公民自由权实现个人自由是两码事”[②]。立宪派的过渡论曾经遭到孙中山先生的严厉批判。他在反驳檀香山保皇派报纸主编陈义侃时，说：“今彼以君主立宪为过渡之时代，以民主立宪为最终之结果，是要行二次之破坏，而始得至于民主之域也。以其行二次，何如行一次之为便耶？”[③]虽然批判立宪派的过渡论，但两年后中山先生也提出了自己的过渡论——军法之治、约法之治、宪法之治的三期理论。

革命派代表人物孙中山先生的三期理论亦主国家干涉主义。三期理论的内容本文已经做过介绍，此处从略。三期理论，著名历史学家林家又称之为“革命程序论”，所指就是孙中山先生的“军法之治、约法之治、宪法之治”。林家有先生认为，革命程序论“与其说是为了解决在封建专制主义废墟上建立民主政治的难题，毋宁说是为了防止具有封建帝王思想的武人逞其分裂割据的野心阻碍民主政治的建立所采取的预防措施更加确切”[④]。但军法之治实际上或许是造成军阀割据的原因之一，这一点稍微诉诸历史便可明了。辛亥革命，各起义省份均按孙中山先生的军法之治设立军政府。革命胜利后，湖北都督兼副总统黎元洪首倡

---

① 梁启超：《开明专制论》，《饮冰室合集・文集・第6册》，北京：中华书局2016年版，第1519—1520页。

② 〔美〕费正清：《伟大的中国革命（1800—1985）》，刘尊棋译，北京：世界知识出版社2000年版，第184页。

③ 孙中山：《驳保皇报书（1904年1月）》，广东省社会科学院历史研究室等编：《孙中山全集》第1卷，北京：中华书局1981年版，第236页。

④ 林家有：《孙中山国家建设思想研究》，广州：广东人民出版社2013年版，第289页。

“军民分治”，除云南都督蔡锷以外，无人呼应。此后，军阀割据势力渐渐形成。军法之治把地方军政大权完全交给军政府都督一人，实则在各省形成了独裁统治。这也是近代中国政治没有走出专制的一个被长期忽视的重要原因。林家有先生还说：“任何一种指导革命的理论都是为了实践而提出来的，必须经过革命实践的检验才能证实它的正确与不正确，可行与不可行。孙中山的‘革命程序论’就是为了指导和规范革命党人的行为和指明革命的方向而制订的。”[①]林先生的错误在于不知何为应然性，如果林家有先生了解应然性，他不应这样为革命程序论辩护。自由和平等在政治思想中一定是应然的，人人生来具有平等的自由权利。政治思想如果否定应然性，那么它一定要用另外一种原则代替自由和平等的应然。

### （二）革命的选择：积极自由的延续

洋溢着积极自由的革命观念是民本思想固有的，流传至今，无须转型。革命观念，正如马克思所言：“那些已经离去先辈们创造的传统，依然根深蒂固地埋藏在现世人的头脑中。”[②]但为近代思想家全体所熟悉的革命观念却只是革命派的选择，而立宪派则弃之如敝履。革命虽非各派共识，但清朝因革命而终结，因此革命对民本思想近代转型的意义非同小可。革命的成功再一次证明了积极自由的魅力和能力，其魅力在于可以毕其功于一役，倾覆旧制度的同时，建设新民国；其能力在于使革命的

---

① 林家有：《孙中山国家建设思想研究》，广州：广东人民出版社 2013 年版，第 292—293 页。

② 〔德〕卡尔·马克思：《路易·波拿巴的雾月十八日》，冯适译，南京：江苏人民出版社 2011 年版，第 2 页。

政权合法性和政治正当性得以正当传承。辛亥革命后，二次革命、国民革命和新民主主义革命无不宣示着政权合法性和政治正当性。中国政治为何总是选择革命来宣示政权合法性和政治正当性呢？

从民本思想角度看，暴君放伐具有合法性和正当性。《尚书·汤誓》曰："夏氏有罪，予畏上帝，不敢不正。"[①]《尚书·泰誓上》曰："商罪贯盈，天命诛之。予弗顺天，厥罪惟钧。"[②]商汤以昊天上帝之名，讨伐罪大恶极的夏桀，此乃"汤放桀"；周武王以天命为名，诛杀商纣，此乃"武王伐纣"。齐宣王问孟子："臣弑其君，可乎？"孟子答："贼仁者谓之'贼'，贼义者谓之'残'。残贼之人，谓之'一夫'。闻诛一夫纣矣，未闻弑君也。"[③]臣弑其君，不谓乱逆，乃谓诛一夫纣矣。孟子赋予革命的合法性，并将革命权交与人民。民本思想的缺陷在于，仅知积极自由的革命权重要，却始终不知控制积极自由形成因素的累积对国家稳定和政治安全更为重要。

控制积极自由形成因素的累积须促进消极自由的形成和发展。传统民本思想含有积极自由的内容，但从未有过消极自由的内容。近代思想家试图在中国传统思想和社会生活中找出足以称为自由的概念和事实，以严复为例，虽然明知不妥，他仍将自由与"恕""絜矩"并论，不顾后者具有的"平均"内涵。古代某些"来往自如，为所欲为"的行为虽不受干涉，但其之所以不受干涉乃是基于政府的放任，因此，这些行为只是没有上升为政治权利的"自由"，不是国家公民不可剥夺的政治权利。国家和政府对于人民应有的政治权利采用放任的态度，有利于国家，便制定法律；无利于国家，便任其自生自灭，是国家以民为利源，而非为民谋利。

---

① 《尚书·汤誓》。

② 《尚书·泰誓上》。

③ 《孟子·梁惠王下》。

这就是孟子所谓“阱于国中”[1]也。放任不是自由。对个人来说，自由是要求独立的态度。这个态度可以一分为二，消极自由是“为了获得独立而采取的自我克制的态度”，积极自由是“为了完全相同的目的而采取的自我实现或完全认同于某个特定原则或理想的态度”[2]。国家通过宪法和法律保护人民的消极自由，即是明确和保护人民的政治权利。消极自由和积极自由构成自由的全部。人民的消极自由权利越多，其领域越广，其积极自由的需求越小；反之，则积极自由的需求越大。传统民本思想仅有积极自由，没有消极自由。不过，请不要失望，因为不独古代中国没有消极自由，其他文明也没有个人权利观念。以赛亚·伯林说：“在古代世界，似乎很少有对作为自觉政治理想的个人自由的讨论。孔多塞已经指出，在罗马人与希腊人的法律概念中，不存在个人权利的观念；这种说法似乎也同样适用于犹太、中国以及所有其他存在过的古代文明。”[3]如果说失望，只是中国获得个人权利观念的时间晚了许多。虽然近代思想家如梁启超提倡文明自由，以为人民求权利，但文明自由的绝对性束缚了其发展。这样，积极自由的革命权便始终是中国人激进思想的护身符。有激进思想，便有其反面，立宪派始终否定革命的价值。

“以吾向来不忧外国之并吞，而深惧革命之内乱，吾向以为中国苟不内乱，则无论如何木偶，亦为地球之霸。然苟内讧，则无论如何英贤，亦同印度之亡。以方当黄白之争，诚不宜萧墙内阋也。立宪

① 《孟子·梁惠王下》。

② 〔英〕以赛亚·伯林：《自由论》，胡传胜译，南京：译林出版社 2011 年版，第 183 页。

③ 同上，第 177 页。

与不立宪，尚其次，而革与不革，乃真要事。”①

康有为写下这段话的前一年，清政府的政治改革已经拉开大幕。1906年，慈禧太后下令仿行宪政。不久，以郑孝胥为会长的预备立宪公会成立。同年，同盟会发动萍浏醴起义，为清政府立宪助兴。面对立宪与革命的选择，立宪派的《新民丛报》与革命派的《民报》展开了激烈辩论。梁启超著文强调“中国今日万不能行共和立宪制”。他认为，行共和立宪制，则必须革命，“然革命决非能得共和，而反以得专制”。他以德国政治学家波伦哈克理论为据，称共和立宪制易导致民主专制政体，因为其人民“不得不举其政治上之自由，更委诸一人之手，而自帖耳复为其奴隶。此则民主专制政体之所由生也”②。他更指出，“凡因习惯而得共和政体者常安，因革命而得共和政体者常危”，因为革命后，革命党人权力巨大，没有党派能与其匹敌，“其力既无所限制，自必日走于极端，而遂取灭亡”③。显然，梁启超预见了积极自由爆发的后果，因此，他把革命细分为政治革命和种族革命，呼吁先行开明专制，再行政治革命，“一日不行开明专制，一日不行政治革命，则教育一日不普及，而人民一日不能得共和之程度”④。从自由的角度看，梁启超的过渡论实乃通过政治革命，通过普及教育，完成消极自由的形成和建构。

---

① 康有为：《与梁启超等三弟子书（1907年11月4日）》，《康有为全集》第8卷，姜义华、张荣华编校，北京：中国人民大学出版社2007年版，第321页。

② 梁启超：《开明专制论》，《梁启超全集》第2册，北京：北京出版社1999年版，第1470页。

③ 同上。

④ 梁启超：《答某报第四号对于〈新民丛报〉之驳论》，《梁启超全集》第3册，北京：北京出版社1999年版，第1624页。

革命派认为中国问题起于满汉矛盾，必须通过民族主义发动种族革命，在种族革命的同时完成政治革命。民族主义最终成为辛亥革命的重要理论源泉。民族主义是一种意识形态，“如果意识形态对于政治来说是一种具有规范内涵的用以认识世界的一般方法，那么民族主义便是一种意识形态，而且是迄今为止世界上最强有力的意识形态。作为思考世界的一种方法，他强调民族在解释历史发展和分析当代政治中的重要性，并且明确宣称‘民族特征’是人类划分的主导性因素”[①]。从自由角度看，民族主义以民族为目的，具有独立的内在要求。民族主义的终极目标是民族建国或政治自治，这也是其积极自由运行的方向。积极自由是民族主义的原则，就其民族建国或政治自治的目标来看，这点毫无疑问。《布莱克维尔政治思想百科全书》认为，民族建国不是民族主义的特性，其核心是“它在共同的物质和文化利益方面代表本民族的成员”，这种代表“号召支持者们将他们和其同胞所共有的利益服从于民族共同体内其他成员所共同具有的利益”[②]。虽然该书反对民族建国是民族主义的特性，但从其所叙述的“服从”来看，积极自由仍是民族主义的原则，虽然这种“服从”明显会干涉民族主义支持者的消极自由，但这种“服从”确实具有积极、和平及妥协意义。既然民族主义拥有积极自由原则，那么，它所坚持的种族革命便一定会最小化革命对象的消极自由领域。消极自由权利虽然并非中国人法定所有，但消极自由领域对于中国人来说始终存在，只是思想家没有将其上升为理论高度而已。消极自由领域遭到最小化，革命对象的现实自由基本消失。如果一个国家内的某一个民族的自

① 〔英〕戴维·米勒主编：《布莱克维尔政治思想百科全书》，邓正来中译本主编，北京：中国政法大学出版社 2011 年版，第 397 页。

② 同上，第 398 页。

由丧失了，相对于国内其他民族，尤其是领导革命的民族，便是通过革命在民族之间形成了高度不平等的关系。

民本思想的近代转型，无论目标是民权、民主，还是“自由、平等、博爱”，其根本原则离不开自由与平等。自由与平等互为条件，没有了一方，另一方也无法独存。没有自由与平等，民本思想的近代转型便毫无意义；没有自由与平等作为原则，民本思想便无法完成向民主的近代转型。革命派的主张不独进一步扩大了积极自由的领域，而且意味着民族不平等的长期存在。前者之结果正如梁启超所预言的“然革命决非能得共和，而反以得专制”；后者造成的民族不平等与隔阂预示着民权或民主遥遥无期。辛亥革命后，中国爆发的护国运动、护法运动、国民革命、新民主主义革命均与辛亥革命积累的过度的积极自由能量和过于广大的积极自由领域有直接关系。积极自由的能量甚至在新中国成立后仍未衰竭，它不仅爆发过，而且还为下一次爆发储备了能量。积极自由的革命观之所以能得到中国文化的认同，固然与传统思想紧密相关，但忽视消极自由的建构却是关键所在。

消极自由是积极自由的解药，但中国思想文化里没有这副药。梁启超过渡论有一个历史证据，那就是美国革命。一直以为美国从君主制到共和制的革命也是一蹴而就的，但其实不然。美国知识分子“要教化并改进君主制，而不是要砍掉国王的脑袋”[①]，因此，他们采用过渡和渐进的手段，以致到了十八世纪中期，大多数知识分子“从未想要像杰斐逊那般清楚地区分君主制和共和制”，令人大跌眼镜的是，“他们常常把君主制

---

① 〔美〕戈登·S. 伍德：《美国革命的激进主义》，傅国英译，北京：商务印书馆 2011 年版，第 104 页。

和共和制说成是可以互相混合、互相强化的政体”[①]。到了十九世纪初期，美国第二任总统约翰·亚当斯甚至得出结论说：“共和制可能是指任何事物，所有的事物，或者是一无所指。”[②]这说明，就认知层面来讲，美国君主制向共和制过渡是成功的。当然，更重要的是在个人权利方面，美国的制度促进了消极自由领域的扩大。消极自由在中国却从未得到应有的重视。自俾劳卑事件以来，虽然平等观念早已进入中国的各个角落，但平等权利在近代始终与国人无缘。究其原因，消极自由从未得到重视是主因，而积极自由长期对消极自由领域的侵蚀也是不争的事实。

### （三）法治的选择：自由与平等的落败

本书已经就近代法治的具体情况进行了论述（第六章第二节（四）《法治与权利》），此处不再赘述。这里要论述的是近代法治如何排斥了自由与平等，民本思想近代转型如何因法治而空欢喜一场。

法治是什么？什么是法治？不要说近代思想家，就连对此没有深入研究的现代学者也会不明所以。法治并不天然具有好政治的属性。法治不等于民主，法治与什么制度结合，就是什么法治。与独裁在一起，就是独裁的法治；与社会主义在一起，就是社会主义的法治；与民主制度在一起，就是民主制度的法治。因此，评价法治，关键是要看它与谁结合在了一起。

近代中国法治在转型之时便与军法结合在了一起。军法之治是孙中山先生建国三期理论之第一步。中山先生铺就的道路，武昌起义的革

---

① 〔美〕戈登·S.伍德：《美国革命的激进主义》，傅国英译，北京：商务印书馆2011年版，第105页。

② 同上，第104页。

命党人毫不迟疑地选择了。武昌起义胜利之夜，湖北军政府便已经成立。革命党人意识到军政府须依法而立，而归附到军政府的立宪派也有相似想法。革命党领袖人物谭人凤命另一位革命派主要人物居正“照革命方略大旨，草各机关条例”，立宪派代表人物汤化龙则主张军政府“非建君民分治之制，必以畸废害事”。最后，革命派占了争论上风，《湖北革命军政府内部组织条例》“遵循同盟会纲领而完成”[①]。邹鲁先生曰：“义师既起，各地反正，土地人民，新脱满洲之羁绊。临敌者，宜同仇敌忾，内辑族人，外御寇仇，军队与人民，同受治于军法之下。军队为人民勠力破敌，人民供军队之需要，及不妨其安宁。既破敌者，及未破敌者，地方行政，军政府总摄之。”[②]依据此条例，湖北革命军政府下设四部，即司令部、军务部、参谋部、政事部。民政归军政府管辖。此后，各省起义纷纷效仿湖北，军法之治在全国施行。北洋政府时期，各省都督专揽军政独裁权日久，极少有人愿意自废武功，于是，各省都督而为督军而为军阀。军阀问题在国民政府期间也没有得到解决，它的最终解决是新中国成立后，中国共产党成为人民军队的领导者，军队在党的领导下，而不是某个人的私有物。虽然有外国学者以军队国家化相讥，但熟悉中国国情的学者不会忘记军阀割据时中国人民的苦难。党领导军队是中国共产党的创造，也是最符合中国国情的国家制度。中国今天的社会主义法治就包括党领导军队的内容。但近代革命党主张的军法之治却使法治与地方军事独裁政权握手了。

何谓军事独裁政权？《布莱克维尔政治制度百科全书》认为，“法西

---

① 徐忱、徐彻：《黎元洪全传》，北京：中国文史出版社2013年版，第61页。

② 邹鲁：《中国同盟会》，中国史学会：《中国近代史资料丛刊·辛亥革命》第2册，上海：上海人民出版社1957年版，第15页。

斯主义以及军事独裁政权都是独裁主义统治的范例”，它们有三个主要特征：“公民讨论和投票的决策方法几乎或全部由当权者决策的方式所取代；这些过于集中的权力运用缺少宪法上的制约；统治者所宣称的那种权威通常不必也不是来自被统治者的认可，而是出自他们特有的某种特性。”①由此三特征可知，军事独裁政权拒绝民主，没有宪法制约，统治者与被统治者关系不平等，统治者具有绝对权力，被统治者则没有政治权利。军法之治就是把独裁、等级、专制与法治相结合，给中国社会带来了近四十年的军阀割据时代。有些学者认为清末的军事主义是导致军阀割据的原因②，这种说法是站不住脚的。晚清统治者虽然有鼓励团练的传统，但清代并没有产生军阀。袁世凯小站练兵，虽有过自己训练的军队，但其所训练的军队却是国家的。袁世凯被剥夺兵权成为外务部会办大臣后，直到洹上三年间，身边可是没有军队的。甚至他当上大总统后，也没有直接领兵，更谈不上军阀自为。辛亥革命后，才出现军阀割据的局面。刘晓先生认为，辛亥革命胜利后，政治权威的合法性由天意转向了民意，只是由封建帝王转移到了大军阀身上，“实质上并没有真正达到向法治的转变”③。事实上，辛亥革命完成了向法治的转变，只是这个法治是与军阀握手的法治而已。

军事独裁法治（暂且这么称呼）抛弃了自由与平等。法治是万法的原则，它服从什么原则，万法将跟随它服从什么原则。法治直接总摄万法，并通过万法，间接影响社会。法治接受了军事独裁，就等于是宣布把

---

① 〔英〕韦农·波格丹诺主编：《布莱克维尔政治制度百科全书》，邓正来中译本主编，北京：中国政法大学出版社 2011 年版，第 37 页。

② 高海燕：《地方主义·军事主义——近代中国军阀政治探源》，《史学集刊》1998 年第 3 期。

③ 刘晓：《近代军阀政治的起源》，《学术研究》1990 年第 6 期，第 91 页。

自由与平等却之门外。虽然有约法之治和宪法之治等目标，但自由与平等不是随叫随到的空姐，没有随时提供服务的义务；独裁与专制也不是即来即走的旅行者，它们来了就不愿再离开。实际上，实行军法之治是比晚清政权更专制的专制。为什么这么说呢？因为军事独裁政权比晚清各省政府的都督多了一个军权。晚清各省都督也有兵权，但军队不是私人的，属于国家。而辛亥革命后造就的军阀，其军队都是私人武装。为维持私人武装庞大的开支，各省军阀拼命开源，人民成为其鱼肉的最直接对象，其苦惨过晚清。而各省军阀通过敛财，找到了致富的捷径，于是，变本加厉，致使民不聊生。这种情况下，自由与平等已成奢望，人民仅求活命耳。没有自由与平等的法治，就不会在政治社会中出现自由与平等。

为什么法治要与自由平等在一起，以自由与平等为原则？人有很多权利，但唯有自由与平等是天赋的，是无需理由而存在的。自由与平等是天赋的，不是指它们有什么神圣性，而是说它们是每个人与生俱来的权利，每个人，无论男女，无论老幼，无论健康与疾病，都有天赋的自由与平等权利。这是说，它们是不能被非法剥夺的，没有人能够剥夺他人的自由与平等权利，哪怕那个人是国王也不行。从政治哲学意义上讲，它们是人类应然的权利，无需理由，每个人都应该是自由与平等的存在。自由与平等甚至与制度无关。开明的专制可以给人民实然的自由与平等，专制的民主也可以否定人民实然甚至应然的自由与平等。制度是人为的，便没有什么是不可能的，“正如民主实际上有可能剥夺个体公民在别的社会形式中可能享有的许多自由权利一样，完全能够想象，开明的专制君主有可能让其臣民有较大的个人自由”①。当然，再好的制度也要

① 〔英〕以赛亚·伯林：《自由论》，胡传胜译，南京：译林出版社 2011 年版，第 178 页。

适应一国的国情，民主不一定是普适的，但自由与平等必须是普世的。只有承认自由与平等的应然性，才能名正言顺地让法治与它们结合，让法治服从自由与平等，让自由与平等成为万法的原则。这样，我们才能拥有自由与平等的法治。民主作为制度，其与法治的结合并不必然带来自由与平等。至于军法之治，一个以军政府为独裁统治的制度，则更与自由平等有着天壤之距离。

法治必须与政治价值相结合，必须与自由平等相结合。梁启超的法治思想是近代思想家的极致，但其并未明确说明法治须要服从何种原则。梁启超从文明国家之立法权“属于多数之国民”出发，认为文明国家之法，“如人民参政权、服官权、言论、结集、出版、迁移、信教各种之自由权”，正是“立法人自顾其利益而来”[①]。他并未明确说明法治之作用。刘新先生认为，梁启超这段话是指“要实行法治，就应效法西方文明国家，把立法权交给‘多数之国民’，使法治和民权结合起来”[②]。如果刘新先生所言不错，那么梁启超的法治所服从的原则当为民权。1902 年，梁启超在《新民丛报》上指出民权与人权含义相同。他认为卢梭学说，中国翻译为民权，日本翻译为天赋人权说，“其意谓人人生而固有之自由自治的权利，及平等均一的权利。实天之所以与我，而他人所不可犯不可夺者也。然则其意以为此权者，凡号称人类，莫不有之。无论其为君为民也……故以日本译语为当”[③]。由此，可以推断梁启超所言的法治是服从自由与平等的法治。能够把法治与政治价值结合在一起，是梁启超作为近代思

---

① 梁启超：《论立法权（1902 年）》，《梁启超全集》第 1 册，北京：北京出版社 1999 年版，第 797 页。

② 刘新：《梁启超法治思想研究》，《法学家》1997 年第 5 期，第 27 页。

③《问答》，《新民丛报》，第 6 号，1902 年 4 月 22 日。

想家的过人之处。孙中山先生采用军法之治作为革命后的第一期法治，表面上把军队和人民交给了军法，实际是交给了军政府，交给了制度。法治不能服从制度，不能以制度为原则。为什么这么说？蔡枢衡先生认为，法治可“和君主同居”，也可以“和民主结合”，还可以“和独裁握手”①。法治与三种制度都可结合，而制度本身的不确定性使我们无法判断标识着民主的制度是否就是好制度，这是因为法治本身并无防范和筛选的机能，它需要这个机能，这个机能应由政治思想家赋予法治。在这个意义上，法治不应属于法学，而应属于政治学。政治思想家要赋予法治防范和筛选的机能，便应该明确阐明法治只能与政治价值观念相结合，因为道理很简单，政治价值观念是可以一目了然的，自由、平等、等级、专制，如何选择，如何搭配，是政治思想家的任务。但政治思想家已经告诉我们，自由与平等是互为条件的天赋权利，以它们为法治所服从的原则，国家就会得到一个好制度。

近代转型时的法治没有选择自由与平等为原则，不完全是近代思想家的问题。梁启超在论述法治时，多数时候说的是法制。事实上，关于法治和法制的争论，“一直到 1996 年才有了统一的认识：法制是法制，法治是法治，这是两个不同的概念”②。但实际上，这个问题至今仍困扰着学界，尤其是法学界的学者们。2014 年，著名法学家张文显先生说：“现代法治的核心要义是良法善治。”他指出，“国家治理是不是良法之治，关键看国家治理制度体系贯通什么样的价值观和价值标准。以国家治理现代化的世界元素和中国标准而言，秩序、公正、人权、效率、和谐等当属

① 蔡枢衡：《中国法理自觉的发展》，北京：清华大学出版社 2005 年版，第 58 页。

② 李贵连：《从贵族法治到帝制法治：传统中国法治论纲》，《中外法学》2011 年第 3 期，第 482—483 页。

其基本价值”[①]。也就是说，现代法治的核心是良法善治，国家治理是现代法治，但其是不是好的法治，要看国家治理制度体系遵循的价值观和价值标准是什么，遵循秩序、公正、人权、效率、和谐等价值观，国家治理就是好的法治。法治不是以法治国，法治是万法的原则。《牛津法律大辞典》认为，法治是指“所有的权威机构，立法、行政、司法及其他机构都要服从于某些原则”[②]。这是 Rule of Law 的本意，也是《牛津法律大辞典》的释义。法治不必然形成良法善治的结果，良法善治依靠的是法治所服从的原则。法治所服从的原则不能是互相矛盾的，不能既服从秩序和效率，又服从公正和人权，这两对价值观组合在本质上有冲突。秩序和效率会导致公正和平等受到侵害。如果法治设计层面便出现这类矛盾，将这种思想应用到实际是很危险的，会造成潜在的社会矛盾。法治服从自由和平等的原则，宪法和法律便具有自由和平等的属性。国家治理则须依法而治，需要的是法制，是遵守宪法和法律。如果国家治理不依靠法制，而是服从自己偏爱的价值观，那么，国家治理所形成的政策和法规必将与宪法和法律相冲突。

民本思想的近代转型，法治是关键中的关键。没有法治，自由和平等便无法登堂入室，变成万法所服从的原则。但我们看到，有了法治，自由和平等依然被拒之门外。法治是总摄。民本思想的近代转型，不是表面上的向民权、民主的转型，而是实质上的向以自由和平等为政治价值观念的法治的转型，它是超越政治价值观念转型的本质意义的转型。可惜的是，这个本质意义上的转型至今仍未得到学界的重视。我们仍沉浸

① 张文显：《法治与国家治理现代化》，《中国社会科学》2014 年第 4 期，第 6 页。

② 〔英〕戴维·M. 沃克编著：《牛津法律大辞典》，北京社会与科技发展研究所组织等译，北京：光明日报出版社 1988 年版，第 790 页。

在对近代思想家阐释自由、平等、民权的欢呼和争论中，忽视了它们的背后的更具实质意义的法治。而这被忽视的法治，今天对多数学者来说仍然是谜。不懂政治学，便无法深入研究法治的实质。对法治的一知半解，将会是所有社会重大问题隐患和产生的最终根源。

# 参考文献

**【古籍文献】**


1. 尚书.
2. 诗经.
3. 左传.
4. 周礼.
5. 礼记.
6. 史记.
7. 论语.
8. 老子.
9. 庄子.
10. 孟子.
11. 荀子.
12. 战国策.
13. 春秋繁露.
14. 吕氏春秋.
15. 许嘉璐主编.汪少华点校.周礼正义·第4册[M].北京：中华书局,2015.
16. 何晏注.邢昺疏.论语注疏[M].北京：北京大学出版社,2000.
17. 赵岐注.孙奭疏.孟子注疏[M].北京：北京大学出版社,2000.
18. 张世亮等译注.春秋繁露[M].北京：中华书局,2012.
19. 黄宗羲.明夷待访录[M].黄宗羲全集·第1册[M].杭州：浙江古籍出版社,2002.
20. 王夫之.读通鉴论·上、中、下[M].北京：中华书局,2013.
21. 顾炎武.菰中随笔[M].顾炎武全集·20、21[M].上海：上海古籍出版社,2011.
22. 顾炎武.日知录集释·第2、3册[M].黄汝成集释.杭州：浙江古籍出版社,2006.
23. 顾炎武.顾炎武全集·21[M].上海：上海古籍出版社,2011.
24. 王夫之.黄书[M].王夫之.船山全书·第11册[M].长沙：岳麓书社,2010.

25. 黄炳垕.黄宗羲年谱[M].王政尧点校.北京：中华书局，1993.
26. 袁准.袁子正书[M].魏征等.群书治要·卷50[M].沈锡麟等整理.北京：中华书局，2014.
27. 黄宗羲.黄宗羲全集·第8册[M].杭州：浙江古籍出版社，2002.
28. 张廷玉等.明史·5[M].二十四史简体字本·62[M].北京：中华书局，1999.
29. 何晏.论语集解·为政第二[M].四部丛刊初编(8)[M].上海：上海书店，1989.
30. 顾宪成.泾皋藏稿·卷5[M].钦定四库全书·集部[M].
31. 《东林书院志》整理委员会整理.东林书院志·上[M].北京：中华书局，2004.
32. 续修四库全书·1388·集部·别集类[M].上海：上海古籍出版社，2002.
33. 续修四库全书·419·史类·纪事本末类[M].上海：上海古籍出版社，2002.
34. 续修四库全书·420·史类·纪事本末类[M].上海：上海古籍出版社，2002.
35. 张溥.七录斋诗文合集·论略·正风俗[M].台北：伟文图书出版社有限公司，1977.
36. 梁廷枏.英吉利国记[M].沈云龙主编.近代中国史料丛刊续编第52辑[M].台北：台湾文化出版社，1978.
37. 宣宗成皇帝实录[M].清实录·36[M].北京：中华书局，1986.
38. 高宗纯皇帝实录[M].清实录·27[M].北京：中华书局，1986.
39. 龚自珍.龚自珍全集[M].上海：上海人民出版社，1975.
40. 魏源撰.魏源全集编辑委员会编.魏源全集·6、7[M].长沙：岳麓书社，2011.
41. 班固.白虎通德论[M].上海：上海古籍出版社，1990.
42. 杨家骆主编.中国近代史文献汇编之一·鸦片战争文献汇编·第3册[M].台北：台湾鼎文书局，1973.
43. 中国第一历史档案馆编.鸦片战争档案史料·第2、7册[M].天津：天津古籍出版社，1992.
44. 薛福成.庸庵文编[M].沈云龙主编.近代中国史料丛刊第95辑[M].台北：台湾文海出版社，1973.
45. 文宗显皇帝实录[M].清实录·第43册[M].北京：中华书局，1986.
46. 冯桂芬.校邠庐抗议[M].沈云龙编.近代中国史料丛刊第62辑[M].台北：台湾文海出版社，1971.
47. 贝华.中国革命史[M].沈云龙编.近代中国史料丛刊续编第86辑[M].台北：文海出版社，1981.
48. 中国史学会编.中国近代史资料丛刊·洋务运动·第8册[M].上海：上海人民出版社，1961.
49. 中国史学会编.中国近代史资料丛刊·辛亥革命·第2册[M].上海：上海人民出版社，1957.
50. 顾宪成.泾皋藏稿[M].钦定四库全书·424·集部·别集类五[M].
51. 《民报》报馆编.中国近代期刊汇刊·第2辑·民报·第1册[M].北京：中华书

局，2006.
52. 姜亚沙等主编.晚清珍稀期刊汇编（12）·新民丛报汇编[J].北京：全国图书馆文献缩微复制中心，2009.
53. 梁启超.饮冰室合集·文集·第3、6、7、8册[M].北京：中华书局，2016.
54. 梁启超.梁启超全集·第1、2、3、4、8册[M].北京：北京出版社，1999.
55. 王栻主编.严复集·第1、2、4册[M].北京：中华书局，1986.
56. 康有为.康有为全集·第2、4、5、6、7、8、9卷[M].姜义华、张荣华编校.北京：中国人民大学出版社，2007.
57. 章太炎.章太炎全集·3[M].上海：上海人民出版社，1984.
58. 汤志钧编.章太炎政论选集·上[M].北京：中华书局，1977.
59. 广东省社会科学院历史研究室等编.孙中山全集·第1、2卷[M].北京：中华书局，1981.
60. 尚明轩主编.孙中山全集·第1卷[M].北京：人民出版社，2015.
61. 李华兴、吴嘉勋编.梁启超选集[M].上海：上海人民出版社，1984.
62. 中国第二历史档案馆编.中华民国史档案资料汇编·第2辑·南京临时政府[M].南京：江苏古籍出版社，1991.
63. 苑书义等主编.张之洞全集·第12册[M].石家庄：河北人民出版社，1998.
64. 汪征鲁等主编.严复全集·卷4[M].福州：福建教育出版社，2014.
65. 毛泽东选集·第2卷[M].北京：人民出版社，1991.
66. 欧阳哲生主编.傅斯年全集·第2卷[M].长沙：湖南教育出版社，2003.
67. 黄兴涛、王国荣编.明清之际西学文本——50种重要文献汇编·第1册[M].北京：中华书局，2013.
68. 夏剑钦编.中国近代思想家文库·魏源卷[M].北京：中国人民大学出版社，2013.
69. 杨国祯编.中国近代思想家文库·林则徐卷[M].北京：中国人民大学出版社，2013.
70. 施立业编.中国近代思想家文库·姚莹卷[M].北京：中国人民大学出版社，2015.
71. 刘平、郑大华主编.中国近代思想家文库·包世臣卷[M].北京：中国人民大学出版社，2013.
72. 熊月之编.中国近代思想家文库·冯桂芬卷[M].北京：中国人民大学出版社，2014.
73. 唐仕春编.中国近代思想家文库·师复卷[M].北京：中国人民大学出版社，2015.
74. 齐思和等编.第二次鸦片战争·第2册[M].上海：上海人民出版社，1978.
75. 中国第一历史档案馆、福建师范大学历史系合编.清末教案·第1、4、5册[M].北京：中华书局，1996.

76. 张先清、赵蕊娟编. 中国地方志基督教史料辑要[M]. 上海：东方出版中心，2010.
77. 张星烺编注. 中西交通史料汇编·第1、3、6册[M]. 北京：中华书局，1977.
78. 王铁崖编. 中外旧约章汇编·第1册[M]. 北京：生活·读书·新知三联书店，1957.
79. 王韬. 弢园文录外编[M]. 张岱年主编. 中国启蒙思想文库[M]. 沈阳：辽宁人民出版社，1994.
80. 郑观应. 盛世危言[M]. 张岱年主编. 中国启蒙思想文库[M]. 沈阳：辽宁人民出版社，1994.

**【中文专著】**

81. 韩锴. 中国民本思想[M]. 北京：红旗出版社，2006.
82. 张分田. 民本思想与中国古代统治思想[M]. 天津：南开大学出版社，2009.
83. 田广清. 和谐论——儒家文明与当代社会[M]. 北京：中国华侨出版社，1998.
84. 陈启智. 孟子民本思想述评[M]. 谢祥皓. 孟子思想研究[M]. 济南：山东大学出版社，1986.
85. 吴雷川. 基督教与中国文化[M]. 北京：商务印书馆，2015.
86. 王铁崖总主编. 中华法学大辞典[M]. 北京：中国检察出版社，1996.
87. 王得后. 鲁迅新解[M]. 杭州：浙江文艺出版社，1996.
88. 邓小军. 儒家思想与民主思想的逻辑结合[M]. 成都：四川人民出版社，1995.
89. 陈胜粦. 民本主义论纲. [J]. 陈胜粦. 林则徐与鸦片战争论稿[M]. 广州：中山大学出版社，1990.
90. 徐宗泽. 中国天主教传教史概论[M]. 上海：上海书店出版社，2010.
91. 金耀基. 中国民本思想史[M]. 台北：台湾商务印书馆，1993.
92. 冯天瑜. 人文论衡[M]. 武汉：武汉出版社，1997.
93. 韦政通. 中国的智慧[M]. 北京：中国和平出版社，1988.
94. 朱义禄、张劲. 中国近现代政治思潮研究[M]. 上海：上海社会科学出版社，1998.
95. 方敏等. 中国近代民主思想史(1840—1949)[M]. 北京：人民出版社，2014.
96. 孙晓春. 儒家民本思想发微[J]. 孙晓春. 中国政治思想史论[M]. 长春：吉林人民出版社，2002.
97. 游唤民. 尚书思想研究[M]. 长沙：湖南教育出版社，2001.
98. 余英时. 中国思想传统的现代诠释[M]. 南京：江苏人民出版社，1992.
99. 高奇琦. 比较政治学：学科、议题和方法[M]. 上海：上海人民出版社，2005.
100. 梁启超. 先秦政治思想史[M]. 北京：中华书局，2016.
101. 孙晓春. 中国传统政治哲学·上卷[M]. 长春：吉林人民出版社，2003.
102. 冯友兰. 中国哲学史·上[M]. 上海：华东师范大学出版社，2015.

103. 徐复观.中国思想史论集续编[M].徐复观全集[M].北京：九州出版社，2014.
104. 侯外庐.中国政治思想通史[M].北京：人民出版社，2004.
105. 刘泽华.中国传统政治思想反思[M].上海：生活·读书·新知三联书店，1987.
106. 熊理.尚书的政治学说[M].太原：山西出版传媒集团、山西人民出版社，2015.
107. 程恩泽.孟子编年序[M].北京图书馆编.北京图书馆馆藏珍本年谱·第5册[M].北京：北京图书馆出版社，1999.
108. 姜士林等主编.世界宪法全书[M].青岛：青岛出版社，1997.
109. 杨宽.战国史[M].上海：上海人民出版社，1980.
110. 王彩梅.燕国简史[M].北京：紫禁城出版社，2001.
111. 陈顾远.孟子政治哲学[M].上海：上海泰东图书局，1926.
112. 萨孟武.中国政治思想史[M].北京：东方出版社，2008.
113. 陈启智.孟子民本主义思想述评[J].山东孔孟学研究丛书编辑委员会主编.谢祥皓编.孟子思想研究[M].济南：山东大学出版社，1986.
114. 萧公权.中国政治思想史第1册[M].沈阳：辽宁教育出版社，2001.
115. 周桂钿.周桂钿文集·秦汉思想研究·4·董学探微[M].福州：福建教育出版社，2015.
116. 刘泽华、张荣明等.公私观念与中国社会[M].北京：中国人民大学出版社，2003年.
117. 张力、刘鉴唐.中国教案史[M].成都：四川社会科学院出版社，1987.
118. 侯外庐主编.中国思想通史·第4卷下[M].北京：人民出版社，1960.
119. 丁国祥.复社研究[M].南京：凤凰出版社，2011.
120. 顾卫民.基督教与中国近代社会[M].上海：上海人民出版社，1996.
121. 郭廷以编著.近代中国史事日志·上、下册[M].北京：中华书局，1987.
122. 郭延礼.龚自珍年谱[M].济南：齐鲁书社，1987.
123. 钱穆.中国近三百年学术史·下册[M].北京：商务印书馆，1997.
124. 王家俭.魏源年谱[M].台北：中央研究院历史研究所，1981.
125. 陆宝千.清代思想史[M].上海：华东师范大学出版社，2009.
126. 黄宇和.两广总督叶名琛[M].上海：上海书店出版社，2004.
127. 任时先.中国教育思想史[M].上海：上海书店，1984.
128. 吴霓.中国古代私学发展诸问题研究[M].北京：中国社会科学出版社，1996.
129. 陈乔见.公私辨——历史衍化与现代诠释[M].北京：生活·读书·新知三联书店，2013.
130. 王立新.美国传教士与晚清中国现代化——近代基督教新教传教士在华社会文化和教育活动研究[M].天津：天津人民出版社，1997.
131. 朱光磊.政治学概要[M].天津：天津人民出版社，2008.
132. 戴鸿慈.欧美政治要义[M].桂林：广西师范大学出版社，2016.

133. 蔡枢衡.中国法理自觉的发展[M].北京：清华大学出版社，2005.
134. 董方奎.梁启超与立宪政治[M].武汉：华中师范大学出版社，2011.
135. 余家菊.新国家杂志社丛书之一·国家主义概论[M].南开大学图书馆津南中心馆馆藏影印本.
136. 林家有.孙中山国家建设思想研究[M].广州：广东人民出版社，2013.
137. 徐忱、徐彻.黎元洪全传[M].北京：中国文史出版社，2013.

**【中文论文】**

138. 夏勇.民本与民权——中国权利话语的历史基础[J].中国社会科学，2004(5)：9.
139. 李存山.儒家的民本与人权[J].孔子研究，2001(6)：4.
140. 张师伟.中国传统民本与现代民主的沟通和衔接[J].甘肃社会科学，2009(1)：198.
141. 张祥浩.论中国古代民本思想发展的历史进程[J].东南大学学报(哲学社会科学版)，2002(5)：124.
142. 庄继曾.我国历代之户口编审及保甲制度述评[J].国衡，1935(4)：33.
143. 王鑫义.先秦两汉时期民本思想的发展轨迹[J].安徽大学学报(哲学社会科学版)，1993(3)：23.
144. 李存山.中国的民本与民主[J].孔子研究，1997(4)：6.
145. 戚珩."民本"与"民主"之比较[J].苏州大学学报(哲学社会科学版)，1986(3)：34.
146. 程妮娜.羁縻与外交：中国古代王朝内外两种朝贡体系——以古代东北亚地区为中心[J].史学集刊，2014(4)：27.
147. 冯天瑜.民本学说：中国传统文化与民主主义的结合点[J].江汉论坛，1988(9)：61.
148. 赵晓耕.试析治外法权与领事裁判权[J].郑州大学学报(哲学社会科学版)，2005(5)：71.
149. 屈文生.《望厦条约》签订前后中美关于徐亚满案照会交涉研究[J].法学，2016(8)：143.
150. 陈炳辉.从民本与民主思想的比较看中西政治文化传统的区别[J].厦门大学学报(哲社版)，1989(2)：15.
151. 王来金."民主"与"民本"概念辩证[J].社会科学，2000(4)：24.
152. 庄锡昌.论"民本政治"观与"民主政治"观的历史形成[J].江苏行政学院学报，2004(1)：129.
153. 朱英.中国近代最早提出"变法"口号的思想家——王韬[J].史学月刊，1982(6).
154. 忻平.中国最早提出君主立宪制的是王韬[J].华东师范大学学报，1983(6).

155. 林建华、田志闯."民本"与"民主"的对照与反思——再论中国政治文化中民主传统的缺失[J].理论学刊,2008(8):87—88.
156. 张师伟.思想资源与观念误导——中国现代民主思想形成中的民本观念[J].探索与争鸣,2014(10):80.
157. 钱明.从中国文化中发掘契接现代民主:黄宗羲民本思想国际学术研讨会综述[J].中国哲学史,2006(3):127.
158. 李存山.从民本走向民主的开端——兼评所谓"民本的极限"[J].华东师范大学学报(哲学社会科学版),2006(6):6.
159. 吕元礼.民本的阐释及其与民主的会通[J].政治学研究,2002(2):63.
160. 俞荣根.民权:从民本到民主的接转——兼论儒家法文化的现代化[J].学习与探索,1999(1):82.
161. 王钧林.孙中山的民权主义与儒家的民本主义[J].文史哲,2001(1):72.
162. 万斌、褚凤娟.论民本思想对中国民主进程的影响[J].学术界,2004(3):79.
163. 秦晖.从黄宗羲到谭嗣同:民本思想到民主思想的一脉相承[J].浙江学刊,2005(4):11.
164. 卢珂.民权:民本到民主演进的中介[J].学术论坛,2005(6):39.
165. 孙卫华.新民本:传统民本与近代民主的中间地带——读《解构专制——明末清初"新民本"思想研究》[J].江汉评论,2005(8):142.
166. 兰华、付爱兰.孟子民本主义与现代民主[J].山东社会科学,2005(9):48.
167. 李锦全.孔子的发展理念与现代化的路径选择:从民本思想向民主理念的现代转化[J].孔子研究,2006(4):9.
168. 李嘉.论孙中山民权思想对中国传统民本思想的继承和展开[J].广东社会科学,2007(2):119.
169. 刘永华.清代民众识字问题的再认识[J].中国社会科学评价,2017(2).
170. 邢益强.从民本到民权的创造性接转:梁启超晚年民权思想之一面[J].武汉大学学报(哲学社会科学版),2007(4):541.
171. 王成.先秦民本思想与当代民主精神之会通[J].山东社会科学,2008(9):137.
172. 允春喜."民本之极限"还是"民主之萌芽"——黄宗羲政治思想定位[J].北京科技大学学报(社会科学版),2009(9):45.
173. 王德山.民主与民本辨析——兼与"新民本论者"商榷[J].政法论丛,2009(6):21.
174. 何卓恩.民本与民主:1950年代殷海光经历的两场论战[J].武汉大学学报(人文科学版),2010(5):338.
175. 张星久.儒家"民本"与现代民主——儒家思想的现代意义与局限[J].理论探讨,2010(4):7.
176. 严晶.由儒家式民本迈向现代式民主——民权思想探源及传统法律文化的转型[J].甘肃社会科学,2010(4):172.

177. 李春明.传统民本思想的"间接民主"旨趣及其现代转换[J].山东大学学报(哲学社会科学版),2011(5):151—154.
178. 卢向国.近代中国民权思想及其与传统民本思想的勾连[J].山西师大学报(社会科学版),2011(5):57.
179. 褚凤娟.古代民本思想的当代价值探析[J].北京大学学报(哲学社会科学版),2012(1):124.
180. 何卓恩."民本"与"民主"之间的晚清"民权"观念[J].贵州社会科学,2012(1):114.
181. 褚凤娟.民本思想的发展逻辑及其现代转型[J].学术月刊,2012(2):21.
182. 杨永泉.中国古代民本思想、民主思想之考察[J].南京社会科学,2012(7):155.
183. 李启成.议事之学与近代中国的民权演进——从《资政院议事细则》到《民权初步》[J].法学家,2013(3):141.
184. 林红.试论民本主义的近代形变[J].观察与思考,2015(5):34.
185. 张桂光.殷周"帝""天"观念考索[J].华南师范大学学报(社会科学版),1984(2)106.
186. 孟昭信.从档案资料看清代八旗奴仆[J].历史档案,1981(2):93.
187. 王蒨.论孔子与《尚书》的关系[J].北京第二外国语学院学报,1995(5):80.
188. 陆伟芳、余大庆.19世纪英国城市政府改革与民主化进程[J].史学月刊,2003(6):110.
189. 孙晓春.平均主义与中国传统治理心态[J].天津社会科学,1992(3):53.
190. 何兆武.明末清初西学之再评价[J].学术月刊,1999(1):28.
191. 李洵.明末东林党的形成及其政治主张[J].东北师范大学科学集刊,1957(3):162.
192. 周可真.顾炎武与复社[J].苏州大学学报(哲学社会科学版),1992(3):111.
193. 陈潮.传统的华夷国际秩序与中韩宗藩关系[J].韩国研究论丛,1996(2).
194. 孙晓春、杜美玲.近代中国思想界对"平等"的误释——以康有为《大同书》为例[J].探索与争鸣,2015(8):117.
195. 刘黎.一场瞎子和聋子的对话——重构英使马戛尔尼的访华的翻译过程[J].上海翻译,2014(3).
196. 刘黎.何止译者——马戛尔尼使团访华活动之译员考析[J].重庆理工大学学报(社会科学版),2015(3).
197. 刘黎.马戛尔尼觐见乾隆皇帝礼仪照会翻译之考析[J].重庆交通大学学报(社会科学版),2015(4).
198. 计秋枫.马戛尔尼使华事件中的英吉利"表文"考[J].史学月刊,2008(8).
199. 王维俭.林则徐翻译西方国际法著作考略[J].中山大学学报(哲学社会科学版),198(1):58.
200. 邱永庆.第一次鸦片战争之后福州问题史料[J].历史档案,1990(2):43—47.

201. 茅海建.关于广州反入城斗争的几个问题[J].近代史研究,1992(6):45.
202. 茅海建.入城与修约:论叶名琛的外交[J].历史研究,1998(6):76.
203. 常青.释"攻夷"、"款夷"与"制夷"[J].史学月刊,1985(3):143.
204. 易振龙、彭忠德."以夷制夷"正解[J].北京师范大学学报(社会科学版),2012(2):142.
205. 张国昌.满族教育在清代[J].满族研究,1986(3):58.
206. 常建华.清代族正制度考论[J].社会科学辑刊,1989(5):92.
207. 颜德如、宝成关.严复笔下的卢梭思想[J].中华文化论坛,2004(2):136.
208. 俞可平.重新思考平等、公平和正义[J].学术月刊,2017(4):6.
209. 陈玉屏.略论中国古代的"天下"、"国家"和"中国"观[J].民族研究,2005(1):70—71.
210. 张春香.章太炎"大独"观解析[J].江汉论坛,2006(4):70.
211. 李振宏.絜矩:一个已消亡的文化概念[J].史学月刊,2005(3):25.
212. 滕绍箴.清代的满汉通婚及有关政策[J].民族研究,1991(1):89.
213. 曹峰.作为一种政治思想的"刑名论""正名论""名实论"[J].社会科学,2015(12):117.
214. 辛田.名籍、户籍、编户齐民——试论春秋战国时期户籍制度的起源[J].人口与经济,2007(3):55.
215. 崔连仲.古代印度种姓制度[J].历史研究,1977(4):101.
216. 郑大华.中国近代民族主义与中华民族自我意识的觉醒[J].民族研究,2013(3):3—4.
217. 胡其柱.清季改良与革命之争的思想缘起[J].人文杂志,2014(6):90.
218. 马勇.东南互保时期的郑观应[J].晋阳学刊,2010(2):88.
219. 张师伟.中国传统自由观与西方自由主义的相遇——严复自由话语结构的过渡性特征[J].探索与争鸣,2017(6):122.
220. 李贵连.从贵族法治到帝制法治:传统中国法治论纲[J].中外法学,2011(3):482—483.
221. 庞金友.国家与社会:近代西方的理论视角[J].宁波党校学报,2008(1):30.
222. 汪晖.词语梳理——公共领域[J].读书,1995(6):131.
223. 许纪霖.近代中国的公共领域:形态、功能与自我理解——以上海为例[J].史林,2003(2):79.
224. 李步云、赵迅.什么是良法[J].法学研究,2005(6):135.
225. 宋德华.孙中山"主权在民"学说的演变及其价值[J].学术研究,2014(2).
226. 宝成关.梁启超的民权观与卢梭主权在民说[J].历史研究,1994(3).
227. 高海燕.地方主义·军事主义——近代中国军阀政治探源[J].史学集刊,1998(3).
228. 刘晓.近代军阀政治的起源[J].学术研究,1990(6):91.

229. 刘新.梁启超法治思想研究[J].法学家,1997(5):27.
230. 张文显.法治与国家治理现代化[J].中国社会科学,2014(4):6.

**【外文专著及译著】**

231. 〔美〕西达·斯考切波.国家与社会革命[M].何俊志、王学东译.上海:上海人民出版社 2015 年版.
232. 〔美〕托比·胡佛.近代科学为什么诞生在西方[M].周程、于霞译.北京:北京大学出版社,2010.
233. 〔法〕谢和耐.中国与基督教——中西文化的首次撞击[M].耿昇译.北京:商务印书馆,2013.
234. 〔美〕马斯特.卢梭的政治哲学[M].胡兴建、黄涛译.上海:华东师范大学出版社,2013.
235. 〔日〕沟口雄三.中国的思想[M].赵士林译.北京:中国社会科学出版社,1995.
236. 〔日〕沟口雄三.中国前近代思想的演变[M].索介然、龚颖译.北京:中华书局,1997.
237. 〔美〕本杰明·史华兹.古代中国的思想世界[M].程钢译.刘东校.南京:江苏人民出版社,2004.
238. 〔德〕马克斯·韦伯.儒教与道教[M].王容芬译.北京:商务印书馆,1995.
239. 〔法〕弗朗斯瓦·魁奈.中华帝国的专制制度[M].谈敏译.北京:商务印书馆,1992.
240. 〔美〕张灏.梁启超与中国思想的过渡(1890—1907)[M].崔志海、葛夫平译.南京:江苏人民出版社,1995.
241. 〔美〕列文森.儒教中国及其现代命运[M].郑大华、任菁译.北京:中国社会科学出版社,2000.
242. 〔美〕郝大维、安乐哲.先贤的民主:杜威、孔子与中国民主之希望[M].何刚强译.南京:江苏人民出版社,2004.
243. 〔美〕萧公权.康有为思想研究[M].汪荣祖译.北京:新星出版社,2005.
244. 〔日〕五来欣造.儒教政治哲学[M].胡朴安、郑啸厓译.太原:山西出版传媒集团、山西人民出版社,2015.
245. 〔美〕牟复礼(Frederick W. Mote).中国思想之渊源[M].王重阳译.北京:北京大学出版社,2009.
246. 〔法〕让·博丹.主权论[M].〔美〕朱利安·H.富兰克林编.李卫海、钱俊文译.北京:北京大学出版社,2008.
247. 〔日〕渡边秀方.中国哲学史概论·上[M].太原:山西出版传媒集团、山西人民出版社,2015.
248. 〔日〕荻生徂徕.政谈[M].龚颖译.北京:中央编译出版社,2004.
249. 〔美〕哈罗德·R.克博.社会分层与不平等[M].蒋超等译.上海:上海人民出版

社，2012.
250. 〔法〕卢梭. 社会契约论[M]. 李平沤译. 北京：商务印书馆，2014.
251. 〔美〕邓恩. 从利玛窦到汤若望：晚明的耶稣会传教士[M]. 余三乐、石蓉译. 上海：上海古籍出版社，2003.
252. 德礼贤. 中国天主教传教史[M]. 上海：商务印书馆，1933.
253. 〔美〕马士. 中华帝国对外关系史[M]. 张汇文等译. 北京：商务印书馆，1963.
254. 〔英〕格林堡. 鸦片战争前中英贸易通商史[M]. 康成译. 北京：商务印书馆，1961.
255. 〔美〕M. G. 马森. 西方的中国及中国人观念(1840—1876)[M]. 杨德山译. 北京：中华书局，2006.
256. 〔英〕昆廷·斯金纳. 现代政治思想的基础·上、下[M]. 段胜武等译. 北京：求实出版社，1989.
257. 〔德〕马克斯·韦伯. 新教伦理与资本主义精神[M]. 赵勇译. 杨豫审校. 西安：陕西人民出版社，2009.
258. 〔美〕赖德烈. 基督教在华传教史[M]. 雷立柏等译. 香港：道风书社、香港汉语基督教文研究所有限公司，2009.
259. 广东省文史研究馆译. 鸦片战争史料选译[M]. 北京：中华书局，1983.
260. 胡滨译. 英国档案有关鸦片战争资料选译·上[M]. 北京：中华书局，1993.
261. 〔古希腊〕亚里士多德. 雅典政制[M]. 日知、力野译. 北京：商务印书馆，2009.
262. 〔古希腊〕亚里士多德. 尼各马可伦理学[M]. 王旭凤、陈晓旭译. 北京：中国社会科学出版社，2007.
263. 〔美〕惠顿. 万国公法[M]. 〔美〕丁韪良译. 何勤华点校. 北京：中国政法大学出版社，2003.
264. 〔美〕约翰·罗尔斯. 作为公平的正义：正义新论[M]. 姚大志译. 北京：中国社会科学出版社，2011.
265. 〔美〕杜威. 民主主义与教育[M]. 王承绪译. 北京：人民教育出版社，1990.
266. 〔古希腊〕亚里士多德. 政治学[M]. 吴寿彭译. 北京：商务印书馆，1965.
267. 〔日〕沟口雄三. 中国思想史——宋代至近代[M]. 龚颖、赵士林译. 北京：生活·读书·新知三联书店，2014.
268. 〔法〕皮埃尔·勒鲁. 论平等[M]. 王允道译. 北京：商务印书馆，2009.
269. 〔日〕伊藤博文. 日本帝国宪法义解[M]. 朱仲军译. 北京：中国法制出版社，2011.
270. 〔以〕S. N. 艾森斯塔德. 大革命与现代文明[M]. 刘圣中译. 上海：上海世纪出版集团，2012.
271. 〔英〕约翰·密尔. 自由论[M]. 许宝骙译. 北京：商务印书馆，1959.
272. 〔英〕约翰·阿克顿. 自由史论[M]. 胡传胜、陈刚等译. 南京：译林出版社，2012.

273. 〔美〕张灏.梁启超与中国思想的过渡(1890—1907)烈士精神与批判意识[M].崔志海、葛夫平译.北京：新星出版社,2006.
274. 〔英〕以赛亚·伯林.自由论[M].胡传胜译.南京：译林出版社,2011.
275. 〔荷兰〕克拉勃.近代国家观念[M].王检译.上海：商务印书馆,1936.
276. 〔美〕杜赞奇.从民族国家拯救历史：民族主义话语与中国现代史研究[M].王宪明等合译.南京：凤凰出版传媒集团、江苏人民出版社,2008.
277. 〔日〕丸山真男.日本政治思想史研究[M].王中江译.北京：生活·读书·新知三联书店,2000.
278. 〔美〕汉娜·阿伦特.论革命[M].陈周旺译.南京：凤凰出版传媒集团、译林出版社,2007.
279. 〔法〕托克维尔.论革命：从革命伊始到帝国崩溃[M].曹胜超、崇明译.上海：上海三联书店,2016.
280. 〔法〕贡斯当.古代人的自由与现代人的自由[M].阎克文、刘满贵译.北京：商务印书馆,1999.
281. 〔英〕戴维·M.沃克编著.牛津法律大辞典[M].北京社会与科技发展研究所组织等译.北京：光明日报出版社,1988.
282. 〔意〕萨托利.政党与政党体制[M].王明进译.北京：商务印书馆,2006.
283. 〔德〕哈贝马斯.公共利益的结构转型[M].曹卫东等译.上海：学林出版社,1999.
284. 〔英〕戴维·米勒主编.布莱克维尔政治思想百科全书[M].邓正来中译本主编.北京：中国政法大学出版社,2011.
285. 〔美〕萧公权.康有为思想研究[M].汪荣祖译.北京：中国人民大学出版社,2014.
286. 〔英〕K.C.惠尔.现代宪法[M].翟小波译.北京：法律出版社,2006.
287. 〔英〕杰弗里·马歇尔.宪法理论[M].刘刚译.北京：法律出版社,2006.
288. 〔英〕理查德·贝拉米.政治宪政主义：民主合宪性的一种共和主义辩护[M].田飞龙译.北京：法律出版社,2014.
289. 〔美〕约翰·罗尔斯.政治哲学史讲义[M].杨通进等译.北京：中国社会科学出版社,2011.
290. Stephen D. Krasner, *Sovergignty*: *ORGANIZED HYPOCRISY* [M]. PRINCETON UNIVERSITY PRESS, 1999.
291. 〔法〕卢梭.社会契约论[M].李平沤译.北京：商务印书馆,2014.
292. 〔美〕费正清.伟大的中国革命(1800—1985)[M].刘尊棋译.北京：世界知识出版社,2000.
293. 〔德〕卡尔·马克思.路易·波拿巴的雾月十八日[M].冯适译.南京：江苏人民出版社,2011.
294. 〔美〕戈登·S.伍德.美国革命的激进主义[M].傅国英译.北京：商务印书馆,

2011.
295. 〔英〕韦农·波格丹诺主编. 布莱克维尔政治制度百科全书[M]. 邓正来中译本主编. 北京：中国政法大学出版社，2011.
296. Gary Goertz, James Mahoney, *Two-Level Theories and Fussy-Set Analysis*, SOCIOLOGICAL METHODS & RESEARCH, Vol. 33, No. 4, May 2005, p. 497 - 538.
297. 〔美〕加里·格尔茨，〔美〕詹姆斯·马洪尼. 双层理论与模糊集分析[J]. 张春满译. 高奇琦主编. 比较政治学前沿（第1辑）：比较政治的研究方法[C]. 北京：中央编译出版社，2013.
298. Stephen D. Krasner, *Problematic Sovereignty*, Stephen D. Krasner, ed, *Problematic Sovereignty: Contested Rules and Political Possibilities*, Columbia University Press, 2001, p. 1.
299. 赫曼·范·冈斯特仁. 公民身份的四种概念[J]. 〔英〕巴特·范·斯廷博根编. 公民身份的条件[C]. 郭台辉译. 长春：吉林出版集团有限公司，2007.
300. 〔日〕狭间直树编. 梁启超·明治日本·西方——日本京都大学人文科学研究所共同研究报告（修订版）[C]. 北京：社会科学文献出版社，2012.
301. 伯利兹. 2001 年宪法. https://www.constituteproject.org/constitution/Belize_2011.pdf. 访问日期. 2017 年 8 月 29 日。
302. 〔法〕史式徽. 江南传教史·第1卷[M]. 天主教上海教区史料译写组译. 上海：上海译文出版社，1983.
303. 张西平主编. 中国丛报·第14、15卷[M]. 桂林：广西师范大学出版社，2009.

**图书在版编目(CIP)数据**

近代民本思想转型史/徐忱著.—上海:上海三联书店,2022.1
ISBN 978-7-5426-7542-2

Ⅰ.①近… Ⅱ.①徐… Ⅲ.①民本思想—政治思想史—研究—中国—近代 Ⅳ.①D092.5

中国版本图书馆 CIP 数据核字(2021)第 198137 号

# 近代民本思想转型史

著　　者 / 徐　忱

责任编辑 / 陈马东方月
装帧设计 / 徐　徐
监　　制 / 姚　军
责任校对 / 叶学挺

出版发行 / 上海三联书店
(200030)中国上海市漕溪北路 331 号 A 座 6 楼
邮购电话 / 021-22895540
印　　刷 / 上海展强印刷有限公司

版　　次 / 2022 年 1 月第 1 版
印　　次 / 2022 年 1 月第 1 次印刷
开　　本 / 710mm×1000mm　1/16
字　　数 / 300 千字
印　　张 / 25.25
书　　号 / ISBN 978-7-5426-7542-2/D·512
定　　价 / 98.00 元

敬启读者,如发现本书有印装质量问题,请与印刷厂联系 021-66366565